THE INDUSTRIES OF THE FUTURE

东北全面振兴 辽宁三年行动研究丛书

# 超前布局未来产业

## 辽宁形成新质生产力的关键之举

张志宏

吴勇 杨琳 著

东北财经大学出版社
Dongbei University of Finance & Economics Press

大连

**图书在版编目（CIP）数据**

超前布局未来产业：辽宁形成新质生产力的关键之举 / 张志宏，吴勇，杨琳著. 一大连：东北财经大学出版社，2024.4

（东北全面振兴·辽宁三年行动研究丛书）

ISBN 978-7-5654-5159-1

Ⅰ.超… Ⅱ.①张… ②吴… ③杨… Ⅲ.区域经济-产业发展-研究-辽宁 Ⅳ.F127.31

中国国家版本馆CIP数据核字（2024）第049963号

东北财经大学出版社出版发行

　　大连市黑石礁尖山街217号　邮政编码　116025

　　网　　址：http://www.dufep.cn

　　读者信箱：dufep @ dufe.edu.cn

大连图腾彩色印刷有限公司印刷

幅面尺寸：170mm×240mm　字数：313千字　印张：23.75
2024年4月第1版　　　　2024年4月第1次印刷
责任编辑：李　季　王芃南　责任校对：刘贤恩　何　群
　　　　　孟　鑫
封面设计：张智波　　　　版式设计：原　皓
封面照片：晓　夏
定价：89.00元

教学支持　售后服务　联系电话：（0411）84710309
版权所有　侵权必究　举报电话：（0411）84710523
如有印装质量问题，请联系营销部：（0411）84710711

# 序　言

史上，能源革命、科技革命引发多次产业变革，每一次的产业变革都会孕育出一批新产业，并带动抓住机遇的后发国家"换道超车"实现经济快速增长，成为经济强国（详见图1）。其中，在相对成熟的产业领域，虽然后发国家面对比较确定的技术路线，通过对先发国家的学习和模仿可以减少产业创新投入、缩短研发时间，但是先发国家凭借长期的技术积累、构筑的知识产权壁垒、对供应链的掌控等，保持在全球价值链中的主导地位，并将发展中国家锁定在全球价值链的中低端；而在前沿技术驱动的产业领域，无论是发达国家还是后发国家，都处于相似的起跑线上，都面临技术突破时间、技术路线、应用市场等方面的高度不确定性①。由此可见，未来产业能为中国等发展中国家实现"换道超车"提供战略机遇。过去，我国错过了前两次工业革命，也没能充分利用第三次工业革命带来的发展机遇，未来要想迈向全球经济强国，除了要在跟跑的成熟产业及战略性新兴产业领域努力实现赶超发展，关键是要抓住新一轮科技革命和产业变革的重大机遇，在全球都处

---

① 中国社会科学院工业经济研究所课题组. 未来产业：开辟经济发展新领域新赛道 [M]. 北京：中国发展出版社，2023.

于同一起跑线上的未来产业领域超前布局，力争在新赛道上实现并跑和领跑，所以超前布局未来产业有重要意义。

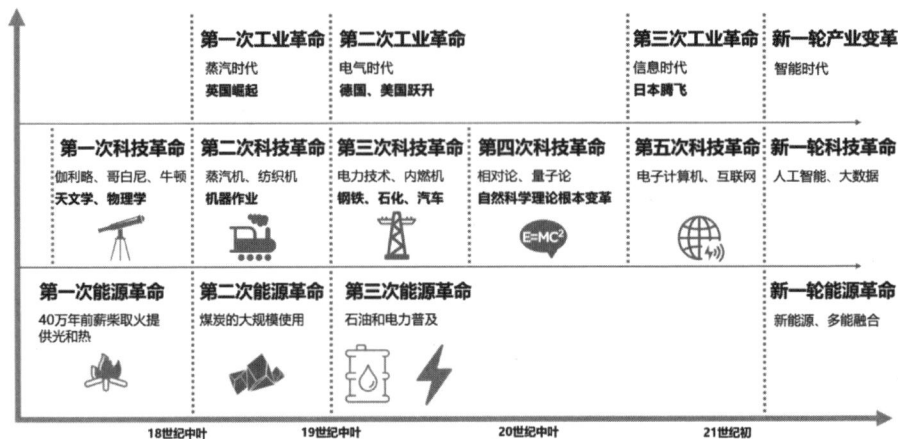

**图1 全球历次能源革命、科技革命与产业变革**

因为相信以上判断，以及此前在科技部及火炬中心工作的缘故，近年来我一直比较关注未来产业及新产业领域。2022年底，我工作单位调整到大连理工大学经济管理学院，任大连理工大学专精特新企业研究院院长，为此，我开始思考围绕专精特新企业培育以及密切相关的技术创业、高科技产业发展等领域做点研究，未来产业是高科技产业的重要组成部分，是专精特新企业的重要来源，也是我关注的范畴。本书合作单位北京市长城企业战略研究所（以下简称"长城战略咨询"），成立30年来一直致力于服务并助推我国新经济发展，实际上长城战略咨询从事的就属于未来产业领域，只是前些年没有这个提法。2023年3月，我联合长城战略咨询共同申报了辽宁省2023年决策咨询和新型智库专项研究课题"关于我省加快培育发展未来产业的对策研究"，并赴广东、四川、陕西、安徽及辽宁省内多地调研，也正是在这轮实地调研中我们谈到了"辽宁干部群众对未来产业要有充分认识"的观点，并萌生了"要是能有一本书，可以帮助辽宁加快步入新赛道那该多好"的想法。

　　在本书编写的过程中，恰逢习近平总书记2023年9月在哈尔滨主持召开新时代推动东北全面振兴座谈会并提出"积极培育新能源、新材料、先进制造、电子信息等战略性新兴产业，积极培育未来产业，加快形成新质生产力，增强发展新动能"；2023年12月召开的中央经济工作会议强调，"以科技创新推动产业创新，特别是以颠覆性技术和前沿技术催生新产业、新模式、新动能，发展新质生产力"，其中颠覆性技术和前沿技术是开辟未来产业的两大核心技术；2024年1月习近平总书记在中共中央政治局第十一次集体学习时强调，"科技创新能够催生新产业、新模式、新动能，是发展新质生产力的核心要素""要及时将科技创新成果应用到具体产业和产业链上，改造提升传统产业，培育壮大新兴产业，布局建设未来产业，完善现代化产业体系"。此外，2024年1月工信部等七部门联合印发了《关于推动未来产业创新发展的实施意见》。这些都为辽宁跨周期超前布局未来产业提供了根本遵循，也更加坚定了我们尽快编好本书的信心。

　　经多次研讨，最后本书以辽宁省为例，从我们编写团队比较擅长的实操视角，介绍"超前布局未来产业"基本原理、可借鉴经验及总体战略和具体策略，以便于辽宁和我国各地领导干部，以及未来技术领域科研机构、未来产业赛道创业者等系统了解新时期超前布局未来产业的大环境、总体逻辑及有效举措。此外，因为超前布局未来产业最终目的是加速辽宁形成新质生产力，解决辽宁产业体系"缺新""少新"的问题，最终，我们将本书定名为《超前布局未来产业：辽宁形成新质生产力的关键之举》。

　　经研究，我们认为，未来产业是处于孕育萌发阶段或产业化初期的新产业，是现代化产业体系必不可少的组成部分，是推进新型工业化需要重点关注的方向，也是"科技创新推动产业创新"的典型代表，有望5～10年成长为战略性新兴产业。由此可见，培育发展未来产业的意义重大。简要来说，培育发展未来产业就是抢抓"新赛道"，就是培育新的经济增长点，是真正实现产业结构调整的重要治本之策。此外，培育未来产业还是我国战略性新兴产业"换道超车"解决外国"卡脖子"问题的有效途径。

对辽宁而言，培育未来产业不仅是全省顺应与把握国内外科技革命和产业变革的焦点和重点，也是全省贯彻落实国家发展未来产业部署要求的重大战略任务，更是辽宁落实"六地"建设要求、实现全面振兴新突破和谱写中国式现代化辽宁新篇章的重大战略选项。研究一个如此有使命感的课题，对我们团队而言也意义重大。

总之，大力发展未来产业，是引领科技进步、带动产业升级、培育新质生产力的战略选择。希望本书对辽宁省"开辟发展新领域新赛道，不断塑造发展新动能新优势"及"争当赛道开辟先锋，建设新质生产力强省"能够有所帮助。同时，我们也希望，这本书不仅适用于辽宁，还对我国地方视角的未来产业培育有所帮助。

大连理工大学教授、专精特新企业研究院院长　张志宏

2024 年 2 月

# 前　言

我们团队在 2023 年 6 月萌生编写本书的想法后，经过多次研讨并听取相关权威人士意见，决定编写一本立足地方视角的、以辽宁为例的未来产业专著。除了我们编写团队有一定研究基础和比较浓厚的兴趣外，还有四个方面考虑：一是未来产业培育是一个受全球关注的重大课题，值得专门研究。当前，世界各国都在积极探索科技"无人区"，加速谋划布局未来产业，力求在新一轮科技革命和产业变革中抢占发展先机。近年来，习近平总书记对此也多次做出重大部署，我国多个部委及多个省市也密集采取促进举措。可以说，布局未来产业能够成就一个企业、一个城市甚至一个国家。二是超前布局未来产业是形成新质生产力的关键之举。从习近平总书记 2023 年 9 月在哈尔滨主持召开新时代推动东北全面振兴座谈会提到的"积极培育新能源、新材料、先进制造、电子信息等战略性新兴产业，积极培育未来产业，加快形成新质生产力"和 2023 年 12 月召开的中央经济工作会议提到的"特别是以颠覆性技术和前沿技术催生新产业、新模式、新动能，发展新质生产力"中都能看出，超前布局未来产业以及颠覆性技术、前沿技术两类未来技术，是形成新质生产力的必要前提。三是未来产业发展对于辽宁取得全面振兴新突破意义重大，以辽宁为例的专门研究也很有必要。当前辽宁正处于转型发展的关键时期，急需破解产业结构"偏重"、传统产业比重"偏高"、新增长点尚未系统形成、创新对经济发展支撑引领不够突出、民营经济发展不够充分等多层次产业发展问题，而破解这些问题的核心手段之一，就是要充分利用辽宁雄厚的工业基础、科教基础及丰富的应用场景，加速孕育发展未来产业，推动全省经济发展由资源依赖模式加速向科技创新驱动的高质量发展模式转变。此外，虽然当前东北整体上财政都面临较大困难，布局未来产业有一定压力，但如果现在不积极布局，未来与长三角、珠三角及中西部地区的差距将越来越大，布局将更加困难。所以，现在就是勒紧裤腰带也要布局，就像当年合肥在布局创新产业上的决心一样。四是我国还缺少一本以地方视角，特别是以辽宁为例介绍未来产业培育战略的专著。首先，已出版的多本未来产业专著主要从国家视角介绍未来产业发展经验、路径及举措，而本书主要从地方实践视角介绍未来产业培育战略。其次，已出版的关于科技自立自强、创新驱动发展的专著非常多，并且受2008年金融危机及近期中美贸易摩擦下"卡脖子"事件影响，我国各地对于创新驱动发展及科技创新的理解已比较深刻，但我们认为仍有必要编写本书，主要是因为本书更加聚焦颠覆性技术的突破以及成果转化和新兴产业成长，它们属于创新驱动发展中最难的"塔尖"部分，是最难啃的骨头。最后，目前全国还有相当一部分人对未来产业极其不敏感，只有唤起其未来感，才有可能实现未来产业的大爆发，从这个角度讲，写作一本有感召力的书也很有必要①。

　　基于以上考虑，本书定位为面向地方视角的、以辽宁为例的专著。本书主要面向地方实践者的需求，其中1/2的内容全国各地都适用，1/2的内容以辽宁省为例，旨在帮助实践者理解未来产业的本质，让实践者了解国内外格局，同时介绍实践者较为关心的路径选择等战略性选择的方法，尤其告诉实践者具体可以抓哪些赛道、可以采取哪些举措，这也是本书最为核心的内

---

① 李斌等编写的《未来产业：塑造未来世界的决定性力量》一书，在前言中也提到类似观点。

容。本书5章内容具体如下：

第1章，概念辨析。只有理解到位，才能执行到位。本书以概念辨析开篇，首先介绍习近平总书记对未来产业的历次部署，这是我们理解国内未来产业战略的基石；其次介绍对未来产业本质的理解，以及未来产业与相关概念的关系。本章对未来产业概念的理解，也将贯穿于本书的各个篇章，是后续萃取实践经验、筛选产业赛道、推演培育举措的基础依据。

第2章，国内外实践。站在前人肩上，可以少走许多弯路。尤其对于东北地区，作为未来产业后发地区，更应该充分汲取先进地区的实践经验，少走弯路。本章将介绍国外、我国部委以及地方先进实践，这将有利于各地了解大格局和总体形势，开阔视野，并为后续赛道选择、举措实施等提供备选库及实操样板。

第3章，谋篇布局。正确的战略、战术往往能够达到事半功倍的效果。对于未来产业培育而言，选择正确的战略至关重要。我们认为，各地在超前布局未来产业时，需要重点关注路径选择、赛道选择、举措选择等3类战略性选择。本章将依次介绍这3类战略性选择的原则、备选库，并以辽宁省为例，介绍具体的选择过程。

第4章，产业赛道。本章将从服务地方实践的视角出发，以辽宁省为例，从赛道概览、辽宁路径两个方面，依次介绍6大未来产业领域及25个新赛道，便于实践者了解主要赛道到底处于什么发展阶段、全球及国内哪些地区干得好、目前该赛道涌现了哪些有望爆发式成长的新物种企业，以及下一步辽宁如何开辟这些赛道。虽然这6大领域25个赛道是专门针对辽宁的，但对于全国各地实践也有参考价值。

第5章，超常规举措。基于本书的"实操性"定位，本章重点介绍对未来产业发展有实质性帮助的关键举措。由于每个地区资源禀赋和发展阶段不同，促进未来产业发展的关键要素组合将会存在差异。为此，本书以辽宁省为例，结合辽宁当前发展阶段依次介绍8个方面的30多项超常规举措。实际上，这些超常规举措对于全国各地也都适用，只是优先级和重要性会有所差异。

　　未来产业爆发机会稍纵即逝，如果不做好超前谋划和部署，就无法抢占先机。因此，各地都应尽早厘清未来产业发展基础、发展思路和发展举措，尽快谋划自上而下的未来产业顶层设计，凝聚共识、形成推进合力。在编写本书过程中我们发现，根据《中国新赛道体系发展报告2023》，近些年我国依靠独角兽企业等新物种企业已经成功开辟医疗机器人、细胞治疗、新型储能等98个新赛道，但其中沈阳、大连各仅有2个，处于全国第四梯队，距离第二梯队的成都（21个）、合肥（20个）还有较大差距。为此，由衷希望本书能够帮助辽宁各界实践者"明察秋毫"未来产业的底层逻辑及本质，尽快做好未来产业选择题，并尽快出台实施未来产业培育专项行动，锚定一批新赛道，抢占未来先发优势，形成新质生产力，为辽宁培育新物种、开辟新赛道、决胜大未来贡献一份微薄之力。

作　　者

2024年2月

# 目　录

**超前布局未来产业：辽宁形成新质生产力的关键之举**

超前布局未来产业：辽宁形成新质生产力的关键之举

第1章
# 概念辨析：认识未来产业的本质

介绍习近平总书记关于未来产业的重要论述，这是各地超前布局未来产业的根本遵循。介绍好记管用的未来产业界定性表述，便于读者认识未来产业的本质。介绍未来产业概念与现代化产业体系、战略性新兴产业、新产业、新经济、硬科技产业、新赛道等9个相关概念的差别与联系，便于读者辨明未来产业的本质。

常言道，只有理解到位，才能执行到位。为此，本书以概念辨析开篇。当前，未来产业在我国受到如此关注，主要还是习近平总书记多次亲自部署，本书也将首先介绍习近平总书记对未来产业的历次指示，这是我们理解国内未来产业战略的基石。接着，本书还将介绍对未来产业的理解，以及未来产业概念与相关概念的关系，希望这些对于本书读者理解未来产业的本质能够有所帮助。

基于后续研究，我们对未来产业形成以下基本认识：①未来产业是由颠覆性技术等前沿技术推动、当前尚处于孕育萌发阶段或产业化初期、未来社会需求巨大的新兴产业；②未来产业是现代化产业体系以及新产业、新经济、高精尖产业、新字号产业等必不可少的组成部分，有望5～10年后成长为战略性新兴产业，并在20～30年后成长为支柱产业，其内涵、范畴与硬科技产业、深科技产业等相近，资本市场关注的、科技感较强的新赛道可视为其主要细分领域；③未来产业具有技术的前沿性、影响的颠覆性、投入的长期性、发展的不确定性、前景的广阔性等特征；④世界各国对于前沿技术和未来产业的布局具有很大的相似性，基本都集中在数字、低碳、生命、空天等4大领域。这些基本认识蕴含的价值观将贯穿于本书各章节，是我们萃取实践经验、筛选产业赛道、推演培育举措的基本依据。

## 1.1 习近平总书记关于未来产业的重要论述

习近平总书记高度重视未来产业发展，多次强调抓紧布局、前瞻部署未来产业。根据《人民日报》、新华社等报道，习近平总书记在多个场合正式提及了未来产业（详见表1-1）。其中，习近平总书记首次提及是在2019年10月致中关村论坛的贺信中，首次部署未来产业工作是在2020年4

月于浙江考察期间，他指出浙江要"抓紧布局数字经济、生命健康、新材料等战略性新兴产业、未来产业，大力推进科技创新，着力壮大新增长点、形成发展新动能"。2023年9月，习近平总书记对东北地区也提出要"积极培育新能源、新材料、先进制造、电子信息等战略性新兴产业，积极培育未来产业，加快形成新质生产力，增强发展新动能"。习近平总书记频繁提及抓紧布局、前瞻部署未来产业这一重大命题，可见，未来产业对我国来说意义非凡，各地都非常有必要进一步审视未来产业价值及推进之策。正如新华社北京分社原总编辑李斌等所著的《未来产业：塑造未来世界的决定性力量》一书前言中提到的，"要知道，领导人的重要报告、重要讲话，不说经过千锤百炼敲打而成，也是反复修改、字斟句酌，从中可以窥见一些新的动向、方向"。

表1-1　　　　　　　　习近平总书记关于未来产业的重要论述

| |
|---|
| 中关村正努力打造世界领先科技园区和创新高地。举办中关村论坛，共议前沿科技和未来产业发展趋势，共商全球创新规则和创新治理，促进各国共享全球创新思想和发展理念，具有重要意义。 |
| ——2019年10月，习近平总书记向2019中关村论坛①致贺信 |
| 抓紧布局数字经济、生命健康、新材料等战略性新兴产业、未来产业，大力推进科技创新，着力壮大新增长点、形成发展新动能。 |
| ——2020年4月，习近平总书记在浙江考察时的讲话 |
| 要实施产业基础再造和产业链提升工程，巩固传统产业优势，强化优势产业领先地位，抓紧布局战略性新兴产业、未来产业，提升产业基础高级化、产业链现代化水平。 |
| ——2020年5月，习近平总书记在中共中央政治局常委会会议上的讲话 |
| 要坚定不移实施创新驱动发展战略。要围绕产业链部署创新链、围绕创新链布局产业链，前瞻布局战略性新兴产业，培育发展未来产业。 |
| ——2020年10月，习近平总书记在深圳经济特区建立40周年庆祝大会上的讲话 |

① 中关村论坛创办于2007年，2019中关村论坛主题为"前沿科技与未来产业"。

超前布局未来产业：辽宁形成新质生产力的关键之举

瞄准人工智能、量子信息、集成电路、先进制造、生命健康、脑科学、生物育种、空天科技、深地深海等前沿领域，前瞻部署一批战略性、储备性技术研发项目，瞄准未来科技和产业发展的制高点。

——2021年5月，习近平总书记在两院院士大会、
中国科协第十次全国代表大会上的讲话

要把发展特色优势产业和战略性新兴产业作为主攻方向，加快改造提升传统产业，前瞻部署未来产业，促进数字经济与实体经济深度融合，构建富有四川特色和优势的现代化产业体系。

——2023年7月，习近平总书记在四川考察时的讲话

积极培育新能源、新材料、先进制造、电子信息等战略性新兴产业，积极培育未来产业，加快形成新质生产力，增强发展新动能。

——2023年9月，习近平总书记在新时代推动东北全面振兴座谈会上的讲话

以科技创新推动产业创新，改造提升传统制造业，积极培育战略性新兴产业和未来产业，增强发展新动能。

——2023年10月，习近平总书记主持中共中央政治局会议，审议《关于进一步
推动新时代东北全面振兴取得新突破若干政策措施的意见》

科技创新能够催生新产业、新模式、新动能，是发展新质生产力的核心要素。必须加强科技创新特别是原创性、颠覆性科技创新，加快实现高水平科技自立自强，打好关键核心技术攻坚战，使原创性、颠覆性科技创新成果竞相涌现，培育发展新质生产力的新动能。要及时将科技创新成果应用到具体产业和产业链上，改造提升传统产业，培育壮大新兴产业，布局建设未来产业，完善现代化产业体系。

——2024年2月，习近平总书记在主持中共中央政治局第十一次集体学习时的讲话

资料来源：本书编写团队根据公开资料整理。

从地方实践视角看，习近平总书记对未来产业的重要论述，至少有以下6点启示，能够为各地超前布局未来产业提供根本遵循、指明路径方向：一是未来产业是现代化产业体系的重要组成部分，各地在构建现代化产业体系

时要充分考虑未来产业；二是未来产业是新质生产力①的典型代表，是各地壮大经济新增长点和增强发展新动能的重要来源；三是战略性新兴产业和未来产业密不可分，习近平总书记每次在提及未来产业时，也会同时提及战略性新兴产业，两者之间的关系可简单概括为"今天的战略性新兴产业是昨天的未来产业，今天的未来产业是明天的战略性新兴产业"，各地要注重将未来产业培育壮大成为战略性新兴产业，并注重从战略性新兴产业中裂变衍生未来产业；四是科技创新是培育未来产业最为关键的手段，各地在培育未来产业时，要坚持走创新驱动发展之路，围绕优势产业链部署创新链衍生未来产业，并围绕优势创新链转化成果形成未来产业，为我国抢占未来科技以及未来产业的制高点贡献一份力量；五是各地在超前布局未来产业时，要结合区域的比较优势，侧重关注人工智能、量子信息、集成电路、脑科学、生物育种、空天科技、深地深海等新赛道领域；六是发展未来产业不仅仅是中关村、浙江、深圳等创新高地或经济发达地区的重要使命，四川等中西部地区以及东北地区都需要前瞻部署，积极培育未来产业。

## 1.2 对于未来产业概念的理解

概念是人们对事物本质的抽象概括。各地为了搞清楚未来产业的本质，可以从未来产业的概念入手。研究发现，目前对于未来产业的界定性表述及定义非常丰富、多元②。为此，我们将不再"另起炉灶"，而是立足现有的

---

① 2024年2月，习近平总书记在主持中共中央政治局第十一次集体学习时强调："高质量发展需要新的生产力理论来指导，而新质生产力已经在实践中形成并展示出对高质量发展的强劲推动力、支撑力，需要我们从理论上进行总结、概括，用以指导新的发展实践。概括地说，新质生产力是创新起主导作用，摆脱传统经济增长方式、生产力发展路径，具有高科技、高效能、高质量特征，符合新发展理念的先进生产力质态。它由技术革命性突破、生产要素创新性配置、产业深度转型升级而催生，以劳动者、劳动资料、劳动对象及其优化组合的跃升为基本内涵，以全要素生产率大幅提升为核心标志，特点是创新，关键在质优，本质是先进生产力。"
② 中国社会科学院李晓华主编的《未来产业：开辟经济发展新领域新赛道》一书，在第1章回顾了对于未来产业的近20种界定性表述或定义，并在书中提出了课题组对于未来产业的多种界定性表述及定义。

成果，挑选其中一些相对接近未来产业本质、更容易理解、更容易记住的"好记管用表述"，"拼贴"形成本书对于未来产业概念的界定性表述，即"未来产业是由颠覆性技术等前沿技术推动、当前尚处于孕育萌发阶段或产业化初期、未来社会需求巨大的新兴产业，有望5~10年后成长为战略性新兴产业，并在20~30年后成长为支柱产业，常具有技术的前沿性、影响的颠覆性[①]、投入的长期性、发展的不确定性、前景的广阔性等特征"。对于未来产业的界定性表述具体如下：

1.国务院及有关部委对于未来产业的界定性表述。工信部等七部门2024年1月联合印发的《关于推动未来产业创新发展的实施意见》，提出了明确的未来产业概念界定，指出"未来产业由前沿技术驱动，当前处于孕育萌发阶段或产业化初期，是具有显著战略性、引领性、颠覆性和不确定性的前瞻性新兴产业"。此外，国务院2021年印发的"十四五"规划，以及工信部等部门2023年8月联合印发的《新产业标准化领航工程实施方案（2023—2035年）》、教育部2021年印发的《关于公布首批未来技术学院名单的通知》，均提到了对于未来产业的界定性表述（详见表1-2）。值得各地关注的主要有两方面：一是提出未来产业和新兴产业都属于"应用新技术发展壮大的新产业，具有创新活跃、技术密集、发展前景广阔等特征"；二是从标准化领航的角度，提出了2023—2035年我国重点关注的未来产业主要包括"元宇宙、脑机接口、量子信息、人形机器人、生成式人工智能、生物制造、未来显示、未来网络、新型储能"等9大领域。

表1-2　　　　　国务院及有关部委对于未来产业的界定性表述

| 政策文件 | 界定性表述 |
| --- | --- |
| 国务院<br>"十四五"规划<br>（2021年3月） | ❖ 在类脑智能、量子信息、基因技术、未来网络、深海空天开发、氢能与储能等前沿科技和产业变革领域，组织实施未来产业孵化与加速计划，谋划布局一批未来产业 |

---

[①] 比如，经典计算机分解300位大数需要15万年，而量子计算机只需要1秒，量子计算机一旦突破，将推动人工智能、大数据等多个未来产业实现飞跃性发展。

| 政策文件 | 界定性表述 |
|---|---|
| 教育部《关于公布首批未来技术学院名单的通知》（2021 年 5 月） | ❖ 瞄准未来 10~15 年的前沿性、革命性、颠覆性技术<br>❖ 推动专业学科交叉融合，促进理工结合、工工交叉、工文渗透、医工融合等 |
| 工信部等四部门《新产业标准化领航工程实施方案（2023—2035 年）》及解读（2023 年 8 月） | ❖ 新产业是指应用新技术发展壮大的新兴产业和未来产业，具有创新活跃、技术密集、发展前景广阔等特征<br>❖ 未来产业聚焦元宇宙、脑机接口、量子信息、人形机器人、生成式人工智能、生物制造、未来显示、未来网络、新型储能等 9 大领域 |
| 工信部等七部门《关于推动未来产业创新发展的实施意见》（2024 年 1 月） | ❖ 未来产业由前沿技术驱动，当前处于孕育萌发阶段或产业化初期，是具有显著战略性、引领性、颠覆性和不确定性的前瞻性新兴产业 |

资料来源：本书编写团队根据公开资料整理。

2.我国各地实践中对于未来产业的界定性表述。我们逐个查阅了各地出台的未来产业专项规划、行动方案及工作指引（详见后文表 2-4），发现在深圳市、南京市、上海市、江西省、浙江省等的 6 份文件中，提出了一些值得各地关注的有关未来产业的界定性表述（详见表 1-3）。比如，深圳 2013 年在《深圳市未来产业发展政策》中提出，未来产业依赖于"创新驱动发展"，有望成为"新的经济增长点"；2022 年又在《深圳市培育发展未来产业行动计划（2022—2025 年）》中提出，未来产业具有显著的"先发优势"，因发展阶段而异，有望"5～10 年或 10～15 年成长为战略性新兴产业"，这对于我们理解未来产业的概念很有启发性。此外，浙江省提出的未来产业是"由突破性和颠覆性的前沿技术所推动，在未来能发展成熟和产业转化，对经济社会发展具有重要支撑带动作用，但当前尚处于孕育孵化阶段的新兴产业"；南京市提出的未来产业是"重大科技创新产业化后形成的前沿产业"；上海市提出的未来产业是"由重大科技创新推动、代表未来科技和产业发展方向、对经济社会具有支撑引领作用、当前处于孕育萌发阶段或产业化初期的前瞻性新兴产业"；江西省提出的未来产业应"按'现有产业未来化'和'未来技术产业化'思路"予以培育，这些表述对于各地实践也很有启发性。

表1-3　　　　　　　我国各地对于未来产业的界定性表述

| 政策文件 | 界定性表述 |
|---|---|
| 《深圳市未来产业发展政策》（2013年12月） | ❖ 为积极培育和发展生命健康、海洋、航空航天等未来产业，大力实施创新驱动发展战略，形成梯次发展的产业结构和新的竞争优势<br>❖ 贯彻实施深圳市生命健康、海洋、航空航天等产业（简称未来产业）发展规划，突破关键核心技术，引导产业高端发展，培育新的经济增长点 |
| 《关于浙江省未来产业先导区建设的指导意见》（2022年1月） | ❖ 未来产业是由突破性和颠覆性的前沿技术所推动，在未来能发展成熟和产业转化，对经济社会发展具有重要支撑带动作用，但当前尚处于孕育孵化阶段的新兴产业<br>❖ 未来产业已成为衡量国家或地区科技创新和综合实力的重要标志，是我省培育经济新增长点，塑造竞争新优势的重要着力点 |
| 《深圳市培育发展未来产业行动计划（2022—2025年）》（2022年6月） | ❖ 未来产业是引领经济社会发展的变革性力量，具有显著"先发优势" |

续表

| 政策文件 | 界定性表述 |
|---|---|
| 《南京市加快培育新赛道发展未来产业行动计划》（2022年9月） | ❖ 未来产业是重大科技创新产业化后形成的前沿产业 |
| 《上海打造未来产业创新高地发展壮大未来产业集群行动方案》及政策解读（2022年9月） | ❖ 未来产业是由重大科技创新推动、代表未来科技和产业发展方向、对经济社会具有支撑引领作用、当前处于孕育萌发阶段或产业化初期的前瞻性新兴产业<br>❖ 未来产业是抢占新一轮科技革命和产业变革制高点的有效途径，是落实创新驱动发展战略、培育壮大新增长点的重要抓手，是构建未来国际竞争新优势的主要手段<br>❖ 未来产业具有技术的前沿性等五大特征[①] |
| 《江西省未来产业发展中长期规划(2023—2035年)》（2023年1月） | ❖ 未来产业代表新一轮科技革命和产业变革的发展方向，是引领经济社会发展的变革力量，是江西加快高质量跨越式发展、推进现代化建设、赢取未来发展主动权的关键所在 |

资料来源：本书编写团队根据公开资料整理。

3.学术界对于未来产业的定义。经查阅未来产业相关文献，我们发现大量研究对未来产业的概念予以界定，其中2021年举办的中关村论坛以及5本专著、2篇学术性文章的定义相对明确或有新意（详见表1-4）。比如，2021中关村论坛提出的"未来产业是以重要科学发现或重大技术突破为基础，代表未来科技和产业发展方向，有望成为主流产业并为经济社会发展带来重大引领变革，且当前处于孕育萌发阶段或产业化初期的产业形态"界定，以及2021年长城战略咨询提出的"未来产业以原创性前沿技术、颠覆性技术的突破和重大社会发展需求为基础，目前尚处于爆发增长前期或孕育阶段，未

---

① 技术的前沿性：未来产业是技术和市场都还处于孕育期的产业，需要探索最优技术路径、加快发展壮大。需求的突破性：未来产业主要面向未来需求，代表了人类对信息计算、生命质量、资源利用、空间拓展的突破愿景。影响的颠覆性：未来产业是对传统技术领域和技术路线的颠覆，对生产力和生产关系产生变革性影响。价值的战略性：未来产业涉及的领域在全球产业竞争合作中具有战略意义，将促进形成国际标准，树立行业风向标。前景的爆发性：未来产业技术成熟后，会形成效益产出的爆发力，对经济、生活、社会等各方面产生广泛带动作用。

来发展潜力巨大，10~15年后可能实现爆发成长并改变世界，对经济社会发展具有全局带动和重大引领作用"界定，其不仅提出较早，也被后续较多的研究引用。再比如，中国社会科学院李晓华等在《未来产业：开辟经济发展新领域新赛道》一书提出的"未来产业是一个动态概念，今天的未来产业是明天的战略性新兴产业、后天的支柱产业，今天的战略性新兴产业、支柱产业在昨天就是'未来产业'"也很有解释力。此外，还有两本关键专著值得一提，一是2016年美国创新研究专家亚历克·罗斯出版的 *The Industries of the Future*，其直译为未来产业，是全球首本以"未来产业"命名的专著，虽然该书没有对"未来产业"一词的概念予以界定，而侧重于介绍各类有前景的未来产业领域，但因为它成为畅销书，这让"未来产业"一词受到全球广泛关注；二是中国社会科学院工业经济研究所未来产业研究组杨丹辉、李晓华等2017年出版的《影响未来的新科技新产业》，该书给出了未来产业的界定性表述，其提到"颠覆性创新成果的影响是一个由点到面的过程，但近年来这一过程呈现明显加速的态势，未来产业群的肖像正不断清晰"。

表1-4                学术界对于未来产业概念的定义[①]

| 论坛/专著名称 | 相关定义 |
| --- | --- |
| 美国创新专家 Alec Ross《新一轮产业革命：科技革命如何改变商业世界》（2016年） | ❖ 2016年美国创新研究专家亚历克·罗斯在对全球41个国家考察的基础上，写作出版了 *The Industries of the Future*，该书成为畅销书<br>❖ 虽然该书英文名 "*The Industries of the Future*" 直译为"未来产业"，但该书中文版未采用"未来产业"一词，且该书也没有对"未来产业"一词的概念予以界定，而是侧重于介绍各类有前景的未来产业领域 |

① 杨跃承，武文生，等. 发展未来产业是我国构筑长期竞争优势的战略选择 [J]. 中国经济周刊，2021（23）；李斌，等. 未来产业：塑造未来世界的决定性力量 [M]. 北京：北京联合出版公司，2021；中国科学院科技战略咨询研究院. 构建现代产业体系：从战略性新兴产业到未来产业 [M]. 北京：机械工业出版社，2022；陈劲，等. 未来产业：引领创新的战略布局 [M]. 北京：机械工业出版社，2022；中国电子信息产业发展研究院. 2021—2022年中国未来产业发展蓝皮书 [M]. 北京：电子工业出版社，2022；中国社会科学院工业经济研究所课题组. 未来产业：开辟经济发展新领域新赛道 [M]. 北京：中国发展出版社，2023.

续表

| 论坛/专著名称 | 相关定义 |
|---|---|
| 中国社会科学院工业经济研究所未来产业研究组《影响未来的新科技新产业》（2017年） | ❖ 该书也成为畅销书，但同 *The Industries of the Future* 一样，该书也没对"未来产业"一词的概念予以界定，而是侧重于介绍各类有前景的未来产业领域<br>❖ 但是，该书提到了一个界定性表述"颠覆性创新成果的影响是一个由点到面的过程，但近年来这一过程呈现明显加速的态势，未来产业群的肖像正不断清晰" |
| 中关村论坛"未来产业创新发展论坛"（2021年） | ❖ 未来产业是以重要科学发现或重大技术突破为基础，代表未来科技和产业发展方向，有望成为主流产业并为经济社会发展带来重大引领变革，且当前处于孕育萌发阶段或产业化初期的产业形态 |
| 长城战略咨询武文生等《发展未来产业是我国构筑长期竞争优势的战略选择》（2021年） | ❖ 未来产业以原创性前沿技术、颠覆性技术的突破和重大社会发展需求为基础，目前尚处于爆发增长前期或孕育阶段，未来发展潜力巨大，10～15年后可能实现爆发成长并改变世界，对经济社会发展具有全局带动和重大引领作用<br>❖ 未来产业具有科技含量高等六大特点[①] |
| 李斌等《未来产业：塑造未来世界的决定性力量》（2021年） | ❖ 未来产业至少有两个层面，并且无法分割，第一是未来技术方向的把握和掌控，第二是能将这些未来尖端技术成果量产的能力，也就是"技术方向+量产能力"才等于未来产业，二者缺一不可 |
| 中国科学院科技战略咨询研究院《构建现代产业体系：从战略性新兴产业到未来产业》（2022年） | ❖ 未来产业是重大科技创新产业化后形成的，与战略性新兴产业相比，更能代表未来科技和产业发展的新方向，对经济社会变迁起到关键性、支撑性和引领性作用的前沿产业；是基于未来技术突破和场景应用的，具有一定的前瞻性和不确定性的产业 |

**超前布局未来产业：辽宁形成新质生产力的关键之举**

| 论坛/专著名称 | 相关定义 |
|---|---|
| 清华大学陈劲等《未来产业：引领创新的战略布局》（2022年） | ❖ 未来产业是重大科技创新产业化后形成的，与战略性新兴产业相比，更能代表未来科技和产业发展的新方向，是对经济社会变迁起到关键性、支撑性和引领性作用的前沿产业 |
| 中国电子信息产业发展研究院王世江等《2021—2022年中国未来产业发展蓝皮书》（2022年） | ❖ 未来产业的发展主要基于颠覆性技术的突破和产业化<br>❖ 未来产业具有前瞻性、先导性、创新性、颠覆性、融合性、高潜性等六大特征 |
| 中国社会科学院工业经济研究所课题组《未来产业：开辟经济发展新领域新赛道》（2023年） | ❖ 未来产业是基于技术创新（尤其是前沿、新兴、重大甚至颠覆性的技术创新）的、能够在人类未来经济社会发展过程中产生净正向溢出效应的、目前尚处于幼稚期（可能是孕育阶段、发展雏形、成长初期或爆发前夕）但未来能成为战略性新兴产业、主导产业乃至支柱产业的新兴产业<br>❖ 未来产业由前沿技术成熟所催生、处于产业生命周期的孕育萌发阶段或早期发展阶段但具有巨大发展前景<br>❖ 未来产业是一个动态的概念，今天的未来产业是明天的战略性新兴产业、后天的支柱产业，今天的战略性新兴产业、支柱产业在昨天就是"未来产业"<br>❖ 从由突破性新科技撑到新产品到该产品进入大规模生产之前的经济活动，都可以称为"未来产业" |

① 科技含量高：未来产业聚焦原始创新和引领式创新，具有较高的科技门槛和壁垒。牵引带动性强：前沿科技和未来产业由于多学科交叉特点，对各行业、各领域具有很强的渗透性和牵引性，能够显著带动生产力发展、改善人们生活质量、引领经济社会发展。颠覆性强：未来产业能够重新配置价值体系，将在产品形态、业务流程、产业业态、商业模式、生产方式、组织方式、治理机制和劳资关系等方面发生颠覆性变革，需要全新的组织方式和制度供给。不确定性高：未来产业通常呈现复杂性、综合性的特征，发展方向和路径难以把握，预测与探索均存在较高的不确定性。长期性投入高：未来产业从基础研究、应用基础研究、产业孕育萌发阶段到产业化，需要大量资金长周期持续性投入，需要企业家、科学家、风险投资家协同互动，建立高效畅通的投入产出机制。生态属性强：未来产业往往发生在科技创新资源密集、人才资本数据等要素能够自由流动、专业化服务和创业者集聚且活跃、创新创业生态整体优良的地区。

| 论坛/专著名称 | 相关定义 |
| --- | --- |
| 中国宏观经济研究院吴迪《促进未来产业健康有序强劲发展》（2023年） | ❖ 未来产业是世界前沿技术和重大科技创新产业化的产物，能满足经济社会发展的需求，目前仍处于孕育孵化期的先导性产业<br>❖ 未来产业将逐渐成长为战略性新兴产业、主导产业和支柱产业，具有培育周期长、先发优势、强带动性、正外部性以及不确定性等特征 |

资料来源：本书编写团队根据公开资料整理。

## 1.3　未来产业概念与相关概念的关系：9个相关概念

搞清楚未来产业与相关概念千丝万缕的联系，有利于将未来产业的推进与现有相关工作结合，并把握本质的差异，以采取针对性措施。在概念界定中，已经简要回答了未来产业与战略性新兴产业的关系，本节还将进一步拓展到其他相关的热门产业概念。经研究，我们认为"未来产业是现代化产业体系、新产业、新经济、高精尖产业、新字号产业等必不可少组成部分，有望5～10年后成长为战略性新兴产业，并在20～30年后成长为支柱产业，其内涵和范畴与硬科技产业、深科技产业等相近，资本市场关注的、科技感较强的新赛道可视为其主要细分领域"。具体如下：

1.与"现代化产业体系"概念的关系：未来产业是"现代化产业体系"必不可少的组成部分。2007年10月，党的十七大报告中首次提出"发展现代产业体系"；2012年11月，党的十八大报告将其扩展为"着力构建现代产业发展新体系"；2017年10月，党的十九大报告进一步提出"着力加快建设实体经济、科技创新、现代金融、人力资源协同发展的产业体系"；2022年10

月，党的二十大报告将现代产业体系提法升级为现代化产业体系，并专门提出"建设现代化产业体系"一项任务，用一大段内容予以阐述[①]。2023年5月召开的二十届中央财经委员会第一次会议，又进一步明确加快建设以实体经济为支撑的现代化产业体系。从党的二十大报告字里行间蕴含的方向及各地实践来看，现代化产业体系通常由"优势产业（或支柱产业）+战略性新兴产业+未来产业"组成。比如，武汉市"十四五"规划中提出的9大支柱产业、6大战略性新兴产业和5大未来产业的"965"现代产业体系。可见，战略性新兴产业、未来产业都是现代化产业体系的重要组成部分，其中，2021年我国战略性新兴产业占GDP比重为13.4%[②]。

2.与"战略性新兴产业"概念的关系：今天的未来产业是明天的战略性新兴产业。2008年，全球金融危机爆发，我国工业增加值同比增速从2008年6月的16%急速下降到2008年11月的5.4%，为了应对金融危机，我国出台了《十大产业调整振兴规划》，其中首次提到"战略性产业"的概念。此后，经过一段时间酝酿，2010年国务院正式发布《国务院关于加快培育和发展战略性新兴产业的决定》，其提出战略性新兴产业是以重大技术突破和重大发展需求为基础，对经济社会全局和长远发展具有重大引领带动作用的产业，主要包括节能环保、新一代信息技术、生物、高端装备制造、新能源、新材料、新能源汽车等7大产业。2016年国务院印发《"十三五"国家战略性新兴产业发展规划》，其在7大战略性新兴产业的基础上新增了数字创意产业[③]。由此可见，战略性新兴产业和未来产业都

---

① 建设现代化产业体系。坚持把发展经济的着力点放在实体经济上，推进新型工业化，加快建设制造强国、质量强国、航天强国、交通强国、网络强国、数字中国。实施产业基础再造工程和重大技术装备攻关工程，支持专精特新企业发展，推动制造业高端化、智能化、绿色化发展。巩固优势产业领先地位，在关系安全发展的领域加快补齐短板，提升战略性资源供应保障能力。推动战略性新兴产业融合集群发展，构建新一代信息技术、人工智能、生物技术、新能源、新材料、高端装备、绿色环保等一批新的增长引擎。构建优质高效的服务业新体系，推动现代服务业同先进制造业、现代农业深度融合。加快发展物联网，建设高效顺畅的流通体系，降低物流成本。加快发展数字经济，促进数字经济和实体经济深度融合，打造具有国际竞争力的数字产业集群。优化基础设施布局、结构、功能和系统集成，构建现代化基础设施体系。
② 中国科学院科技战略咨询研究院. 从战略性新兴产业到未来产业 [M]. 北京：机械工业出版社，2022.
③ 国家统计局还制定过《战略性新兴产业分类（2012）》（试行）和《战略性新兴产业分类（2018）》。

属于科技含量较高的领域，但其比未来产业更成熟。从现有的一些规划中也能窥见这个观点。比如，在"十四五"规划中，"前瞻谋划未来产业"被放在第9章"发展壮大战略性新兴产业"的第2节，在某种程度上可以认为，未来产业是战略性新兴产业的重要来源。再比如，深圳印发的《深圳市培育发展未来产业行动计划（2022—2025年）》直接提出，合成生物、区块链、细胞与基因、空天技术等4个未来产业5~10年内有望成长为战略性新兴产业，而脑科学与类脑智能、深地深海、可见光通信与光计算、量子信息等4个未来产业10~15年内有望成长为战略性新兴产业。进一步比较来看，未来产业与战略性新兴产业在3方面表现出差异：一是成熟度不同，战略性新兴产业在未来3~5年可发展成为成熟产业，而未来产业是面向未来10~15年长期培育的产业；二是面临的技术问题不同，战略性新兴产业多是在跟跑阶段侧重于解决"卡脖子"问题，未来产业是面向并跑领跑阶段探索科技"无人区"的问题；三是发展范式不同，战略性新兴产业主要依靠招引大项目、大投资，未来产业更需要依靠技术突破、技术创业及创新创业生态打造[①]。

3. 与"新产业"概念的关系：未来产业是"新产业"的两大核心组成部分之一。2022年6月，习近平总书记在武汉光谷考察时强调，要"催生更多新技术新产业，开辟经济发展的新领域新赛道，形成国际竞争新优势"。2023年8月，工信部等部门联合印发《新产业标准化领航工程实施方案（2023—2035年）》，明确"新产业是指应用新技术发展壮大的新兴产业和未来产业，具有创新活跃、技术密集、发展前景广阔等特征，关系国民经济社会发展和产业结构优化升级全局"，并提出了8大新兴产业和9大未来产业重点领域（详见表1-5），其中新兴产业与上文提到的战略性新兴产业范畴基本一致。由此可见，新产业主要由战略性新兴产业和未来产业两大核心部分构成。

---

[①] 杨跃承，武文生，等. 发展未来产业是我国构筑长期竞争优势的战略选择［J］. 中国经济周刊，2021（23）．

超前布局未来产业：辽宁形成新质生产力的关键之举

表1-5                我国"8+9"新产业重点领域

| 类型 | 产业领域 | 代表性细分方向 |
|---|---|---|
| 8大<br>新兴产业 | 新一代信息技术 | 第五代移动通信（5G）、电子信息制造、软件、新兴数字领域 |
| | 新能源 | 新能源发电、新能源并网、新能源关键设备 |
| | 新材料 | 先进石化化工材料、先进钢铁材料、先进有色金属及稀土材料、先进无机非金属材料、高性能纤维及制品和高性能纤维复合材料、前沿新材料 |
| | 高端装备 | 工业机器人、高端数控机床、农机装备、工程机械、医疗装备、智能检测装备、增材制造装备 |
| | 新能源汽车 | 新能源汽车整车、关键部件系统、核心元器件、智能网联技术、充换电基础设施 |
| | 绿色环保 | 碳达峰碳中和、绿色制造、工业节能、工业节水、工业环保、工业资源综合利用 |
| | 民用航空 | 航空器、发动机、机载系统、通用基础与运营支持 |
| | 船舶与海洋工程装备 | 高技术船舶、海洋工程装备 |
| 9大<br>未来产业 | 元宇宙 | 工业元宇宙、城市元宇宙、商业元宇宙、文娱元宇宙 |
| | 脑机接口 | 脑信息读取与写入 |
| | 量子信息 | 量子计算处理器、量子编译器、量子计算机操作系统、量子云平台 |
| | 人形机器人 | 人形机器人专用结构零部件、驱动部件、机电系统零部件、控制器 |
| | 生成式人工智能 | AIGC模型能力、服务平台技术要求、应用生态框架、服务能力成熟度评估、生成内容评价 |
| | 生物制造 | 生物制造食品、药品、精细化学品 |
| | 未来显示 | 新一代显示材料、专用设备、工艺器件 |
| | 未来网络 | 应用感知网络（APN6）、随流检测（IFIT） |
| | 新型储能 | 正负极材料、保护器件 |

4.与"新经济"概念的关系：未来产业与新经济均由新技术扩散而形成，其中未来产业是新经济中尚处于孕育萌发阶段或产业化初期的部分。20世纪90年代以来，美国经济出现第二次世界大战后罕见的持续性高速增长，这主要得益于信息技术产业及它带动的高科技产业实现了蓬勃发展，美国《商业周刊》1996年底的一篇文章称它为"新经济"。此后，我国也开始关注、研究并促进新经济发展，比如，国务院发展研究中心2001年创办的《新经济导刊》，就在持续关注全球新经济发展新趋势、新动向；再比如，2016年"新经济"一词正式写入了我国政府工作报告，强调"必须培育壮大新动能，加快发展新经济"。长城战略咨询是国内较早关注并系统研究新经济的智库机构，它认为新经济的本质是创业经济，即通过技术创业来扩散新技术并推动新兴产业发展是新经济起飞的主要路径①。综上可见，未来产业和新经济都强调依靠高科技或新技术扩散而形成的业态，差别主要在于未来产业更强调处于产业化初期，而新经济范围更广，有点类似"新产业"概念，不仅包括未来产业，还包括战略性新兴产业。

5.与"高精尖产业"概念的关系："高精尖产业"是北京市培育新产业的先行探索实践。2014年，习近平总书记在视察北京工作时指出，北京要放弃发展"大而全"的经济体系，要舍弃"白菜帮子"，精选"菜心"，构建"高精尖"的经济结构，使经济发展更好服务于城市战略定位。2017年12月，北京发布《加快科技创新发展新一代信息技术等十个高精尖产业的指导意见》，正式提出发展新一代信息技术、集成电路、医药健康、智能装备、节能环保、新能源智能汽车、新材料、人工智能、软件和信息服务、科技服务业等10大高精尖产业。2021年北京印发《北京市"十四五"时期高精尖产业发展规划》，又升级提出了构建"2441"高精尖产业体系，打造高精尖产业2.0升级版，即新一代信息技术、医药健康两个国际引领支柱产业，集

---

① 王德禄.纵论新经济［M］.北京：科学技术文献出版社，2023；王德禄、赵慕兰.中国新经济发展之路：脉络、经验与前瞻［J］.新经济导刊，2019（3）.

成电路、智能网联汽车、智能制造与装备、绿色能源与节能环保4个特色优势产业，区块链与先进计算、科技服务业、智慧城市、信息内容消费4个创新链接产业，并抢先布局一批未来前沿产业。由此可见，北京所提的"高精尖"产业比新产业范畴更广，未来产业也是其重要组成部分。

6.与"新字号"概念的关系：未来产业是"新字号"产业中更具科技感、尚处于产业化初期的业态。2016年5月，习近平总书记在黑龙江调研时对东北地区提出做好"三篇大文章"的产业结构优化升级要求，即改造升级"老字号"，深度开发"原字号"，培育壮大"新字号"。我们理解，习近平总书记提出的"新字号"是希望东北地区要培育出更多的新业态，与上文提到的"新产业"概念有点类似。比如，2022年辽宁印发的《辽宁省深入推进结构调整"三篇大文章"三年行动方案（2022—2024年）》，在培育壮大"新字号"任务中，提出发展高端装备制造、电子信息、生物医药、新材料、节能环保等5个战略性新兴产业，以及未来产业和现代服务业。可见，"新字号"产业比未来产业范畴更广，还包括战略性新兴产业及现代服务业。

7.与"硬科技产业"概念的关系："硬科技产业"是西安市培育未来产业的先行探索实践。"硬科技"的概念起源于西安，最早由中科院西安光机所米磊博士于2010年提出，他认为"硬科技"是指以人工智能、基因技术、航空航天、脑科学、光子芯片、新材料等为代表的高精尖科技，区别于由互联网模式创新构成的虚拟世界，属于由科技创新构成的物理世界，是需要长期研发投入、持续积累的高精尖原创技术，是可以对人类经济社会产生深远而广泛影响的革命性技术，是推动世界进步的动力和源泉①。可见，"硬科技产业"概念与未来产业概念几乎可以画等号。2019年11月，习近平总书记在上海考察时指出，"支持和鼓励'硬科技'企业上市"，自此"硬科技"由区域概念上升为国家话语体系。近些年，西安市也在因势利导积极布局硬

①　中科院西安光机所，国务院发展研究院中心，等．2019中国硬科技发展白皮书［R］．2019；国务院发展研究中心，西安市中科硬科技创新研究院．硬科技：大国竞争的前沿［M］．北京：中国人民大学出版社，2021.

科技产业，2018年正式批复光电芯片（集成电路）、信息技术、生物技术、人工智能、智能制造、航空、航天、新材料、新能源9大硬科技产业规划，明确了硬科技产业方向，此外，还出台了《西安市发展硬科技产业十条措施》《创建硬科技创新示范区建设规划（2020—2023年）》《关于加快推进碑林环大学硬科技创新街区建设的若干政策措施（2023—2025年）》等政策，并于2017年举办首届全球硬科技创新大会，目前已连续举办了7届。近些年，我国多个地区也开始关注"硬科技"产业，比如，浦东新区提出发展"中国芯""创新药""未来车""智能造""蓝天梦""数据港"等6大"硬核"产业。

8.与"深科技产业"概念的关系：两个概念内涵相近。"深科技"一词最早出现于1995年由大卫·罗森博格撰写的《深科技》文章，他认为，最直观的深科技"是基于科学的发现或创造而产生的科技，是能够解决人类重大问题的科技"。2016年，波士顿咨询公司对"深科技"概念进行拓展，认为深科技是指"建立在独特的、受保护的或难以复制的科学或技术进步基础上的破坏性解决方案"，同时提出高新材料、人工智能、生物科技、区块链、无人机与机器人、光子学与电子学、量子计算等7个目前最为活跃和具有发展前景的深科技领域，并认为深科技将是下一轮工业与信息革命的中心，也是下一轮全球科技竞争的战略焦点。综上可见，深科技的概念内涵与未来产业及硬科技的内涵非常接近，只是深科技受关注程度远远不如硬科技产业。目前，国内仅合肥高新区较为关注"深科技"概念，其2020年启动了"深科技"企业培育计划（详见专栏1-1），3年累计培育"深科技"企业496家，其中，国盾量子、皖仪科技、欧普康视等"深科技"企业已成功上市。

专栏1-1　　　　　　　合肥高新区"深科技"企业标准①

1.处在前沿、关键的核心技术领域。企业技术为科技部"国家技术预

———————————

① 合肥高新区：《关于征集2020年合肥高新区"深科技"企业的通知》，2020。

测"、Gartner《2019年十大战略技术趋势》等前沿技术预测领域，或为科技日报社发布的35项"卡脖子"技术清单、美国拟实施14类出口管制技术清单等关键核心技术领域。

2.技术水平全国领先。拥有自主研发的核心技术，技术水平先进，在国际国内均具有一定的核心竞争力。

3.具有核心研发团队。拥有核心研发团队，研发人员占比不低于30%。

4.具有较强的自主创新能力。近三年平均研发投入占比不低于20%。

9.与"新赛道"概念的关系：科技感较强的"新赛道"属于未来产业的范畴。目前积极开辟"新赛道"已上升为国家战略。2022年6月，习近平总书记在武汉光谷考察时强调，要"催生更多新技术新产业，开辟经济发展的新领域新赛道，形成国际竞争新优势"；2022年10月，党的二十大报告也提出"深入实施科教兴国战略、人才强国战略、创新驱动发展战略，开辟发展新领域新赛道，不断塑造发展新动能新优势"。追溯来看，"赛道"原本是体育竞技领域的词语，2015年前后"互联网+"浪潮下出现了各式各样的创业方向，投资机构把这些全新出现的行业统称为"新赛道"。后来，长城战略咨询将这一概念引入产业培育领域，定义新赛道为"面向未来的、具有跨界属性的、投资机构关注的、有爆发式增长潜力、有海量市场前景"的新产业①，并根据独角兽企业、哪吒企业等新物种企业的行业分布，总结提出了"6D-MN"新赛道体系，即6大方向、M个主赛道、N个新赛道（详见后文表3-7），这是目前国内相对权威的新赛道体系。可见，"新赛道"是面向未来的业态，与未来产业类似，两者区别从表3-5中能看出，新赛道既有科技属性强的领域，也有以商业模式创新为主的领域，未来产业则聚焦科技属性强的领域，科技感较强的新赛道是其组成部分。

---

① 长城战略咨询. 中国新赛道体系发展报告2023 [R]. 2023.

# 第2章
## 国内外实践：充分汲取有益经验

　　介绍美国、日本等国外未来产业布局探索，便于读者把握国际格局。介绍国务院及我国工信部、科技部等部委对于未来产业的部署，便于各地在此基础上谋划本地战略。介绍上海、合肥、西安等地方先行先试探索，是各地超前布局未来产业可以直接"抄"的作业。

　　"站在巨人的肩膀上看世界，可以少走许多弯路"。培育未来产业也是如此，特别是对于辽宁省等"未来产业"相对后发区域，更要充分汲取国内外先进地区经实践检验过的成功经验以及失败的教训。概括来讲，我们认为可重点关注三个层面的实践经验：一是发达国家层面的实践，虽然本书定位为地方实操视角，国外国家层面的经验并不能"拿来"复制，但这有利于在"开阔视野"基础上，了解国际发展的前沿形势，并为后续赛道选择、举措选择等提供备选。二是我国部委层面的导向，国家层面的最新动向为地方培育发展未来产业指明了战略方向，各地可在此基础上谋划本地战略，形成部省、部市推进合力。三是我国地方层面的探索，这是各地实践最直接的学习和借鉴对象，从实操角度系统介绍地方实践也是本书特色。

## 2.1　发达国家实践：经济大国纷纷布局

　　目前，已有研究①梳理了美国、日本、欧盟、英国、韩国等国家和地区的未来产业实践经验。本书从经验和教训的视角，选取美国和日本两个关键国家分别予以详细介绍，在表2-1中摘要了英国、法国等国家及欧盟的经验，并在表2-2中摘录了前沿科技咨询机构ICV发布的《2022全球未来产业指数》的核心结论。我们选择美国主要是因为其未来产业培育工作起步最早，始于1945年发布《科学：无尽的前沿》报告后采取的系列措施，近年来取得了不错的成绩，以独角兽企业为例，美国独角兽企业666家，全球第

---

　　① 中国社会科学院李晓华等梳理了美国、欧盟、德国、英国、日本的经验（中国社会科学院工业经济研究所课题组. 未来产业：开辟经济发展新领域新赛道［M］. 北京：中国发展出版社，2023）；中科院战略院潘教峰等梳理了美国、日本、法国、韩国、英国、俄罗斯、德国的经验（中国科学院科技战略咨询研究院. 从战略性新兴产业到未来产业［M］. 北京：机械工业出版社，2022.）；彭健等梳理了美国、德国、法国、日本、韩国的经验（彭健，等. 未来产业发展：全球模式与中国路径［M］. 北京：电子工业出版社，2023）；周波等梳理了美国、英国、法国、德国、韩国、俄罗斯的经验（周波，等. 世界主要国家未来产业发展部署与启示［J］. 中国科学院院刊，2021，36（11））；沈华等梳理了美国、欧盟、日本、韩国的经验（沈华，等. 我国发展未来产业的机遇、挑战与对策建议［J］. 中国科学院院刊，2021，36（5））。

一，占全球独角兽的49%①，可见其新赛道开辟能力之强。反之，日本布局未来产业也较早，但走了一些弯路，导致培育成效不显著。同样以独角兽企业为例，日本独角兽企业仅7家，全球第14位，可见，日本走过的弯路和经历的教训值得我们深思及有效规避。

表2-1　　　　　　　　　　　部分国家未来产业布局主要经验

| 重点国家和组织 | 主要经验 |
| --- | --- |
| 英国 | ❖ 2014年以来，持续布局关键科技领域，如2014年发布《新兴技术与产业战略（2014—2018年）》、2015年发布《英国量子技术路线图》和《英国动物替代技术路线图》、2016年推出《生物经济的生物设计-合成生物学战略计划2016》、2021年出台《氢能路线图》等<br>❖ 2017年，发布《产业战略：建设适应未来的英国》白皮书，与它配套英国还设立了"工业战略挑战基金"，对人工智能与数字经济、清洁增长、未来交通、老龄化等4个未来产业领域进行资助<br>❖ 2018年，成立英国研究与创新署（UKRI），对英国每年的科研项目以及科研经费进行统筹管理，包括产业战略挑战基金（ISCF）、全球挑战研究基金（GCRF）、战略重点基金（SPF）、地方强化基金（SIPF）、未来领袖奖学金计划（FLF）、国际合作基金（FFIC）等6大资助基金 |
| 德国 | ❖ 2010年，《高技术战略2020》首次提出"工业4.0"概念；2019年发布《国家工业战略2030》，旨在推动"工业4.0"计划进一步深化<br>❖ 2020年，推出"经济刺激与未来计划"，500亿欧元支持疫苗、电动汽车、氢能、人工智能和量子技术等未来产业<br>❖ 动态调整未来产业发展战略，比如，在2006年出台《高科技战略》以后，2010年、2014年、2018年分别对它进行更新和完善，再比如，每两年编制新版的《联邦研究与创新报告》 |

① 根据胡润《2023全球独角兽榜》，独角兽数量Top10国家如下：美国666（旧金山181、纽约126），中国316（北京79、上海66、深圳33），印度68（班加罗尔33），英国49（伦敦42），德国36，以色列24，法国24，加拿大23，韩国18，巴西17。

| 重点国家 | 主要经验 |
|---|---|
| 欧盟① | ❖ 自2018年起，启动包括"卓越科学""全球性挑战""创新欧洲"三大领域的"地平线欧洲"计划，其中"卓越科学"重点支持基础研究、颠覆性前沿技术等；"全球性挑战"旨在为全球性挑战提供解决方案，涉及健康、环境、数字化等多个领域；"创新欧洲"以应用为导向，旨在促进产业发展。此外，2021年欧盟委员会还发布《"地平线欧洲"2021—2024年战略计划》，提出7年投资955亿美元助力欧盟科技发展<br>❖ 2019年，欧盟委员会发布《加强面向未来欧盟产业战略价值链报告》，提出布局互联且清洁的自动驾驶汽车、氢技术及其系统、智能健康、工业互联网、低碳产业和网络安全等6大战略性未来产业<br>❖ 2019年，欧盟委员会设立了由成员国出资，规模高达100亿欧元的主权财富基金——欧洲未来基金，致力于对欧盟具有战略性意义的重要领域的企业进行长期投资<br>❖ 2020年，欧盟委员会发布《欧洲新工业战略》，提出了欧洲引领绿色和数字化转型的行动方向和路线<br>❖ 2022年，欧盟委员会发布《欧洲芯片法案》，通过促进芯片生产和创新，以及制定应对短缺的紧急措施来确保欧盟的芯片供应，加强欧盟在全球半导体领域的地位 |
| 法国 | ❖ 2010年以来，实行了4期"未来投资计划"（PIA），其中，第4期拟在2021—2025年间投入200亿欧元启动若干国家战略，无碳氢能、量子技术、网络安全、数字教育、5G和未来通信网络技术、可持续农业系统和农机设备、生物疗法与创新疗法生物产品等15个领域<br>❖ 2015年，推出"未来工业计划"，作为2013年启动的"新工业计划"的升级版，重点布局环保型交通工具、未来医疗等9个领域<br>❖ 2021年，公布"法国2030"投资计划，预计投资300亿欧元在脱碳、太空和海底等10个优先领域，重点推动颠覆性技术产业化 |

---

① 应益昕，等. 地平线欧洲计划组织实施体制机制研究 [J]. 全球科技经济瞭望，2022，37（11）.

续表

| 重点国家 | 主要经验 |
|---|---|
| 韩国 | ❖ 2009 年，发布《IT 韩国未来战略》，该报告指出将在 5 年内投入 189.3 万亿韩元发展电子信息核心战略产业<br>❖ 2019 年，发布《制造业复兴发展战略蓝图》，其将培育发展未来产业作为制造业复兴的四大战略之一<br>❖ 2022 年，韩国知识产权局发布民众选出的"改变韩国未来的十大发明技术"，包括人工智能、机器人、未来汽车、氢气、能源、生物科学、宇宙航天、新材料、电池、半导体 |
| 俄罗斯 | ❖ 2014 年，启动"国家技术倡议（STI）"计划，是面向未来 15～20 年可能决定世界经济格局的高技术市场而启动的一项长期系统性发展计划，其目的是为俄罗斯企业占领新兴高技术市场创造有利条件<br>❖ 2020 年，发布《俄罗斯联邦 2030 年前电子工业发展战略》，提出神经技术和人工智能、工业互联网等潜在未来产业技术方向 |

资料来源：本书编写团队根据公开资料整理。

表2-2　　　　　　　　　前沿科技咨询机构ICV发布的

**《2022全球未来产业指数》的核心结论**

| 类型 | 排名情况（Top5） |
|---|---|
| 国家综合排名 | ❖ 美国、中国、瑞士、日本、英国 |
| 城市综合排名 | ❖ 旧金山-圣何塞、北京、粤港澳大湾区、纽约、波士顿 |
| 量子信息排名 | ❖ 纽约、合肥、伦敦-牛津-剑桥、北京、旧金山-圣何塞 |

资料来源：本书编写团队根据公开资料整理。

### 2.1.1　美国：未来产业培育起步最早，成效也最为显著

20 世纪 40 年代以前，全球的科技创新中心在欧洲的德国、英国等主要

**超前布局未来产业：辽宁形成新质生产力的关键之举**

国家。美国获得相对领先地位始于1939年开始实施的"曼哈顿计划"，并成功赶超德国1937年实施的核武器"铀计划"，1945年率先成功试爆第一颗原子弹。第二次世界大战之后，美国还进一步发展成为全球的科技创新中心，这主要源于美国依据一份《科学：无尽的前沿》报告采取的系列举措，包括成立国家科学基金会，增加对基础研究的投入，实施"阿波罗计划""人类基因组计划"等大科学计划，布局阿贡国家实验室等国家实验室及先进光子源等配套大科学装置，由此产生大批颠覆性技术创新成果。冷战期间，美国还积极推动一系列颠覆性技术向民用转化以及借助军民两用来降低军用成本，其中，1958年成立的美国国防部高级研究计划局（DARPA）成为推动美国国防科技保持领先的"关键引擎"。此外，麻省理工学院（MIT）、斯坦福等一批高校不断推动科技成果转化并建设"创业型大学"，围绕这些大学形成了波士顿128公路、硅谷等创新产业高地，涌现出大量高成长企业，直至今天美国依旧是全球风投最活跃的国家，也是"独角兽"概念首提国。2018年金融危机后，美国更加意识到新一轮科技革命的重要性，白宫科技政策办公室（OSTP）、总统科技顾问委员会（PCAST）、参议院等先后发布《量子科技国家战略概述（2019年）》、《美国将主导未来产业》（2019年）、《关于加强美国未来产业领导地位的建议》（2020年）、《2020年未来产业法案》《关键与新兴技术国家战略》（2020年）、《NSF未来法案》（2021年）、《2021美国创新与竞争法案》（2021年）、《国家纳米技术计划战略规划》（2021年）、《2022年芯片与科学法案》等文件，从国家层面为新时期美国未来产业发展指明了方向。具体如下：

1.举国体制实施重大科学计划。自20世纪40年代开始，美国就陆续启动"曼哈顿计划""阿波罗计划""人类基因组计划"等大科学计划，由此诞生了核能、晶体管、阿帕网（即第一代互联网）、高通量测序仪等标志性成果，并使得美国成为信息经济、生命科学的引领者。此外，美国国防部高级研究计划局（DARPA）、美国国家航空航天局（NASA）在统筹支持重大原始创新方面也起到关键作用，比如，在 DARPA 支持下实施了自动巡航计划、"深绿"计划等重大研发计划，由此诞生无人驾驶、仿真指挥系统、苹果公司 Siri 等前沿成果。

2.布局国家实验室及大科学装置。自 20 世纪 30 年代起，美国就开始布局建设国家实验室，与此同时，每个国家实验室都拥有多个重量级大科学装置，比如，橡树岭国家实验室拥有散裂中子源（SNS）、高通量同位素反应堆（HFIR）、电子直线加速器（ORELA）等先进的大科学装置，支撑橡树岭国家实验室在中子科学、能源、高性能计算、复杂生物系统、先进材料等领域保持国际领先地位①。近年来，美国还围绕生物安全、量子科技等未来产业热点领域，新布局了国家生物安全实验室、百亿亿次超级计算机、长基线中微子设施等重量级平台设施。除了国家主导外，美国还依托谷歌等企业和 MIT 等院校，布局了谷歌未来产业实验室、麻省理工学院媒体实验室等跨学科研究机构开展前瞻性未来技术研究，由此诞生了谷歌大脑、穿戴计算机、智能家居等一批代表性成果。2021 年，美国总统科技顾问委员会（PCAST）发布《未来产业研究所：美国科学与技术领导力的新模式》，提出探索未来产业研究所这类面向未来技术的新型研发机构。

3.建设未来产业创新高地。以科技园为代表的科创高地，是美国发展新兴产业及布局未来产业的关键承载空间，除了广为人知的硅谷（旧金山湾区）外，还包括大大小小的高科技园区、创新街区等各类科创空间。比如，在生命科学领域，美国拥有波士顿、旧金山湾、圣迭戈、华盛顿和北卡罗来纳州三角研究园等全球领先的 5 大生物技术产业区，其中被称为"基因城"的波士顿布局了 128 公路科创走廊、肯德尔广场、波士顿南岸区域等高能级科创空间。在人工智能领域，美国拥有"世界 AI 首都"旧金山，仅旧金山湾区就集聚了 6 家全球生成式 AI 独角兽企业，此外，北卡罗来纳州三角研究园、西雅图联合湖南区等科创空间在机器学习、机器人等

---

① 王贻芳，等. 发展国家重大科技基础设施 引领国际科技创新［J］. 管理世界，2020，36（05）.

领域全球领先。

4.丰富的科幻作品为未来产业发展打开想象图景。美国非常注重未来学研究，20世纪60年代以来，美国逐渐成为世界未来研究的中心，涌现出《未来的冲击》《第三次浪潮》等未来学代表性作品，并成立了《未来学家》《技术预测与社会变革》等杂志以及世界未来协会等相关组织，还开设了未来学相关培训及学位项目[①]。伴随未来学研究而生的是美国的科幻小说和科幻电影，这些科幻作品更加生动形象描绘了未来世界的图景，并以更有传播力的方式让更多人群认识未来，进而投入开创未来的实践。比如，马斯克就曾公开讲过，其创办SpaceX以及提出火星计划的许多灵感来源于火星协会创始人罗伯特·祖布林博士的《赶往火星：红色星球定居计划》一书。

### 2.1.2　日本：起步于20世纪80年代占先机，但结果不尽如人意

第二次世界大战后，日本在美国支持下，经过短暂的恢复很快就进入高速增长期，实现长达近20年的高增长，尤其是在汽车、电子信息、机械制造等高技术产品领域实现赶超发展，一跃成为全球第二大经济体。到20世纪80年代，日本的经济基本跨越了赶超阶段，开始推行"科技立国"战略，发展思路逐步由以引进吸收为主向自主研发转变，到90年代日本在液晶、光伏、半导体、智能手机、电动汽车等几乎所有新兴产业领域都做到了技术领先，甚至世界第一。以消费电子为例，日本曾经几乎垄断全球的液晶面板产业和技术专利，拥有东芝、夏普、索尼等一批世界顶尖企业。但进入21世纪，日本电子产业几乎销声匿迹，在移动互联网、新能源汽车等新兴领域的存在感也较弱。既然日本从20世纪80年代就开始布局未来产业，起初效果也还不错，那么为何日本未来产业发展不如人意呢？

我们首先复盘下，近些年日本围绕未来产业培育采取的关键措施。具体如下：一是每5年开展一次技术预见调查，把握未来产业方向。自1971年以来，

---

① 孙建光. 国外未来学研究的历史、现状与趋势 [J]. 未来与发展，2021，45（11）.

日本科技政策研究所每5年开展一次全国技术预见调查，截至2022年已开展了11次，最近一次调查面向2050年发展愿景提出了精准医疗、机器人等16个特定技术领域。二是以"社会5.0"愿景为蓝图规划未来产业。2016年，日本在《第五期科学技术基本计划（2016—2020）》中首次提出"社会5.0"概念，即依靠物联网、人工智能等科技手段打造一个"超智能社会"，此后，日本以"社会5.0"愿景为牵引，先后发布《未来投资战略2017：为实现"社会5.0"的改革》《新产业结构蓝图》《未来投资战略2018：迈向社会5.0和数据驱动型社会的变革》《统合创新战略2020》及《2021科技创新白皮书》等系列规划及报告，提出推动超级计算机、人工智能、量子、自动驾驶汽车、尖端材料、生物能源、个性化医疗药品等未来产业发展。三是组织实施关键技术攻关计划。比如，1976—1979年日本政府组织了"超大规模集成电路（VLSL）计划"，4年间取得上千件专利，为日本20世纪80年代集成电路全球领先铺平了道路。再比如，2013年日本政府启动"战略性创新推进计划（SIP）"，2018年还启动第二期SIP计划，对面向物联网的网络空间、光和量子技术、低碳、AI诊疗等12个领域予以资助。四是培育适应未来新型社会的人才。自2002年起，日本就开始建设"超级科学高中"，储备未来技术人才后备队伍，截至2022年已拥有217所；2020年，日本启动"量子原住民"培养计划，培养从小就习惯于量子技术环境的人才；为满足未来太空生活需要，2022年京都大学、金泽大学等院校开始培养医生、营养师、AI专家等领域人才。

日本虽然采取了以上这些措施，但未来产业发展成效尚不明显，我们分析来看，主要有3个方面原因：一是过分追求技术而忽略市场应用。回顾来看，导致日本第五代计算机、模拟高清晰度电视、软件工业化推广和维护援助计划（SIGMA）等项目失败的主要原因是对尖端技术过分追求而忽略了市场主流应用，这也是进入21世纪以来日本电子行业逐渐衰落的首要原因。二是日本整体上缺乏创业精神。Randstad（任仕达）曾做过一项调查，结果显示约7成日本人"没有创业意愿"，位列33个被调查国家和地区最后一名。

三是日本企业普遍封闭不开放。一方面封闭的研发，缺乏技术切磋交流，常常导致这些企业对产业未来的误判；另一方面，封闭还不利于整合外部资源联合创新。比如，荷兰 ASML 公司之所以能造出顶级的光刻机，是集全球智慧于一身的产物，也是大企业开放式创新的结果。

## 2.2　我国国家布局：多部委密集部署

2020 年以来，我国在国务院以及科技部、工信部等部委层面，都对未来产业发展做出较为密集的部署（详见表 2-3）。其中，有从未来产业整体布局角度出台的综合性文件，比如《关于推动未来产业创新发展的实施意见》、"十四五"规划；有针对未来产业特定赛道的专项部署，包括元宇宙、人工智能、氢能等产业赛道的专项文件。这些国家层面的最新动向能为地方培育发展未来产业实践指明战略方向，各地可以在两方面积极跟进国家战略导向，形成推进合力：一是在产业赛道方面，一方面《关于推动未来产业创新发展的实施意见》、"十四五"规划和《新产业标准化领航工程实施方案（2023—2035 年）》明确提出重点关注未来制造、未来信息、未来材料、未来能源、未来空间、未来健康等六大未来产业方向，以及类脑智能、量子信息、基因技术、未来网络、深海空天开发、氢能与储能等具体新赛道，另一方面有关部委先后出台了新一代人工智能、氢能、元宇宙等专项产业规划，各地在选择未来产业赛道时应予以重点考虑。二是在促进举措方面，一方面国务院及有关部委明确提出实施中央企业未来产业启航行动、创建未来产业先导区、打造未来产业创新联合体、搭建未来技术应用场景、推动大学科技园向未来产业科技园升级、建设未来技术学院、举办全球未来产业发展论坛等重点举措，作为推进未来产业发展工作的"抓手"；另一方面在氢能、元宇宙等重点专项产业规划中，还提到适度超前布局新型基础设施等举措，各地在选择未来产业举措时应予以重点考虑。

表2-3　　　　国务院及有关部委出台的未来产业相关文件①

| 政策文件 | 相关要点 |
|---|---|
| 科技部<br>《国家新一代人工智能创新<br>发展试验区建设工作指引》<br>（2019年8月） | ❖ 开展人工智能技术应用示范<br>❖ 开展人工智能政策试验<br>❖ 开展人工智能社会实验<br>❖ 推进人工智能基础设施建设 |
| 国务院<br>"十四五"规划<br>（2021年3月） | ❖ 在类脑智能、量子信息、基因技术、未来网络、深海空天开发、氢能与储能等前沿科技和产业变革领域，组织实施未来产业孵化与加速计划，谋划布局一批未来产业<br>❖ 在科教资源优势突出、产业基础雄厚的地区，布局一批国家未来产业技术研究院，加强前沿技术多路径探索、交叉融合和颠覆性技术供给<br>❖ 实施产业跨界融合示范工程，打造未来技术应用场景，加速形成若干未来产业 |
| 教育部<br>《关于公布首批未来技术<br>学院名单的通知》<br>（2021年5月） | ❖ 首批批复了未来空天技术、人工智能、储能科学与工程、量子信息等领域的12家未来技术学院<br>❖ 瞄准未来10～15年的前沿性、革命性、颠覆性技术，着力培养具有前瞻性、能够引领未来发展的技术创新领军人才 |
| 发改委和能源局<br>《氢能产业发展中长期规划<br>（2021—2035年）》<br>（2022年3月） | ❖ 系统构建支撑氢能产业高质量发展创新体系<br>❖ 统筹推进氢能基础设施建设（制–储运–加）<br>❖ 稳步推进氢能多元化示范应用（重点关注交通、储能、发电、工业4大领域）<br>❖ 加快完善氢能发展政策和制度保障体系 |

① 产业类文件重点关注《标准化领航新产业方案》提出的9大未来产业领域。

**超前布局未来产业：辽宁形成新质生产力的关键之举**

| 政策文件 | 相关要点 |
|---|---|
| 科技部和教育部<br>《科技部 教育部关于批复未来产业科技园建设试点的函》<br>（2022年11月） | ❖ 首批批复了信息安全、空天科技、未来能源、未来智能、未来网络、未来交通、量子信息等领域的11家未来产业科技园（含10家试点和1家试点培育）<br>❖ 着眼未来产业重点方向，依托高校优势学科，以国家大学科技园为基础，探索"学科+产业"的创新模式，提升科技成果转化和孵化专业化能力，打造未来产业创新和孵化高地，引领新时期国家大学科技园升级发展 |
| 工信部等<br>《新产业标准化领航工程实施方案（2023—2035年）》<br>（2023年8月） | ❖ 全面推进新一代信息技术、新能源、新材料、高端装备、新能源汽车、绿色环保、民用航空、船舶与海洋工程装备等8大新兴产业的标准体系建设<br>❖ 前瞻布局元宇宙、脑机接口、量子信息、人形机器人、生成式人工智能、生物制造、未来显示、未来网络、新型储能等9大未来产业的标准研究 |
| 工信部等五部委<br>《元宇宙产业创新发展三年行动计划（2023—2025年）》<br>（2023年8月） | ❖ 构建先进元宇宙技术和产业体系（加强关键技术集成创新、丰富元宇宙产品供给）<br>❖ 培育三维交互的工业元宇宙（产线场景、工厂场景、园区场景）<br>❖ 打造沉浸交互数字生活应用（生活消费场景、公共服务场景、应急保障场景）<br>❖ 构建系统完备产业支撑（标准+创新支撑+基础设施）<br>❖ 构建安全可信产业治理体系 |
| 工信部等七部门<br>《关于推动未来产业产业发展的实施意见》<br>（2024年1月） | ❖ 重点推进未来制造、未来信息、未来材料、未来能源、未来空间和未来健康6大方向未来产业发展<br>❖ 提升创新能力（实施国家科技重大项目和重大科技攻关工程，发挥国家实验室、全国重点实验室等创新载体作用，鼓励龙头企业牵头组建创新联合体，举办未来产业创新创业大赛）<br>❖ 促进成果转化（未来产业成果"线上发布大厅"，首台（套）重大技术装备和首批次材料激励政策）<br>❖ 打造10类创新标志性产品（人形机器人、量子计算机、新型显示、脑机接口、6G网络设备、超大规模新型智算中心、第三代互联网、高端文旅装备、先进高效航空装备、深部资源勘探开发装备） |

资料来源：本书编写团队根据公开资料整理。

## 2.3 我国地方探索

放眼全国，深圳市是国内较早开始系统布局未来产业的城市，早在 2013 年就出台了《深圳市未来产业发展政策》，此后在 2014—2020 年，连续 7 年每年从市财政拿出 10 亿元资金，设立市未来产业发展专项资金，支持生命健康、海洋、航空航天等未来产业的核心技术攻关、产业化项目建设及产业链关键环节引进[①]。近几年，上海、浙江、北京、河南、山西、福建、南京等多个省市也开始谋划布局未来产业（详见表 2-4）。实际上，北京、上海、南京、苏州等城市在很多年前就已有相关部署，并成为新赛道开辟能力较强的"新赛道引领城市"（详见表 2-5），只是当时还没有"未来产业"的提法。比如，苏州 10 多年前甚至更早就在布局创新药、芯片、纳米等未来产业赛道，目前也取得不错成绩[②]。因此，各地在谋划布局未来产业时，一方面要关注已经系统部署未来产业并实质性采取推进举措的地区，比如上海、浙江、深圳等；另一方面要关注虽未系统部署未来产业却实质性采取了行之有效推进举措的地区，比如合肥、西安、成都、苏州等，经研究得知，这些地区的未来产业发展与高新区建设密不可分[③]。本节我们将选择探索较早、培育举措最为系统的上海市，以及近几年取得显著成效的合肥（安徽）和西安（陕西）予以详细介绍。同时，在表 2-6 中我们还简要梳理了北京、浙江（杭州）、深圳、四川（成都）等地区的经验。

---

① 李斌，等. 未来产业：塑造未来世界的决定性力量［M］. 北京：北京联合出版公司，2021.
② 长城战略咨询. 中国新赛道体系发展报告 2023［R］. 2023.
③ 根据 2022 年火炬排名，前 10 名国家高新区依次为中关村、上海张江、深圳南山、苏州工业园区、杭州高新区、成都高新区、合肥高新区、西安高新区、武汉东湖高新区、广州高新区。

表 2-4　　　　　　　国内重点省市出台的未来产业促进专项文件①

| 省份 | 地市 | 时间 | 政策文件 |
|---|---|---|---|
| | | | 省级及省市联动 |
| 北京 | – | 2023 | 《北京市促进未来产业创新发展实施方案》 |
| | – | 2021 | 《北京市"十四五"时期高精尖产业发展规划》 |
| 上海 | – | 2022 | 《上海打造未来产业创新高地发展壮大未来产业集群行动方案》 |
| | – | 2021 | 《上海市战略性新兴产业和先导产业发展"十四五"规划》 |
| 浙江 | – | 2023 | 《关于培育发展未来产业的指导意见》 |
| | – | 2022 | 《关于浙江省未来产业先导区建设的指导意见》 |
| | – | 2019 | 《关于高质量建设"万亩千亿"新产业平台的指导意见》 |
| | 宁波 | 2020 | 《宁波市未来产业培育与发展规划（2020—2035年）》 |
| | 杭州 | 2017 | 《杭州市人民政府关于加快推动杭州未来产业发展的指导意见》 |
| 江苏 | – | 2023 | 《关于加快培育发展未来产业的指导意见》 |
| | 南京 | 2022 | 《南京市加快培育新赛道发展未来产业行动计划》 |
| 河南 | – | 2022 | 《河南省未来产业先导区建设工作指引》 |
| | – | 2022 | 《河南省加快未来产业谋篇布局行动方案》 |
| | – | 2021 | 《河南省"十四五"战略性新兴产业和未来产业发展规划》 |
| | 郑州 | 2022 | 《郑州市加快未来产业谋篇布局行动方案》 |
| 山西 | – | 2022 | 《山西省未来产业培育工程行动方案》 |
| | – | 2021 | 《山西省"十四五"未来产业发展规划》 |
| 江西 | – | 2023 | 《江西省未来产业发展中长期规划（2023—2035年）》 |

---

① 检索范围包括31个省、自治区、直辖市以及部分副省级城市和省会城市。

续表

| 省份 | 地市 | 时间 | 政策文件 |
|---|---|---|---|
| 重点城市 | | | |
| 广东 | 深圳 | 2022 | 《关于发展壮大战略性新兴产业集群和培育发展未来产业的意见》 |
| | | 2022 | 《深圳市培育发展未来产业行动计划（2022—2025年）》 |
| | | 2013 | 《深圳市未来产业发展政策》 |
| 福建 | 福州 | 2023 | 《关于加快培育发展未来产业的实施意见》 |
| | 厦门 | 2019 | 《厦门市未来产业重要发展方向目录》 |
| 辽宁 | 沈阳 | 2018 | 《沈阳市未来产业培育和发展规划（2018—2035年）》 |

资料来源：本书编写团队根据公开资料整理，截至2023年11月。

表2-5　　　**国内8个新赛道引领城市赛道开辟情况（2023版）**[①]

| 城市 | 新赛道数量 | 代表性赛道 |
|---|---|---|
| 北京 | 82 | 自动驾驶、创新药、大数据、AI芯片、基因科技…… |
| 上海 | 66 | 创新药、创新医疗器械、AI芯片、潮品新零售、工业互联网…… |
| 杭州 | 50 | 创新药、数字运营工具、区块链、基因科技、AI解决方案…… |
| 深圳 | 49 | 创新医疗器械、数字运营工具、创新药、服务机器人…… |
| 广州 | 34 | 创新药、网红爆品、工业互联网、基因科技、潮品新零售…… |
| 南京 | 25 | AI芯片、基因科技、智慧家庭、农业互联网、智能网联汽车…… |
| 苏州 | 24 | 自动驾驶、服务业互联网、智能动力、工业机器人…… |
| 成都 | 21 | 创新药、体育科技、互联网医院、数字影视、卫星互联网…… |

---

[①]　长城战略咨询. 中国新赛道体系发展报告2023［R］. 2023.

表2-6　国内重点省市未来产业布局主要经验（除上海、合肥、西安外）

| 重点省市 | 主要经验 |
|---|---|
| 北京 | ❖ 中关村是我国布局的首个国家高新区、首个国家自主创新示范区<br>❖ 试点建设我国首个国家新一代人工智能创新发展试验区<br>❖ 布局中关村科学城、怀柔科学城和未来科学城3大科学城<br>❖ 在国内率先启动独角兽培育计划，独角兽数量（76家）全国领先 |
| 浙江<br>（杭州） | ❖ 布局人工智能小镇、工业互联网小镇等未来产业小镇<br>❖ 布局杭州未来科技城，重点发展未来网络、未来医疗、空地一体、元宇宙、类脑智能、前沿新材料等6大未来产业<br>❖ 浙江省组织实施"万亩千亿"新产业平台培育计划 |
| 深圳 | ❖ 在全国率先出台《深圳市未来产业发展政策》（2013年）<br>❖ 持续引进大院大所，仅985高校在深分校区和研究院就达30多个<br>❖ 注重培育企业类创新主体，形成了"6个90%"现象：90%以上的创新型企业是本土企业、90%以上的研发机构设立在企业、90%以上的研发人员集中在企业、90%以上的研发资金来源于企业、90%以上的职务发明专利出自企业、90%以上的重大科技项目发明专利来源于龙头企业<br>❖ 积极塑造"来了，就是深圳人"城市文化 |
| 四川<br>（成都） | ❖ 四川省组织实施领先型"赛手企业"培育计划<br>❖ 成都高新区实施揭榜挂帅型新型研发机构"岷山行动"<br>❖ 成渝双城共建西部科学城作为未来产业先导试验区<br>❖ 成都长期致力于打造"一座来了就不想离开的城市" |

资料来源：本书编写团队根据公开资料整理。

### 2.3.1　上海：未来产业布局始于1978年，最新的部署也相对系统

1978年，上海召开第一次科技大会，制定了《上海市1978—1985年重点科学技术发展规划纲要》，并以微电子、新型材料、光纤通信、激光、生物工程、机器人和海洋工程等7大技术为突破口部署22个科技攻关项目，这是上

海布局未来产业的最早探索。迈入21世纪，为推进上海建设"创新型城市"及打造"具有全球影响力的科技创新中心"，又布局了上海紫竹高新技术产业开发区、临港新片区、大零号湾等高科技产业先导区，并建设上海光源、上海超级计算中心、硬X射线、海底科学观测网等人科学装置，这为新时期上海布局未来产业提供了关键支撑。正是因为这些探索，上海2022年9月出台的《上海打造未来产业创新高地发展壮大未来产业集群行动方案》，成为我国最为系统、最有实操性的未来产业行动方案。上海经验具体如下：

1.对未来产业进行系统部署。2022年10月，上海基于长达40多年的新兴产业培育实践，出台了《上海打造未来产业创新高地发展壮大未来产业集群行动方案》，全面提出打造未来健康、未来智能、未来能源、未来空间、未来材料等5大产业集群，并提出到2030年未来产业产值达到5 000亿元左右（详见表2-7）。上海由于有长期的实践积累，因此该行动方案与表2-4中其他方案相比，更为系统，更具操作可行性。在此之前，上海还于2021年发布了《上海市战略性新兴产业和先导产业发展"十四五"规划》，提出打造"9+X"战略性新兴产业和先导产业发展体系，其中"X"是指前瞻布局光子芯片与器件、基因与细胞技术、类脑智能、新型海洋经济、氢能与储能、第六代移动通信等面向未来的先导产业。

2.布局未来产业先导区。"未来产业先导区"是推动未来产业集聚发展的主阵地，上海曾提出到2030年建设15个未来产业先导区。在2023年3月举办的"上海市产业技术创新大会"上，上海启动了张江、临港和大零号湾等3家首批未来产业先导区的建设，分别作为科学城、先进制造基地、环院校科创生态圈升级建设未来产业先导区的典型代表。其中，上海（张江）未来产业先导区将发挥大科学装置、高能级创新平台和硬核产业集聚优势，依托综合性国家科学中心和国际一流科学城定位，重点布局未来健康、未来芯片、未来智能等领域，目标到2030年未来产业规模达到2 000亿元左右；上海（临港）未来产业先导区将发挥自贸区的制度开放优势和前沿产业集群优势，重点布局未来健康、未来智能、未来能源、未来空间等领域，目标到2030年

表2-7 上海市5大未来产业集群创新资源及代表企业布局情况

| 未来产业方向 | 细分领域 | 大科学装置及创新平台 | 代表企业 | 特色载体 |
|---|---|---|---|---|
| 未来健康 | 脑机接口<br>生物安全<br>合成生物<br>基因和细胞治疗 | 国家蛋白质科学研究（上海）设施<br>上海质子治疗示范装置<br>中科院上海微系统与信息技术研究所<br>复旦大学类脑智能科学与技术研究院<br>上海脑科学与类脑研究中心<br>上海市重大传染病和生物安全研究院 | 和元生物<br>脑虎科技<br>优刻得科技<br>华恒生物<br>吉态来博<br>之江生物<br>睿昂基因 | 张江细胞和基因产业园<br>张江基因岛 |
| 未来智能 | 智能计算<br>通用AI<br>扩展现实（XR）<br>量子科技<br>6G技术 | 上海交通大学·李政道研究所<br>之江实验室<br>上海交通大学未来技术学院 | 天数智芯<br>沐曦<br>壁仞科技<br>燧原科技 | 未来能源与智能机器人未来产业科技园<br>自主智能未来产业科技园<br>张江机器人谷<br>张江（元宇宙）数链产业基地<br>张江人工智能岛<br>西岸智慧谷 |

续表

| 未来产业方向 | 细分领域 | 大科学装置及创新平台 | 代表企业 | 特色载体 |
|---|---|---|---|---|
| 未来能源 | 先进核能<br>新型储能 | 高效低碳燃气轮机试验装置<br>上海光源线站工程<br>中科院上海应物所<br>华能核能技术研究院<br>上海交通大学·张江高等研究院 | 中核建股份<br>国家核电（上海核工院）<br>华东电力设计院<br>上海电气<br>奇点能源<br>捷氢科技<br>上海重塑<br>上燃动力 | 嘉定氢能港<br>临港国际氢能谷 |
| 未来空间 | 深海探采<br>空天利用 | 海底科学观测网 | 中国商飞<br>中航商用航空发动机<br>中航机载系统 | 临港新片区大飞机园<br>北斗西虹桥基地<br>华东无人机基地 |
| 未来材料 | 高端膜材料<br>高性能复合材料<br>非硅基芯片材料 | 上海光源硬 X 射线<br>上海超强超短激光实验装置<br>信息功能材料国家重点实验室<br>纤维材料改性国家重点实验室<br>中科院上海硅酸盐研究所 | 瞻芯电子<br>镓特特半导体<br>芯元基半导体<br>中晟光电 | 奉贤化工新材料园区<br>碳谷绿湾产业园<br>上海电子化学品专区<br>超能新材料创园 |

未来产业规模达到 1 000 亿元左右；上海（大零号湾）未来产业先导区将发挥高校资源集聚和紫竹国家级高新区高端产业集聚优势，以校企联动融合创新、科技成果转化等为特色，重点布局未来智能、未来能源、未来空间等领域，目标到 2030 年未来产业规模达到 1 000 亿元左右。实际上，上海在未来产业先导区建设上的探索起步很早，最早可以追溯到 20 世纪 90 年代，特别是 1995 年上海召开全市科技大会提出实施"科教兴市"战略后，当时成立于 1992 年的张江高科技园区作为上海实施"科技兴市"战略的一面旗帜，积极布局了生物医药、集成电路等昨天的"未来产业"，如今已成长为支柱产业，还值得一提的是，2017 年批复的张江科学城也延续了这两大产业。

### 2.3.2　合肥（安徽）：科技改变命运之典范，狠抓未来技术是关键

自 1989 年合肥首次确定"科教立市"的发展战略后，历届政府都将"科技创新"作为全市发展核心，2013 年还进一步提出"大湖名城、创新高地"城市定位。久久为功，2017 年合肥还获批成为全国继北京、上海之后的第三个"综合性国家科学中心"。近年来，合肥非常重视科技创新，采取了布局大科学装置、推动科技成果"沿途下蛋"、资本招商、全域场景开放等超常规举措，也正是这些举措的实施，让合肥成为一座名副其实的"科技改变命运"之城。实际上，合肥深耕原始技术创新及科技成果转化的实践，对于各地未来产业培育也很有参考价值。具体如下：

1.布局"国之利器"大科学装置突破未来技术。截至 2023 年初，合肥已布局建设大科学装置 12 个（建成 3 个、在建 6 个、立项筹备 3 个），规划了约 20 平方千米大科学装置集中区，获批"十四五"国家大科学装置数量、建成和在建装置数量均位居全国第三①。其中，建成的 3 个为合肥同步辐射

---

① 瞄准科技前沿 安徽打造新兴产业聚集地［N］. 新闻联播，2023-05-07。合肥成为全球核聚变领域大科学装置集中地［N］. 安徽日报，2023-12-11。大科学装置"沿途下蛋"［N］. 安徽日报，2023-04-17.

光源装置（HLS，1989年建成，依托中科大），全超导托卡马克核聚变实验装置（EAST，即"人造小太阳"，1994年建成，依托中科院合肥物质研究院），稳态强磁场实验装置（SHMFF，2017年建成，依托中科院合肥物质研究院）；在建的6个为聚变堆主机关键系统综合研究设施（CRAFT，依托中科院合肥物质研究院），未来网络试验设施（合肥分中心），合肥先进光源（依托中科大），高精度地基授时系统（合肥一级核心站），大气环境立体探测实验研究设施（依托中科院合肥物质研究院），强光磁集成实验设施（由安徽大学、中科院合肥物质研究院、中科大联合建设），这些大科学装置为合肥可控核聚变等未来技术研发提供了有力保障。

2.重视科技成果"沿途下蛋"。2021年，合肥成立市委科创委统筹全市科技创新工作，并在其统筹下成立4个科技成果转化专班，常态化登"门"（校门）入"室"（实验室），推动成果加速从"实验场"走向"应用场"。此外，2021年以来，合肥还启动布局了"科里科气"、科大硅谷等科技成果转化承接空间，其中，科大硅谷以建设"中科大校友创业孵化、成果转移转化的集中区"为定位，规划了8.22平方千米"一核两园一镇"功能承载区，还布局了中科大先进技术研究院、中科合肥技术创新工程院等服务于前沿技术攻关及科技成果转化的新型创新平台。与此同时，合肥还于2021年出台《合肥市科技创新条例》、于2022年出台《合肥市进一步加强科技成果转化若干措施（试行）》等政策文件，为推动科技成果"沿途下蛋"提供制度保障。实际上，合肥对于科技成果"沿途下蛋"的探索起步很早，以合肥全球领先的量子信息为例，成立于2009年的国盾量子，就是合肥推动中科大在量子信息领域"沿途下蛋"的最早探索，该企业入驻云飞路，如今的云飞路已成为名副其实的"量子大街"，初步形成了涵盖量子通信、量子测量、量子计算、量子关键元器件的产业链条，并且已集聚国盾量子、国仪量子、本源量子、问天量子等代表性企业，还成功研发

76个光子的量子计算原型机"九章"和包含62个比特的可编程超导量子计算原型机"祖冲之号"（超导量子比特数目全球最多），根据前沿科技咨询机构ICV发布的《2022全球未来产业指数》，合肥位列量子信息城市（集群）排名全球第二、中国第一。

3.资本招商是合肥开辟未来产业新赛道关键一招。合肥还是一座"创投之城"，一方面依托建投集团、产投集团、兴泰控股三大市属国有平台作为投资"操盘手"，另一方面还逐步构建起了"政府引导母基金+天使/种子基金+市场化基金"的"基金丛林"，通过"以投带引"招商模式，在"芯屏汽合""集终生智"等产业领域，成功推动京东方、蔚来、兆易创新等40余个头部项目落地。除了市国资，合肥驻地的省国资也积极参与未来产业培育，安徽高新投公司就是其典型代表，截至2022年8月，其累计发起设立和承接管理了产业基金77只，完成投资项目959个，其中62家上市，并成功引进万润新材料等90余个产业项目，直接投资超过100亿元①。

4.场景开放促进未来技术成熟。2022年，合肥提出打造"全域场景应用创新之城"，将场景作为驱动未来技术成熟及开辟新赛道的重要资源，并率先成立了全国首个城市场景创新促进中心，"为技术找场景，为场景找技术"，专业化开展场景挖掘、打磨、对接等系列工作，为新技术、新产品、新方案提供真实的测试迭代和应用示范的机会。经过近两年的耕耘，"全域场景创新"已成为合肥城市新标签，整座城市正在成为一个充满魅力的"大场景"，越来越多未来技术在合肥实现落地。此外，场景招商也成为继资本招商后，合肥引培前沿科技企业的又一新手段。2023年3月，国家发改委还以《安徽合肥加快打造"全域场景应用创新之城"》为题专门推介其经验做法。

---

① 安徽省高新技术产业投资有限公司官网公开信息，2022-11-03。

### 2.3.3 西安（陕西）：布局以"硬科技"为核心的未来产业

西安是"硬科技"概念的发源地，2010年中科院西安光机所的米磊博士首提"硬科技"概念，随着2017年起"全球硬科技大会"在西安连续举办，西安"硬科技之都"城市形象逐渐形成共识。未来产业是具有"硬科技"属性的新兴产业，可见，西安在硬科技领域的探索，本质上就是对未来产业发展的探索，对于各地未来产业培育都有较大的借鉴价值。此外，2015年西安获批全国全面创新改革试验区、西安高新区获批国家自主创新示范区，2022年西安又获批建设综合性国家科学中心和具有全国影响力的科技创新中心，成为继北京、上海以及粤港澳大湾区后全国第4个获批建设科技"双中心"的城市，这些都要求西安在创新策源以及成果转化方面开展超前性探索。其中，西工大探索的"三项改革"以及全省统筹布局的"秦创原"创新驱动总平台是典型探索，对于各地未来产业培育有较大启发性。具体如下：

1.积极布局"硬科技"产业。"硬科技"概念最初由中科院西安光机所光学博士、中科创星创始合伙人米磊于2010年提出，可理解为对人工智能、航空航天、生物技术、光电芯片、新材料、新能源等领域高精尖原创技术的统称，也是未来产业的形象化表达。2013年，国内首个专注于硬科技孵化的平台"中科创星"在中科院西安光机所创立，聚焦孵化半导体、芯片等前沿技术领域的早期项目。近年来，西安各功能园区都非常重视布局"硬科技"产业，比如，西安高新区2020年获批建设全国首个"硬科技创新示范区"，围绕光电子信息、生物医药、智能制造、新能源、新材料、人工智能、航空航天等产业赛道，探索出"支持硬科技研发—畅通硬科技转化—培育硬科技企业—做强硬科技产业"的硬科技发展体系，成为具有西安特色的"未来产业"培育路径；再比如，2022年底西安获批建设科技"双中心"，其唯一核心承载区丝路科学城也高度重视"硬科技"，正在积极推进高精度地基授时系统、先进阿秒光源等大科学装置建设；此外，西安碑林环大学硬科技创新街区还于2023年3月获批成为首批3家国级创新街区试点之一，其将重点布局航空航天、智能制造、智能建造、信息技术、智慧健康、新材料及数字创意等"6+1"硬科技产业。

2.推广西北工业大学科技成果转化"三项改革"。2021年，陕西以国家深化全面创新改革为契机，推动西北工业大学等5所高校率先启动促进科技成果转化的"三项改革"试点，其中西工大的"三项改革"成效最明显，有效破解了"不敢转""不想转""缺钱转"难题，激发了科研人员"学术创业"积极性，此后陕西省在总结西工大改革经验的基础上，研究出台了"三项改革"实施方案，面向省内高校、科研院所试点推广。西工大"三项改革"具体内容及实施效果如下[①]：一是实施职务科技成果单列管理，出台《职务科技成果单列管理办法》，明确转化前的职务科技成果只在科研管理台账进行登记，不纳入国有资产管理信息系统，不纳入国有资产审计和清产核资范围，2022年学校作价投资的金额实现翻一番。二是改革技术转移人才职称评定制度，修订后的《专业技术职务评审办法》在原有职称体系中，增加"科技成果转化与应用"作为科学研究的可选项，同时增设科技成果转化职称系列，实行单列计划、单设标准单独评审，2022年学校评聘了成果转化系列的首任研究员和副研究员，还有32位教师凭借成果转化贡献晋升了高级职称。三是横向科研项目结余经费出资科技成果转化，学校出台了《横向科研项目结余经费出资科技成果转化实施办法》，并设立"产业发展专项基金"，允许将横向结余经费入股学校成果转化企业，形成"技术入股+现金入股"的投资组合，解决"缺钱转"的难题，实现将横向结余经费出资形成股权收益的90%奖励给科研人员，形成推动科技成果转化的长效激励机制。目前，学校以"技术入股+现金入股"的方式组建企业20余家。实际上，成果转化在陕西有良好的"基

① 陕西日报. 西北工业大学："三项改革"持续激发创新创业活力［N］. 2022-12-14.

因",早在2016年,陕西就印发了《陕西省2016年西安光机所西北有色院创新模式复制推广工作方案》,提出科技成果转化"一院一所模式"。截至目前,西北有色院组建成果转化高新技术企业41家,已形成我国稀有金属领域最大的产业集群,西安光机所投资孵化企业已达406家,一半以上落户在西安。①

3.搭建"秦创原"创新平台及系列科创基金。初听"秦创原"像是一个地名,实际上它是陕西最大的孵化器,还是陕西创新驱动发展的总平台。2021年3月,陕西启动秦创原创新驱动平台建设,同年5月,发布《秦创原创新驱动平台建设三年行动计划(2021—2023年)》,明确秦创原以西部科技创新港和西咸新区为总窗口、陕西省其他高新区为重要组成部分,各个高校、科研院所、企业和各市都可以参与其中,共同建设科技创新高地、创新驱动发展总源头。实施两年多来,以"秦创原"为支点推动陕西省科技创新及成果转化实现跨越式发展,成为了全国科技创新及成果转化领域的"一面旗帜"。此外,陕西还结合"秦创原"创新平台发展需要组建了百亿级"秦创原科创系列基金",形成"母基金+子基金"且覆盖"种子—天使—VC—PE"的全周期基金体系,尤其针对种子期投资社会资本参与度低的问题,由陕西省、西安市和西咸新区联合出资设立"秦创原春种基金",专注投资具备"硬科技"属性且处于创新链前端环节的科技成果转化项目,帮助项目跨越成果产业化起步阶段的"死亡之谷"及"魔川"。

4.立足"能源大省"优势,超前布局氢能产业。陕西省以"氢源—氢站—氢车"示范应用场景建设为核心,带动氢能"制—储—输—用"全产业链发展。2022年,由陕煤集团、延长石油集团等10家国企共同注资18.18亿元设立陕西省氢能运营平台企业——陕西氢动氢能发展合伙企业。2023年,陕西氢能产业发展有限公司计划依托榆林丰富的应用场景,实施200辆氢能

---

① 中国网. 西安市科技局:西安科技创新工作呈现良好发展势头 [N]. 2023-01-13.

重卡运输示范行动，配套建设 11 座加氢站、2 座制氢站及 1 个全省氢能汽车运营大数据平台，带动陕煤集团制氢、西交大太阳能光催化制氢规模化示范系统、隆基氢能碱水制氢系统、陕汽燃料电池重卡等氢能"制—储—输—用"全产业链发展。此外，2022 年出台了《陕西省"十四五"氢能产业发展规划》《陕西省氢能产业发展三年行动方案（2022—2024 年）》《陕西省促进氢能产业发展的若干政策措施》，明确陕西省氢能产业发展的"规划图"和"路线图"，为抢占氢能新赛道指明方向。

第3章
# 谋篇布局：三大战略性选择

介绍未来产业开辟备选路径，并以辽宁为例，介绍辽宁选择以技术创业为起点的未来产业引爆路径的过程。介绍未来产业备选赛道，并以辽宁为例，介绍辽宁选择布局6大领域25个细分赛道的过程。介绍未来产业培育备选举措，并以辽宁为例，介绍辽宁选择8大方向30多项超常规举措的过程。

"战略"一词起源于战争领域，正确的战略及具体战术往往能够达到事半功倍的效果。对于未来产业培育而言，选择正确的"战略"也至关重要。我们认为，各地在超前布局未来产业时，需要重点关注的战略性选择主要有3个：一是路径选择，从各地实践及典型赛道的复盘来看，形成未来产业的路径多种多样，各地只有选择相对适合自己的路径才能更快见效；二是赛道选择，未来产业涉及领域非常多，各地要立足自身的比较优势，有所侧重布局一批赛道；三是举措选择，培育未来产业的举措也非常多，各地要基于赛道方向以及自身的比较优势，有所侧重采取一些超常规举措。本章将依次介绍未来产业培育三大战略性选择的原则、备选库，并以辽宁省为例介绍具体选择过程。

## 3.1　路径选择：选择最适合自己的未来产业开辟路径

根据《现代汉语大词典》，路径是指去目的地的道路，比喻达到某种目标的途径或办事的门路、办法等。延伸到经济发展领域，路径是指为达到某经济发展目标而采取的手段组合。从各地实践以及典型赛道复盘来看，可以开辟未来产业的路径多种多样，并且不同的路径决定不同的产业赛道组合和培育举措组合。比如，各地在选择产业赛道时，依据"现有产业未来化"和"未来技术产业化"路径确定的产业赛道就有所不同，其中后者确定的赛道将更为前沿。

### 3.1.1　构建"备选路径库"

从我国地方实践、代表性行业实践、学术界研究3个维度出发，并考虑宏观和微观两个层面，本书最终提炼出了8条行之有效的未来产业培育典型路径，作为"未来产业备选路径库"，供各地从中挑选符合当地区域个性及比较优势的路径组合（详见表3-1）。

表3-1　　　　　　　　未来产业备选路径库：两个层面、多条路径

| 类型 | 路径 | 典型实践 |
|---|---|---|
| 宏观层面 | ❖ 路径1：落实国家决策部署 | ❖ 落实习近平总书记系列重要讲话精神<br>❖ 落实"十四五"规划<br>❖ 落实工信部等《新产业标准化领航工程实施方案（2023—2035年）》<br>❖ 落实工信部等《关于推动未来产业创新发展的实施意见》 |
| | ❖ 路径2：现有产业未来化 | ❖ 沈阳、山西、河南、江西等 |
| | ❖ 路径3：未来技术产业化（整个过程需要经历"工程化—商业化—产业化"3个阶段，需要跨越"魔川—死谷—达尔文海"3个瓶颈） | ❖ 浙江、深圳、北京等 |
| 微观层面 | ❖ 路径4：国家重大政策及其支持的重大工程推动前沿技术攻关及产业化（政府主导） | ❖ 原子弹及核能利用<br>❖ 太空竞赛及国家主导的航天事业<br>❖ 新能源汽车及动力电池 |
| | ❖ 路径5：依靠创业扩散新技术并推动新产业发展（创业者主导） | ❖ 硅谷、中关村<br>❖ 商业航天 |
| | ❖ 路径6：大企业组建联合体攻关颠覆性技术并产业化/大企业集成多领域的颠覆性技术开创新产品类别（大企业主导） | ❖ 极紫外光刻机<br>❖ 智能手机 |
| | ❖ 路径7：交叉学科基础研究突破催生新技术新产品（院所主导） | ❖ 人工智能<br>❖ 量子计算机 |
| | ❖ 路径8：场景需求驱动前沿技术大规模应用（用户主导） | ❖ 工业用电动机及电力<br>❖ 我国的互联网产业 |

**超前布局未来产业：辽宁形成新质生产力的关键之举**

1.我国地方实践。为了抢抓未来产业发展先机，国内外先进地区纷纷加强对未来产业的谋划布局，培育未来产业的路径也各具特色。从我国地方实践看，已有多个省市出台了发展未来产业的专项文件，在表3-2中我们列举了一些思路比较清晰、具有代表性的路径表述。概括来说，主要包括两类：一是以"现有产业未来化"和"未来技术产业化"为路径，其中重点是"现有产业未来化"。我们发现，沈阳、山西、河南、江西等经济基础相对薄弱的地区，都明确提出以"现有产业未来化"和"未来技术产业化"为基本路径[①]，更为关注立足产业基础的"有中生新""优中培精""新中求变"，但同时其也会关注从0到1的"无中生有"。二是以"未来技术产业化"为重点。我们发现，浙江、深圳、北京等经济实力较强、新兴产业繁荣的地区，在培育未来产业时更关注从0到1的"无中生有"，因此更强调"未来技术产业化"的路径，比如，浙江提出了"源头创新—技术转化—产品开发—场景应用—产业化—产业集群"的未来产业培育链路。

表3-2    国内重点省市出台的未来产业促进文件中关于路径的表述

| 政策文件 | 路径表述 |
| --- | --- |
| 《山西省"十四五"未来产业发展规划》<br>（2021年5月） | ❖ 以"现有产业未来化"和"未来技术产业化"为抓手，围绕"优中培精，加速直道冲刺""有中育新，推进弯道超车""新中求变，助力换道领跑""无中生有，着力赛道竞赛"4大路径，重点培育未来数字、未来材料、未来能源、未来装备、未来生活等5大未来产业重点领域 |
| 《河南省加快未来产业谋篇布局行动方案》<br>（2022年1月） | ❖ 坚持产业链、创新链、供应链、要素链、制度链深度耦合，以"现有产业未来化"和"未来技术产业化"为重点，坚持优中培精、有中育新、无中生有，抓创新、强主体、育集群、拓开放、优生态，重点培育量子信息、氢能与储能、类脑智能、未来网络、生命健康、前沿新材料等未来产业 |

[①]    工信部等7部门2024年1月印发的《关于推动未来产业创新发展的实施意见》也提出"以传统产业的高端化升级和前沿技术的产业化落地为主线"，积极培育未来产业。

续表

| 政策文件 | 路径表述 |
|---|---|
| 《关于浙江省未来产业先导区建设的指导意见》（2022年1月） | ❖ 按照"需求导向、前瞻布局、创新驱动、应用牵引、跨界融合、开放共赢"的原则，以未来技术突破和数字化改革催生新动能，构建"源头创新—技术转化—产品开发—场景应用—产业化—产业集群"的未来产业培育链路 |
| 《深圳市培育发展未来产业行动计划（2022—2025）》（2022年6月） | ❖ 建立起"基础研究+技术攻关+成果产业化+科技金融+人才支撑"全过程创新生态链，实施基础研究强基工程、技术攻关突破工程、成果产业化加速工程、科技金融融合工程、创新人才汇聚工程 |
| 《江西省未来产业发展中长期规划（2023—2035年）》（2023年1月） | ❖ 以提升技术创新能力为主攻方向，以"现有产业未来化"和"未来技术产业化"为基本路径，强化技术创新驱动未来产业发展，突出"有中生新"和"无中生有"，推动产业延伸、裂变、融合 |
| 《北京市促进未来产业创新发展实施方案》（2023年9月） | ❖ 以前沿技术能力供给引领新场景、创造新需求，工程化推进"技术—产品—标准—场景"联动迭代，系统构建技术产品化、产品产业化、产业规模化的全链条未来产业生态 |

资料来源：本书编写团队根据公开资料整理。

2.代表性行业实践。正如前文所述，今天的战略性新兴产业以及支柱产业，有许多在若干年前就是当时的未来产业，追溯其发展历程，有助于了解未来产业的演进规律。中国社科院李晓华等在《未来产业：开辟经济发展新领域新赛道》一书中，选取人工智能等典型行业考察发展推动力，得出"人工智能行业由基础理论突破推动，核能利用由重大工程推动，新能源汽车及动力电池行业由国家政策推动"的主要结论[①]。在此基础上，

---

[①] 中国社会科学院工业经济研究所课题组. 未来产业：开辟经济发展新领域新赛道 [M]. 北京：中国发展出版社，2023.

我们还回顾了电动机及电力、极紫外光刻机、智能手机、商业航天等颠覆性技术的发展历程（详见专栏3-1）。最终，我们发现，主要存在5种力量推动颠覆性技术的熟化及产业化：一是院所主导的技术突破催生；二是创业者主导的创业式创新；三是大企业主导的集成创新及产学研联合创新；四是用户主导的场景驱动创新；五是政府主导的重大政策撬动或重大工程示范带动。对于一个行业的崛起，可以某一种，也可以某两种到三种力量起主导作用。

**专栏3-1**　　　**颠覆性技术驱动未来产业形成的典型路径**[①]

◆ 工业用电动机及电力（19世纪80年代—20世纪20年代）：由重大场景需求推动。1820年丹麦物理学家奥斯特发现了"电流的磁效应"，此后直流电动机、交流电动机逐步被发明出来。1889年，俄罗斯的工程师杜列夫-杜波洛沃尔斯基发明了鼠笼式三相电动机，这是第一台实用三相交流电动机，至此电动机发展到了可以进入工业应用的阶段，但电动机取代蒸汽机却经历了漫长的过程。起初，投资购买电机和马达的公司并未实现生产力的迅速提高，后来，由于电力设备及输配电技术迅速发展，供电变得越来越便宜和可靠，电动机才开始在工厂推广应用，但直至1900年，美国工厂的机械驱动力不足5%来自电动机。最终，推动电动机及电力在工业领域广泛应用的"临门一脚"是场景需求。20世纪第二个十年后期的经济复苏以及20世纪20年代出现的新发明——护照（其出现让移民入境受限），都使得企业的用工成本越来越高，倒逼工厂利用电动机。很快，电力作为新能源进入生产领域，电力逐步取代蒸汽成为工厂机器主要动力，人类进入"电气时代"。

◆ 极紫外光刻机（20世纪90年代至今）：大企业牵头组建创新联合体攻克颠覆性技术并推动商业化。1965年，英特尔公司的创始人之一戈

---

[①] 哈福德. 塑造世界经济的50项伟大发明 [M]. 北京：中信出版集团，2018；里德利. 创新的起源：一部科学技术进步史 [M]. 北京：机械工业出版社，2021；雷吉梅克. 光刻巨人：ASML崛起之路 [M]. 北京：人民邮电出版社，2020.

登·摩尔在《电子学》杂志发表了一篇文章，提出了"摩尔定律"，此后，英特尔公司不断自我实现这一伟大预言，直到光刻机光源被卡在193nm无法进步。后来，为了解决这一问题，学术界和产业界提出了各种超越193nm的方案，包括F2激光、电子束投射（EPL）、离子投射（IPL）、极紫外光（EUV）、X光等，其中，20世纪80年代末，美日相关研究人员提出的极紫外光刻技术（EUV，以波长为13.5nm的极紫外光作为光源）被英特尔公司看好。1997年，英特尔和美国能源部共同发起成立EUV LLC联盟，集聚了劳伦斯利弗莫尔实验室、劳伦斯伯克利实验室和桑迪亚国家实验室3大国家实验室，共投入2.25亿美元，集中了数百位顶尖科学家，验证了极紫外光刻技术的可行性。但是，联盟中缺少一家光刻机企业，当时全球半导体产业竞争主要在美日之间，日本尼康和佳能占据光刻机市场80%的份额，美国为与日本竞争，尼康、佳能被排除在联盟之外，飞利浦孵化的ASML（荷兰阿斯麦公司）被选中。1999年，ASML以出资在美国建工厂和研发中心，并保证55%原材料从美国采购及接受定期审查为条件，加入了EUV LLC联盟，获得技术授权开启成果的商业化之路。2006年，ASML推出两台Alpha EUV演示工具（第一代EUV光刻机）；2010年，推出EUV光刻原型机——NXE：3100；2013年，推出EUV光刻机NXE：3300B；2015年，推出EUV光刻机NXE：3350B。以上型号主要用于测试，并未用于芯片的量产。2017年，ASML成功研发出第五代EUV光刻机NXE：3400B，开始用于7nm和5nm工艺精度芯片的量产。截至目前，ASML是全球唯一能够量产极紫外光刻机的企业，占据高端光刻机领域90%的市场份额。

◆ 智能手机（2007年至今）：大企业集成多领域的颠覆性技术并开创新产品类别。2007年，史蒂夫·乔布斯发布了第一代苹果手机，创造了一种新的产品类别：智能手机。苹果手机的问世是苹果公司"站在众人肩膀上"进行的集成式技术创新。经济学家玛丽安娜·马祖卡托列出了智能手机运行的12项关键技术：微处理器、内存芯片、固定硬盘、液晶显示器、锂电池、快速傅里叶变换算法、互联网、HTTP（超文本传输协议）和HTML（超文本标记语言）、移动网络、全球定位系统（GPS）、触摸屏、苹果语言助手（Siri）。比如，第一块真正意义上的触摸屏是在1965年由英国皇家雷达研究院工程师埃里克·亚瑟·约翰逊制造出来的，后来，美国特拉华大学的研究员韦恩·韦斯特曼和约翰·伊莱亚斯将多点触控技术商业化，并把公司卖给了苹果公司。再比如，Siri的原型便是2000年美国国防高级研究计划署委托斯坦福研究所开发一种可以协助军事人员工作的虚拟办公室助理，7年后该项研究成果得以商业化，成立了初创企业Siri，后于2010年被苹果公司收购。

◆ 商业航天（21世纪初期至今）：前沿创业颠覆现有行业形成新赛道。商业航天的发展与源于苏美太空竞赛的国家主导型航天事业密不可分。1957年10月，苏联发射了世界第一颗人造卫星斯普特尼1号，这意味着苏联的运载火箭可以把核武器投送到美国任何地方，就此拉开了美苏太空竞赛的序幕。1958年7月，美国总统艾森豪威尔签署《美国公共法案85-568》，创立了美国国家航空航天局（NASA），NASA成立后便陆续实施了水星计划、双子星计划、阿波罗计划、天空实验室、航天飞机等系列航天计划。冷战结束后，太空竞赛就此告一段落，耗费大量资金的NASA开始受到民众质疑，为尊重民意，政府开始削减NASA预算，但又不能放弃对太空的探索，为此，NASA开始寻找其他途径去筹措资金、降低成本，在此背景下，美国开始出现商业航天公司，包括2000年亚马逊的创始人贝佐斯创立的Blue Origin，2002年埃隆·马斯克创立SpaceX等。其中，SpaceX是领跑者。2008年9月，猎鹰1号火箭第四次发射成功，成为"第一个进入地球轨道的私人开发的液体燃料火箭"；2010年12月，使用猎鹰9号火箭将龙飞船送入轨道并重返地球，首次实现私人航天器成功从轨道返回；2015年12月，在将11颗商业卫星送入地球轨道后，成功实现猎鹰9号在陆地的垂直着陆，成功回收第一级火箭；2017年，使用经过回收和翻新的第一级火箭重新发射猎鹰9号火箭，并成功降落在海上平台；截至2023年12

月初，SpaceX已经发射5 500多颗星链卫星，本年度已发射90多次，成功率达到100%。

资料来源：本书编写团队根据公开资料整理。

3.学术界观点。目前，学术界关于未来产业形成路径主要有两种观点。第一种认为通过创业来扩散新技术是形成未来产业的关键，即培育未来产业的起点是创业，至于新技术的源头在哪里，相对不那么重要。比如，长城战略咨询创始人王德禄曾在其《纵论新经济》专著中，基于中关村这一创新尖峰崛起的经验及改革开放以来我国新经济发展实践，提出通过创业来扩散新技术并推动新兴产业发展是新经济起飞主要路径，并称该路径为"创业式创新"[①]。第二种认为，未来产业的形成源于基础研究的突破，需经历工程化—商业化—产业化3个阶段，并需跨过"魔川""死亡之谷""达尔文海"3个瓶颈，即培育未来产业的起点是基础研究，中国社会科学院李晓华比较支持这种观点，其在引用"魔川—死谷—达尔文海"理论[②]（详见图3-1）的基础上提出，未来产业形成于基础研究的突破，未来技术的产业化过程中依据技术和产业发展的成熟度可以细化为3个阶段，即从基础研究到工程化阶段（将理论原型转化为产品原型）、从工程化到商业化阶段（发现市场需求和拓展应用场景）、从商业化到产业化阶段（实现大规模量产），与其对应需经历"魔川""死亡之谷""达尔文海"3个关键瓶颈[③]。实际上，这两种路径并不冲突，第一种路径更适合辽宁等"跟跑"地区，而第二种路径更合适即将或已经进入"无人区"的地区，比如二战后的美国、20世纪80年代的日本、当今中国的北上深等地区。此外，虽然

---

① 长城战略咨询王德禄. 纵论新经济［M］. 北京：科学技术文献出版社，2023.
② 吴寿仁. 创新知识基础［M］. 上海：上海社会科学院出版社，2011。该书提出了科技成果转化的"魔川—死谷—达尔文海"理论模型，认为技术创新过程可分为研究、开发、商业化、产业化4个阶段，技术创新成果从走出实验室到技术熟化、产品落地，中间往往要经历从研究到开发的"魔川"、从开发到商业化的"死谷"、从商业化到产业化的"达尔文海"等一系列攻坚克难的过程。
③ 中国社会科学院工业经济研究所课题组. 未来产业：开辟经济发展新领域新赛道［M］. 北京：中国发展出版社，2023.

进入"无人区"后技术原创变得尤其重要，但依然要关注创业，日本较早布局未来产业但成效不尽理想的教训告诫我们，仅有技术领先而创业不活跃也无法成功开辟未来新赛道。

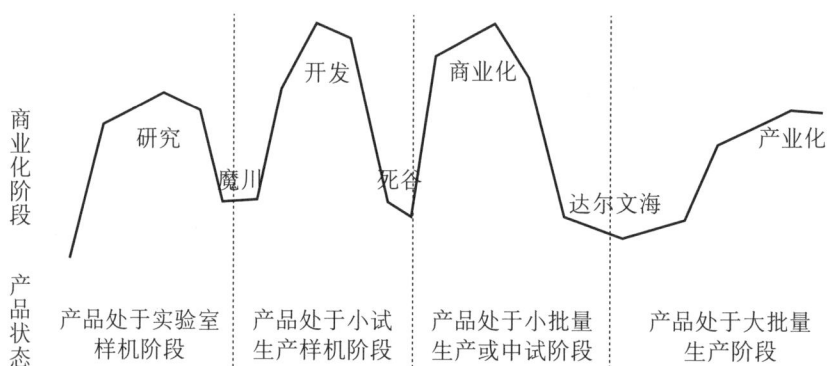

图 3-1 科技成果转化"魔川—死谷—达尔文海"理论

### 3.1.2 以辽宁为例：构建以技术创业为起点的未来产业引爆路径

未来产业路径选择需要立足区域比较优势。我们认为，辽宁开辟未来产业需要立足 3 大比较优势：一是科教资源丰富。辽宁作为科教大省，拥有 114 所高校，其中"双一流"高校 4 所；拥有 1 600 多家科研机构，包括中科院所属的大连化物所、金属研究所、沈阳自动化所、沈阳应用生态研究所等，能为全省未来产业发展提供技术源泉。二是工业体系完备。辽宁工业基础雄厚，尤其在新材料、精细化工、高端装备制造、半导体芯片制造、工业基础软件等领域底蕴深厚，这些产业不仅自身可以孕育新业态，其提供的丰富应用场景还可以进一步孕育工业互联网、3D 打印等未来产业。三是产业人才集聚。辽宁拥有大批高素质的工程师人才和优秀的产业工人，具有浓厚的工业文化，能够为未来产业输送大量应用型人才。

基于以上比较优势及未来产业备选路径库，我们认为，辽宁可以重点选择以下 5 条未来产业开辟路径，这些路径将是后续赛道选择和举措选择的基本原则。5条路径具体如下：一是"落实国家决策部署"路径。近期重点是落实习近平总书记关于未来产业和新质生产力以及关于东北振兴的系列重要讲话精神，落实国家"十四五"规划，落实工信部等4部委印发的《新产业标准化领航工程实施方案（2023—2035年）》等。二是"未来技术产业化"路径。由于改革开放以前辽宁经济在全国都相对领先，当时国家科研机构及研究型大学多布局在经济相对领先的区域，即使从目前来看，辽宁省的国家科研机构和研究型大学在全国也具有一定比较优势，为此，辽宁需要关注"未来技术产业化"路径，推动更多驻辽高校院所的科技成果本地转化。三是"现有产业未来化"路径。在2023年11月召开的辽宁省产业集群建设座谈会上，省委书记郝鹏指出"以22个重点产业集群建设为抓手，着力打造万亿级先进装备制造产业基地、石化和精细化工产业基地、冶金新材料产业基地、优质特色消费品工业基地"，可见，立足辽宁优势产业"老树发新芽"培育未来产业是重要途径之一。四是"技术创业开辟新赛道"路径。技术创业是引爆未来产业的起点，对于辽宁等创新资源丰富但成果本地转化率低的地区，通过技术创业推动未来技术产业化尤其重要。五是"场景示范推动技术熟化及产业化"路径。辽宁可以开放装备制造业数字化场景、材料和能源工业数字化场景、风光火核储一体化场景、海陆空智慧物流场景、冰雪体验场景等领域具有地域特色的高带动性集成场景，为未来产业开辟加速。

## 3.2 赛道选择：聚焦具有比较优势的关键赛道

未来产业涉及领域非常多，各地无法做到面面俱到，要立足自身的比较优势有所侧重布局一批赛道。参考相关研究成果观点[①]，我们认为，各地在

---

① 长城战略咨询. 中国新赛道体系发展报告2023 [R]. 2023；李斌，等. 未来产业：塑造未来世界的决定性力量 [M]. 北京：北京联合出版公司，2021；中国社会科学院工业经济研究所课题组. 未来产业：开辟经济发展新领域新赛道 [M]. 北京：中国发展出版社，2023.

未来产业赛道选择时要遵循以下几条基本原则：

（1）各地要量力而行选择产业赛道。未来产业无论是科技创新还是产业化，都投资巨大、短期见不到成效，而各地财力有限，因此不能贪大求全，只能选择具有比较优势的少量未来产业领域加以支持。其中，经济体量大、财政状况好的地区可以多选一些领域。

（2）各地要立足比较优势选择产业赛道。世界各国对于前沿技术和未来产业的布局具有很大的相似性，基本都集中在数字、低碳、生命、空天等领域，为此各地要结合自身在技术策源、应用场景、产业配套等方面的比较优势，差异化选择更有望成功开辟的关键赛道。

（3）各地选择产业赛道时，主要选功能，而非技术路线。关键赛道要从功能需求的角度进行选择，要避免细化到技术路线层面，因为未来产业技术路线具有不确定性，但是功能需求能够基本把握准。比如，新能源汽车是功能视角，是未来的方向，但具体到技术路线，到底是纯电动汽车、氢能源汽车，还是其他技术路线清洁能源汽车未来能占据主导地位，仍具有很大的不确定性。

（4）各地产业赛道选择要注重听取市场的声音。关键赛道选择时，要充分考虑投资家、科技型企业家的意见，他们对于未来风口有更好的预见能力。比如，长城战略咨询原创发布的中国新赛道体系1.0和2.0版本，都是基于投资人投出的独角兽企业、潜在独角兽企业以及哪吒企业等的产业领域分布而构建的。此外，国家及地方层面的部署要求、未来学家和智库机构技术预测，也多是在听取投资家、科技型企业家意见后形成的，对于各地新赛道选择也有参考价值。

### 3.2.1 构建"备选赛道库"

基于以上赛道选择原则，我们从我国相关部署、全国各地实践、国外实践、新物种企业开辟的新赛道领域、相关权威机构对技术趋势的判断等5个维度出发，构建"未来产业备选赛道库"，以便于各地从中挑选适合本地的、具有比较优势的关键赛道。还值得一提的是，未来产业备选赛道库是动态变化的，会随着经济社会的发展及技术的不断进步，新加入或退出一批产业赛道。秉着大方向的相对确定性，经本节后续研究，我们构建了如下未来产业备选赛道库（详见表3-3），供各地产业赛道选择时参考。该备选赛道库囊括了未来信息与未来智能、未来能源与未来环境、未来健康与未来生物、未来制造、未来材料、未来空间等6大领域40多个细分赛道。

表3-3　　　　　未来产业备选赛道库：6大领域40多个细分赛道

| 产业领域 | 新赛道方向 | 产业领域 | 新赛道方向 |
|---|---|---|---|
| （一）<br>未来信息<br>与未来智能 | ❖ 生成式人工智能（AIGC）<br>❖ AI芯片、物联网芯片<br>❖ 未来显示<br>❖ 未来网络（6G）<br>❖ 第三代互联网<br>❖ 网络安全<br>❖ 量子通信与量子计算<br>❖ 光通信与光计算<br>❖ 人形机器人<br>❖ 元宇宙 | （二）<br>未来能源<br>与未来环境 | ❖ 新能源汽车<br>❖ 氢能与燃料电池<br>❖ 新型储能<br>❖ 可控核聚变<br>❖ 生物质能<br>❖ 多能互补综合能源系统<br>❖ 太阳能高效转化利用<br>❖ 碳捕集利用与封存 |
| （三）<br>未来健康<br>与未来生物 | ❖ 脑科学与脑机接口<br>❖ 基因科技<br>❖ 细胞治疗与再生医学<br>❖ AI辅助诊疗<br>❖ AI制药<br>❖ 医疗机器人<br>❖ 生物制造<br>❖ 现代种业<br>❖ 生物安全 | （四）<br>未来制造 | ❖ 工业互联网<br>❖ 工业机器人<br>❖ 3D打印（增材制造）<br>❖ 工业元宇宙 |

续表

| 产业领域 | 新赛道方向 | 产业领域 | 新赛道方向 |
|---|---|---|---|
| （五）<br>未来材料 | ❖ 高端膜材料<br>❖ 非硅基芯材料<br>❖ 超宽禁带半导体材料<br>❖ 石墨烯材料<br>❖ 高性能碳纤维<br>❖ 超导材料<br>❖ 新一代生物医用材料<br>❖ 智能仿生与超材料 | （六）<br>未来空间 | ❖ 商业运载火箭<br>❖ 卫星网络<br>❖ 太空探索<br>❖ 下一代大飞机<br>❖ 航空发动机<br>❖ 深海探索<br>❖ 深部资源勘探开发装备 |

1.我国相关部署。2006年印发的《国家中长期科学和技术发展规划纲要（2006—2020年）》中提到的16个重大专项以及2016年印发的《"十三五"国家科技创新规划》中提到的"科技创新2030-重大项目"，实际上都是当时我国关注的未来技术及未来产业领域。2021年3月，我国"十四五"规划提出，在类脑智能、量子信息、基因技术、未来网络、深海空天开发、氢能与储能等6个前沿科技和产业变革领域谋划布局一批未来产业，这是我国首次正式提及未来产业领域。工信部于2023年8月印发的《新产业标准化领航工程实施方案（2023—2035年）》，明确提出了未来产业聚焦元宇宙、脑机接口、量子信息、人形机器人、生成式人工智能、生物制造、未来显示、未来网络、新型储能9大未来产业，这是党的二十大后首次正式提及未来产业领域，对各地赛道选择具有较大参考价值。工信部等7部门2024年1月印发的《关于推动未来产业创新发展的实施意见》，提出未来制造、未来信息、未来材料、未来能源、未来空间、未来健康6大方向未来产业，以及人形机器人、量子计算机、新型显示、脑机接口、6G网络设备、超大规模新型智算中心、第三代互联网、高端文旅装备、先进高效航空装备、深部资源勘探开发装备等10项创新标志性产品，这是我国第一份由部委层面出台的未来

产业专项促进文件（详见表3-4）。

表3-4　　　　　　　国务院及有关部委支持的未来产业领域及赛道

| 政策文件 | 领域及赛道 |
|---|---|
| 国务院<br>《国家中长期科学和技术<br>发展规划纲要<br>（2006—2020年）》<br>（2006年2月） | ❖ 确定了核心电子器件、高端通用芯片及基础软件，极大规模集成电路制造技术及成套工艺，新一代宽带无线移动通信，高档数控机床与基础制造技术，大型油气田及煤层气开发，大型先进压水堆及高温气冷堆核电站，水体污染控制与治理，转基因生物新品种培育，重大新药创制，艾滋病和病毒性肝炎等重大传染病防治，大型飞机，高分辨率对地观测系统，载人航天与探月工程等16个重大专项 |
| 国务院<br>《"十三五"国家科技<br>创新规划》<br>（2016年8月） | ❖ 在已有国家科技重大专项（16项）的基础上，新部署"科技创新2030—重大项目"<br>❖ 包括航空发动机及燃气轮机、深海空间站、量子通信与量子计算机、脑科学与类脑研究、国家网络空间安全、深空探测及空间飞行器在轨服务与维护系统、种业自主创新、煤炭清洁高效利用、智能电网、天地一体化信息网络、大数据、智能制造和机器人、重点新材料研发及应用、京津冀环境综合治理、健康保障等15项 |
| 国务院<br>"十四五"规划<br>（2021年3月） | ❖ 在类脑智能、量子信息、基因技术、未来网络、深海空天开发、氢能与储能等6个前沿科技和产业变革领域，谋划布局一批未来产业 |
| 教育部<br>《关于公布首批未来技术<br>学院名单的通知》<br>（2021年5月） | ❖ 批复了未来空天技术、人工智能、储能科学与工程、量子信息等领域的12家未来技术学院 |
| 科技部和教育部<br>《科技部 教育部关于批<br>复未来产业科技园建设<br>试点的函》<br>（2022年11月） | ❖ 批复了信息安全、空天科技、未来能源、未来智能、未来网络、未来交通、量子信息、未来健康等领域的11家未来产业科技园（含10家试点和1家试点培育） |

续表

| 政策文件 | 领域及赛道 |
|---|---|
| 工信部等4部门《新产业标准化领航工程实施方案（2023—2035年）》及解读（2023年8月） | ❖ 未来产业聚焦元宇宙、脑机接口、量子信息、人形机器人、生成式人工智能、生物制造、未来显示、未来网络、新型储能等9大未来产业 |
| 工信部等7部门《关于推动未来产业创新发展的实施意见》（2024年1月） | ❖ 提出了未来制造、未来信息、未来材料、未来能源、未来空间、未来健康6大方向未来产业，以及人形机器人、量子计算机、新型显示、脑机接口、6G网络设备、超大规模新型智算中心、第三代互联网、高端文旅装备、先进高效航空装备、深部资源勘探开发装备等10项创新标志性产品 |

资料来源：本书编写团队根据公开资料整理。

2.全国各地实践。目前，全国已有50多个省市通过专项规划、专项行动方案、"十四五"规划等形式，明确提出了重点布局的未来产业领域。我们重点选取已经有多年连续实践并编制专项规划的省市予以参考，包括上海、北京、浙江、深圳、南京等（详见表3-5），因为其提出的赛道方向是经过实践检验并多次迭代优化后的，相比于仅在"十四五"规划中提及的赛道或首次印发文件探索性提出的未来产业方向更有参考价值。概括来说，这些先行地区实践对我国各地未来产业赛道选择有以下启示：一是结合北京、上海等实践，未来产业方向可以分为两个层次，第一个层次是大的未来产业领域，主要包括未来智能、未来能源、未来健康、未来制造、未来材料、未来空间等领域，每个领域又具体分为多个赛道，比如，未来智能领域包括新一代人工智能、6G网络设备、元宇宙、量子信息、光电子等新赛道，未来健康领域包括脑科学与脑机接口、基因技术、细胞治疗与再生医学、合成生物等新赛道，第二个层次的新赛道与我国《新产业标准化领航工程实施方案（2023—2035年）》所提及的9大未来产业方向属于同一层次；二是结合浙江、深圳等地实践，第二次层次的新赛道可以按发展阶段分为快速成长类和潜力巨大类两类，以构建梯次成长、接续发展的未来产业格局。

表3-5　　我国代表性省级行政单位和地市选择的未来产业领域及赛道

| 类别 | 政策文件 | 领域及赛道 |
|---|---|---|
| 省级行政单位 | 上海市《上海打造未来产业创新高地发展壮大未来产业集群行动方案》（2022年9月） | ❖ 未来健康：脑机接口、生物安全、合成生物、基因和细胞治疗<br>❖ 未来智能：智能计算、通用AI、扩展现实（XR）、量子科技、6G技术<br>❖ 未来能源：先进核能、新型储能<br>❖ 未来空间：深海探采、空天利用<br>❖ 未来材料：高端膜材料、高性能复合材料、非硅基芯材料 |
| | 浙江省《关于培育发展未来产业的指导意见》（2023年2月） | ❖ 9个快速成长未来产业：未来网络、元宇宙、空天信息、仿生机器人、合成生物、未来医疗、氢能与储能、前沿新材料、柔性电子<br>❖ 6个潜力巨大未来产业：量子信息、脑科学与类脑智能、深地深海、可控核聚变及核技术应用、低成本碳捕集利用与封存、智能仿生与超材料 |
| | 北京市《北京市促进未来产业创新发展实施方案》（2023年9月） | ❖ 未来信息：通用人工智能、第六代移动通信（6G）、元宇宙、量子信息、光电子<br>❖ 未来健康：基因技术、细胞治疗与再生医学、脑科学与脑机接口、合成生物<br>❖ 未来制造：类人机器人、智慧出行<br>❖ 未来能源：氢能、新型储能、碳捕集封存利用<br>❖ 未来材料：石墨烯材料、超导材料、超宽禁带半导体材料、新一代生物医用材料<br>❖ 未来空间：商业航天、卫星网络 |

续表

| 类别 | 政策文件 | 领域及赛道 |
|---|---|---|
| 省级行政单位 | 江苏省《关于加快培育发展未来产业的指导意见》（2023年11月） | ❖优先发展10个成长型未来产业：第三代半导体、未来网络、氢能、新型储能、细胞和基因技术、合成生物、通用智能、前沿新材料、零碳负碳（碳捕集利用及封存）、虚拟现实<br>❖超前布局X个前沿性未来产业：量子科技、深海深地空天、类人机器人、先进核能 |
| 地市 | 深圳市《深圳市培育发展未来产业行动计划（2022—2025年）》（2022年6月） | ❖出现爆发性增长：合成生物、区块链、细胞与基因、空天技术<br>❖形成技术研发优势：脑科学与类脑智能、深地深海、可见光通信与光计算、量子信息 |
| | 南京市《南京市加快培育新赛道发展未来产业行动计划》（2022年9月） | ❖新一代人工智能、第三代半导体、基因与细胞、元宇宙、未来网络与先进通信、储能与氢能 |

资料来源：本书编写团队根据公开资料整理。

3.国外实践。结合第2章对于国外实践的介绍，我们认为美国于2021年通过的《2021美国创新与竞争法案》以及日本在"社会5.0"愿景基础上编制的《2020科学技术白皮书》，对于我国各地区的未来产业赛道选择具有一定的启示价值（详见表3-6）。其中，2021年美国参议院通过的《2021美国创新与竞争法案》（United States Innovation and Competetion of 2021，USICA）是对1945年发布的《科学：无尽的前沿》报告[①]的延续。该法案倡议在5年内向新成立的技术理事会拨款1000亿

---

① 该报告是美国历史上最具影响力的科研政策报告，描绘了第二次世界大战美国的国家科研体制和创新机制的发展蓝图，并被采纳，为美国当今科技全球领先地位奠定了基础。参考资料：布什万，等. 科学：无尽的前沿［M］. 北京：中信出版集团，2021；周光礼，等. 有组织科研：美国科教政策变革新趋势——基于《无尽的前沿：未来75年的科学》的分析［J］. 清华大学教育研究，2023，44（2）.

美元，以支持未来智能、未来健康、未来能源、未来装备、未来材料等5大领域10个关键技术方向的基础研究投入、人才培养和技术成果转化[①]。其提及的方向与我国的部署比较一致，主要差别是我国还提及了深海和空天领域，而美国还提及了自然或人为灾害预防领域。接下来，再看日本。自1971年以来，日本科技政策研究所每5年开展一次"科技预测调查"，2019年发布了以2040年为目标的《第11次科技预测调查综合报告》。在此基础上，2020年日本文部科学省发布了《2020科学技术白皮书》，该白皮书以加速实现"超智能社会5.0"为导向，提出了2040年前能够实现的37项新技术和服务[②]。这些未来技术及产业方向比我国及美国提及的方向更加具象化，更利于指引技术开发及成果转化，但存在预测失误的风险，日本第五代计算机项目的失败就是典型案例。对于追赶发展阶段，有成熟经验可循，方向选择可以具象到如此程度，但进入无人区之后，技术发展不确定性增大，就不再适合如此具象。为此，我们建议国内各地在未来产业赛道选择时要避免照抄照搬日本模式，不能把未来产业的方向具象化到如此精细的程度，这部分工作应该交由企业家、投资人及市场去完成，政府不能越俎代庖。

表3-6　　　　　　　　　**美国和日本选择的未来产业领域及赛道**

| 政策文件 | 领域及赛道 |
| --- | --- |
| 美国<br>《2021美国创新与竞争法案》 | ❖ 人工智能与机器学习<br>❖ 高性能计算、半导体和先进的计算机硬件<br>❖ 量子计算和信息系统<br>❖ 先进的通信技术<br>❖ 网络安全、数据存储和数据管理技术<br>❖ 生物技术、基因组学和合成生物学<br>❖ 先进的能源技术<br>❖ 机器人、自动化和先进制造<br>❖ 自然或人为灾害预防<br>❖ 与其他关键技术领域有关的材料科学、工程和勘探 |

① 谷贤林, 等. 美国《无尽的前沿法》议案解析 [J]. 世界教育信息, 2022, 35 (04).
② 崔成, 等. 日本超智能社会5.0: 大变革时代的科技创新战略 [J]. 中国经贸导刊, 2016 (36).

续表

| 政策文件 | 领域及赛道 |
|---|---|
| 日本<br>《2020科学技术白皮书》 | ❖ 可移植器官的3D打印<br>❖ 完全融合于活体，可以自主代谢的假体<br>❖ 捕捉语境的AI系统<br>❖ 存档工匠技术的农业机器人<br>❖ 海上漂浮式风力发电技术<br>❖ 增强虚拟现实运动<br>❖ 大规模稳定使用的长期贮氢技术<br>❖ 基于量子信息通信技术的高安全性自动驾驶系统<br>❖ 不受地点限制的自动驾驶技术<br>❖ 在城市地区运送人的无人机<br>❖ …… |

资料来源：本书编写团队根据公开资料整理。

4.新物种企业开辟的新赛道领域。长城战略咨询是国内首先尝试基于新物种企业赛道分布构建未来产业赛道体系的机构。核心逻辑是聚焦投资机构投出的独角兽企业、潜在独角兽企业以及哪吒企业等，按照"新场景赋能—新物种涌现—新赛道形成"的新经济产业发展路径，自下而上地围绕新物种集中爆发的产业领域推导出具有发展潜力的未来产业赛道。长城战略咨询2021年联合南京市首次原创发布中国新赛道体系1.0版本——《中国新赛道体系发展报告2021》，2023年又联合南京市发布2.0版本的新赛道体系——《中国新赛道体系发展报告2023》，此外，其还分别联合大连市、长春市发布了"制造+"新赛道体系和"数实融合"新赛道体系（详见表3-7）[1]。我们认为，这是一套最贴近市场的新赛道体系，各地在赛道选择时可以重点参考，但要注意，这些赛道都是已经实现了的，前瞻性不如接下来将介绍的技

---

[1] 长城战略咨询. 中国新赛道体系发展报告 2023 [R]，2023；长城战略咨询. 中国新赛道2022"制造+"专题报告：新赛道引领新旧动能转换 [R]，2022；长城战略咨询. 中国新赛道2023专题报告："数实融合"新赛道引领现代化产业体系发展 [R]，2023.

术预测，此外，这套新赛道体系还包括非硬科技的新业态领域，比如垂直电商、智慧物流等，它们不属于未来产业的范畴。

表3-7　　　　　**长城战略咨询发布的"新赛道体系"概览**

| 一级赛道 | 二级赛道 |
| --- | --- |
| 《中国新赛道体系发展报告2023》 | |
| Z世代体验 | 潮品新零售、网红爆品、网络社区、闲置交易、动漫衍生 |
| 智慧物流 | 网络货运、物流信息平台、同城配送、物流机器人、跨境物流、自助快递 |
| 垂直电商 | 汽车电商、生鲜电商、母婴电商、医药电商、酒品电商 |
| 新电商 | 跨境电商、社交电商、无人零售 |
| 新金融 | 智能风控、智慧保险、消费金融、供应链金融、互联网银行 |
| 交互娱乐 | 游戏竞技、数字影视、短视频、数字音乐 |
| 人居生活 | 智慧家庭、共享住宅、宠物服务 |
| 数字文创 | 体育科技、网络文学、知识付费、在线旅游、数字资讯 |
| 互联网医疗 | 互联网医院、医疗大数据、健康管理、AI辅助诊疗 |
| 智慧出行 | 共享出行、位置服务、车路协同 |
| 互联网教育 | STEAM教育、互联网职业教育、教育新基建、智适应教育 |
| 人工智能 | AI芯片、AI解决方案、机器视觉、语音识别、脑机接口 |
| 数链科技 | 大数据、区块链、基础信创软件 |
| 云安全 | 云计算、网络安全 |
| 元宇宙 | VR/AR、虚拟数字人、空间智能 |
| 物联网 | 物联网应用、物联网芯片 |
| 未来汽车 | 自动驾驶、智能网联汽车、智能动力、自动驾驶芯片、飞行汽车 |
| 企业服务 | 数字运营工具、数字营销、数字人力、数字设计、众创空间 |
| 产业互联网 | 服务业互联网、工业互联网、农业互联网 |
| 智能制造 | 工业机器人、服务机器人、智能感知、增材制造 |

续表

| 一级赛道 | 二级赛道 |
|---|---|
| 医疗科技 | 创新药研发、创新医疗器械、基因科技、AI制药、细胞治疗、医疗机器人 |
| 商业航空航天 | 卫星互联网、无人机、商业运载火箭、太空探索 |
| 能源科技 | 智能光伏、新型储能、氢能 |
| 前沿新材料 | 精密制造材料、第三代半导体材料、纳米新材料 |
| 量子科技 | 量子通信、量子计算、量子精密测量 |
| 《中国新赛道2022"制造+"专题报告：新赛道引领新旧动能转换》 | |
| 智能网联与新能源汽车 | 智能网联、智能飞行汽车、新能源汽车、动力电池、智能充电、自动驾驶 |
| 信创 | AI解决方案、工业互联网、智能芯片、智能通信设备 |
| 创新药与器械 | 创新药研发、智能医疗器械 |
| 智能装备 | 智能硬件、无人机、机器人 |
| 智慧物流 | 供应链物流、网络货运 |
| 洁净能源 | 氢能、太阳能、新型储能 |
| 《中国新赛道2023专题报告："数实融合"新赛道引领现代化产业体系发展》 | |
| 智能制造 | 工业机器人、3D打印、工业互联网平台 |
| 智慧能源 | 智能充换电、能源互联网 |
| 企业数字服务 | 数字人力、数字财税服务、数字化设计研发、数字营销 |
| 智能交通 | 自动驾驶、智能网联、智能飞行器 |
| AI及前沿数字应用 | AI芯片、AI算法模型、卫星互联网 |
| 数字医疗 | 医疗机器人、AI制药、数字医学影像 |
| 智慧物流 | 网络货运、B2B供应链、智能仓储 |

资料来源：本书编写团队根据公开资料整理。

5.相关权威机构对技术趋势的判断。技术预测对于未来产业培育意义重大，可以视为未来产业发展的"指南针"。它起源于20世纪40年代的美国，随后逐渐被日本、德国等国家广泛应用。我们认为，除了上文刚提到的日本科技政策研究所每 5 年开展一次的"科技预测调查"以外，各地在赛道选择时还可以重点关注高德纳公司、《麻省理工科技评论》杂志、麦肯锡公司的技术预测，此外，最近中科院颠覆性技术创新研究组编写的颠覆性技术创新研究系列丛书及《科技日报》公布的"卡脖子"技术清单也有参考价值（详见图 3-2 及表 3-8 至 3-11）。比如，高德纳公司从 1995 年起，每年都会发布一期新技术、新概念的媒体曝光度和技术成熟度水平随时间变化的曲线，由于高德纳公司专注于 IT 垂直领域，因此其技术方向主要面向未来智能与未来信息领域。再比如，《麻省理工科技评论》杂志从 2001 年起每年都会评选出当年的"十大突破性技术"，从历年评选结果来看，可以归纳为"生命科学、信息技术、资源与能源、工程制造、智慧生活"5 大领域①，该技术预测涉及全领域，对各地均有较大的参考价值。

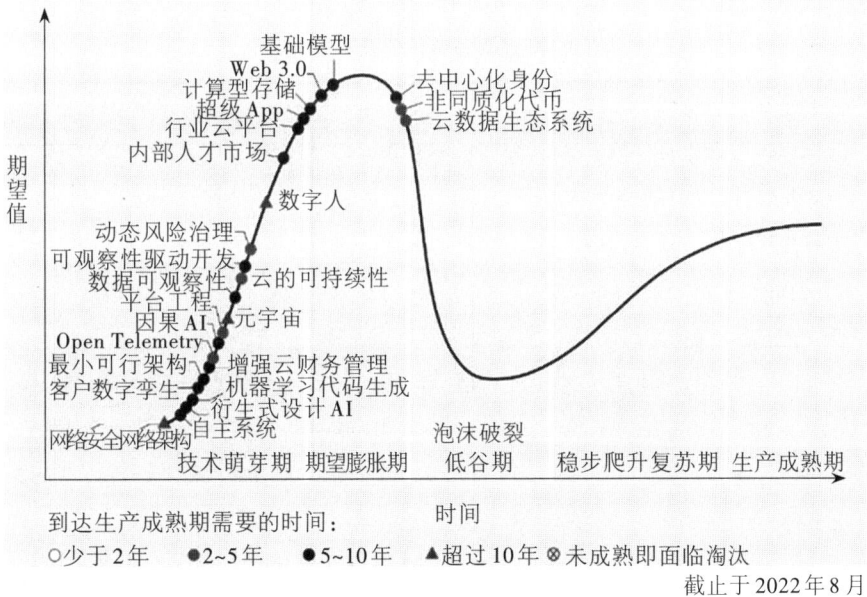

图 3-2　2022 年 Gartner 新兴技术成熟度曲线

---

① 深科技. 科技之巅：全球突破性技术创新与未来趋势［M］. 北京：人民邮电出版社，2023.

表3-8 近5年《麻省理工科技评论》"全球十大突破性技术"

| 时间 | 突破性技术 |
|---|---|
| 2019年 | 灵巧机器人、核能新浪潮、早产预测、肠道显微胶囊、定制癌症疫苗、人造肉汉堡、捕获二氧化碳、可穿戴心电仪、无下水道卫生间、流利对话的AI助手 |
| 2020年 | 防黑互联网、超个性化药物、数字货币、抗衰老药物、人工智能发现分子、超级星座卫星、量子优越性、微型人工智能、差分隐私、气候变化归因 |
| 2021年 | mRNA疫苗、GPT-3、数据信托、锂金属电池、数字接触追踪、超高精度定位、远程技术、多技能AI、TikTok推荐算法、绿色氢能 |
| 2022年 | 新冠口服药、实用型聚变反应堆、终结密码、AI蛋白质折叠、PoS权益证明、长时电网储能电池、AI数据生成、疟疾疫苗、除碳工厂、新冠变异追踪 |
| 2023年 | 詹姆斯·韦伯太空望远镜、用于高胆固醇的CRISPR、制作图像的AI、按需器官制作、远程医疗堕胎药、改变一切的芯片设计、古代DNA分析、电池回收利用、必然到来的电动汽车、大规模生产的军用无人机 |

资料来源：本书编写团队根据公开资料整理。

表3-9 近3年麦肯锡提出的技术方向

| 报告名称 | 方向 | 技术趋势 |
|---|---|---|
| 《塑造未来的十大科技趋势》（2021年） | — | 过程自动化和虚拟化、连接的未来、分布式基础设施、下一代计算、应用人工智能、编程的未来、信任架构、生物革命、下一代材料、清洁技术的未来 |
| 《2022年科技趋势展望》 | 硅时代（数字和IT技术） | 高级连接、应用人工智能、云计算和边缘计算、沉浸式现实技术、机器学习产业化、下一代软件开发、量子技术、信任架构和数字身份、Web 3.0 |
| | 未来工程（物理技术能源和流动性等领域） | 生物工程技术、清洁能源技术、移动出行技术、空间技术、可持续消费技术 |

续表

| 报告名称 | 方向 | 技术趋势 |
|---|---|---|
| 《2023科技趋势展望报告》 | 人工智能革命 | 通用人工智能、工业化机器学习、生成式人工智能 |
| | 数字化建设 | 下一代软件开发、信任架构与数字身份、Web 3.0 |
| | 计算和互联网前沿 | 先进连接技术、全息现实技术、云计算和边缘计算、量子技术 |
| | 尖端科技 | 未来出行、未来生物工程、未来太空技术 |
| | 可持续发展 | 电气化和可再生能源、非电气化和可再生能源的气候技术 |

资料来源：本书编写团队根据公开资料整理。

表3-10　　　　　中国科学院关注的重点领域颠覆性技术[①]

| 相关著作 | 颠覆性技术 |
|---|---|
| 《颠覆性技术创新研究：信息科技领域》（2018年） | 量子信息技术 |
| | 人工智能技术 |
| | 虚拟现实技术 |
| | 移动互联网技术 |
| 《颠覆性技术创新研究：生命科学领域》（2020年） | 基因测序技术 |
| | 基因组编辑技术 |
| | 合成生物学 |

① 中国科学院颠覆性技术创新研究组. 颠覆性技术创新研究：信息科技领域 [M]. 北京：科学出版社，2018；中国科学院颠覆性技术创新研究组. 颠覆性技术创新研究：生命科学领域 [M]. 北京：科学出版社，2020；中国科学院颠覆性技术创新研究组. 颠覆性技术创新研究：能源领域 [M]. 北京：科学出版社，2023.

续表

| 相关著作 | 颠覆性技术 |
|---|---|
| 《颠覆性技术创新研究：生命科学领域》（2020年） | 基因治疗技术 |
| | 干细胞治疗技术 |
| | 免疫细胞治疗技术 |
| | 类脑智能 |
| 《颠覆性技术创新研究：能源领域》（2023年） | 碳基能源高效催化转化技术 |
| | 天然气水合物开发利用技术 |
| | 可控核聚变技术 |
| | 太阳能高效转化利用技术 |
| | 氢能与燃料电池技术 |
| | 新型高能电化学储能技术 |
| | 多能互补综合能源系统 |

资料来源：本书编写团队根据公开资料整理。

表3-11　　35项中国被"卡脖子"的关键技术（2018年版）[①]

| 序号 | 技术名称 | 序号 | 技术名称 | 序号 | 技术名称 |
|---|---|---|---|---|---|
| 1 | 光刻机 | 13 | 核心工业软件 | 25 | 微球 |
| 2 | 芯片 | 14 | ITO靶材 | 26 | 水下连接器 |
| 3 | 操作系统 | 15 | 核心算法 | 27 | 高端焊接电源 |
| 4 | 触觉传感器 | 16 | 航空钢材 | 28 | 锂电池隔膜 |
| 5 | 真空蒸镀机 | 17 | 铣刀 | 29 | 燃料电池关键材料 |
| 6 | 手机射频器件 | 18 | 高端轴承钢 | 30 | 医学影像设备元器件 |

---

① 2018年《科技日报》公布了中国急需突破的被"卡脖子"的35项关键技术。

续表

| 序号 | 技术名称 | 序号 | 技术名称 | 序号 | 技术名称 |
|---|---|---|---|---|---|
| 7 | 航空发动机短舱 | 19 | 高压柱塞泵 | 31 | 数据库管理系统 |
| 8 | iCLIP技术 | 20 | 航空设计软件 | 32 | 坏氧树脂 |
| 9 | 重型燃气轮机 | 21 | 光刻胶 | 33 | 超精密抛光工艺 |
| 10 | 激光雷达 | 22 | 高压共轨系统 | 34 | 高强度不锈钢 |
| 11 | 适航标准 | 23 | 透射式电镜 | 35 | 扫描电镜 |
| 12 | 高端电容电阻 | 24 | 掘进机主轴承 | | |

资料来源：本书编写团队根据公开资料整理。

## 3.2.2 以辽宁为例：统筹布局6大未来产业集群

前些年，辽宁省已超前布局了IC装备、氢能与储能、眼健康等未来产业并处于全国领先地位。以IC装备为例，2002年沈阳市人民政府和中科院沈阳自动化研究所合作共建"沈阳IC装备产业园"，超前布局IC装备产业。2022年沈阳市IC装备产业规模近70亿元，成为继北京、上海之后的全国第三大IC装备产业基地，涌现出芯源微、拓荆科技、富创精密、沈科仪等IC装备"四小龙"企业，其中3家在科创板上市。此外，目前辽宁省已在"十四五"规划等相关规划文件中提及未来产业领域，沈阳市还于2018年较早印发了未来产业专项规划，大连市也在战略性新兴产业"十四五"规划中提及未来产业领域。但总体来看，辽宁省的未来产业布局，仍然存在谋划不够系统、落实不佳等问题。具体如下：一是从全省来看，2021年3月印发的《辽宁省国民经济和社会发展第十四个五年规划和2035年远景目标纲要》提出"超前布局类脑智能、量子信息、基因技术、未来网络、深海空天开发技术、氢能与储能、增材制造、柔性电子、第三代半导体、石墨烯等未来产业"，2023年11月通过的《中共辽宁省委关于深入贯彻落实习近平总书记在新时代推动东北

**超前布局未来产业：辽宁形成新质生产力的关键之举**

全面振兴座谈会上重要讲话精神奋力谱写中国式现代化辽宁新篇章的意见》提出"前瞻性布局未来产业，重点在细胞治疗、元宇宙、深海深地开发、柔性电子等领域，培育一批引领产业升级、抢占全球产业竞争制高点的新兴产业"，但省级层面暂未出台专项的未来产业培育行动方案，近期更新的《辽宁省深入推进结构调整"三篇大文章"三年行动方案（2022—2024年）》，仅包括"12个市场竞争优势明显千亿级产业集群+12个战略性新兴产业集群"，没有包括未来产业集群。二是对于沈阳市，由科技局牵头于2018年编制印发的《沈阳市未来产业培育和发展规划（2018—2035年）》，提出以"未来技术产业化"和"现有产业未来化"为抓手，重点培育"3+2"未来产业体系，包括未来生产、未来交通、未来健康3大主导产业，以及未来信息技术、未来材料两大赋能产业。这个非常超前，是国内仅次于深圳（2013年）和杭州（2017年）的第三个编制并发布未来产业专项规划的城市，但遗憾的是，沈阳市仅停留在规划的层面，没有像深圳那样采取实实在在的促进举措。三是对于大连市，2021年12月印发的《大连市战略性新兴产业发展"十四五"规划》提及布局洁净能源、先进材料、生命科学、第三代半导体等未来产业。此外，大连市还制定了两份赛道层面的专项培育方案，包括《大连市氢能产业发展规划（2020—2035年）》和《大连市工业元宇宙创新发展三年行动计划（2023—2025）》。同时，近年来大连市还围绕氢能、工业元宇宙等关键赛道发展采取了一些实实在在的促进措施，比如，举办"2023中国（大连）国际氢能论坛"，支持大连化物所第三代燃料电池技术实现本地转化，但是大连的探索相较于上海等地还不够系统，定力也不足。

立足以上现状，我们认为辽宁可以延续《沈阳市未来产业培育和发展规划（2018—2035年）》提及的路径，即从"未来技术产业化"和"现有产业未来化"两方面着手，在本节构建的"未来产业备选赛道库"中，系统筛选辽宁省值得关注的未来产业领域，从而构建符合辽宁实际的未来产业蓝图，用于指导全省未来产业培育实践，形成未来产业促进的合力和定力。本书编写团队立足此前课题研究的积累，进一步迭代完善提出了"一属于+四个有"的辽宁未来产业赛道选择标准（即属于颠覆性技术、"卡脖子"技术等关键核心技术领域，辽宁有技术创业项目或者新物种企业、科技领军企业，辽宁有创新策源能力，东北地区有应用场景及产业配套能力，全国乃至全球有千亿级潜在市场规模），并以此标准，一方面考虑"无中生有"推动未来技术产业化，抢占前沿新赛道；另一方面考虑"有中生新"推动现有产业未来化，即推动辽宁省4个万亿级产业基地以及22个产业集群迭代升级，最终筛选形成"6大未来产业集群+25个新赛道"的两个层级的未来产业体系（与上海、北京等类似），作为辽宁省未来产业蓝图的建议版本供各界参考（详见表3-12）。

表3-12　　以辽宁省为例的赛道选择：6大未来产业集群25个新赛道

| 产业领域 | 新赛道方向 | 产业领域 | 新赛道方向 |
|---|---|---|---|
| （一）<br>未来装备<br>*优势领域 | ①下一代空天装备<br>②下一代船舶装备<br>③下一代IC装备<br>④下一代机器人<br>⑤下一代数控机床<br>⑥深海深地开发 | （二）<br>未来材料<br>*优势领域 | ①先进半导体材料<br>②生物医用材料<br>③新型能源材料 |
| （三）<br>未来智能<br>*热门领域 | ①工业互联网<br>②人工智能<br>③元宇宙<br>④网络安全<br>⑤传感器<br>⑥柔性电子 | （四）<br>未来能源<br>*热门领域 | ①氢能"制—储—输—用"<br>②先进储能<br>③新能源汽车 |
| （五）<br>未来健康<br>*热门领域 | ①下一代医疗装备<br>②现代中医药<br>③基因与细胞治疗<br>④眼健康 | （六）<br>未来生物<br>*使命需要 | ①数字农业<br>②生物农业<br>③生物制造 |

在此，还值得一提的是，辽宁之所以选择这6大未来产业领域，主要有以下3点考虑：一是紧跟全球趋势，布局未来智能、未来能源、未来健康领域。从国内外布局以及权威机构预测来看，未来产业布局主要关注智能、低碳、健康3大主题，为此，未来智能、未来能源、未来健康3大领域值得辽宁关注。尤其未来智能领域，无论是我国《新产业标准化领航工程实施方案（2023—2035年）》提出的9个未来产业新赛道方向，还是《2021美国创新与竞争法案》提及的10个未来产业方向，一半以上都属于未来智能领域，可见，即使辽宁错过了上一轮信息经济、数字经济的浪潮，并且在我国提出的元宇宙、量子信息、生成式人工智能、未来显示、未来网络等5个未来智能新赛道领域已有合肥、南京等抢先跑出一步，辽宁仍必须坚定布局未来智能领域，不能再错失这一轮机会。二是立足辽宁优势产业基础，布局未来装备、未来材料领域。辽宁必须坚定不移放大在装备、材料领域的产业和创新比较优势，推动"现有产业未来化"和"未来技术产业化"，积极布局未来装备、未来材料领域，实际上，在国内外实践及权威机构的技术预测中，都或多或少提及装备、材料等领域，但是摆放的位置不如智能、低碳、健康3大主题突出。三是考虑东北特殊使命需要，布局未来生物领域。辽宁还必须布局未来生物领域，除了要布局国内外都相对关注的生物制造领域外，还必须结合辽宁及东北的特色使命需要，布局数字农业、生物农业领域，为东北承担保障国家粮食安全使命贡献辽宁力量。

## 3.3　举措选择：寻找最为关键的小切口举措

国内外已经对培育未来产业做了大量实践探索，培育未来产业的举措非常多，各地无法做到面面俱到，为此，就需要基于赛道方向及自身的比较优势，有所侧重选取一批关键突破口。根据长城战略咨询提出的"80-20-4"

原则[1]，我们习惯上称这些真正对于未来产业培育有实质性帮助的最为关键举措为"4%小切口举措"。我们认为，各地在未来产业举措选择时要遵循以下几条基本原则：

（1）因未来产业所处发展阶段而异，选择不同的举措。在未来产业发展的工程化阶段，往往要求地方具备一定的前沿技术策源能力，有高校院所、国家实验室、技术人才等创新资源以支撑前沿技术迭代；在商业化阶段，往往需要良好的创新创业生态和相当规模的需求市场，比如，需要金融、场景等要素；在产业化阶段，往往需要良好的产业配套能力来支撑，比如需要空间载体、原材料供应、物流配送等配套保障[2]。总之，各地在选择培育举措时，要充分考虑拟培育的未来产业所处的发展阶段，对症下药。

（2）因赛道组合而异，选择不同的举措。各地在确立未来产业主攻方向后，还要加以区分进行分类培育，针对不同的产业赛道设计不同的培育举措，但是，也要注重将针对不同产业赛道的举措进行归并，集中推进，最终实现纵横双向发力加速新赛道开辟。

（3）因城市能级而异，选择不同的举措。各地在选择培育举措时，要充分考虑当地经济发展水平、产业发展基础、创新资源禀赋，对于经济实力雄厚、创新源头相对缺乏的地区，可多布局战略科技力量以提升技术策源能力，深圳就属于这类地区。

（4）各地举措选择时，要多选经实践检验且行之有效的措施。切实有效的措施能让各地少走很多弯路，为此，举措选择时，要充分吸收国家部委、我国各地及国外的先进经验。当前，各地也需要开展举措的原创，可以从使命导向、问题导向两个视角研提原创举措。

---

[1] 长城战略咨询. 80-20-4：帕累托平方的创意法则［R］. GEI企业研究报告，2017（11）. 这是对"二八原则"的再创造，对20%部分再进行"二八"分解就是最为关键的4%精华。

[2] 中国社会科学院工业经济研究所课题组. 未来产业：开辟经济发展新领域新赛道［M］. 北京：中国发展出版社，2023.

### 3.3.1 构建"超常规备选举措库"

基于以上举措选择原则，我们从我国相关部署、全国各地实践、国际实践、学术界观点等4个维度出发，构建"未来产业备选举措库"，以便各地从中挑选适合本地的、与所选赛道配套的关键举措。秉着大方向的相对确定性，经本节后续研究，我们构建了如下"未来产业备选举措库"（详见表3-13），供各地举措选择时参考。该备选举措库涵盖了技术突破、技术创业、企业成长、未来产业承载空间、未来产业发展环境、未来产业推进保障等6大着力方向的40多项关键举措。

表3-13　　　　未来产业备选举措库：6大着力方向40多项关键举措

| 着力方向 | 关键举措 |
|---|---|
| 技术突破 | ❖ 国家重大科技专项（国务院-科技部）<br>❖ 科技创新2030-重大项目（国务院-科技部）<br>❖ 未来产业技术研究院（国务院-部委待定）<br>❖ 实施未来产业创新任务揭榜挂帅项目支持计划（国务院-工信部）<br>❖ 布局国家战略科技力量（北京等）<br>❖ 实施颠覆性技术突破计划（北京等）<br>❖ 实施未来产业软硬件自主可控攻坚计划（北京等）<br>❖ 支持龙头企业牵头组建"创新联合体"（深圳、北京等）<br>❖ 实施"人类基因组计划"等大科学计划（美国）<br>❖ 布局国家实验室及大科学装置（美国）<br>❖ 支持颠覆性技术研究项目（美国） |
| 技术创业 | ❖ 加快构建硬科技初创企业体系（北京等）<br>❖ 布局建设一批概念验证中心、中小试基地（深圳等）<br>❖ 推进科技成果转化"三项改革"（西安等）<br>❖ 建设以推动技术创业为核心使命的创业型大学（美国） |

续表

| 着力方向 | 关键举措 |
|---|---|
| 企业成长 | ❖ 实施独角兽企业、瞪羚企业培育计划（北京等）<br>❖ 实施"专精特新"企业培育计划（北京、深圳等）<br>❖ 培育产业生态主导型企业（上海、北京等）<br>❖ 实施硬科技企业培育计划（西安、上海、北京等）<br>❖ 培育细分领域"未来之星"（上海）<br>❖ 实施"赛手企业"培育计划（四川） |
| 未来产业承载空间 | ❖ 布局未来科技产业园（国务院-科技部）<br>❖ 布局未来产业先导区（上海、浙江等）<br>❖ 建设科学城等未来产业核心承载区（深圳等）<br>❖ 环绕高校院所建设未来产业核心承载区（美国）<br>❖ 打造国家高新区成为未来产业试验田（长城战略咨询） |
| 未来产业发展环境 | ❖ 搭建未来技术应用场景（国务院-部委待定）<br>❖ 布局未来技术学院（国务院-教育部）<br>❖ 实施未来产业标准化领航工程（国务院-工信部）<br>❖ 建设未来产业试验场（上海等）<br>❖ 举办新场景发布会、供需对接会（北京、合肥等）<br>❖ 设立未来产业引导基金及种子基金（上海、合肥等） |
| 未来产业推进保障 | ❖ 央企产业焕新行动和未来产业启航行动（国务院-国资委）<br>❖ 举办全国颠覆性技术创新大赛（国务院-科技部）<br>❖ 组建市场化未来产业促进平台（上海等）<br>❖ 编制未来产业发展白皮书（上海等）<br>❖ 建设未来产业战略型高水平智库（北京等）<br>❖ 地方国资参与未来产业培育（合肥、陕西、成都等）<br>❖ 借力科幻作品培养改变世界的伟大创业者（美国） |

**超前布局未来产业：辽宁形成新质生产力的关键之举**

1.我国相关部署。在国务院层面，2006年印发的《国家中长期科学和技术发展规划纲要（2006—2020年）》和2016年印发的《"十三五"国家科技创新规划》分别提出实施国家科技重大专项和科技创新2030-重大项目支持计划，本质上是我国围绕未来产业领域实施的关键技术攻关计划，只是其不叫这个名字；2021年印发的"十四五"规划还提出，专门针对未来产业布局未来产业技术研究院、打造未来技术应用场景的关键举措。在部委层面，目前教育部、科技部、工信部、国资委等4部委聚焦未来产业开展了专门的探索，包括2020年启动的未来技术学院建设、2021年启动的未来科技产业园试点，以及2023年启动的未来产业标准化领航工程、未来产业创新任务揭榜挂帅项目支持计划、央企产业焕新行动和未来产业启航行动。此外，2024年1月工信部等7部门印发的《关于推动未来产业创新发展的实施意见》，还提出了中央企业未来产业启航行动计划、创建未来产业先导区、开拓新型工业化场景等大量举措，有待下一步央地合力推进落实（详见表3-14）。以上这些国家层面重点部署，可为各地未来产业培育举措选择指明方向。

表3-14　　　　　**国务院及有关部委采取的未来产业促进举措**

| 单位 | 促进举措 | 政策文件 |
|---|---|---|
| 国务院 | 国家科技重大专项 | 《国家中长期科学和技术发展规划纲要（2006—2020年）》（2006年2月） |
| | 科技创新2030-重大项目 | 《"十三五"国家科技创新规划》（2016年8月） |
| | 布局未来产业技术研究院 | "十四五"规划（2021年3月） |
| | 布局未来技术应用场景 | |
| 教育部 | 未来技术学院建设 | 《未来技术学院建设指南（试行）》（2020年5月） |

续表

| 单位 | 促进举措 | 政策文件 |
|---|---|---|
| 科技部 | 未来科技产业园试点 | 《关于依托国家大学科技园开展未来产业科技园建设试点工作的通知》（2021年12月） |
| 工信部 | 未来产业标准化领航工程 | 《新产业标准化领航工程实施方案（2023—2035年）》（2023年8月） |
| | 未来产业创新任务揭榜挂帅项目支持计划 | 《关于组织开展2023年未来产业创新任务揭榜挂帅工作的通知》（2023年8月） |
| 国资委 | 央企产业焕新行动和未来产业启航行动 | 《人民日报》（2023年7月） |

资料来源：本书编写团队根据公开资料整理。

2.全国各地实践。目前，全国已有10多个省、市出台未来产业专项行动方案（详见前文表2-3），我们重点选取深圳、上海、北京3个城市的方案予以介绍（详见表3-15），因为其不仅出台了专项行动方案，而且这3个城市未来产业培育工作起步都很早，其提出的举措多是经过实践检验过的，对各地的举措选择更有参考价值。概括来看，3个城市都提出了布局重点创新平台、组织实施技术攻关计划、搭建未来技术应用场景、建设概念验证平台及中试基地、布局未来产业核心承载区等举措，并且深圳、上海、北京还分别提出了实施基础研究专项、举办颠覆性技术创新大赛，发布硬核科技百强榜单、设立未来产业引导基金、组建市场化未来产业促进平台，实施未来产业软硬件自主可控攻坚计划等特色举措。此外，安徽（合肥）、陕西（西安）、四川（成都）等省市虽未正式出台未来产业专项行动方案，但也在未来产业培育方面采取了资本招商、场景赋能技术迭代、设立种子基金、科技成果转化"三项改革"等成效显著的举措（详见前文2.3小节），对于各地举措选择也有较大参考价值。

表3-15            **我国代表性省市采取的未来产业促进举措**

| 政策文件 | 关键促进举措 |
| --- | --- |
| 深圳市《深圳市培育发展未来产业行动计划（2022—2025年）》（2022年6月） | ❖ 实施基础研究专项<br>❖ 组织实施技术攻关专项<br>❖ 支持龙头企业牵头组建"创新联合体"<br>❖ 布局建设一批概念验证中心、中小试基地<br>❖ 培育一批"专精特新"企业<br>❖ 构建未来技术应用场景<br>❖ 建立科技成果"沿途下蛋、就地转化"机制<br>❖ 举办颠覆性技术创新大赛<br>❖ 建立市科技研发资金与政府引导基金等的联动机制<br>❖ 建立覆盖未来产业的基金体系<br>❖ 开展"新理科""新工科""新医科"建设<br>❖ 建设光明科学城等未来产业"6+5"核心承载区 |
| 上海市《打造未来产业创新高地发展壮大未来产业集群行动方案》（2022年9月） | ❖ 布局未来技术学院（5家）<br>❖ 布局未来产业创新中心（15个）<br>❖ 建设未来产业先导区（15个）<br>❖ 建设未来产业试验场（50个）<br>❖ 培育产业生态主导型企业（20家）<br>❖ 发布硬核科技百强榜单<br>❖ 培育细分领域"未来之星"<br>❖ 建设中试基地和验证平台<br>❖ 设立未来产业引导基金<br>❖ 举办未来产业大赛<br>❖ 支持企业参与制定未来产业标准（100项）<br>❖ 组建市场化未来产业促进平台<br>❖ 编制未来产业发展白皮书 |

续表

| 政策文件 | 关键促进举措 |
|---|---|
| 北京市<br>《北京市促进未来产业创新发展实施方案》<br>（2023 年 9 月） | ❖ 依托国家战略科技力量、领军企业 "X 实验室" 等创新力量，加快颠覆性技术突破<br><br>❖ 全力推进材料、零部件、高端芯片、基础软件、科学仪器设备等研发攻坚，实现未来产业软硬件自主可控<br><br>❖ 建设质量验证类中试平台和工艺验证类平台<br><br>❖ 成立先进技术成果转化中心<br><br>❖ 加快构建硬科技初创企业体系<br><br>❖ 培育壮大 "瞪羚" 企业、独角兽企业、专精特新 "小巨人" 企业<br><br>❖ 培育产业生态主导型企业<br><br>❖ 支持 "链主" 企业牵头组建产业创新中心等创新联合体<br><br>❖ 举办新场景发布会、供需对接会<br><br>❖ 建设若干未来产业先导试验区<br><br>❖ 加大 "从 0 到 1" 未来技术资金支持力度<br><br>❖ 将未来产业纳入高精尖资金支持范围<br><br>❖ 面向未来产业战略急需技术领域，持续实施市级人才计划<br><br>❖ 建设未来产业战略型高水平智库<br><br>❖ 开展未来产业动态监测和评估评价体系研究 |

资料来源：本书编写团队根据公开资料整理。

3.国外实践。在前文 2.1 小节中，我们已经介绍了美国、日本、英国、欧盟、韩国、俄罗斯等国家和组织在未来产业培育上采取的关键举措，这里我们仅简要回顾美国的实践经验，供各地举措选择时参考。美国在未来产业培育上的有效举措，包括主动布局的努力和非刻意的无心插柳。在主动布局上，2021 年美国参议院通过的《2021 美国创新与竞争法案》是典型代表，其提出了成立技术理事会、投资关键技术、建立大学技术中心、升级创新技术设备、储备智力资源、加速技术商业转化等举措①，是当前美国促进未来产业发展的关键手段。在无心插柳柳成荫方面，因为第二次世界大战、冷战对峙及全球面临挑战等，倒逼美国或其牵头实施了"曼哈顿计划"（1942）、"阿波罗登月计划"（1961）、"人类基因组计划"（1990）等三大科学计划，为了支撑这些科研研究，还配套布局了阿贡国家实验室、橡树岭国家实验室等重点创新平台。此外，美国国防部高级研究计划局（DARPA）和美国国家航空航天局（NASA）还支持了一大批颠覆性技术研究项目。再后来，这些成果不断转化，成功造就了创业型大学 MIT、斯坦福，创业高地硅谷、波士顿 128 公路，并促进了 70 年代以来美国以信息技术、生命健康等为代表的新经济发展，还奠定了美国在基因与细胞治疗、商业航天等未来产业领域的全球领先地位，这其中促进美国新经济及未来产业发展的大多数举措，对于今天各地的未来产业培育仍然适用。

4.学术界观点。经查阅未来产业相关专著和期刊文章，比较具有代表性的成果主要有两项。一是长城战略咨询武文生等 2021 年发表的《发展未来产业是我国构筑长期竞争优势的战略选择》一文，该文提出培育未来产业需要建立一套全新的组织推动机制，核心是要构建勇于试错的高能级创新创业生态，具体可以采取加强未来研究和预测、开展前置性产研共创的新研发模式、关注前沿科技创业和新物种企业培育、加强场景-赛道驱动、加强"耐心资本"赋能、建立鼓励试错的包容环境、加强国家高新区核心载体打造等关键举措，其提及的这些未来产业培育举措都较为切中要害。二是中国社会科学院李晓华等编写的《未来产业：开辟经济发展新领域新赛道》一书，该书从科技创新、市场主体、应用场景、生态系统、创新合作、科技伦理、体制机制等 7 个关键性维度出发，全面探讨了未来产业培育的措施组合，其提及的未来产业培育举措相对系统（详见表3-16）。

---

① 周光礼，等. 有组织科研：美国科教政策变革新趋势——基于《无尽的前沿：未来75年的科学》的分析 [J]. 清华大学教育研究，2023，44（2）.

表3-16                                  学术界对于未来产业促进举措的建议①

| 专著/文献名称 | 举措建议 |
|---|---|
| 长城战略咨询武文生等，2021《发展未来产业是我国构筑长期竞争优势的战略选择》 | ❖ 加强未来研究和预测<br>❖ 开展前置性产研共创的新研发模式<br>❖ 关注前沿科技创业和新物种企业培育<br>❖ 加强场景-赛道驱动<br>❖ 加强"耐心资本"赋能<br>❖ 建立鼓励试错的包容环境<br>❖ 加强国家高新区核心载体打造 |
| 中国社会科学院李晓华等，2023《未来产业：开辟经济发展新领域新赛道》 | ❖ 提升科技创新策源能力<br>① 加强前沿科技和"硬科技创新布局"<br>② 构建高能级创新平台体系<br>③ 加强跨产业技术融合<br>❖ 做大做强做优市场主体<br>① 加大对企业资金支持<br>② 优化企业梯度培育<br>❖ 前瞻创造多元应用场景<br>① 营造未来产业早期应用场景<br>② 营造前沿技术应用孵化场景<br>❖ 完善新型经济生态系统<br>① 推进新基建及应用生态<br>② 增强产业智能化、绿色化和定制化程度<br>③ 进一步优化营商环境<br>❖ 加强国际国内创新合作<br>① 推动产业合作引进来走出去<br>② 共建区域协同创新合作体系<br>❖ 推进科技伦理体系建设<br>① 试点推进科技伦理体制机制建设<br>② 加强教育宣传工作<br>❖ 纵深推进体制机制改革<br>① 在政策、机制、模式创新上探索"新样板"<br>② 加强人才引培体制机制建设<br>③ 深化科技体制改革<br>④ 加快财税金融体制改革 |

资料来源：本书编写团队根据公开资料整理。

① 杨跃承，武文生，等. 发展未来产业是我国构筑长期竞争优势的战略选择 [J]. 中国经济周刊，2021（23）；中国社会科学院工业经济研究所课题组. 未来产业：开辟经济发展新领域新赛道 [M]. 北京：中国发展出版社，2023.

### 3.3.2　以辽宁为例：采取8大超常规举措组合

目前，辽宁省已在未来产业培育上开展了一些有益探索。比如，近些年辽宁在推动驻辽高校院所"沿途下蛋"育成"新字号"企业上成效不错，中科院沈阳自动化研究所、中科院大连化物所、大连理工大学、东北大学等高校院所成功孵化出了数百家上市企业及专精特新"小巨人"企业，成立于2008年的全钒液流电池储能企业大连融科储能技术发展有限公司就是典型代表，其是中科院大连化物所的成果转化项目，是全球唯一掌握全钒液流电池完整自主知识产权的能源科技企业。再比如，辽宁近些年还积极布局建设科技城、地方实验室等载体和平台作为全省培育未来装备、未来材料及未来能源的先导区、主平台，目前全省已布局沈阳浑南科技城、大连英歌石科学城等2个科技城，以及辽宁材料实验室、辽宁辽河实验室、辽宁滨海实验室、辽宁黄海实验室、大连金石湾实验室、大连凌水湾实验室等6个地方实验室。此外，2021年印发的辽宁省"十四五"规划，还部署了创建未来产业技术研究院和全球未来产业趋势论坛、孵化未来技术应用场景等未来产业培育工作。综合来看，虽然辽宁在某些方面已经取得一定成效，但与深圳、上海等比较，还存在未来产业先导区布局不足、成果转化路径不畅、处于投资热门赛道的"硬科技"初创企业少、前沿技术和颠覆性技术应用场景供给不及时等差距，这些方面仍有较大的提升空间。

立足以上现状，我们认为辽宁可以从延续现有、借鉴先进两方面出发，在上一小节构建的未来产业备选举措库中，精准挑选值得辽宁倾注心血全力推进的4%关键举措。其中，在延续现有方面，要注重延续辽宁先行探索且已行之有效的举措，比如，上文中已提到的推动驻辽高校院所"沿途下蛋"育成"新字号"企业、布局地方实验室等战略科技力量、布局科技城等未来产业先导区等，在举措选择时尤其需要把这些已经过实践检验行之有效的手段延续下去。

在借鉴先进方面，要注重充分吸收先进地区成效显著且适合辽宁的举措，要善借他山之石，巧琢己身之玉，比如，合肥等探索的种子基金、四川探索的"赛手企业"培育、陕西探索的"三项改革"等就非常值得辽宁借鉴。

最终，我们将挑选出的超常规举措进行归类，形成了技术创业、新物种企业、战略科技力量、应用场景、未来产业先导区、创投基金群、央国企焕新、治理创新等8大着力方向，作为辽宁省未来产业发展路线图的建议版供各界参考（详见表3-17）。更为具体的筛选过程，详见第5章的关于各个举措的分析。

表3-17　　以辽宁省为例的举措选择：8个方面30多项超常规举措

| 着力方向 | 关键举措 |
|---|---|
| （一）技术创业 | ❖ 四类技术创业：形成未来产业的"苗企业"<br>❖ 创业型大学：专注生产"创业精英"<br>❖ 概念验证中心：以推动早期科研成果商业化为使命<br>❖ 新一代创业孵化：瞄准新赛道，孵育新物种<br>❖ 科技成果转化"三项改革"：为学术创业"松绑" |
| （二）新物种企业 | ❖ 独角兽企业：具有较强爆发力的未来产业高成长企业<br>❖ 哪吒企业：一出生就很能打的未来产业初创企业<br>❖ "专精特新"企业：多数前沿技术企业的最终归宿<br>❖ 赛手企业：开辟新赛道的关键力量 |
| （三）战略科技力量 | ❖ 颠覆性技术和颠覆性技术：形成未来产业的两类关键技术<br>❖ 国家实验室：未来技术攻关"塔尖"力量<br>❖ 科研机构和研究型院校：有组织科研是关键<br>❖ 科技领军企业及创新共同体：形成技术攻关合力<br>❖ 产业技术研究院：应用技术开发及熟化的关键推动者<br>❖ 未来技术学院：培养未来产业人才的关键力量<br>❖ 新型创新设施：为重大原始创新提供关键支撑 |

**超前布局未来产业：辽宁形成新质生产力的关键之举**

续表

| 着力方向 | 关键举措 |
|---|---|
| （四）<br>场景创新 | ❖ 场景"两清单"：场景机会清单、场景能力清单<br>❖ 场景"双找"：为场景找技术，为技术找场景<br>❖ 超级示范场景：未来技术关键试验场<br>❖ 场景创新促进中心：场景工作专业化推进机构 |
| （五）<br>未来产业<br>先导区 | ❖ 科学城/科技城：孕育未来产业的第一主阵地<br>❖ 环院校科创圈：用好院校"金角银边"发展未来产业<br>❖ 科创特区：营造一流的未来产业发展"制度环境"<br>❖ 片区开发：未来产业先导区开发建设关键模式 |
| （六）<br>创投基金群 | ❖ 政府引导基金：引导各类创投基金集聚<br>❖ 种子基金：打通科技成果转化"最初一公里"<br>❖ 投贷联动：以"小股权"撬动"大债权"<br>❖ 资本招商：招引新物种企业必不可少的手段 |
| （七）<br>央国企焕新 | ❖ 央地合作：主动承接央企的未来产业项目<br>❖ 地方国企转型：以前瞻布局未来产业为新方向<br>❖ 组建未来产业集团：专注未来产业投资与孵化的国资集团 |
| （八）<br>治理创新 | ❖ 建立统筹推进机制：充分发挥我党集中力量办大事的优势<br>❖ 未来研究及科幻作品：推动更广大人群认知升维<br>❖ 政策和监管创新：主动干预，推动未来产业又好又快发展<br>❖ 未来产业峰会：调动一切可依托的力量 |

# 第4章
# 产业赛道：未来产业培育主攻方向

介绍未来装备、未来材料、未来智能、未来能源、未来健康、未来生物等六大未来产业领域的下一代空天装备、下一代船舶装备、工业互联网、人工智能、氢能、先进储能、基因与细胞治疗、生物制造等25个新赛道，便于读者了解各新赛道的国内外格局、辽宁现状及下一步突破方向。

　　本章将以辽宁省为例，介绍六大未来产业领域及 25 个新赛道。我们将从服务地方实践的视角出发，依次介绍赛道概览、辽宁基础及建议两方面内容，便于大家了解主要赛道到底处于什么发展阶段、全球及国内哪些地区干得好、目前该赛道涌现了哪些有望爆发式成长的新物种企业，以及下一步辽宁如何去开辟这个赛道。值得一提的是，虽然这六大领域 25 个赛道是专门针对辽宁的，但是对全国各地实践也有一定的参考价值，一方面可以了解这些赛道的总体格局，另一方面还可以系统了解兄弟省份辽宁的最新实践。

## 4.1　未来装备集群

　　高端装备制造业具有技术含量高、附加值高、占据产业链高端核心部位的"三高"特征。在全球制造业版图中，美国高端装备的研发能力处于全球领先水平，占据价值链高端地位；德国被誉为"众厂之厂"，在高端装备制造能力、标准化及质量保障体系、科技创新能力方面具有优势；日本掌握人才和技术优势，在关键装备制造核心技术方面走在前列。中国经过"艰苦跋涉"，在先进轨道交通、光伏发电设备等领域实现了产业突围，但仍处于渐进式追赶阶段。自中华人民共和国成立以来，东北就是我国重要的装备制造基地，被誉为"共和国装备部"，比如沈阳国营112厂（今沈飞集团公司）于1956年制造并装备空军第一种高亚声速喷气式战斗机[①]。对辽宁省来说，有必要进一步巩固辽宁"大国重器"在全国的比较优势，立足沈飞集团、大船重工、拓荆科技、新松机器人等产业基础和中科院沈阳自动化所、东北大学等创新资源（详见表4-1），布局下一代空天装备、下一代船舶装备、下一代IC装备、下一代机器人、下一代数控机床、深海深地开发等6个新赛道。此外，农机装备、医疗装备我们将在未来生物、未来健康章节予以介绍。

---

　　① 曾纯. 中国制造：民族复兴的澎湃力量［M］. 北京：人民邮电出版社，2022.

表4-1                                           未来装备领域值得关注的新赛道

| 来源 | 新赛道 |
| --- | --- |
| 工信部等七部门，2024年1月《关于推动未来产业创新发展的实施意见》 | ❖ 人形机器人<br>❖ 先进高效航空装备、下一代大飞机<br>❖ 深部资源勘探开发装备<br>❖ 超高速列车<br>❖ 绿色智能船舶、无人船艇 |
| 工信部等四部门，2023年8月《新产业标准化领航工程实施方案（2023—2035年）》 | ❖ 工业机器人<br>❖ 高端数控机床<br>❖ 医疗装备<br>❖ 增材制造装备 |
| 上海市，2022年9月《上海打造未来产业创新高地发展壮大未来产业集群行动方案》 | ❖ 深海探采<br>❖ 空天利用 |
| 北京市，2023年9月《北京市促进未来产业创新发展实施方案》 | ❖ 类人机器人<br>❖ 商业航天<br>❖ 卫星网络 |
| 中科院沈阳自动化所及辽宁辽河实验室 | ❖ 高端纳米测量和先进操控<br>❖ 工业机器人<br>❖ 类生命机器人<br>❖ 水下机器人 |
| 东北大学 | ❖ 工业智能与系统优化<br>❖ 高档数控机床<br>❖ 大型装备智能设计与制造<br>❖ 增材制造与再制造用材料<br>❖ 航空动力装备振动及控制 |
| 大连理工大学及辽宁黄海实验室 | ❖ 船舶制造<br>❖ 高档数控机床<br>❖ 高端基础件精密特种加工<br>❖ 航空航天装备<br>❖ 航空发动机智能控制与健康管理 |
| 大连海事大学 | ❖ 智能船舶及航运<br>❖ 船舶导航系统<br>❖ 无人船 |
| 沈阳航空航天大学 | ❖ 通用航空 |

### 4.1.1 下一代空天装备：布局民用航空、商业航天和工业级无人机

1.赛道概览

空天装备水平体现国家综合实力，发展空天装备产业与"六大强国"战略高度契合。当前，空天装备产业迎来黄金发展期，民航呈现通用航空与运输航空"两翼齐飞"景象，商业航天及卫星互联网等在未来出行、智慧海洋等方向将得到广泛应用，卫星互联网也被纳入国家"新基建"范畴，无人飞行器在数据采集、高空拍摄等方向有望逐步取代人工作业。从全球来看，民航领域几乎被波音公司与空客公司两大巨头垄断；发动机领域主要由美国通用航空、普拉特·惠特尼集团公司（以下简称普惠公司，P&W），英国罗尔斯·罗伊斯公司（以下简称罗罗，R&R），法国赛峰（SAFRAN）四大发动机公司及其联合公司构成；商业航天领域，美国商业航天发展最为全面完善，太空探索技术公司（SpaceX）是全球最强的商业航天服务商，拥有可重复使用火箭、低轨互联网星座等核心技术；无人机领域，中国厂商已处于消费及工业级无人机全球第一梯队（详见表4-2）。从国内来看，我国空天装备国产替代水平不断提升，已形成较完整的产业链条，在民航、商业航天及无人飞行器领域涌现了航发动力、蓝箭航天、大疆创新等龙头企业，并诞生了卫星互联网领域的银河航天、无人机领域的极飞科技等新物种企业（详见表4-3）。但我国在高性能碳纤维、金属及合金材料、发动机涡轮、火箭回收和重复使用等领域与国外相比仍存在一定差距。

表4-2　　　　　　　　国内外下一代空天装备领域发展概览

| 细分领域 | 企业名称 | 区域 | 成立时间 | 企业情况 |
|---|---|---|---|---|
| 民用航空 | | | | |
| 民航整机 | 波音公司 | 美国 | 1916 | 全球最大的航空航天公司和世界领先的民用飞机制造商 |

续表

| 细分领域 | 企业名称 | 区域 | 成立时间 | 企业情况 |
|---|---|---|---|---|
| 民航整机 | 空中客车 | 法国 | 1970 | 业内优秀的民用飞机制造商 |
| | 庞巴迪 | 加拿大 | 1942 | 全球第三大民用飞机制造商 |
| | 中国商飞 | 中国 | 2008 | 国内民用飞机产业化的主要载体，国产大飞机C919制造商 |
| 发动机 | 罗罗 | 英国 | 1906 | 欧洲最大的航空发动机企业 |
| | 通用航空 | 美国 | 1878 | 世界航空发动机巨头 |
| | 普惠 | 美国 | 1925 | 世界主要的航空燃气涡轮发动机制造商 |
| | 航发动力 | 中国 | 1993 | 国内航空发动机领军企业 |
| | 航发科技 | 中国 | 1999 | 国内航空发动机领军企业 |
| 机体 | 势必锐 | 美国 | 1927 | 原隶属于波音集团，生产机体结构件，包括机身、机头、前翼梁 |
| | GKN | 英国 | 1759 | 世界领先的一级航空航天零部件供应商，业务覆盖机身、发动机、起落架等 |
| | 空客大西洋 | 法国 | 2022 | 法国空中客车航空结构件领域全资子公司 |
| | 成飞民机 | 中国 | 2007 | 航空工业集团企业，国内领先的民机机体产品供应商，业务覆盖飞机结构件、起落架、管路系统等 |
| | 沈飞民机 | 中国 | 2007 | 航空工业集团企业，国内领先的民机机体产品供应商，生产前机身、后桶段、舱门等 |
| 机载设备及系统 | 派克美捷特 | 美国 | 2022 | 派克集团收购英国美捷特后组建，业务覆盖航空航天领域关键任务系统及设备 |
| | 中航机载 | 中国 | 1999 | 航空工业集团企业，航空电子系统 |

续表

| 细分领域 | 企业名称 | 区域 | 成立时间 | 企业情况 |
|---|---|---|---|---|
| 材料及零部件 | 东丽 | 日本 | 1926 | 全球碳纤维企业龙头 |
| | 通用电气 | 美国 | 1892 | 高温合金国际龙头 |
| | PPG | 美国 | 1883 | 全球领先涂料供应商，业务覆盖航空轻质涂料与密封胶等 |
| | 航材股份 | 中国 | 2000 | 中国航发集团企业，钛合金精密铸件 |
| | 中航高科 | 中国 | 1956 | 航空工业集团企业，航空新材料 |
| | 光威复材 | 中国 | 1992 | 国产碳纤维领军企业 |
| | 宝钛股份 | 中国 | 1999 | 国内航空航天钛材核心供应商，钛基合金材料 |
| | 钢研高纳 | 中国 | 2002 | 国内一流高温合金企业，业务覆盖钴基高温合金、镍基高温合金等 |
| | 铁锚玻璃 | 中国 | 1984 | 特种玻璃供应商，主营舷窗玻璃 |
| 商业航天 | | | | |
| 商业卫星 | SpaceX | 美国 | 2002 | 商业航天破局者，火箭发射和星链 |
| | OneWeb | 英国 | 2012 | 通过"低轨卫星互联网星座计划"，为世界各地提供宽带信号 |
| | 航天宏图 | 中国 | 2008 | 国内卫星应用与运营领域领导者 |
| | 中国卫通 | 中国 | 2001 | 卫星空间段运营及综合信息服务 |
| 商业发射 | 蓝箭航天 | 中国 | 2015 | 中大型液体火箭生产及发射服务 |
| | 零壹空间 | 中国 | 2015 | 小型航天器发射服务 |
| | 星际荣耀 | 中国 | 2016 | 运载火箭研制和发射服务 |
| 通用航空、无人飞行器 | | | | |
| 消费无人机 | 大疆创新 | 中国 | 2006 | 全球消费无人机龙头，业务覆盖无人机飞行平台、多样化负载、专业软件等 |
| | YUNEEC昊翔 | 中国 | 1999 | 业务覆盖无人机设计、软硬件开发、视觉与通信 |
| 工业无人机 | 零度智控 | 中国 | 2007 | 智能无人机整体解决方案 |
| | 亿航智能 | 中国 | 2014 | 智能自动驾驶飞行器及解决方案 |

资料来源：本书编写团队根据公开资料整理。

表4-3 我国下一代空天装备新物种企业典型代表

| 企业名称 | 区域 | 成立时间 | 企业情况 |
|---|---|---|---|
| 商业航天 | | | |
| 长光卫星 | 长春 | 2014 | 独角兽企业，卫星研发生产及遥感信息服务 |
| 蓝箭航天 | 北京 | 2015 | 独角兽企业，以中大型液氧甲烷运载火箭为中心的研发、制造、试验、发射服务 |
| 星际荣耀 | 北京 | 2016 | 独角兽企业，为全球小卫星及星座客户提供一体化的商业发射服务 |
| 国星宇航 | 成都 | 2018 | 潜在独角兽企业，主营商业卫星互联网 |
| 银河航天 | 北京 | 2019 | 独角兽企业，卫星互联网解决方案及卫星制造 |
| 通用航空、无人飞行器 | | | |
| 极飞科技 | 广州 | 2012 | 独角兽企业，无人机研发制造和农业自动化设备 |
| 无距科技 | 沈阳 | 2015 | 潜在独角兽企业，无人机及飞控系统 |

资料来源：本书编写团队根据"GEI-新物种企业数据库"整理。

2.辽宁基础和建议

辽宁是我国航空工业诞生的摇篮，也是国家重要的航空航天产业制造基地，形成了以军机制造为主导、以民用航空为补充的产业发展格局。省内集聚沈飞民机、无距科技等龙头企业（详见表4-4），航空工业沈阳飞机设计研究所（601所）、航空工业沈阳空气动力研究所（626所）、中国航发沈阳发动机研究所（606所）三大航空专业研究所，以及中科院沈阳自动化所、大连理工大学、东北大学、沈阳航空航天大学等创新资源。作为航空产业发展核心，沈阳市谋划"双核一基地"发展格局，全力推进沈阳临空经济区、沈阳航空航天城、法库航空产业基地等核心板块建设。

表4-4　　　　　　辽宁省下一代空天装备重点企业概览

| 细分领域 | 企业名称 | 区域 | 成立时间 | 企业情况 |
|---|---|---|---|---|
| 民用航空 | | | | |
| 民航整机 | 沈飞民机 | 沈阳 | 2007 | 航空工业集团企业，民用飞机制造 |
| 发动机 | 黎明燃气轮机 | 沈阳 | 1954 | 航空系列发动机生产和修理 |
| 机载设备及系统 | 东北凯亚 | 沈阳 | 1999 | 民航计算机应用系统 |
| 材料及零部件 | 兴华电器 | 沈阳 | 2002 | 电（光）连接器、电缆线束（光纤总线）等 |
| | 天汽模 | 沈阳 | 2014 | 飞机钣金零件、导管件等 |
| | 华天航空 | 沈阳 | 2015 | 离散型航空航天构件高效数字孪生技术 |
| | 沈飞线束 | 沈阳 | 2013 | 航空及非航空线束产品 |
| | 西子航空 | 沈阳 | 2009 | 西子联合控股的子公司，航空复合材料 |
| | 晨光弗泰 | 沈阳 | 1986 | 国内领先的全封闭高压组合电器膨胀节制造商 |
| | 长之琳 | 大连 | 2005 | 航空卡箍、隔热毯、液压管路连接件等 |
| | 中科三耐 | 沈阳 | 2004 | 透平叶片、高温合金产品供应商 |
| | 新宝路航空 | 沈阳 | 2004 | 钛合金及高强度合金钢加工 |
| 商业航天 | | | | |
| 商业卫星 | 华测导航沈阳公司 | 沈阳 | 2017 | 上海华测导航子公司，卫星导航定位系统 |
| 其他 | 航天新光 | 沈阳 | 1987 | 中国第一个航空发动机修理及生产厂 |
| | 上博智像 | 沈阳 | 2016 | 高端智能化视觉产品 |
| | 天元航材 | 营口 | 1998 | 固体火箭推进剂 |

续表

| 细分领域 | 企业名称 | 区域 | 成立时间 | 企业情况 |
|---|---|---|---|---|
| 通用航空、无人飞行器 | | | | |
| 通用航空 | 锐翔通用飞机 | 沈阳 | 2013 | 辽宁通用航空研究院下属企业，杨凤田院士成果转化，新能源通用飞机整机及零部件 |
| | 小熊飞机 | 大连 | 2016 | 航空器整机及零部件 |
| | 九成通用飞机 | 大连 | 2016 | 九成投资集团旗下，航空器设计研发 |
| | 欧亚直升机 | 大连 | 2013 | 民营直升机通航运营与应用 |
| 工业无人机 | 无距科技 | 沈阳 | 2015 | 无人机及飞行控制系统 |
| | 大壮无人机 | 沈阳 | 2015 | 工业级无人机整机及飞行控制系统 |
| | 中测无人机 | 沈阳 | 2010 | 民用无人机、航模 |
| 其他 | 沈阳航空产业集团 | 沈阳 | 2016 | 航空产业国有投资运营平台 |
| | 鸿鹄通航 | 大连 | 2022 | 私人飞机驾照培训学校 |

资料来源：本书编写团队根据公开资料整理。

下一步，辽宁省可以依托以沈阳为核心的产业及创新基础，重点发展民用航空、商业航天及无人飞行器等领域。具体如下：一是推动辽宁省与航空工业、中国航发的会商成果落地，推动沈飞、601所、606所等研制及生产下一代空天飞机、下一代航空发动机，并积极推动军民融合发展。二是支持大连理工大学航空航天学院、中科院大连化物所及沈阳北斗产业技术科研院，围绕卫星研制及微纳卫星推进系统，开展技术攻关及成果转化。三是结合中科院沈阳自动化所、沈阳航空航天大学无人机研究所等创新资源，支持无距科技、大壮无人机等无人机企业做大做强，扩大无人机在安防监控、农业植保等领域应用。

### 4.1.2 下一代船舶装备：布局绿色智能船舶及LNG船舶等特种船舶

1.赛道概览

国际航运新规范密集出台对船舶产品的节能环保要求，传统航运要素与物联网技术、卫星定位与地图技术等深度融合，共同推动船舶工业进入新一轮调整期。下一代船舶装备主要包括节能环保的绿色船舶、无人驾驶的智能船舶以及为海上运输、海上钻探作业提供服务和安全保障的特种船舶[①]。从全球来看，在绿色船舶方面，欧洲是船用氢燃料电池系统研究的主要集中地，同时还注重氨燃料电池、甲醇燃料电池研发；在智能船舶方面，日韩在船舶自主航行、智能船舶配套系统领域探索，欧洲各大船企在新型无人船方面也取得了突破；在特种船舶方面，韩国在LNG运输船核心设备、国际标准建设中占据主导权，日韩及欧洲均已研发液化氢运输船，但液化二氧化碳运输船尚未进入市场（详见表4-5）。从国内来看，我国天海防务、国航远洋等龙头企业已开展特种船舶制造及低碳智能化探索，智能船舶领域也涌现出主营激光雷达的图达通等新物种企业（详见表4-6）。与国外相比，我国船舶产业高技术附加值船舶比重明显偏低，产品结构亟须升级，同时存在关键零部件和基础材料研发短板，清洁燃料动力系统等核心装备及LNG运输围挡等技术与国际先进水平相比也存在差距。

表4-5 国内外下一代船舶装备领域发展概览

| 细分领域 | 企业名称 | 区域 | 成立时间 | 企业情况 |
|---|---|---|---|---|
| 造船厂及特种船舶 | 现代重工 | 韩国 | 1977 | 韩国三大造船企业之一，业务覆盖造船、海洋工程、发动机 |

---

① 国务院发展研究中心国际技术经济研究所. 世界前沿技术发展报告2023［M］. 北京：电子工业出版社，2023.

续表

| 细分领域 | 企业名称 | 区域 | 成立时间 | 企业情况 |
|---|---|---|---|---|
| 造船厂及特种船舶 | 大宇造船 | 韩国 | 1973 | 韩国三人造船企业之一，业务覆盖液化天然气（LNG）船、超大型原油运输船（VLCC） |
| | 三星重工 | 韩国 | 1974 | 韩国三大造船企业之一，业务覆盖钻井船、LNG运输船、海上浮式生产储油轮（FPSO）等船型 |
| | 芬坎蒂尼造船集团 | 意大利 | 1780 | 欧洲主要造船公司之一，豪华邮轮 |
| | 迈尔海王星集团 | 德国 | 1997 | 欧洲主要造船公司之一，豪华邮轮 |
| | 大西洋造船 | 法国 | 1861 | 欧洲主要造船公司之一，大型豪华邮轮与客轮 |
| | 今治造船 | 日本 | 1942 | 日本第一船企，业务覆盖散货船、集装箱船、液化天然气（LNG）动力汽车滚装运输船（PCTC）等 |
| | 江南造船 | 中国 | 1865 | 中国船舶旗下，业务覆盖军用舰船、科考船、液化气船、集装箱船等 |
| | 外高桥造船 | 中国 | 1999 | 中国船舶旗下，大型船舶制造与海洋工程 |
| | 广船国际 | 中国 | 1954 | 中国船舶旗下，业务覆盖大型液货船、半潜船、客滚船、极地运输船等 |
| | 招商局工业集团 | 中国 | 1997 | 国内主要的高端客船和客滚船制造商 |
| | 天海防务 | 中国 | 2001 | 运输船舶、海工船舶、特种船舶等 |
| 绿色发动机 | 瓦锡兰集团 | 芬兰 | 1834 | 业务覆盖船用四冲程氨燃料发动机，氨燃料动力液化气运输船等 |
| | 科德宝 | 德国 | 1849 | 甲醇动力燃料电池系统 |

续表

| 细分领域 | 企业名称 | 区域 | 成立时间 | 企业情况 |
|---|---|---|---|---|
| 绿色发动机 | HAV Hydrogen | 挪威 | 2021 | 甲板集装箱式船舶氢能源系统 |
| | 中国动力 | 中国 | 2000 | 我国船用动力系统龙头，业务覆盖水陆两用V型8缸纯甲醇燃料发动机等 |
| | 赛思亿 | 中国 | 2011 | 电力推进动力系统 |
| 智能系统 | 施耐德电气 | 法国 | 1836 | 海事和航运数字化解决方案 |
| | 海兰信 | 中国 | 2001 | 船舶智能导航系统、机舱自动化系统、复合雷达系统 |
| | 瑞特股份 | 中国 | 1993 | 国内船舶电气与自动化系统行业龙头 |
| | 亚光科技 | 中国 | 2003 | 国内领先的军工电子、微波雷达、智能船艇解决方案提供商 |
| | 镭神智能 | 中国 | 2015 | 激光雷达环境感知 |

资料来源：本书编写团队根据公开资料整理。

表4-6　　　　　　**我国下一代船舶产业新物种企业典型代表**

| 企业名称 | 区域 | 成立时间 | 企业情况 |
|---|---|---|---|
| 图达通 | 江苏苏州 | 2019 | 独角兽企业，图像级激光雷达及解决方案，用于智慧港口、智慧港运等 |

资料来源：本书编写团队根据"GEI-新物种企业数据库"整理。

2.辽宁基础和建议

辽宁是国家船舶与海工装备重要的研制生产基地，2020年辽宁海洋船舶工业实现增加值91.5亿元，位居全国第三[①]。目前，省内现有规模以上船舶工业企业240余户，形成以大连为核心的发展格局，集聚大连船舶重工、恒力重工、

---

① 辽宁省人民政府办公厅.辽宁省人民政府办公厅关于印发辽宁省"十四五"海洋经济发展规划的通知［EB/OL］.［2024-01-03］.辽宁人民政府（ln.gov.cn）.

大连中远海运重工、大连中远海运川崎、渤海船舶重工等造船龙头企业，还培育了海大清能等绿色船舶企业及海大智龙、遨海科技等智能船舶企业（详见表4-7）。此外，省内还拥有大连理工大学、大连海事大学、中科院大连化物所等高校院所，在船舶制造、智能航运及燃料电池发动机等方面具有创新基础，比如，大连海事大学投资建造的"育鲲"是目前世界上最先进的专用远洋实习船之一。

表4-7 辽宁省下一代船舶重点企业概览

| 细分领域 | 企业名称 | 区域 | 成立时间 | 企业情况 |
|---|---|---|---|---|
| 造船厂及特种船舶 | 大连船舶重工 | 大连 | 1898 | 中国船舶旗下，业务覆盖造船、海洋工程等 |
| | 恒力重工 | 大连 | 2022 | 恒力集团旗下，业务覆盖散货船、集装箱船等 |
| | 大连中远海运重工 | 大连 | 1992 | 中远海运旗下，业务覆盖修理改装LNG双燃料船、氨燃料船、集装箱船等 |
| | 大连中远海运川崎 | 大连 | 2007 | 中远海运和日本川崎重工投资建设，业务覆盖大型散货船、超大型油轮（VLCC）等 |
| | 旅顺滨海船舶修造 | 大连 | 1999 | 建造修理成品油船、散货船、渔船等 |
| | 渤海船舶重工 | 葫芦岛 | 2001 | 大船集团子公司，建造修理潜艇 |
| | 欧伦船业 | 大连 | 2006 | 交通艇、巡逻艇、消防艇等 |
| | 现代玻璃钢船艇 | 大连 | 2016 | 玻璃钢材料游艇建造 |
| 绿色发动机 | 海大清能 | 大连 | 2022 | 大连海事大学联合研发项目，铝合金船艇和氢电船艇 |
| 智能系统 | 海大智龙 | 大连 | 2018 | 大连海事大学转化企业，业务覆盖航海仿真、海洋工程仿真、海上智能交通及信息化 |
| | 遨海科技 | 大连 | 2019 | 大连海事大学转化企业，业务覆盖海上通信、导航及信息服务 |

| 细分领域 | 企业名称 | 区域 | 成立时间 | 企业情况 |
|---|---|---|---|---|
| 智能系统 | 辽无二 | 大连 | 1995 | 船用导航雷达 |
| | 中船辽海装备 | 沈阳 | 1986 | 中国船舶旗下，业务覆盖监视报警系统、无线移动通信网系统等 |
| 其他 | 华锐重工 | 大连 | 1993 | 船用曲轴 |
| | 海跃船舶 | 大连 | 2004 | 低速柴油机缸盖总成、排气阀总成等 |
| | 大连船用推进器 | 大连 | 1984 | 定距式螺旋桨、调距桨部件、节能装置等 |
| | 万德厚 | 大连 | 1992 | 大连船用柴油机和新加坡万德厚共同投资，业务覆盖船用柴油机活塞头及其他零部件等 |
| | 汇隆活塞 | 大连 | 2006 | 船舶柴油机活塞 |
| | 金航船机 | 大连 | 1998 | 中国船舶工业联营企业，业务覆盖船用柴油机随机工具、起动阀等 |
| | 东宝集团 | 葫芦岛 | 2007 | 修船、改装船、船体结构加工 |
| | 顺达机械 | 葫芦岛 | 2006 | 螺旋桨、船舵杆、舵叶、汽轮机转子等 |
| | 国鸿液化气 | 大连 | 2007 | 液化气船货物系统以及LNG燃料储存和供气系统 |
| | 中车大连 | 大连 | 1899 | 柴油发电机组，满足船舶辅助供电需求 |
| | 宏远气动液压 | 大连 | 2001 | 船用甲板机械 |
| | 国兴船舶设备 | 大连 | 1999 | 船用甲板机械 |
| | 中集特种物流装备 | 大连 | 2003 | 船舶油漆中型散装容器等 |
| | 永旭线缆 | 大连 | 2000 | 船用电缆 |
| | 石岛工业 | 大连 | 2006 | 集装箱船用绑扎件及舱盖件 |

资料来源：本书编写团队根据公开资料整理。

下一步，辽宁省可以依托大连船舶重工、恒力重工等龙头企业及大连理工大学、大连海事大学等创新资源，重点发展氢能源船舶等绿色船舶、无人驾驶船舶等智能船舶、LNG运输船等特种船舶以及动力设备、通信导航等核心功能部件。具休如下：一是围绕绿色船舶和智能船舶，重点推动人船集团、中远海运等央企核心公司和链上本土专精特新企业联动，组建"整–零创新共同体"，尤其加强绿色发动机等关键领域攻关。二是推动大连理工大学、大连海事大学等先进研发成果在辽转化，尤其是依托大连海事大学创投基金，重点转化智能船舶用遥感导航、网络通信、传感互联等项目。三是推动海大清能等本土高新技术企业进一步做大做强，向集方案设计、产品研发及系统集成为一体的解决方案型企业发展，为智能船舶提供持续的系统升级和服务。

### 4.1.3　下一代IC装备：布局28纳米及以下制程前道制造装备

1.赛道概览

半导体设备是半导体技术迭代的基石。蓬勃发展的新能源车、5G、数据中心等新兴产业的强大需求，持续拉动上游半导体设备增长。尤其是CPU、GPU、AI芯片等逻辑芯片和存储芯片对半导体制程要求不断提升，对28纳米以下半导体前道设备关键环节提出更高要求，包括光刻机、刻蚀机、化学机械平坦化设备（CMP）等成套装备。从全球来看，半导体设备市场集中度较高，美、日、欧技术保持领先，代表性厂商包括应用材料、阿斯麦、泛林半导体、东京电子等（详见表4-8）。从国内来看，我国芯片制造设备产业链已逐渐完备，多环节迈入国产替代阶段，在刻蚀、清洗、沉积三大方向上，中微半导体、北方华创、盛美上海、拓荆科技等本土企业技术储备已较为充分，还涌现出去胶与热处理设备新物种企业屹唐半导体（详见表4-9）。与国外相比，我国半导体装备发展时间有限，前道设备本土企业突破难度大，虽已研发出可用产品，但距离在12英寸、28纳米制程先进生产线上替代境外同行仍有较大距离。

表4-8                **国内外下一代IC装备领域发展概览**[1]

| 细分领域 | 企业名称 | 区域 | 成立时间 | 企业情况 |
|---|---|---|---|---|
| 硅片制造设备 | | | | |
| 单晶炉 | PVA TePla AG | 德国 | 2002 | 全球晶体生长设备龙头 |
| | 大和热磁 | 日本 | 1980 | 国际知名的半导体产品与解决方案供应商，业务包括单晶炉 |
| | 晶盛机电 | 中国 | 2006 | 国内集成电路级8～12英寸大硅片生产及加工设备领先企业 |
| 前道制造设备 | | | | |
| 热处理设备[2] | 国际电气 | 日本 | 1899 | 全球热处理设备龙头之一 |
| 薄膜沉积设备 | 应用材料 | 美国 | 1967 | 全球最大的半导体设备商，业务覆盖薄膜沉积、离子注入、刻蚀、热处理设备等 |
| | 日立高新 | 日本 | 1964 | 半导体设备巨头，业务覆盖沉积、刻蚀、检测设备、封装贴片设备、热处理设备等 |
| | ASM国际 | 荷兰 | 1968 | ASM集团旗下，半导体前道用沉积设备 |
| | 拓荆科技* | 中国 | 2010 | 国内领先的等离子体增强化学气相沉积（PECVD）、原子层沉积（ALD）设备供应商 |
| CMP设备 | 荏原 | 日本 | 1920 | 全球CMP设备龙头 |
| | 华海清科* | 中国 | 2013 | 国产CMP设备龙头 |
| | 中电科45所* | 中国 | 1958 | CMP设备、湿化学处理设备、光刻设备、电子图形印刷设备、材料加工设备和先进封装设备 |

---

① 表内加"*"企业为获得"02专项"支持的企业。
② 国际领先的热处理设备企业为应用材料、东京电子及日立高新，国内领先的热处理设备企业为北方华创和屹唐半导体，这些企业已分别列入其具有代表性的领域，其他龙头企业也存在类似处理。

| 细分领域 | 企业名称 | 区域 | 成立时间 | 企业情况 |
|---|---|---|---|---|
| 涂胶显影设备 | 东京电子 | 日本 | 1963 | 日本最大的半导体设备商，业务覆盖涂胶显像设备、热处理设备、干法刻蚀设备等 |
| | 芯源微* | 中国 | 2002 | 国内领先的涂胶显影机供应商 |
| 光刻设备 | 阿斯麦 | 荷兰 | 1984 | 全球第一大光刻机设备商 |
| | 上海微电子* | 中国 | 2002 | 国内顶尖光刻机制造商 |
| 去胶设备 | 屹唐半导体 | 中国 | 2015 | 国内12英寸去胶设备领先者，业务包括快速热处理、毫秒级退火设备 |
| 刻蚀设备 | 泛林半导体 | 美国 | 1980 | 刻蚀设备份额位居全球第一，业务包括薄膜沉积和清洗设备 |
| | 迪恩士 | 日本 | 1975 | 刻蚀设备，业务包括涂胶显影和清洗设备 |
| | 中微半导体* | 中国 | 2004 | 等离子体刻蚀设备和化学薄膜设备 |
| | 北方华创 | 中国 | 2001 | 国内半导体设备龙头，业务包括刻蚀机、物理气相沉积（PVD）设备、ALD设备、化学气相沉积（CVD）设备、氧化扩散炉等 |
| 离子注入设备 | 亚舍立 | 美国 | 1978 | 大束流、高能和中束流离子注入设备 |
| | 凯世通 | 中国 | 2009 | 万业企业旗下，高端离子注入机 |
| | 中科信电子* | 中国 | 2003 | 离子注入机、快速退火炉 |
| | 中电科48所* | 中国 | 1964 | 离子注入机 |
| 清洗设备 | 细美事 | 韩国 | 2005 | 前身为KDNS，业务包括刻蚀设备、清洗设备和光轨设备 |
| | 盛美上海* | 中国 | 2005 | 国内半导体清洗设备龙头 |

超前布局未来产业：辽宁形成新质生产力的关键之举

续表

| 细分领域 | 企业名称 | 区域 | 成立时间 | 企业情况 |
|---|---|---|---|---|
| 后道封测设备 | | | | |
| 封装设备 | DISCO | 日本 | 1940 | 切割/划片机、贴膜机、剪薄机等 |
| | ASM Pacific | 中国香港 | 1975 | 全球最大的半导体和发光二极管行业的集成和封装设备供应商，业务覆盖倒装机和塑封模具等 |
| | 苏州固锝* | 中国 | 1990 | 封测关键设备 |
| 测试设备 | 科磊 | 美国 | 1997 | 半导体工艺制程检测设备龙头 |
| | 泰瑞达 | 美国 | 1960 | 半导体测试、系统测试、无线测试设备 |
| | 爱德万测试 | 日本 | 1954 | 集成电路自动测试设备和电子测量仪器 |
| | 长川科技* | 中国 | 2008 | 测试分选设备 |
| | 上海睿励 | 中国 | 2005 | 工艺检测设备 |

资料来源：本书编写团队根据公开资料整理。

表4-9　　我国下一代IC装备新物种企业典型代表

| 企业名称 | 区域 | 成立时间 | 企业情况 |
|---|---|---|---|
| 屹唐半导体 | 北京 | 2015 | 独角兽企业，去胶与热处理设备 |

资料来源：本书编写团队根据"GEI-新物种企业数据库"整理。

2.辽宁基础和建议

目前辽宁IC装备产业已处于国内第一阵营，具备相对完整的IC装备产业链，集聚富创精密、新松机器人、沈科仪、沈阳硅基、中科博微等上游企业，芯源微、拓荆科技等整机设备企业，以及中电科47所和仪表院等下游应用企业（详见表4-10）。其中，芯源微的涂胶显影设备在国内率先量产，实现LED领域规模化应用，打破了海外长期垄断；拓荆科技聚焦研发和生产半导体薄膜沉积设备，已在北京、上海、海宁建立了研发中心及分支机构。省内还集聚中科院沈阳自动化所、大连理工大学及黄海实验室等创新资源，在高端纳米测量、装备操控、先进薄膜和集成电路刻蚀等方面具有研发优势。

表4-10　　　　　　　　辽宁省下一代IC装备重点企业概览

| 细分领域 | 企业名称 | 区域 | 成立时间 | 企业情况 |
|---|---|---|---|---|
| 单晶炉 | 连城数控 | 大连 | 2007 | 光伏和半导体硅材料加工设备 |
| | 沈科仪 | 沈阳 | 1958 | 量测设备 |
| 薄膜沉积设备 | 拓荆科技 | 沈阳 | 2010 | 国内领先的集成电路 ALD 设备厂商，业务覆盖 PECVD 设备、次常压化学气相沉积（SACVD）等 |
| 涂胶显影设备 | 芯源微 | 沈阳 | 2002 | 中科院沈阳自动化所转化企业，业务覆盖光刻工序涂胶显影设备和单片式湿法设备 |
| 封装设备 | 和研科技 | 沈阳 | 2011 | 精密划片机等半导体专用精密切割设备 |
| | 汉为科技 | 沈阳 | 2016 | 精密砂轮划片机 |
| | 佳峰自动化 | 大连 | 2001 | 软焊料贴片机 |
| 检测设备 | 新东方晶体仪器 | 丹东 | 2007 | 集成电路检测设备 |
| | 辽东射线仪器 | 丹东 | 2003 | X射线晶体定向仪等 |
| 其他 | 富创精密 | 沈阳 | 2008 | 半导体前道设备用工艺零部件、结构零部件、模组产品、气体管路 |
| | 新松机器人 | 沈阳 | 2000 | 设备前端模块（EFEM）和真空机械手 |
| | 中科博微 | 沈阳 | 2003 | 中科院自动化所转化企业，业务覆盖半导体设备总线及系统 |
| | 金辰股份 | 营口 | 2004 | 光伏太阳能晶硅、非晶硅电池组件封装自动化生产线 |

资料来源：本书编写团队根据公开资料整理。

下一步，依托芯源微、拓荆科技等龙头企业和中科院沈阳自动化所等创新资源，重点发展28纳米制程下薄膜沉积设备、涂胶显影设备等关键成套装备及机械手等核心零部件领域。具体如下：一是推动拓荆科技、芯源微、富创精密、沈科仪等优质企业联合创新，开发28纳米以下制程半导体成套装备及关键零部件。二是推动IC装备企业与集成电路制造企业、半导体材料企业联合创新，重点联合海力士、中电科47所、罕王微电子、沈阳仪表院、辽晶电子等集成电路加工企业以及锦州神工、科利德等半导体材料企业。三是积极推动中科院大连化物所、大连先进光源与相关机构联合，开发先进光刻机关键零部件。

### 4.1.4 下一代机器人：布局新一代工业机器人和人形机器人

#### 1.赛道概览

机器人产业被誉为"制造业皇冠顶端的明珠"。智能制造驱动工业机器人产业增长，视觉引导、陪伴服务等市场规模扩大，人机交互技术提升，也为人形机器人发展提供关键机遇。从全球来看，工业机器人领域，瑞士、德国、日本垄断全球近50%的市场份额，ABB、库卡、安川电机、发那科"四大家族"独占鳌头；人形机器人领域，美国、英国等在研制人形机器人方面取得突破性进展，拥有波士顿动力、Engineered Arts、1X Technologies等领先企业，具身智能为其重点发展方向（详见表4-11）。从国内来看，我国工业机器人产业链愈发成熟，涌现了埃斯顿、汇川技术等龙头企业及极智嘉、越疆科技等新物种企业；我国人形机器人领域，主要由以达闼科技、优必选为代表的机器人厂商，以小米、科大讯飞为代表的互联网企业和以小鹏为代表的车企参与，还涌现了智元机器人、宇树科技等新物种企业（详见表4-12）。与国外相比，我国机器人产业在减速器、伺服电机、无框力矩电机等高端关键零部件方面仍存在短板。

表4-11 　　　　　　　国内外下一代机器人领域发展概览

| 细分领域 | 企业名称 | 区域 | 成立时间 | 企业情况 |
|---|---|---|---|---|
| 机器人整机 | | | | |
| 工业机器人 | 发那科 | 日本 | 1956 | 机器人"四大家族"之一，全球工业机器人市场排名第一 |
| | ABB | 瑞士 | 1988 | 机器人"四大家族"之一，业务覆盖多关节机器人、协作机器人等，控制系统全球领先 |
| | 安川电机 | 日本 | 1915 | 机器人"四大家族"之一，业务覆盖高效、高精、高速工业机器人 |
| | 库卡 | 德国 | 1898 | 机器人"四大家族"之一，业务覆盖汽车等多行业应用机器人，擅长重负载领域 |
| | 埃斯顿 | 中国 | 1993 | 国内工业机器人龙头 |
| | 汇川技术 | 中国 | 2003 | 工业自动化控制与驱动技术服务商，业务包括顺应性装配机械手臂（SCARA）机器人、六关节机器人等 |
| | 新时达 | 中国 | 1995 | 机器人产业布局高度完备，业务包括多关节工业机器人、SCARA机器人及控制系统 |
| | 新松机器人 | 中国 | 2000 | 中科院沈阳自动化所成果转化企业，业务包括工业机器人、移动机器人、特种机器人 |
| 人形机器人 | 特斯拉 | 美国 | 2003 | 电动汽车及太阳能产品龙头，推出"擎天柱"人形机器人 |
| | 1X Technologies | 美国 | 2014 | 高度灵活性和可扩展性人形机器人 |
| | Agility Robotics | 美国 | 2015 | 行走机器人 |
| | Engineered Arts | 英国 | 2004 | 娱乐与教育机器人 |
| | 智元机器人 | 中国 | 2023 | 通用型人形双足机器人 |

续表

| 细分领域 | 企业名称 | 区域 | 成立时间 | 企业情况 |
|---|---|---|---|---|
| 人形机器人 | 小米集团 | 中国 | 2010 | 消费电子企业，推出全尺寸人形仿生机器人 CyberOne |
| | 宇树科技 | 中国 | 2016 | 全球高性能四足机器人行业开创者，国内第一款能跑的全尺寸通用人形机器人 |
| 核心零部件 | | | | |
| 电机 | Maxon Motor | 瑞士 | 1961 | 世界领先的电机和驱动系统制造商 |
| | FAULHABER | 德国 | 1947 | 机器人领域高精度工业级驱动、减速机、编码器厂商 |
| | 鸣志电器 | 中国 | 1994 | HB步进电机份额全球第四，空心杯电机领域国内领先 |
| | 鼎智科技 | 中国 | 2008 | 线性执行器、混合式步进电机 |
| | 昊志机电 | 中国 | 2006 | 伺服系统、无框电机 |
| 减速器 | 纳博特斯克 | 日本 | 2003 | 全球RV减速器龙头 |
| | 哈默纳科 | 日本 | 1970 | 全球谐波减速器龙头 |
| | 绿的谐波 | 中国 | 2011 | 国内谐波减速器龙头 |
| | 上海机电 | 中国 | 1994 | 国内RV减速器龙头 |
| 控制器① | 启帆 | 中国 | 2014 | 国机智能、华南理工大学共同组建的工业机器人本体制造企业，业务包括控制器 |
| | 埃夫特 | 中国 | 2007 | 中国工业机器人行业第一梯队企业，业务包括控制器 |

资料来源：本书编写团队根据公开资料整理。

---

① 国内控制器市场主要由发那科、库卡、ABB及安川电机等外国巨头占据，企业未重复列出。

表4-12                         我国下一代机器人新物种企业典型代表

| 企业名称 | 区域 | 成立时间 | 企业情况 |
|---|---|---|---|
| 优必选 | 深圳 | 2012 | 独角兽企业，人工智能和人形机器人 |
| 极智嘉 | 北京 | 2015 | 独角兽企业，机器人拣选系统、搬运系统和分拣系统 |
| 达闼科技 | 上海 | 2015 | 独角兽企业，云端智能机器人 |
| 竹间智能 | 上海 | 2015 | 潜在独角兽企业，具有情感识别与类脑对话功能的人工智能机器人 |
| 钛米机器人 | 上海 | 2015 | 潜在独角兽企业，高端医疗服务机器人 |
| 越疆科技 | 深圳 | 2015 | 潜在独角兽企业，工业机器人及机械臂 |
| 智昌科技 | 宁波 | 2016 | 潜在独角兽企业，工业机器人 |
| 灵动科技 | 北京 | 2016 | 潜在独角兽企业，安全机器人 |
| 乐聚 | 深圳 | 2016 | 潜在独角兽企业，高端智能人形机器人 |
| 清研同创 | 天津 | 2017 | 潜在独角兽企业，喷涂机器人、特种作业机器人 |

资料来源：本书编写团队根据"GEI-新物种企业数据库"整理。

2.辽宁基础和建议

辽宁作为中国机器人产业的发源地，重点企业主要分布在沈阳、大连两个城市。2022年，沈阳机器人及智能制造产业集群成功入选国家先进制造业集群名单，让沈阳成为引领带动机器人产业创新发展的"国家队"。目前，省内集聚了新松机器人、众拓机器人、通用机器人、佳林设备等一批优质企业（详见表4-13），还集聚了东北大学、大连理工大学等诸多优势高校和中科院沈阳自动化所等顶级科研院所，并拥有国家首个机器人质量监督检验中心。

表4-13 辽宁省下一代机器人重点企业概览

| 细分领域 | 企业名称 | 区域 | 成立时间 | 企业情况 |
|---|---|---|---|---|
| 工业机器人 | | | | |
| 工业机器人 | 新松机器人 | 沈阳 | 2000 | 中科院沈阳自动化所转化企业，业务覆盖工业机器人、移动机器人、特种机器人 |
| | 通用机器人 | 沈阳 | 2012 | 多关节机器人、机器人应用及机器人新技术等 |
| | 维顶机器人 | 沈阳 | 2011 | 工业焊接机器人 |
| | 众拓机器人 | 沈阳 | 2003 | 冲压机器人等 |
| | 佳林设备 | 大连 | 2003 | 码垛机器人等 |
| | 运明自动化 | 大连 | 2002 | 直角坐标机器人和水平关节式机器人 |
| | 河野智能 | 大连 | 2007 | 焊接机器人等 |
| | 大族赛特维 | 沈阳 | 2006 | 大族激光子公司，汽车制造等领域非标工业机器人 |
| 核心零部件 | | | | |
| 其他 | 中新自动控制 | 鞍山 | 2001 | 机器人配电方案 |
| | 蒂艾斯科技 | 大连 | 2013 | 仿生人形机器人 |

资料来源：本书编写团队根据公开资料整理。

下一步，辽宁省可以依托新松机器人等产业基础及中科院沈阳自动化所等创新资源，重点发展新一代工业机器人、人形机器人及机器人专用芯片、高精度编码器等核心部件。具体如下：一是积极发挥龙头企业作用，加快推动新松机器人等科技领军企业平台化生态化发展，进一步孵化及联合招引焊接机器人、高性能机器人专用芯片、人形机器人伺服电机、工业机器人实时操作系统等"进口替代"整机产品及关键零部件。二是加快推动产品创新，推动中科院沈阳自动化所及辽宁辽河实验室、大连理工大学及辽宁黄海实验室等高校院所，加强水下机器人、极端环境机器人等产品的研发转化及工业机器人视觉、智能感知及控制系统等技术的突破。

### 4.1.5 下一代数控机床：布局五轴数控机床及金属增材制造装备

1.赛道概览

数控机床被称为"工业母机""现代工业心脏"，是制造业的根基。航空航天等产业的快速发展，对数控机床国产化替代提出了强烈需求，并创造了更大的市场空间。增材制造作为制造业有代表性的颠覆性技术，在过去的十年里发展迅速，已从起步期迈入高成长期，在航空航天、船舶、核工业、汽车等重点制造业及生物医药领域已开展典型应用，对数控机床具有一定替代性。从全球来看，日本、德国、美国处于数控机床行业领先地位，包揽数控机床领域十大龙头企业，如马格、哈斯、通快集团、山崎马扎克等；在增材制造方面，美国、德国、中国增材制造设备厂商均较为集聚，但大部分厂商销售规模仍较小（详见表4-14）。从国内来看，目前我国数控机床企业呈"双轮驱动"格局，即大型机床央企和民营企业协同发展，还出现了创世纪、秦川机床、海天精工、国盛智科、科德数控、浙江海德曼等十余家主机厂上市公司，而在3D打印行业，也涌现了铂力特、华曙高科等龙头企业和主营轻型3D打印机的黑格智能、提供3D打印精密加工服务的摩方精密等新物种企业（详见表4-15）。但是，我国高端数控机床还存在自主化、国产化程度不高的问题。例如，虽然电主轴、滚珠丝杠、数控刀架、数控系统、伺服系统等已形成一定的生产规模，但大多仅能满足中低档数控机床的配套需要，在高速大功率电主轴、主轴驱动器、高精度伺服电机、双摆角铣头、摇篮式回转工作台、高精度解码器等核心技术领域的"卡脖子"问题还未解决。

表4-14　　　国内外下一代数控机床及增材制造装备领域发展概览

| 细分领域 | 企业名称 | 区域 | 成立时间 | 企业情况 |
|---|---|---|---|---|
| | | | | 数控机床整机及零部件 |
| 整机 | 马格 | 美国 | 1798 | 全球加工解决方案顶级供应商之一 |
| | 哈斯 | 美国 | 1983 | 全球主要的数控设备制造商 |
| | 通快集团 | 德国 | 1923 | 全球制造技术领域的主导企业，激光系统领域世界领先 |
| | 德马吉森精机 | 德国 | 2009 | 全球领先的机床制造商 |
| | 埃马格 | 德国 | 1867 | CNC倒立式机床龙头制造商 |
| | 格劳博 | 德国 | 1926 | 生产机床种类丰富，擅长发动机零部件"交钥匙"工程 |
| | 山崎马扎克 | 日本 | 1919 | 高速高精机床生产制造商 |
| | 天田精机 | 日本 | 1946 | 钣金加工世界一流品牌 |
| | 大隈重工 | 日本 | 1898 | 世界著名龙门加工中心生产商 |
| | 牧野机械 | 日本 | 1937 | 高精准、高质量金属切削与EDM机床厂商 |
| | 创世纪 | 中国 | 2005 | 钻攻机、立式加工中心、卧式加工中心、龙门加工中心等 |
| | 秦川机床 | 中国 | 1965 | 机床工具行业龙头，业务覆盖数控机床、加工中心等高端数控装备和复杂刀具 |
| | 沈阳机床 | 中国 | 1935 | 中国通用技术集团旗下，业务覆盖卧式加工中心、立式加工中心等 |
| | 纽威数控 | 中国 | 1997 | 中高档数控加工设备供应商 |
| | 日发精机 | 中国 | 2000 | 立式数控机床、卧式数控机床、立式加工中心等 |
| | 国盛智科 | 中国 | 1999 | 装备部件、数控机床、智能自动化生产线三大系列产品 |

| 细分领域 | 企业名称 | 区域 | 成立时间 | 企业情况 |
|---|---|---|---|---|
| 整机 | 浙江海德曼 | 中国 | 1993 | 高端数控车床、自动化生产线和普及型数控车床 |
| | 海天精工 | 中国 | 2002 | 龙门加工中心、立式加工中心、卧式加工中心等 |
| | 科德数控 | 中国 | 2008 | 光洋集团旗下，国内专业化高档数控系统和关键功能部件的完整产业制造商 |
| 数控系统 | 西门子 | 德国 | 1847 | 高端数控机床系统 |
| | 华中数控 | 中国 | 1994 | 国产高端数控系统龙头 |
| | 广州数控 | 中国 | 1991 | 国内技术领先的专业成套机床数控系统 |
| 主传动系统 | Fisher | 瑞士 | 1934 | 世界先进的机械传动系统供应商 |
| | 昊志机电 | 中国 | 2006 | 电主轴国产龙头 |
| | 普森精密主轴 | 中国 | 1994 | 工具机精密主轴 |
| 伺服系统 | 日本精工 | 日本 | 1916 | 专业伺服系统解决方案提供商 |
| | 汇川技术 | 中国 | 2003 | 可编程逻辑控制器、变频器、伺服驱动器 |
| 位置检测系统 | 海德汉 | 德国 | 1889 | 高质量直线光栅尺、角度编码器、旋转编码器、数显装置和数控系统 |
| | 奥普光电 | 长春 | 2001 | 国内光栅编码器龙头 |
| 增材制造整机及零部件 | | | | |
| 成套设备 | Stratasys | 美国 | 1988 | 航空航天、汽车、医疗、消费品和教育等行业增材制造技术解决方案全球领导者 |
| | 3D Systems | 美国 | 1986 | 金属和高分子材料增材制造全套解决方案 |
| | EOS | 德国 | 1989 | 金属和高分子材料工业级增材制造全球领先者 |
| | SLM Solutions | 德国 | 2000 | 金属增材制造设备 |

| 细分领域 | 企业名称 | 区域 | 成立时间 | 企业情况 |
|---|---|---|---|---|
| 成套设备 | Renishaw | 英国 | 1973 | 工业用金属增材制造设备 |
| | 铂力特 | 中国 | 2011 | 国内金属3D打印龙头，业务覆盖3D打印服务、3D打印设备及原材料 |
| | 华曙高科 | 中国 | 2009 | 工业级金属增材制造设备、高分子增材制造设备、3D打印材料 |
| | 先临三维 | 中国 | 2004 | 三维数字化和3D打印 |
| 增材制造材料 | 宝钛股份 | 中国 | 1999 | 以钛为主导产品的稀有金属材料，设有增材研究院 |
| | 有研粉材 | 中国 | 2004 | 有色金属粉体3D打印材料 |
| | 中国铝业 | 中国 | 2001 | 产品包括3D打印铝合金等 |
| 激光器及扫描振镜 | IPG | 美国 | 1991 | 国际光纤激光器龙头 |
| | Scanlab | 德国 | 1990 | 国际扫描振镜行业龙头 |
| | 大族激光 | 中国 | 1996 | 大功率激光及自动化配套设备 |
| | 创鑫机光 | 中国 | 2004 | 国内光纤激光器龙头 |

资料来源：本书编写团队根据公开资料整理。

表4-15　　　　我国增材制造装备新物种企业典型代表

| 企业名称 | 区域 | 成立时间 | 企业情况 |
|---|---|---|---|
| 黑格智能 | 广州 | 2015 | 独角兽企业，轻型桌面级3D打印机 |
| 摩方精密 | 重庆 | 2016 | 潜在独角兽企业，微纳尺度3D打印及精密加工解决方案 |
| 清锋时代 | 北京 | 2016 | 潜在独角兽企业，3D打印设备、软件、材料 |

资料来源：本书编写团队根据"GEI-新物种企业数据库"整理。

2.辽宁基础和建议

辽宁数控机床产业起步早，已形成了"沈大双核、多点开花"产业格局，集聚科德数控、中之杰、中科数控等整机制造、伺服电机及数控系统企业，但增材制造产业尚处于发展初期（详见表4-16）。此外，省内还拥有东北大学、大连理工大学等高校和中科院沈阳自动化所、中科院沈阳金属所、沈阳计算所及沈阳铸造所等科研机构，在高档数控机床和智能制造方面具有创新优势，中科院沈阳自动化所还组建了3D打印重点实验室，在3D打印及快速成型领域具有较强实力。

表4-16    辽宁省下一代数控机床及增材制造装备重点企业概览

| 细分领域 | 企业名称 | 区域 | 成立时间 | 企业情况 |
|---|---|---|---|---|
| 数控机床整机及零部件 | | | | |
| 数控机床整机 | 沈阳机床 | 沈阳 | 1995 | 中国通用技术集团子公司，金属切削机床 |
| | 精锐数控 | 沈阳 | 2011 | 翻板加工中心及五轴精密卧式加工中心等高端设备 |
| | 海默数控 | 沈阳 | 1999 | 数控内圆磨床、数控内孔磨床、数控单端面磨床等高端数控设备 |
| | 大连机床 | 大连 | 2019 | 中国通用技术集团子公司，数控机床、柔性制造系统、自动化成套装备及功能部件 |
| | 科德数控 | 大连 | 2008 | 光洋集团旗下，国内专业化高档数控系统和关键功能部件的完整产业制造商 |
| | 海天国华 | 大连 | 2009 | 海天精工子公司，大型数控机械加工中心生产基地 |
| | 山崎马扎克大连公司 | 大连 | 2008 | 日本马扎克子公司，复合加工、五轴加工、铣削车削、数控系统及自动化解决方案供应商 |
| | 格劳博大连公司 | 大连 | 2010 | 德国格劳博子公司，工艺领先的机床和系统解决方案 |
| | 舒勒大连公司 | 大连 | 2006 | 德国舒勒压力机子公司，锻压机械 |
| | 因代克斯大连公司 | 大连 | 2001 | 德国因代克斯子公司，金属切削机床 |

| 细分领域 | 企业名称 | 区域 | 成立时间 | 企业情况 |
|---|---|---|---|---|
| 数控机床整机 | 捷太格特大连公司 | 大连 | 2003 | 日本捷太格特与丰田共同组建，机床及零部件制造 |
| | 小松机床大连公司 | 大连 | 1996 | 小松NTC株式会社子公司，组合机床、加工中心单元系列产品及柔性制造系统 |
| 数控系统 | 中科数控 | 沈阳 | 2005 | 中科院旗下企业，多轴联动、高速高精运动控制系统、伺服电机驱动器等 |
| 主传动系统 | SEW沈阳公司 | 沈阳 | 2004 | 德国SEW集团子公司，电动机、减速机和变频控制设备 |
| | 凯歌主轴 | 大连 | 2013 | 磨削类电主轴 |
| | 因那智能 | 大连 | 2012 | 中大型电主轴 |
| 伺服系统 | 中之杰 | 沈阳 | 1998 | 航天云网控股子公司，东北地区液压行业龙头 |
| | 安川电机沈阳公司 | 沈阳 | 2008 | 安川电机子公司，伺服驱动系统 |
| 其他 | 博澳精密 | 大连 | 2015 | 非标刀具、工装夹具等 |
| | 行健数控 | 大连 | 2011 | 机床维修与养护 |
| 增材制造整机及零部件 | | | | |
| 增材制造材料 | 晟钰新材料 | 辽阳 | 2015 | 水雾化纯铁粉、预合金化铁粉，用于3D打印及铁镍电池 |
| 激光器及扫描振镜 | 镭泰克 | 沈阳 | 2018 | 激光3D打印系统、激光装备自动化 |
| | 榕树光学 | 大连 | 2014 | 激光干涉仪、激光干涉尺、光纤激光尺 |
| 其他 | 美光速造 | 大连 | 2016 | 航空航天、口腔医疗等领域3D打印综合解决方案 |

资料来源：本书编写团队根据公开资料整理。

下一步，辽宁省可以依托科德数控、沈阳机床等龙头企业及中科院沈阳自动化所、东北大学等创新资源，重点发展军工、航空航天等行业用五轴数控机床、金属3D打印设备以及数控系统、关键功能部件、3D打印材料等领域。具体如下：　是推动2023年3月辽宁省与中国通用技术集团会商成果落地，围绕"工业母机"自主可控，重点推动沈阳机床、大连机床等央企核心公司培育壮大五轴加工中心等产品，同时组建"整–零创新共同体"，加强高速高精度电主轴、双摆角铣头、高精度导轨等关键核心零部件攻关。二是推动大连理工大学精密制造全国重点实验室及辽宁黄海实验室等成果在辽转化力度，在数控机床精密零部件、金属3D打印材料及系统等领域布局产业化项目。三是推动科德数控、中科数控等本土专精特新企业进一步做大做强，并完善高端数控系统、关键功能部件领域。

### 4.1.6　深地深海开发：布局钻探设备、深海机器人及物探装备

#### 1.赛道概览

出于对未知世界的好奇和对资源的渴求，人类对深地和深海的探索从未停止，如今深地深海开发装备的水平已经成为衡量一个国家科技实力的重要指标，是真正的"大国重器"。传统的深地深海开发装备主要是以钻探、压裂等设备为主，在数字技术高度发展的今天，水下潜航器、深海传感器、声呐技术等为资源探查和科学研究提供了更强大的技术支持。从全球来看，美国是深地深海开发装备领域的领军者，拥有哈里伯顿、贝克休斯等龙头企业，新加坡、挪威等在半潜式海上钻井平台和声呐系统领域也较为突出（详见表4-17）。从国内来看，我国在传统深地深海开发装备领域处于世界领先水平，"深地塔科1井"使用自主研发的全球首台12 000米特深井自动化钻机不断刷新深地开发纪录，目前已突破万米；湖南科技大学研发的"海牛Ⅱ号"海底大孔深保压取芯钻机系统在南海2 000多米的深海海底成功钻进

231米，迄今为止保持着海底钻机海上实际钻探深度的世界纪录。但是，我国在智能开发设备及商业化设备领域目前仍与国外差距较大；同时，由于深地深海领域多为大型国企以及高校院所主导开发，民间资本参与较少，因此暂未涌现出高成长的新物种企业。

表4-17　　　　　　　　　国内外深地深海领域发展概览

| 细分领域 | 企业名称 | 区域 | 成立时间 | 企业情况 |
|---|---|---|---|---|
| 深地开发 | | | | |
| 钻探设备 | GE Oil & Gas | 美国 | 2008 | 钻机、泥浆泵、钻头等成套设备及配套机电设备行业领先 |
| | 威德福国际 | 美国 | 1972 | 全球领先的深地钻探设备和服务提供商 |
| | 四川宏华 | 中国 | 2006 | 中国最大的陆地钻机制造商和全球领先的油气钻采设备供应商 |
| 压裂设备 | 哈里伯顿 | 美国 | 1919 | 全球最大的油田服务公司之一，压裂设备国际先进 |
| | 贝克休斯 | 美国 | 1987 | 压裂设备的设计、制造和智能化方面国际领先 |
| | 杰瑞股份 | 中国 | 1999 | 压裂设备、固井设备等领域占据全国50%以上市场份额 |
| | 石化机械 | 中国 | 1998 | 中石化子公司，国内压裂设备双巨头之一 |
| 修井设备 | Basic Energy Services | 美国 | 1992 | 修井设备设计及制造行业领先 |
| | 新锦动力 | 中国 | 2005 | 修井机、修井工具行业领先 |
| 深海开发 | | | | |
| 深潜设备 | Triton Submarines | 美国 | 2007 | 商业型深海载人潜航器行业龙头，产品最深可下潜至11 000米 |

续表

| 细分领域 | 企业名称 | 区域 | 成立时间 | 企业情况 |
|---|---|---|---|---|
| 深潜设备 | Oceaneering | 美国 | 1969 | 世界上最大的工作类水下机器人运营商和制造商 |
| | Hydroid | 美国 | 2001 | 自动水下潜航器（AUV）领先制造商 |
| | Proteus Ocean Group | 法国 | 2023 | 商业化深海空间站 |
| | 中船重工 | 中国 | 1999 | "蛟龙"号水下潜航器 |
| 深钻设备 | Keppel Offshore & Marine | 新加坡 | 1974 | 全球最大的海洋钻探平台 |
| | 胜科 | 新加坡 | 1998 | 浮动平台与浮动装置、岸外固定平台及特殊船舶制造 |
| | 大宇造船 | 韩国 | 1973 | 半潜式海上钻井平台行业领先 |
| | 中集来福士 | 中国 | 1977 | 超深水半潜式钻井平台，当今世界海洋钻井平台最高水平 |
| 深网设备 | Aptina Imaging Corporation | 美国 | 2008 | 安森美半导体子公司，海底成像传感器行业领先 |
| | ANB sensor | 英国 | 2013 | 伏安电化学法 pH 传感器全球领先 |
| | Kongsberg | 挪威 | 1965 | 多波束测深声呐系统全球领先 |
| | 雷磁传感 | 中国 | 2011 | 溶解氧电化学测量技术国内领先 |
| | 豪威科技 | 中国 | 1995 | 互补式金属氧化物半导体（CMOS）影像传感器领域龙头企业，2019 年被韦尔股份收购 |

资料来源：本书编写团队根据公开资料整理。

2.辽宁基础和建议

辽宁省"大国重器"制造方面从不落后，在深海深地装备领域亦是如此。从科研能力来看，中科院沈阳自动化所为载人潜水器"蛟龙"号的主要研制单位，东北大学成立了深部工程与智能技术研究院，聚焦深部工程岩体力学与安全以及深部油气资源开发与储存；大连海事大学自主研发了全海深地质绞车系统，并完成了首个深海调查任务。从制造业基础来看，大连船舶重工是目前中国规模最大、建造船舶产品最齐全的现代化船舶总装企业，研制出中国第一艘航空母舰辽宁舰、第一艘国产航空母舰山东舰、中国第一座3 000米深水半潜式钻井平台；辽河钻井是目前中国陆上最具实力的大型钻井工程公司之一，具备钻井、固井、修井等全套技术服务，可在平原、戈壁、沼泽等各种地表环境及气候条件下作业。此外，中科院沈阳自动化所、新松机器人、沈阳仪表院等也可为辽宁省未来开展深地深海探索提供机器人、传感器等方面的技术支持（详见表4-18）。

表4-18　　　　　　　　辽宁省深地深海重点企业概览

| 细分领域 | 企业名称 | 区域 | 成立时间 | 企业情况 |
|---|---|---|---|---|
| 钻探设备 | 辽河钻探 | 鞍山 | 2011 | 国内最具实力的大型钻井工程公司之一 |
| 深潜设备 | 新松机器人 | 沈阳 | 2000 | 工业机器人行业龙头，业务包括工业机器人、移动机器人、特种机器人 |
| 深钻设备 | 海洋钻探 | 大连 | 2013 | 直属于海城市石油机械制造集团，海洋钻探设备 |
|  | 海运重工 | 大连 | 1992 | 半潜式海上钻井平台等 |
| 深网设备 | 沈阳仪表院 | 沈阳 | 2000 | 传感器龙头企业，业务包括压力传感器、温度传感器、流量传感器等 |
|  | 大连船舶重工 | 大连 | 2005 | 中国船舶旗下，业务包括半潜式深海钻井平台 |

资料来源：本书编写团队根据公开资料整理。

下一步，辽宁省可以依托"海洋装备大省"的传统优势，立足辽河钻探等产业基础及中科院沈阳自动化所等创新资源，重点布局钻探设备、深海机器人、物探装备等领域。具体如下：一是支持辽河钻探与东北大学深部工程与智能技术研究院合作开展钻探设备技术创新，优化高温高压环境下设备的工作效能，提升油气资源开发能力。二是支持中科院沈阳自动化所、大连海事大学联合新松机器人等开发水下工作机器人，提升海底工程建设能力。三是支持大连船舶重工与沈阳仪表院等联合开发深水物探船，对海底资源进行精准探查。

## 4.2 未来材料集群

文明时代就是材料时代。人类社会的每一个新时代都是由一种新材料促成的，比如钢自 18 世纪 60 年代起成为工业革命关键原料，让工程师得以充分实现梦想；再比如 20 世纪常被歌颂为硅时代，是因为材料科学的突破带来了硅芯片和信息革命[1]。新时代也为新材料发展提供了战略机遇，新兴产业快速发展对材料提出了超高纯度、超高性能、超低缺陷、高速迭代、多功能、高耐用、低成本、易回收等更高要求[2]。对辽宁省来说，可以根据装备、半导体、能源、生物医药等未来产业发展需要，立足科利德、垦艺生物等产业基础和中科院金属所及辽宁材料实验室、中科院大连化物所及辽宁滨海实验室等创新资源（详见表 4-19），布局先进半导体材料、新型能源材料、生物医用材料等功能性材料。"一代材料，一代装备"，未来装备所需材料也值得辽宁布局，我们已在未来装备章节予以介绍。

---

① 米奥多尼克. 迷人的材料 [M]. 赖盈满，译. 天津：天津科学技术出版社，2019.
② 谢曼，干勇，王惠. 面向 2035 的新材料强国战略研究 [J]. 中国工程科学，2020，22（5）.

表4-19　　　　　　　　　　**未来材料领域值得关注的新赛道**

| 来源 | 新赛道 |
|---|---|
| 工信部等七部门，2024年1月<br>《关于推动未来产业创新发展的实施意见》 | ❖ 高性能碳纤维材料<br>❖ 先进半导体材料<br>❖ 超导材料 |
| 工信部，2022年1月<br>《重点新材料首批次应用示范指导目录<br>（2021年版）》 | ❖ 先进半导体材料和新型显示材料<br>❖ 新型能源材料<br>❖ 生物医用及高性能医疗器械用材料<br>❖ 3D打印有机硅材料及合金粉末 |
| 上海市，2022年9月<br>《上海打造未来产业创新高地发展 壮大<br>未来产业集群行动方案》 | ❖ 高端膜材料<br>❖ 高性能复合材料<br>❖ 非硅基芯材料 |
| 北京市，2023年9月<br>《北京市促进未来产业创新发展实施方案》 | ❖ 石墨烯材料、超导材料<br>❖ 超宽禁带半导体材料<br>❖ 新一代生物医用材料 |
| 浙江省，2023年2月<br>《浙江省人民政府办公厅关于培育发展<br>未来产业的指导意见》 | ❖ 石墨烯<br>❖ 超导材料<br>❖ 生物可降解材料<br>❖ 碳纤维复合材料<br>❖ 新一代3D打印材料<br>❖ 碳化硅、氮化镓等第三代半导体材料 |
| 中科院金属所及<br>辽宁材料实验室 | ❖ 纳米金属材料<br>❖ 陶瓷及复合材料<br>❖ 高性能均质合金<br>❖ 先进炭材料<br>❖ 生物基材料及仿生构筑<br>❖ 功能材料与器件<br>❖ 颠覆性新材料 |

续表

| 来源 | 新赛道 |
| --- | --- |
| 中科院大连化物所及<br>辽宁滨海实验室 | ❖ 膜材料<br>❖ 燃料电池质子交换膜材料<br>❖ 低碳能源催化材料<br>❖ 航天催化材料<br>❖ 电化学储能材料 |
| 大连理工大学 | ❖ 多孔能源材料<br>❖ 先进薄膜<br>❖ 硼镁特种工程材料<br>❖ 高性能树脂材料<br>❖ 智能化工材料 |
| 东北大学 | ❖ 先进钢铁材料、低碳钢铁<br>❖ 铝电子材料 |

此外，我们还排除了一些赛道方向：一是先进钢铁材料，辽宁省具有较好的产业基础和研发实力，集聚鞍钢集团、本钢集团、抚顺特钢等企业，但产业已处于成熟期，除部分功能性材料外，成长空间较为有限；二是有色金属材料，辽宁省在钛、镁、铝等领域已形成相对成熟的产业体系，部分高附加值产品已列入生物医用材料等；三是碳纤维复合材料，对上游行业依赖性较高，辽宁省不具有原材料优势；四是石墨烯材料，近年来实验室内探索较广泛，但距离走向广泛商用仍有一定距离；五是超导材料，辽宁省在第一代高温超导材料产业发展中未能抢占先机，现处于商业化初期的第二代低温超导材料钇钡铜氧体系，省内不具有资源及创新基础。

### 4.2.1 先进半导体材料：布局电子特气、第三代半导体材料和光刻胶

#### 1.赛道概览

半导体材料为芯片之基，包括硅片、光刻胶、CMP材料等晶圆制造材料和封装基板、键合丝等封装材料。在国际贸易环境不确定性增加的背景下，内资晶圆厂崛起带动国内半导体材料需求提升，半导体材料国产替代的战略需求紧迫、市场空间巨大。此外，随着硅半导体材料主导的摩尔定律逐渐走向其物理极限，以第三代半导体为代表的化合物半导体材料快速崛起，为半导体材料产业提供了新的增长点。从全球来看，美国在抛光材料等领域占据领先地位，日韩以东京应化、东友精细化工等企业为代表，在硅片、光刻胶等领域占据领先地位，欧洲以液化空气和林德集团为代表，在电子气体领域占据领先地位（详见表4-20）。从国内来看，我国半导体产业起步相对较晚，但已基本实现重点材料领域的布局，出现了硅片领域的沪硅产业、光刻胶领域的南大光电等龙头企业，也涌现出碳化硅厂商天岳先进和湿电子化学品龙头中巨芯等新物种企业（详见表4-21）。与国外相比，我国半导体材料仍以中低端产品为主，高端领域仍然被外资主导，大尺寸硅片、ArF光刻胶、EUV光刻胶、5N级超净高纯试剂等材料领域亟待突破。

表4-20　　　　国内外先进半导体材料领域发展概览

| 细分领域 | 企业名称 | 区域 | 成立时间 | 企业情况 |
|---|---|---|---|---|
| 晶圆制造材料 | | | | |
| 硅片 | 信越化学 | 日本 | 1926 | 硅片产业龙头，业务覆盖有机硅、半导体硅、电子功能材料等 |
| | 胜高 | 日本 | 1999 | 硅片产业市占率第二，硅晶圆材料 |
| | 环球晶圆 | 中国台湾 | 2011 | 硅片产业市占率第三，中美晶半导体部门分割成立，半导体晶棒及晶圆 |

续表

| 细分领域 | 企业名称 | 区域 | 成立时间 | 企业情况 |
|---|---|---|---|---|
| 硅片 | 世创 | 德国 | 1953 | 硅片产业市占率第四，被环球晶圆收购，半导体硅片 |
| | 鲜京矽特隆 | 韩国 | 1983 | 硅片产业市占率第五，SK集团子公司，硅晶圆 |
| | 沪硅产业 | 中国 | 2015 | 全球化布局的国内硅片企业 |
| | 中环股份 | 中国 | 1988 | 被TCL收购，光伏硅片和半导体硅片 |
| | 立昂微 | 中国 | 2002 | 创始人为阙端麟院士，半导体硅片、半导体功率器件等 |
| 光刻胶 | 东京应化 | 日本 | 1940 | 全球光刻胶龙头，感光光刻胶和高纯度化学品 |
| | JSR | 日本 | 1957 | 世界领先的光刻胶供应商 |
| | 住友化学 | 日本 | 1925 | 综合型化学企业，先进光刻胶供应商 |
| | 晶瑞电材 | 中国 | 2001 | 半导体级光刻胶及配套材料 |
| | 南大光电 | 中国 | 2000 | 中国高纯电子材料的领军企业，先进光刻胶产品及高纯金属有机化合物 |
| | 北京科华 | 中国 | 2004 | 国内光刻胶行业龙头企业之一，KrF（248nm）、I-line、G-line等中高端光刻胶 |
| CMP抛光液 | 卡博特 | 美国 | 1882 | 全球抛光液行业龙头 |
| | 杜邦 | 美国 | 1915 | 全球抛光液行业龙头 |
| | 富士美 | 日本 | 1950 | 全球抛光液行业龙头 |
| | 安集科技 | 中国 | 2006 | 打破抛光液进口依赖，化学机械抛光液、功能性湿电子化学品 |
| CMP抛光垫 | 陶氏 | 美国 | 1897 | 占据全球抛光垫市场绝对主导地位 |
| | 日立 | 日本 | 1910 | 抛光垫、抛光液核心厂商 |

**超前布局未来产业：辽宁形成新质生产力的关键之举**

续表

| 细分领域 | 企业名称 | 区域 | 成立时间 | 企业情况 |
|---|---|---|---|---|
| CMP抛光垫 | 鼎龙股份 | 中国 | 2000 | CMP抛光垫、抛光液、清洗液 |
| | 万华化学 | 中国 | 1998 | 化工新材料全球化公司，产品包括聚氨酯抛光垫 |
| 光掩膜版 | 凸版印刷 | 日本 | 1900 | 全球最大的独立第三方光掩膜生产商，正版型及负版型光掩膜版 |
| | 大日本印刷 | 日本 | 1876 | 全球领先的有机发光二极管（OLED）、精细金属掩模版（FMM）生产商 |
| | 路维光电 | 中国 | 2012 | 国产掩膜版龙头，G2.5-G11全世代掩膜版 |
| | 清溢光电 | 中国 | 1997 | 国内成立最早、规模最大的掩膜版生产企业 |
| 湿电子化学品 | 巴斯夫 | 德国 | 1952 | 全球领先的化工公司，电子化学品领先供应商，业务覆盖硫酸、氨水等通用型湿电子化学品及刻蚀液等 |
| | 东友精细化工 | 韩国 | 1991 | 湿电子化学品专业生产商，业务覆盖硝酸、盐酸等湿电子化学品 |
| | 关东化学 | 日本 | 1944 | 日本著名的综合试剂厂家，酸碱类超净高纯试剂 |
| | 东应化 | 中国台湾 | 1998 | 半导体专用试剂制造商，业务覆盖剥离液、显影液等 |
| | 江化微 | 中国 | 2001 | 国内湿电子化学品龙头，业务覆盖氢氟酸、剥离液等超净高纯试剂和光刻胶配套试剂 |
| | 格林达 | 中国 | 2001 | 全球主要的显影液生产商 |
| | 江阴润玛 | 中国 | 2002 | 氢氟酸、硝酸、刻蚀液等超净高纯试剂 |

128

续表

| 细分领域 | 企业名称 | 区域 | 成立时间 | 企业情况 |
|---|---|---|---|---|
| 电子特气 | 空气化工 | 美国 | 1940 | 传统工业气体、稀有气体 |
| | 大阳日酸 | 日本 | 1910 | 氢气、氧气、氮气等高纯气体及半导体特殊材料气体 |
| | 液化空气 | 法国 | 1902 | 大宗气体及高纯电子特种气体 |
| | 林德集团 | 德国 | 1879 | 工业气体、医疗气体、特种气体和气体工程服务 |
| | 华特气体 | 中国 | 1999 | 特种气体、工业气体及气体设备 |
| | 金宏气体 | 中国 | 1999 | 电子气体、标准气体及大宗气体等 |
| | 昊华科技 | 中国 | 1999 | 含氟电子气体、绿色四氧化二氮、高纯硒化氢等 |
| 溅射靶材 | 日矿金属 | 日本 | 1992 | 溅射靶材、金属粉末等 |
| | 东曹 | 日本 | 1935 | 溅射靶材、石英玻璃等 |
| | 普莱克斯 | 美国 | 1907 | 世界最大的气体供应商，业务包括溅射靶材 |
| | 霍尼韦尔 | 美国 | 1906 | 钛铝靶、钛靶、铝靶、钽靶、铜靶等溅射靶材 |
| | 江丰电子 | 中国 | 2005 | 国内高纯度金属溅射靶材龙头 |
| 化合物半导体 | Cree | 美国 | 1987 | 化合物半导体材料、功率器件、LED外延片等 |
| | 罗姆半导体 | 日本 | 1958 | 碳化硅衬底及碳化硅功率器件 |
| | 天科合达 | 中国 | 2006 | 碳化硅晶片 |
| | 山东天岳 | 中国 | 2010 | 碳化硅单晶衬底材料 |

续表

| 细分领域 | 企业名称 | 区域 | 成立时间 | 企业情况 |
|---|---|---|---|---|
| | | | 晶圆封装材料 | |
| 封装基板 | 富乐华 | 日本 | 1980 | 功率半导体陶瓷载板 |
| | 京瓷 | 日本 | 1959 | 多层陶瓷基板 |
| | 三星电机 | 韩国 | 1973 | 韩国最大的半导体封装基板公司，倒装芯片球栅阵列封装基板等 |
| | 深南电路 | 中国 | 1984 | 2~8层的引线键合工艺基板和倒装封装基板 |
| | 珠海越亚 | 中国 | 2006 | 有机封装基板、芯片嵌入式封装基板、被动元件嵌入式封装基板等 |
| 键合丝 | 贺利氏 | 德国 | 1660 | 球形、楔形和螺柱形键合线产品 |
| | 田中贵金属 | 日本 | 1885 | 键合丝行业龙头企业 |
| | 新日铁 | 日本 | 1970 | 键合丝行业龙头企业 |
| | 铭凯益 | 韩国 | 1982 | 键合丝、锡球及蒸发金 |
| | 康强电子 | 中国 | 1992 | 本土封装引线框架和键合金丝龙头 |
| 引线框架 | 三井 | 日本 | 1949 | 全球知名的IC引线框架生产厂家 |
| | 新光电气 | 日本 | 1946 | 引线框架、封装基板等 |
| | HDS | 韩国 | 2014 | 引线框架、封装基板等 |
| | 长华科技 | 中国台湾 | 2009 | 多种系列的冲压引线框架和刻蚀引线框架 |
| | 泰兴永志 | 中国 | 2002 | 中国海防子公司，集成电路引线框架 |
| 环氧树脂 | 松下电工 | 日本 | 1945 | 半导体用封装材料、电子材料配件等 |
| | KCC | 韩国 | 1958 | 韩国最大的涂料和建材生产企业，环氧树脂化合物产品 |
| | 瀚森 | 美国 | 1899 | 环氧树脂和固化剂 |
| | 飞凯材料 | 中国 | 2002 | EMC环氧塑封料 |

资料来源：本书编写团队根据公开资料整理。

表4-21 我国先进半导体材料新物种企业典型代表

| 企业名称 | 区域 | 成立时间 | 企业情况 |
|---|---|---|---|
| 天岳先进 | 济南 | 2010 | 独角兽企业，碳化硅单晶衬底 |
| 同光半导体 | 保定 | 2012 | 潜在独角兽企业，第三代半导体碳化硅单晶衬底 |
| 中巨芯 | 衢州 | 2017 | 潜在独角兽企业、哪吒企业，电子级湿化学品 |
| 飞源气体 | 淄博 | 2019 | 哪吒企业，高纯含氟气体 |

资料来源：本书编写团队根据"GEI-新物种企业数据库"整理。

2.辽宁基础和建议

辽宁省的半导体装备位于国家前列，辽宁省的半导体材料产业主要围绕半导体装备布局发展。辽宁省现有半导体材料主要发展领域为SOI硅片、石英材料、电子特气材料、单晶硅材料、化合物半导体等，涌现出沈阳硅基、科利德、锦州神工等优质企业（详见表4-22）。中科院金属所、大连理工大学等创新资源为本土半导体材料产业发展提供强有力"智力"支持，大量本土半导体材料企业同这些科研院所间建立密切产学研合作，如冷芯科技由中科院金属所参与建设，大特气体创始团队来自中昊光明院，华邦化学由中科院多位气体纯化专家联合创办。

下一步，辽宁省可以依托沈阳硅基、科利德、锦州神工等产业基础，中科院金属所、大连理工大学等创新基础及对日韩合作优势，重点发展电子特气、第三代半导体材料、光刻胶及配套试剂等领域。具体如下：一是支持冷芯科技、华邦化学、大特气体、科利德等重点成果转化项目以及专精特新企业做大做强。二是复制锦州神工培育经验，面向日本、韩国等半导体材料产业高地，加强人才团队"带土移植"。三是推动大连理工大学精细化工国家重点实验室EUV光刻胶等电子化学品产业化。

表4-22 　　　　　　　　　　　辽宁省先进半导体材料重点企业概览

| 细分领域 | 企业名称 | 区域 | 成立时间 | 企业情况 |
|---|---|---|---|---|
| 硅片 | 沈阳硅基 | 沈阳 | 2004 | SOI硅片供应商 |
| | 锦州神工 | 锦州 | 2013 | 半导体级单晶硅材料 |
| 电子特气 | 科利德 | 大连 | 2001 | 高纯电子气体、高纯金属有机化合物等 |
| | 大特气体 | 大连 | 1992 | 高纯气体、标准气体和工业混合气体 |
| | 华邦化学 | 大连 | 2013 | 中科院成果转化企业，气体纯化装备 |
| | 凯特利催化 | 大连 | 2005 | 中科院大连化物所转化企业，气体纯化设备及催化材料 |
| | 空气化工大连公司 | 大连 | 2007 | 美国空气化工在连投资项目，主营氧气、氮气、氢气等 |
| | 中昊光明化工研究设计院 | 大连 | 1964 | 昊华科技子公司，生产高纯硒化氢、硫化氢、氨、一氧化氮等 |
| | 同位素半导体 | 朝阳 | 2022 | 稳同科技发展集团子公司，氙气、氪气等高纯气体 |
| 化合物半导体 | 鑫美材料 | 朝阳 | 2021 | 北京通美晶体子公司，高纯砷 |
| | 通美晶体朝阳公司 | 朝阳 | 2017 | 北京通美晶体子公司，砷化镓、磷化铟和锗晶体 |
| | 汉京半导体 | 沈阳 | 2022 | 碳化硅（SiC）烧结、CVD涂层等半导体设备用碳化硅制品 |
| | 润新微电子 | 大连 | 2016 | 华润微持股公司，硅基氮化镓外延材料及电子元器件 |
| 其他 | 冷芯科技 | 沈阳 | 2021 | 中科院金属所科技成果转化企业，关键热电材料和微型半导体制冷芯片 |
| | 汉科半导体 | 沈阳 | 2006 | 新加坡汉民科技子公司，半导体石英材料 |

资料来源：本书编写团队根据公开资料整理。

### 4.2.2 新型能源材料：布局电极材料、膜材料和电解液材料

1.赛道概览

新能源材料是发展新能源技术的核心和应用基础。在发电环节，新能源材料是支撑光伏发电、风力发电的主要材料；在储能用能环节，新能源材料是支撑电化学储能/动力电池、氢燃料电池、电容器储能等的主要材料。锂离子电池、钠硫电池、铅蓄电池、全钒液流电池、氢燃料电池等装置是新能源储存和转换中最核心的技术单元，由于技术路线不同，各类电池在构成材料上存在差异，比如锂离子由正极、负极、隔膜、电解液四大主材以及结构件、铝箔、铜箔等辅材组成，正极材料为三元材料、钴酸锂、磷酸铁锂和锰酸锂，负极材料为天然石墨、钛酸锂、人工石墨和硅基材料，隔膜一般为PP、PE膜，电解液为六氟磷酸锂和有机溶剂；钠离子电池正极材料为聚阴离子类、普鲁士蓝类和氧化物类材料，负极材料为无定型碳类、合金类及金属氧化物类，电解液由锂盐替换为钠盐，隔膜基本与锂电池通用；全钒液流电池电极材料为碳毡和石墨毡，离子交换膜材料为聚四氟乙烯、三氧化硫和六氟环氧丙烷，电解液为五氧化二钒与硫酸。从全球来看，美国、日本等在新能源材料产业上处于领先地位，拥有燃料电池膜巨头戈尔、锂电池隔膜龙头东丽等重点企业（详见表4-23）。从国内来看，我国电池材料及光伏材料产业发展迅速，通威股份、杉杉科技、贝特瑞等企业产能规模已位于全球前列，还涌现出锂电铜箔厂商德福科技和氢燃料电池质子膜厂商东岳未来等新物种企业（详见表4-24）。与发达国家相比，我国锂离子电池中的部分新材料高端产品占比还比较低，锂电池全自动生产线仍需大量进口。

表4-23               **国内外新型能源材料产业发展概览**

| 类别 | 企业名称 | 国家 | 成立时间 | 企业情况 |
|---|---|---|---|---|
| 光伏材料 | | | | |
| 光伏硅料 | 通威股份 | 中国 | 1995 | 硅料和电池双龙头，高效光伏材料研发和制造商 |
| | 协鑫科技 | 中国 | 2006 | 硅料全球龙头生产商 |
| | 爱旭股份 | 中国 | 1996 | 全球光伏电池片主要供应商之一 |
| 光伏银浆 | 京都ELEX | 日本 | 1986 | 低温银浆龙头 |
| | 帝科股份 | 中国 | 2010 | 国产光伏银浆龙头 |
| | 聚和材料 | 中国 | 2015 | 全球光伏正面银浆龙头 |
| 光伏背板 | 赛伍技术 | 中国 | 2008 | 全球排名前列的综合高分子材料方案解决商，产品覆盖光伏材料 |
| 光伏玻璃 | 福莱特 | 中国 | 1998 | 光伏玻璃龙头企业 |
| 光伏胶膜 | 福斯特 | 中国 | 2003 | 全球光伏封装材料太阳能电池胶膜（EVA/POE胶膜）龙头 |
| | 海优新材 | 中国 | 2005 | 光伏封装材料太阳能电池胶膜（EVA/POE胶膜）等 |
| 光伏焊带 | 宇邦新材 | 中国 | 2002 | 光伏涂锡焊带 |
| 电化学储能材料 | | | | |
| 正极材料 | Umicore | 比利时 | 1905 | 全球第一的正极材料龙头企业 |
| | 巴斯夫 | 德国 | 1865 | 全球领先的化工公司，业务包括三元正极材料、富锂锰基和全固态电池材料等下一代电池材料 |

续表

| 类别 | 企业名称 | 国家 | 成立时间 | 企业情况 |
|---|---|---|---|---|
| 正极材料 | 住友金属 | 日本 | 1897 | 大型钢铁企业，业务包括三元前驱体、三元正极材料等 |
| | 容百新能源 | 中国 | 2014 | 高镍系列三元正极及前驱体材料 |
| | 湖南裕能 | 中国 | 2016 | 锂离子电池正极材料 |
| 负极材料 | 贝特瑞 | 中国 | 2000 | 全球锂离子电池负极产品核心供应商 |
| | 杉杉科技 | 中国 | 1999 | 国际人造石墨第一梯队 |
| 电解液 | 三菱化学 | 日本 | 2005 | 日本最大的化学企业，业务包括锂电池电解液 |
| | 天赐高新 | 中国 | 2000 | 全球最大电解液供应商 |
| | 新宙邦 | 中国 | 1996 | 锂离子电池电解液 |
| 隔膜材料 | 旭化成 | 日本 | 1931 | 全球锂电隔膜材料巨头，湿法锂离子电池隔膜 |
| | 东丽 | 日本 | 1926 | 锂电池隔膜材料龙头 |
| | 上海恩捷 | 中国 | 2010 | 全球领先的锂电池隔膜供应商 |
| | 苏州捷力 | 中国 | 2009 | 全球领先的湿法聚烯烃隔膜供应商 |

燃料电池材料

| 类别 | 企业名称 | 国家 | 成立时间 | 企业情况 |
|---|---|---|---|---|
| 催化材料 | 庄信万丰 | 英国 | 1817 | 全球最大的铂族金属燃料电池制造商和经销商 |
| | 田中贵金属 | 日本 | 1885 | 燃料电池铂碳催化剂龙头 |
| | 济平新能源 | 中国 | 2018 | 氢能和燃料电池催化剂 |
| 燃料电池膜 | 戈尔 | 美国 | 1958 | 燃料电池质子交换膜 |
| | 东岳未来 | 中国 | 2017 | 氢燃料电池质子膜、水电解制氢膜 |

资料来源：本书编写团队根据公开资料整理。

表4-24　　　　　　　　我国新型能源材料新物种企业典型代表

| 企业名称 | 区域 | 成立时间 | 企业情况 |
|---|---|---|---|
| 德福科技 | 九江 | 1985 | 潜在独角兽企业，高性能锂电铜箔及电子电路铜箔 |
| 容百新能源 | 宁波 | 2014 | 独角兽企业，锂电池正极材料 |
| 裕能新能源 | 湘潭 | 2016 | 潜在独角兽企业，锂离子电池正极材料 |
| 东岳未来 | 淄博 | 2017 | 独角兽企业，氢燃料电池质子膜、水电解制氢膜等 |
| 林立新能源 | 黄冈 | 2017 | 潜在独角兽企业，磷酸铁锂正极材料 |
| 厚生新能源 | 常州 | 2017 | 独角兽企业，国际领先的锂离子电池隔膜制造商 |
| 汉韦 | 常州 | 2019 | 潜在独角兽企业，光伏封装膜材料 |

资料来源：本书编写团队根据"GEI-新物种企业数据库"整理。

2.辽宁基础和下一步着力点

辽宁新型能源材料研发和应用始于下游新能源汽车产业，目前主要布局在负极材料、隔膜、电解液、纳米材料等领域，集聚锦州时代、康辉新材等优质企业（详见表4-25）。其中，抚顺、辽阳等依托其深厚的石化基础布局石墨负极及电解行业，大连、鞍山分别围绕液流电池、钠离子电池进行全产业链布局。此外，辽宁省还集聚中科院金属所、中科院大连化物所、辽宁省太阳能光伏应用技术重点实验室、中钢集团鞍山热能研究院等新型能源材料研究机构，为电池隔膜材料、碳硫复合电极材料等发展提供了有力技术支持。

表4-25　　　　　　　　辽宁省新型能源材料重点企业概览

| 细分领域 | 企业名称 | 区域 | 成立时间 | 企业情况 |
|---|---|---|---|---|
| 正极材料 | 国科金能 | 沈阳 | 2016 | 中科院金属所成果转化企业，业务覆盖磷酸铁锂电池、纳米碳复合磷酸铁锂电池正极材料 |
| | 美彩新材锦州公司 | 鞍山 | 2023 | 美联新材子公司，钠离子电池普鲁士蓝正极材料 |

续表

| 细分领域 | 企业名称 | 区域 | 成立时间 | 企业情况 |
|---|---|---|---|---|
| 负极材料 | 锦州时代 | 锦州 | 2021 | 宁德时代在长汀以北投资建设的第一个项目，石墨负极材料 |
| | 福鞍股份 | 鞍山 | 2004 | 与贝特瑞合作设立全资子公司天全福鞍，锂电池负极材料 |
| | 中宏能源辽宁公司 | 沈阳 | 2022 | 计划投资100亿元，生产石墨化负极材料、硅碳负极材料 |
| | 瑞宁新材料 | 朝阳 | 2022 | 贝特瑞和盘锦安隆科共同出资，锂电池负极材料 |
| | 信德新材 | 辽阳 | 2017 | 锂电池负极包覆材料 |
| | 金谷炭材料 | 辽阳 | 2010 | 液流电池电极用石墨毡 |
| | 奥亿达 | 鞍山 | 2011 | 石墨负极包覆材料、硅碳负极包覆材料等 |
| | 伊斯特化学 | 沈阳 | 2012 | 负极胶、N-甲基吡咯烷酮（NMP） |
| 隔膜 | 康辉新材 | 营口 | 2011 | 恒力石化子公司，锂电池隔膜（BSF） |
| | 伊科能源 | 大连 | 2008 | PP单层锂离子电池隔膜 |
| 电解液 | 融科储能 | 大连 | 2008 | 中科院大连化物所转化企业，业务覆盖钒氧化物、钒酸盐、钒储能介质 |
| | 华一锂电大连公司 | 大连 | 2021 | 苏州华一新能源子公司，业务覆盖锂离子电池电解液相关材料主盐、辅盐、功能添加剂等 |
| | 东科新能源 | 抚顺 | 2017 | 锂电池电解液系列产品 |
| 燃料电池膜 | 科京新材料 | 沈阳 | 2021 | 液流电池用质子交换膜材料、复合双极板材料和氢燃料电池用质子交换膜材料 |
| 其他 | 迈格钠磁动力 | 鞍山 | 2012 | 永磁材料及永磁传动产品，用于风电设备等 |

资料来源：本书编写团队根据公开资料整理。

下一步，辽宁可以依托东科新能源、康辉新材等龙头企业和中科院大连化物所等创新资源，重点发展电极材料、膜材料、电解液材料领域。具体如下：一是推动大连化物所、大连理工大学辽宁省能源材料及器件重点实验室前沿技术攻关及产业化，重点关注新型炭材料可控合成、新型电解质、电极高密度储能、新能源膜等领域。二是推动辽宁本土融科储能、信德新材等重点企业开展新能源材料布局，积极承接并推动液流储能电池碳毡电极、超级电容器电极材料等成果项目在辽转化落地。三是推动国科金能等初创科技企业以及锦州时代等新落户项目发展壮大。

### 4.2.3 生物医用材料：布局骨科材料、牙科材料和心血管科材料

1.赛道概览

生物医用材料是人工器官和医疗器械的基础，已成为当代材料学科的重要分支。生物医用材料主要用于骨科、牙科、心血管植入、血液净化等方向，正在向促进组织再生的组织诱导性生物材料演化[①]。随着人口老龄化加剧，生物医用材料下游需求不断增长，3D打印技术也为其扩大应用提供了技术支撑。从全球来看，由于较高的技术、资质和资金壁垒，全球生物医用材料市场已形成寡头垄断局面，强生、美敦力、史赛克、贝朗医疗等跨国公司凭借资本优势，不断兼并其他企业，成为掌握骨科材料、心血管材料等多品类细分市场的龙头（详见表4-26）。从国内来看，依托威高骨科、微创医疗等龙头企业，在骨植入产品、心血管支架、封堵器、生物型硬膜补片等部分生物医用材料方面已经实现进口替代，也涌现出生产二尖瓣瓣膜修复系统的德晋医疗等新物种企业（详见表4-27），但我国在生物医用材料创新能力方面整体较为薄弱，尤其医用级聚氨酯、聚乳酸共聚物（PLCL）、可降解镁合金、双相磷酸钙陶瓷（BCP）等亟待进一步攻关。

---

① 付小兵，佩帕斯，顾晓松. 再生医学：生物材料与组织再生［M］. 北京：人民卫生出版社，2020.

表4-26 国内外生物医用材料领域发展概览

| 细分领域 | 企业名称 | 区域 | 成立时间 | 企业情况 |
|---|---|---|---|---|
| 骨科材料 | 强生 | 美国 | 1886 | 骨科材料巨头，业务覆盖关节、脊柱、创伤类产品等 |
| | 史赛克 | 美国 | 1941 | 骨科材料巨头，业务覆盖关节置换、创伤、颅面等产品 |
| | 捷迈邦美 | 美国 | 1927 | 骨骼肌肉领域国际领先企业，业务覆盖关节重建、骨骼和骨骼修复产品等 |
| | 施乐辉 | 英国 | 1856 | 关节植入产品、创伤产品、内窥镜等 |
| | 威高骨科 | 中国 | 1988 | 国产骨科龙头，骨科植入医疗器械及手术器械 |
| | 创生医疗 | 中国 | 1986 | 国内骨科行业的领军企业，业务覆盖创伤产品及脊柱产品等 |
| 牙科材料 | Noble Biocare | 瑞典 | 1981 | 种植体牙齿修复领域世界领导者 |
| | 士卓曼 | 瑞典 | 1954 | 牙科种植和修复及口腔组织再生领域的全球领先品牌 |
| | 3M | 美国 | 1902 | 跨国综合制造公司，业务包括牙科矫正产品、牙科材料、修形与磨光材料等 |
| | 现代牙科 | 中国 | 1986 | 领先的义齿器材供应商 |
| 心血管材料 | 美敦力 | 美国 | 1949 | 全球领先的医疗科技公司，业务包括心脏植入式器械、心脏瓣膜置换等 |
| | 波士顿科学 | 美国 | 1979 | 全球心血管巨头，业务包括血管支架、左心耳封堵器等 |
| | 雅培 | 美国 | 1888 | 全球医疗健康行业领导者，业务包括冠脉介入、外周介入、血管闭合及颈动脉介入产品等 |
| | 索林集团 | 意大利 | 2005 | 全球性医疗器械公司，心脏瓣膜 |

| 细分领域 | 企业名称 | 区域 | 成立时间 | 企业情况 |
|---|---|---|---|---|
| 心血管材料 | 微创医疗 | 中国 | 1998 | 心血管及结构性心脏病、电生理及心律管理系统、骨骼与软组织修复科技等 |
| | 乐普医疗 | 中国 | 1999 | 心血管病外科用医疗器械 |
| 血液净化材料 | 费森尤斯 | 德国 | 1912 | 全球顶尖透析产品和服务供应商 |
| | 尼普洛 | 日本 | 1954 | 血液净化设备，体外循环及血液净化类耗材 |
| | 山外山 | 中国 | 2001 | 国内血液净化行业龙头，布局血透全线耗材及血液净化设备 |
| 生物再生材料 | 英特格拉 | 美国 | 1989 | 神经外科解决方案和组织技术的全球领导者，业务覆盖再生疗法、肢体骨科和神经外科应用产品等 |
| | 贝朗 | 德国 | 1839 | 世界领先的专业医疗产品供应商，业务包括人工脑膜神经补片 |
| | 正海生物 | 中国 | 2003 | 口腔修复膜、生物膜等软组织修复材料以及骨修复材料等硬组织修复材料 |
| | 昊冠生物 | 中国 | 1999 | 生物型硬脑（脊）膜补片、B型硬脑膜补片、胸普外科修补膜等 |

资料来源：本书编写团队根据公开资料整理。

表4-27　　**我国生物医用材料新物种企业典型代表**

| 企业名称 | 区域 | 成立时间 | 企业情况 |
|---|---|---|---|
| 沛嘉医疗 | 苏州 | 2013 | 潜在独角兽企业，结构性心脏病和脑血管介入器械 |
| 德晋医疗 | 杭州 | 2015 | 独角兽企业，二尖瓣瓣膜修复系统 |
| 博恩锐尔 | 南昌 | 2017 | 潜在独角兽企业，创口修复类生物材料耗材 |
| 微构工厂 | 北京 | 2021 | 哪吒企业，聚羟基脂肪酸酯（PHA）生物材料 |

资料来源：本书编写团队根据"GEI-新物种企业数据库"整理。

2.辽宁基础和下一步着力点

辽宁省生物医用材料产业受上下游应用驱动较强，目前省内集聚了一批生物医用材料企业（详见表4-28），包括垠艺生物和中铝沈阳有色金属等两家国家生物医用材料创新任务揭榜挂帅（第一批）[①]入围企业。其中，垠艺生物原名辽宁生物医学材料研发中心，重点产品为第三代无载体药物支架、经皮腔内冠状动脉成形术（PTCA）扩张球囊导管等，其微盲孔载药心脏支架和药物洗脱球囊（Polymer-free）在全国处于领先地位。此外，省内还集聚中科院金属所、大连理工大学材料学院、东北大学材料学院、中国医科大学、沈阳药科大学等高校院所，在生物医用高分子材料等方向具有一定创新实力。

表4-28　　　　　辽宁省生物医用材料重点企业概览

| 细分领域 | 企业名称 | 区域 | 成立时间 | 企业情况 |
| --- | --- | --- | --- | --- |
| 骨科材料 | 中铝沈阳有色金属 | 沈阳 | 2003 | 医用钛合金材料 |
| | 沈阳中钛 | 沈阳 | 2016 | 医用钛及钛合金材料 |
| 牙科材料 | 爱邦科技 | 沈阳 | 2011 | 根管封闭糊剂 |
| 心血管材料 | 垠艺生物 | 大连 | 2004 | 高分子介入材料 |
| 其他 | 汇英般舟 | 沈阳 | 2017 | 医用口罩 |
| | 北华医材 | 沈阳 | 1991 | 穿刺器械 |

资料来源：本书编写团队根据公开资料整理。

下一步，辽宁省可以依托垠艺生物等龙头企业和中科院金属所等创新资源，发展以骨科、牙科、心血管科为代表的生物医用材料。具体如下：一是推动垠艺生物等专精特新企业进一步发展壮大，平台化转型孵化一批新物种企业。二是推进中科院金属所生物功能化人工骨材料、人工心脏瓣膜材料，大连理工大学生命科学与技术学院胶体凝胶生物材料等科技成果转化应用。三是推进医工结合，重点依托中国医科大学及其附属第一医院、盛京医院、

---

① 工业和信息化部、国家药品监督管理局于2023年9月发布。

口腔医院等一流医疗机构，推进"医教研产"一体化，构建医院、院所和与重点企业的长效合作沟通机制，加速生物医用材料开发进程。

## 4.3 未来智能集群

传统信息技术产业主要包括电子信息制造、基础电信、互联网及相关服务、软件服务业，新兴信息技术产业则以物联网、工业互联网、大数据、云计算、人工智能、区块链及虚拟现实与增强现实作为主要驱动力，与之配套的通信网络基础设施与算力基础设施也成为产业发展的重要引擎①。作为数字经济领域的"后起之秀"，辽宁省应结合场景优势，立足东软集团等产业基础，中科院沈阳自动化所、大连理工大学、东北大学等创新资源（详见表4-29），依托沈阳北方算谷、大连数谷等专业产业园，布局工业互联网、人工智能、元宇宙、网络安全、传感器、柔性电子6个新赛道。

表4-29 　　　　　　　　　未来智能领域值得关注的新赛道

| 来源 | 新赛道 |
| --- | --- |
| 工信部等七部门，2024年1月《关于推动未来产业创新发展的实施意见》 | ❖ 6G网络设备<br>❖ 超大规模新型智算中心<br>❖ 第三代互联网<br>❖ 工业互联网<br>❖ 工业元宇宙<br>❖ 卫星互联网<br>❖ 量子信息<br>❖ 新型显示<br>❖ 元宇宙入口<br>❖ 下一代操作系统 |

① 刘权，李立雪，孙小越. 数字产业化：新基建激发数字经济发展新动能［M］. 北京：人民邮电出版社，2023.

续表

| 来源 | 新赛道 |
|------|--------|
| 工信部等四部门，2023年8月<br>《新产业标准化领航工程实施方案<br>（2023—2035年）》 | ❖ 生成式人工智能<br>❖ 未来显示<br>❖ 未来网络<br>❖ 量子信息<br>❖ 元宇宙 |
| 上海市，2022年9月<br>《上海打造未来产业创新高地发展<br>壮大未来产业集群行动方案》 | ❖ 智能计算<br>❖ 通用AI<br>❖ XR科技<br>❖ 量子科技<br>❖ 6G技术 |
| 北京市，2023年9月<br>《北京市促进未来产业创新发展<br>实施方案》 | ❖ 通用AI<br>❖ 6G<br>❖ 元宇宙<br>❖ 量子信息<br>❖ 光电子 |
| 浙江省，2023年2月<br>《浙江省人民政府办公厅关于培育<br>发展未来产业的指导意见》 | ❖ 柔性电子材料<br>❖ 绿色照明<br>❖ 传感与传感器件<br>❖ 柔性信息显示 |
| 中科院沈阳自动化所及<br>辽宁辽河实验室 | ❖ 工业控制网络技术<br>❖ 工业5G超可靠低时延通信<br>❖ 工业设备智能维护管理<br>❖ 脑电信号识别及脑机接口信息处理 |
| 大连理工大学及<br>辽宁黄海实验室 | ❖ 工业人工智能<br>❖ 疾病诊疗微机电系统<br>❖ 高端压电执行器与传感器<br>❖ 机器视觉与机器学习 |
| 东北大学 | ❖ 工业智能及系统优化<br>❖ 复杂网络系统安全保障 |

与其他未来产业集群相比，未来智能产业更容易出现数字鸿沟和平台垄断，因此地方政府在谋划发展未来智能产业时切忌"大而全"，要结合自身基础与发展定位进行重点聚焦，用最快的速度形成突破，走在技术与产业发展的前沿，对于一些已经落后于其他地区的产业可选择"适当放弃"。为此，我们还排除了以下赛道方向：一是6G通信，辽宁省在卫星制造发射及通信运营领域暂无优势，清华大学、电子科技大学等高校及华为、中兴通讯与三大运营商等企业已经开始6G关键技术攻关，开展了一系列场景测试；二是量子信息，辽宁省尚无上游量子比特环境建设，与北京、合肥等城市差距较大；三是光电芯片，与武汉、苏州、西安、长春等先行城市相比，辽宁省现阶段缺少龙头企业与高校支撑。

### 4.3.1 工业互联网：布局平台及智慧工厂解决方案、工业软件

1. 赛道概览

工业互联网是新一代信息技术与制造业深度融合所形成的新兴业态和应用模式。当前全球工业互联网正处于格局创立的关键期和规模化扩张的窗口期，发展工业互联网已成为世界主要经济体抢占全球产业竞争新的制高点、重塑工业体系的共同选择。目前，工业互联网行业主要竞争领域包括工业软件、工业互联网平台、工业自动化、工业互联网网络、工业互联网数据、系统集成六大领域。从全球来看，美国、中国、德国等制造业大国正领跑工业互联网发展的主要赛道，龙头企业主要包括Autodesk、博世、西门子、ABB等，重点聚焦工业软件开发及自动化设备制造（详见表4-30）。从国内来看，我国工业互联网更注重场景实践，主要集中在制造业、物流和供应链管理、能源和环保等领域，不仅有用友网络、利箭软件、新松机器人等软件及自动化龙头企业，还有由三一重工孵化的树根互联、由海尔集团孵化的卡奥斯等新物种企业（详见表4-31）。但与国外相比，目前我国在技术研发和标

准化方面仍处于发展初级阶段，在数据管理和安全方面也面临一些挑战。

表4-30 国内外工业互联网领域发展概览

| 细分领域 | 企业名称 | 区域 | 成立时间 | 企业情况 |
|---|---|---|---|---|
| 工业软件 | Autodesk | 美国 | 1982 | 制定2D和3D设计软件行业标准 |
| | 中望软件 | 中国 | 1998 | 国内A股第一家研发设计类工业软件（CAX）上市企业 |
| | 用友网络 | 中国 | 1995 | 全球领先企业数智化软件与服务 |
| | 易普优 | 中国 | 2014 | 高级计划排程与调度优化系统国内领先 |
| | 科箭软件 | 中国 | 2002 | ERP及物流供应链解决方案国内领先 |
| 工业互联网平台 | PTC | 美国 | 1985 | 边缘计算能力和快速应用开发能力全球领先 |
| | 卡奥斯 | 中国 | 2017 | 卡奥斯平台跨行业跨领域应用及生态合作国内领先 |
| | 树根互联 | 中国 | 2016 | 智能制造IIoT、产品智能化IoT、产业链oT等解决方案行业领先 |
| | 航天云网 | 中国 | 2015 | 智能制造与协同制造以及云制造底层软件开发国内领先 |
| 工业自动化 | 博世 | 德国 | 1886 | 微机电系统（MEMS）创新及生产能力全球领先 |
| | 西门子 | 德国 | 1847 | 数据采集与监视控制实时性、集成性、智能性和可扩展性等优势明显 |
| | 霍尼韦尔 | 美国 | 1885 | 工业和家庭楼宇控制技术产品及解决方案 |
| | ABB | 瑞士 | 1883 | 机器人与运动控制技术全球领先 |
| | 歌尔微 | 中国 | 2017 | 歌尔股份子公司，超宽带（UWB）模组系统级封装和MEMS传感器 |
| | 新松机器人 | 中国 | 2000 | 国内工业机器人和特种机器人领域先锋企业 |

续表

| 细分领域 | 企业名称 | 区域 | 成立时间 | 企业情况 |
|---|---|---|---|---|
| 工业互联网网络 | 思科 | 美国 | 1984 | 交换机、路由器、无线设备、网络管理接口和模块等全球领先 |
| | 华为 | 中国 | 1987 | 标准云、资源专属云和全栈专属云一站式部署方案国内领先 |
| | 浪潮云洲 | 中国 | 2018 | 标志解析和"星火·链网"双料服务商 |
| | 中兴通讯 | 中国 | 1985 | 超低时延、超高可靠的确定性网络行业领先 |
| 工业互联网数据 | 滴普科技 | 中国 | 2018 | 云原生数据智能服务平台国内领先 |
| | 神策数据 | 中国 | 2015 | 深度用户行为分析平台技术领先 |
| | 华傲数据 | 中国 | 2011 | 数据质量、数据集成、大数据分析等基础软件产品和全面解决方案 |
| 系统集成 | 东软集团 | 中国 | 1991 | 数据采集、数据分析、云计算、物联网等集成解决方案国内领先 |
| | 软通动力 | 中国 | 2005 | 平台、设备、数据、应用与安全等集成水平国内领先 |
| | 神州数码 | 中国 | 1982 | 提供平台建设与集成、大数据分析、自动化、网络安全一体化解决方案 |

资料来源：本书编写团队根据公开资料整理。

表4-31　　　　　**我国工业互联网新物种企业典型代表**

| 企业名称 | 区域 | 成立时间 | 企业情况 |
|---|---|---|---|
| 树根互联 | 广州 | 2016 | 独角兽企业，由三一重工孵化，智能制造IIoT、产品智能化IoT、产业链oT等工业互联网解决方案 |
| 卡奥斯 | 青岛 | 2017 | 独角兽企业，由海尔集团孵化，跨行业领域工业互联网平台 |
| 华云工业 | 临沂 | 2020 | 哪吒企业，工业云平台建设、数字孪生智汇应用、信创云基座等 |

资料来源：本书编写团队根据公开资料整理。

2.辽宁基础和建议

2019年以来，辽宁省贯彻习近平总书记关于工业互联网的重要指示精神，加快提升工业互联网创新发展水平，推动工业化与信息化在更广范围、更深程度、更高水平上融合发展，目前已重点培育省级工业互联网平台87个，服务工业企业近5万户，连接工业设备近60万台（套），涌现出鞍钢自动化、航天新长征大道、天眼智云、安新自动化等多家工业互联网领域重点企业（详见表4-32）。在发展环境方面，省政府印发了《辽宁省工业互联网创新发展三年行动计划（2021—2023年）》，沈阳、丹东、锦州、盘锦等市分别就软件产业、智慧矿山、大数据、智慧园区等印发了相应文件。在基础设施方面，全省已建成开通5G基站突破9万个，工业互联网标志解析二级节点已上线运营36个，接入企业超过9 000家，均位居全国前列，实现了全省覆盖。在场景建设方面，连续两年发布应用场景需求共2 892个，预计2023年年底前培育省级智能工厂和数字化车间超过300个，省级数字化转型标杆企业超过50家。在载体建设方面，"工业互联网·沈阳中德装备产业园、和平区、沈北新区"示范基地入选工业互联网国家新型工业化产业示范基地。在品牌建设方面，已连续举办5届全球工业互联网大会，成为全球工业互联网大会永久会址，其中2023年大会期间，共发布成果57项、签约164个项目，签约金额约580亿元。

下一步，辽宁省应持续发挥在工业机器人、智能传感器、数控机床等自动化设备方面的传统优势，并依托鞍钢自动化、航天新长征大道、安新自动化、英特仿真等重点企业，着力从平台、智慧工厂解决方案、工业软件三方面推动工业互联网产业发展，加快新一代信息技术与工业制造全面融合。具体如下：一是在平台方面，支持鞍钢、沈鼓集团现有工业互联网平台做大做强，打造细分领域"标杆"；支持新松机器人、华晨宝马、东北制药等龙头企业与中科院沈阳自动化所等开发建设自有工业互联网平台，持续深化数字化转型。二是在智慧工厂解决方案方面，依托辽宁丰富的制造业场景优势，引育数字孪生、物联网、人工智能、大数据分析等领域解决方案企业，助推辽宁制造业龙头企业实现智慧化转型。三是在工业软件方面，依托慧筑云、豪森智源、英特仿真等企业开发面向制造业企业的国产计算机辅助设计软件（CAX）、企业资源计划（ERP）等工业软件，实现工业软件自主可控。

表4-32　　　　　　　　辽宁省工业互联网重点企业概览

| 细分领域 | 企业名称 | 区域 | 成立时间 | 企业情况 |
|---|---|---|---|---|
| 工业软件 | 慧筑云 | 沈阳 | 2017 | ERP工程企业管理软件以及建筑行业商业创新平台 |
| | 瑞码科技 | 沈阳 | 2013 | 企业内部管理系统、移动应用系统及物联网应用 |
| | 豪森智源 | 大连 | 2016 | 生产制造执行系统（MES）的规划与实施 |
| | 英特仿真 | 大连 | 2009 | 国产计算机辅助工程（CAE）软件 |
| 工业互联网平台 | 天眼智云 | 沈阳 | 2007 | 重大工业装备运投安全和设备健康管理系统及产品 |
| | 航天新长征大道 | 大连 | 2017 | 自主安全可控的航天工业互联网平台 |
| | 易智造 | 大连 | 2017 | 机械加工垂直领域大数据服务平台 |
| | 鞍钢自动化 | 鞍山 | 1989 | 鞍钢子公司，聚焦构建覆盖全要素、全产业链的制造服务体系 |
| 工业自动化 | 安新自动化 | 沈阳 | 2011 | 高效节能领域的自动化控制 |
| | 思凯科技 | 丹东 | 2009 | 公用事业计量领域物联网计量终端到系统全套解决方案 |
| | 华通测控 | 丹东 | 2000 | 智能化配电监控系统及仪表 |
| | 金马衡器 | 大连 | 1998 | 智能称重管理系统 |

资料来源：本书编写团队根据公开资料整理。

### 4.3.2 人工智能：布局大模型及工业智能、生成式AI

1.赛道概览

人工智能之于数字经济时代，正如蒸汽机之于蒸汽时代、发电机之于电气时代。2011年以来，随着大数据、物联网、云计算等底层信息技术的发展，以深度神经网络为代表的人工智能技术得到飞速发展，逐步跨越了科学与应用之间的"技术鸿沟"，驱动了无人驾驶、语音识别等新业态产生。目前全球在专用人工智能领域取得了一系列重要突破，比如，制造业企业利用人工智能来分析设备的潜在安全问题并开展预测性维护，零售企业利用人工智能分析平台进行库存及订单管理，医疗行业利用人工智能进行辅助诊断并为医生提供建议治疗方法等，但在通用人工智能领域尚处于起步阶段，整个行业面临着由传统分析式向生成式转型的发展趋势。从全球来看，世界主要发达国家均把发展人工智能作为提升国家竞争力、维护国家安全的重大战略，其中美国是人工智能的发源地，也是创新的最前沿，集聚了谷歌、亚马逊、斯坦福大学人工智能实验室、麻省理工学院计算机科学与人工智能实验室等一系列龙头企业与研究机构；欧盟在人工智能伦理、法律、标准等方面领先，出台了《可信赖的人工智能伦理准则》《人工智能法案》等文件，集聚了 Philips、恩智浦等龙头企业（详见表4-33）。从国内来看，我国在人工智能应用场景（例如医疗、教育、智能家居、自动驾驶等）、数据规模、市场潜力等方面具备优势，企业类型多以人工智能技术应用为主导，专注于解决实际问题和满足市场需求，出现了商汤科技、旷视科技、云从科技、依图科技等"AI四小龙"，并诞生了自动驾驶领域的嬴彻科技、图森未来以及智慧医疗领域的讯飞医疗等新物种企业（详见表4-34）。但是，我国在基础理论和原创算法研究、高端器件研发、人工智能开源开放平台等方面与国外相比仍存在较大差距。

表4-33 国内外人工智能领域发展概览

| 细分领域 | 企业名称 | 区域 | 成立时间 | 企业情况 |
|---|---|---|---|---|
| 底层技术 | | | | |
| 机器学习 | Google | 美国 | 1998 | 机器学习和自然语言处理世界领先 |
| | 百度 | 中国 | 2000 | 自然语言处理及深度学习行业领先 |
| 语言处理 | OpenAI | 美国 | 2015 | 自然语言处理及生成式模型世界领先 |
| 数据服务 | Anthropic | 美国 | 2021 | 高质量的数据集构建与标注服务行业领先 |
| 开源平台 | Stability AI | 英国 | 2020 | 开源软件开发以及开源生态构建行业领先 |
| 计算机视觉 | 商汤科技 | 中国 | 2014 | 国家新一代人工智能"智能视觉"开放创新平台牵头单位 |
| | 海康威视 | 中国 | 2001 | 图像处理以及目标检测与跟踪世界领先 |
| | 旷视科技 | 中国 | 2011 | 人脸识别及深度学习框架世界领先 |
| | 云从科技 | 中国 | 2015 | 跨镜追踪与图像识别行业领先 |
| | 依图科技 | 中国 | 2012 | 计算机视觉算法和模型世界领先 |
| 场景应用 | | | | |
| 智慧出行 | Mobileye | 以色列 | 1999 | 高级驾驶辅助系统和自动驾驶解决方案世界领先 |
| | Cruise | 美国 | 2013 | 自动驾驶虚拟验证开发系统行业领先 |
| | 小马智行 | 中国 | 2016 | 自主导航、障碍物识别、决策规划、控制执行等行业领先 |
| | 华测导航 | 中国 | 2003 | 我国高精度全球卫星导航（GNSS）技术领先者 |
| 智慧医疗 | IBM | 美国 | 1911 | 医疗图像分析以及人工智能辅助诊疗世界领先 |
| | Paige.AI | 美国 | 2018 | 癌症病理学AI产品领先 |

续表

| 细分领域 | 企业名称 | 区域 | 成立时间 | 企业情况 |
|---|---|---|---|---|
| 智慧医疗 | Enlitic | 美国 | 2014 | 自动识别、标记肿瘤和其他异常组织 |
| | Philips | 荷兰 | 1891 | 医疗影像和健康科技世界领先 |
| | 迈瑞医疗 | 中国 | 1991 | 呼吸机智能人机同步行业领先 |
| 智慧城市 | 厦门信达 | 中国 | 1984 | 智慧市政、智慧交通、智慧照明等领域整体解决方案 |
| | 佳都科技 | 中国 | 2001 | 城市计算平台、智能轨道交通系统、智慧停车等 |
| 智慧家居 | 恩智浦 | 荷兰 | 2006 | 家居设备的智能控制和自主学习 |
| 机器人 | AIBrian | 美国 | 2012 | 智能手机和机器人应用 AI 解决方案 |
| | Amazon | 美国 | 1994 | 工作内容线性处理和商品化，智能机器人产品行业领先 |
| | 达闼机器人 | 中国 | 2018 | 柔性智能关节（SCA）行业领先 |

资料来源：本书编写团队根据公开资料整理。

表4-34　　　　　**我国人工智能新物种企业典型代表**

| 企业名称 | 区域 | 成立时间 | 企业情况 |
|---|---|---|---|
| 底层技术 | | | |
| 影谱科技 | 北京 | 2009 | 独角兽企业，智能影像生产技术及解决方案 |
| 旷视科技 | 北京 | 2011 | 独角兽企业，人脸识别及深度学习框架世界领先 |
| 云知声 | 北京 | 2012 | 独角兽企业，深度学习语音识别 |
| 依图科技 | 上海 | 2012 | 独角兽企业，计算机视觉算法和模型世界领先 |
| 羽扇智 | 北京 | 2014 | 独角兽企业，语音交互、智能推荐、计算机视觉及机器人同时定位与地图构建 |

| 企业名称 | 区域 | 成立时间 | 企业情况 |
|---|---|---|---|
| 云天励飞 | 深圳 | 2014 | 独角兽企业，AI算法平台、AI芯片平台、大数据平台 |
| 第四范式 | 北京 | 2014 | 独角兽企业，以平台为中心的人工智能解决方案 |
| 商汤科技 | 北京 | 2014 | 独角兽企业，国家新一代人工智能"智能视觉"开放创新平台牵头单位 |
| 地平线 | 北京 | 2015 | 独角兽企业，边缘AI芯片及解决方案 |
| 寒武纪 | 北京 | 2016 | 独角兽企业，智能云服务器、智能终端以及智能机器人的核心处理器芯片 |
| 燧原科技 | 上海 | 2018 | 独角兽企业，人工智能领域云端算力 |
| 墨芯智能 | 深圳 | 2018 | 潜在独角兽企业，数据中心加速器芯片 |
| 摩尔线程 | 北京 | 2020 | 独角兽企业，通用算力平台 |
| 场景应用 | | | |
| 纵目科技 | 上海 | 2013 | 独角兽企业，自动驾驶解决方案 |
| 达闼科技 | 北京 | 2015 | 独角兽企业，云端智能机器人运营商，业务包括大型混合人工智能机器学习平台 |
| 智行者 | 北京 | 2015 | 独角兽企业，无人驾驶汽车大脑、通用场景L4解决方案 |
| 云从科技 | 广州 | 2015 | 独角兽企业，人机协同操作系统，业务包括边缘计算设备、人脸识别终端等 |
| 图森未来 | 北京 | 2016 | 独角兽企业，自动驾驶解决方案 |
| 初速度 | 北京 | 2016 | 独角兽企业，自动驾驶解决方案 |
| 推想医疗 | 北京 | 2016 | 独角兽企业，AI医疗领域，业务包括医学影像、临床诊疗及科研解决方案 |

续表

| 企业名称 | 区域 | 成立时间 | 企业情况 |
|---|---|---|---|
| 驭势科技 | 北京 | 2016 | 独角兽企业，可规模化部署的 L3～L4 级智能驾驶系统 |
| 讯飞医疗 | 合肥 | 2016 | 独角兽企业，语音录入和辅助诊疗系统 |
| 耐能智能 | 深圳 | 2016 | 潜在独角兽企业，智能驾驶方案 |
| 出门问问 | 北京 | 2012 | 独角兽企业，谷歌和大众投资，生成式 AI 与语音交互 |
| 爱笔智能 | 北京 | 2017 | 独角兽企业，线下空间数字化与智能化 |
| 华控创为 | 南京 | 2017 | 独角兽企业，清华系企业，智能语音私有云平台、智慧城市物联网平台等 |
| 鲸算科技 | 杭州 | 2018 | 独角兽企业，大数据、机器学习和人工智能技术，重点赋能金融科技、新零售 |
| 创新奇智 | 青岛 | 2018 | 独角兽企业，企业 AI 解决方案，协助企业智能转型优化决策 |
| 赢彻科技 | 上海 | 2018 | 独角兽企业，干线物流运营场景 L3 和 L4 级自动驾驶技术 |
| 微云智能 | 上海 | 2018 | 潜在独角兽企业，数字化牙科工业全系解决方案 |
| 云歌智能 | 深圳 | 2018 | 哪吒企业，人工智能调度系统 |
| 元戎启行 | 深圳 | 2019 | 独角兽企业，L4 级自动驾驶 |
| 思谋科技 | 深圳 | 2019 | 独角兽企业，机器视觉工业解决方案 |
| 红棉小冰 | 北京 | 2020 | 独角兽企业，人工智能聊天机器人 |
| 可之智能 | 宁波 | 2020 | 潜在独角兽企业，深度强化学习框架和可解释人工智能核心技术教育领域应用 |
| 清湛智能 | 南京 | 2020 | 潜在独角兽企业，中国科学院院士张钹团队转化企业，智慧城市、智能交通等解决方案 |

资料来源：本书编写团队根据公开资料整理。

2.辽宁基础和建议

辽宁目前正在积极布局人工智能产业。在基础设施建设方面，沈阳人工智能计算中心与大连人工智能计算中心成功获批"国家新一代人工智能公共算力开放创新平台"，两个中心规划算力已达到600P以上、高速算力达到10P。在大模型开发方面，2023年3月，基于华为昇腾AI的辽宁地区首个大模型——"沈阳·太一"（The One）多模态推荐模型正式发布，该模型由东北大学郭贵冰教授团队开发，参数规模达10亿，可融合文本、图像、社交、知识图谱等多模态信息，通过分析海量数据推荐精准内容。在场景化应用方面，美行科技、中煤科工等企业基于昇腾AI和基础硬件开发了变电所、煤矿、高精地图等细分领域的解决方案（详见表4-35）。此外，辽宁省还开展了省级"人工智能标杆应用场景"评选，东北大学、中科院沈阳计算机所、东软集团、小视科技、万象联合医疗等高校院所及企业入选。

下一步，辽宁省可以依托省内丰富的制造业场景资源及东北大学、大连理工大学等创新资源，重点发展大模型、工业智能及生成式AI等领域。具体如下：一是依托沈阳人工智能计算中心等强化算力基础设施建设，打造东北地区算力高地，支撑美行科技、心医国际等企业开展出行、医疗领域智能系统深度开发，并支撑"沈阳·太一"人工智能大模型深化垂直领域行业应用实现出行、医疗、城市管理等全方位覆盖。二是依托东北大学信息科学与工程学院工业人工智能与自动化系及中煤科工沈阳研究院等，开展人工智能与自动化深度融合的工业智能系统开发。三是支持东软集团等本地数字经济企业开发训练生成式AI大模型，支持本地制造业企业利用生成式AI进行智能设计、生产过程优化、供应链优化、质量控制与故障诊断等。四是支持东北大学、大连理工大学等高校深化人工智能领域人才培养。

表4-35                          辽宁省人工智能重点企业概览

| 细分领域 | 企业名称 | 区域 | 成立时间 | 企业情况 |
|---|---|---|---|---|
| 智慧出行 | 美行科技 | 沈阳 | 2008 | 智能汽车与智慧出行领域的技术研发和产品推广 |
| | 楼兰科技 | 大连 | 2005 | 智能服务、车队管理等车联网解决方案 |
| 智慧医疗 | 心医国际 | 大连 | 2010 | 我国覆盖面最广的智能医疗云平台 |
| 智慧城市 | 帝信科技 | 沈阳 | 1998 | 智慧安防、智慧交通、智慧城市、智慧商业等 |
| | 昂立信息 | 沈阳 | 1993 | 电子政务、教育信息化、企业信息化、数字化城市管理系统等 |
| | 聚德视频 | 沈阳 | 1997 | 基于计算机视觉的智慧园区及智慧交通管理 |
| 智能机器人 | 中煤科工沈阳研究院 | 沈阳 | 2000 | 中煤科工集团子公司，引领煤矿多场景巡检机器人行业发展 |
| 其他 | 益盛达装备 | 大连 | 2005 | 基于机器视觉的压痕检测装备 |

资料来源：本书编写团队根据"GEI-新物种企业数据库"整理。

### 4.3.3　元宇宙：布局工业元宇宙和虚拟数字人

1.赛道概览

元宇宙本质上是对现实世界虚拟化和数字化的过程。目前，元宇宙市场处于发展的早期阶段，主要依赖大型科技公司的推动，产业细分领域包括底层技术（生物识别、云计算、交互技术、XR软件等）、场景应用（社交娱乐、工业制造等）、硬件设施（穿戴设备、基础设施等）等。从全球来看，目前呈现出美、中、日、韩四大板块的格局，其中美国是元宇宙的开拓者，也是发展最为成熟的国家，龙头企业包括Meta、Roblox等；日本着力发挥在动漫和游戏等领域的IP资源优势，打造其在元宇宙领域的影响力，龙头企业包括Sony、NEC等；韩国在政府的推动下成立了"元宇宙联盟"，成员包括韩国的电子信息通信产业振兴院、LG、KBS等，并由政府投资2 000亿韩元，推动元宇宙工业化发展，龙头企业包括SK Telecom、ZEPETO等（详见表4-36）。从国内来看，目前在底层技术上仍处于跟随与追赶的态势，但在通信基础设施领域处于全球领先地位，在应用场景与市场规模方面也拥有巨大的增长潜力，还涌现出聚焦虚拟数字人领域的魔珐科技、聚焦元宇宙平台的元象唯思等新物种企业（详见表4-37）。

表4-36 国内外元宇宙领域发展概览

| 细分领域 | 企业名称 | 区域 | 成立时间 | 企业情况 |
|---|---|---|---|---|
| 底层技术 | | | | |
| 生物识别 | NEC | 日本 | 1899 | 人脸识别、生物特征识别和安全行业领先 |
| 云计算 | 阿里巴巴 | 中国 | 2007 | 云计算及元宇宙加速器 |
| 交互技术 | 科大讯飞 | 中国 | 1999 | 虚拟交互平台与AI虚拟技术行业领先 |
| XR软件 | 中兴通讯 | 中国 | 1985 | 全自研AR/VR软件平台行业领先 |
| 场景应用 | | | | |
| 社交娱乐 | Meta | 美国 | 2004 | "Horizon Worlds"平台具有社区创建和休闲娱乐功能 |
| | Roblox | 美国 | 2004 | "元宇宙"第一股，3D数字世界客户端、面向开发者的工具集及云服务 |
| | Sony | 日本 | 1946 | 游戏、音乐、电影内容世界领先 |
| | SK Telecom | 韩国 | 1984 | 平台具有虚拟家庭社交互动服务以及电子商务功能 |
| | ZEPETO | 韩国 | 2018 | 平台聚焦虚拟人社交、虚拟物品交易以及虚拟活动举办 |
| | 百度 | 中国 | 2000 | 元宇宙平台及系统解决方案 |
| 工业制造 | LG | 韩国 | 1947 | 虚拟汽车工厂、虚拟物流等 |
| | 海尔集团 | 中国 | 1984 | 拥有智能制造元宇宙平台 |

续表

| 细分领域 | 企业名称 | 区域 | 成立时间 | 企业情况 |
|---|---|---|---|---|
| 硬件设施 | | | | |
| 穿戴设备 | 联想 | 中国 | 1984 | 智能头显设备制造及虚拟服务解决方案 |
| | 华为 | 中国 | 1987 | 构建元宇宙相关头显、操作系统、芯片生态系统 |
| | 歌尔股份 | 中国 | 2001 | 依托先进传感技术的智能头显 |
| | 创维数字 | 中国 | 2002 | 打造首款增强现实电视 |
| 基础设施 | 中国电信 | 中国 | 1995 | 布局了数字孪生平台 |
| | 360 | 中国 | 2005 | 元宇宙数字安全体系行业领先 |
| | 浪潮信息 | 中国 | 1998 | 业内首款元宇宙服务器 |

资料来源：本书编写团队根据公开资料整理。

表4-37　　　　　　　　我国元宇宙新物种企业典型代表

| 企业名称 | 区域 | 成立时间 | 企业情况 |
|---|---|---|---|
| 灵伴科技 | 杭州 | 2014 | 独角兽企业，人机交互技术产品，用于工业元宇宙 |
| 魔珐科技 | 上海 | 2017 | 独角兽企业，虚拟偶像、虚拟演员、虚拟主持人等 |
| 燧原科技 | 上海 | 2018 | 独角兽企业，高算力、高能效比、可编程的通用人工智能训练和推理 |
| 红棉小冰 | 北京 | 2020 | 独角兽企业，虚拟导游、虚拟客服、虚拟演员等 |
| 元象唯思 | 深圳 | 2021 | 潜在独角兽企业，3D内容生产与消费一站式元宇宙平台 |

资料来源：本书编写团队根据公开资料整理。

2.辽宁基础和建议

2023年是辽宁省元宇宙产业蓬勃发展的一年，沈阳市在引领东北元宇宙产业发展方面大动作频出。1月，皇姑区携手百度打造东北首家以元宇宙元素为核心的数字产业基地——百度（沈阳）元宇宙数字产业基地，和平区举办2023东北元宇宙创新发展论坛；2月，和平区举办沈阳元宇宙产业峰会；7月，2023元宇宙与智能产业高峰论坛在沈阳工业大学举办，华为开发者大会2023（Cloud）沈阳分会场暨元宇宙生态与人才发展会议在和平区举行；10月，2023全球工业互联网大会+工业元宇宙专题论坛在沈阳举办，"和华云创&北斗云&华为云联合创新中心"合作项目正式启动。目前，辽宁省已涌现出元动科技、北斗云、英特仿真、奥托股份等元宇宙领域优秀企业，在工业制造领域的场景化应用已较为成熟（详见表4-38）。

表4-38　　　　　　　　辽宁省元宇宙重点企业概览

| 细分领域 | 企业名称 | 区域 | 成立时间 | 企业情况 |
|---|---|---|---|---|
| 交互技术 | 元动科技 | 沈阳 | 2020 | 数字孪生、元宇宙交互及游戏开发等 |
| 社交娱乐 | 北斗云 | 沈阳 | 2019 | 媒体领域虚拟数字人及沉浸式虚拟场景 |
| 工业制造 | 沈阳创新设计研究院 | 沈阳 | 2002 | 东北唯一一家装备制造业工业设计公共服务平台，智能制造产教融合元宇宙实训项目 |
| | 中车大连机车 | 大连 | 1981 | 中国中车子公司，构架焊接数字化生产新模式 |
| | 英特仿真 | 大连 | 2009 | 大型水轮发电机组关键设备物理场在线监测系统 |
| | 奥托股份 | 大连 | 1990 | 虚拟工厂对真实工厂生产运行状态的多维度展示与分析 |
| | 信华信 | 大连 | 1996 | 基于数字孪生的焦炉机械智能决策分析系统 |

资料来源：本书编写团队根据公开资料整理。

下一步，辽宁省可以依托元动科技等产业基础，按照"虚实结合、以虚强实"的逻辑重点布局工业元宇宙及虚拟数字人领域。具体如下：一是推动北斗云等在媒体领域虚拟数字人技术储备，进一步拓展打造教育、文娱、消费等领域数字人形象。二是依托英特仿真、奥托股份等深度探索元宇宙在工业制造领域的应用，打造工业元宇宙技术开发及应用高地，支持沈阳创新设计研究院为省内制造业企业提供基于元宇宙技术的设计方案。三是依托沈阳职业技术学院、大连东软信息学院等深化虚拟现实技术教育，打造全国元宇宙教育及人才大省。

### 4.3.4 网络安全：布局工业网络安全及云安全、数据安全

1.赛道概览

随着万物互联时代的到来，网络安全对经济发展与社会稳定的重要作用日趋突出。目前，得益于算力基础设施的建设以及数字经济产业的带动，网络安全产业处于高速发展阶段，全球政府和企业对网络安全的重视程度逐年提升也推动了产业规模持续增长。此外，随着工业互联网、元宇宙等新概念的崛起，以机器学习、人工智能为核心，以威胁检测和应急响应为关键的第三代网络安全技术已经成为企业间竞争的"主战场"。从全球来看，Palo Alto Networks、Checkpoint、CyberArk等龙头企业主要集中在美国和以色列，形成了世界两大网络安全产业集群（详见表4-39）。从国内来看，我国在技术布局方面与国外较为接近，重点布局数据与隐私安全、身份安全、云安全、软件供应链安全、工业网络安全、密码应用、移动安全等7大领域，整体行业规模与国外相比较小，但增长速度较快，龙头企业包括深信服、安恒信息、启明星辰等，同时也涌现出一批新物种企业，如主营大数据智能安全监测与管控的奇安信以及聚焦量子保密通信解决方案的中创为（详见表4-40）。

表4-39　　　　　　　　国内外网络安全领域发展概览

| 细分领域 | 企业名称 | 区域 | 成立时间 | 企业情况 |
|---|---|---|---|---|
| 数据与隐私安全 | Palantir | 美国 | 2004 | 面向政府和制造业提供数据融合平台，用于数据集成、管理和保护 |
| | Checkpoint | 美国 | 1993 | 网络、数据及端点在内的全面安全保护 |
| | 安恒信息 | 中国 | 2007 | 态势感知领域行业领先 |
| | 信安世纪 | 中国 | 2001 | 最早从事PKI技术研发和应用的专业厂商 |

| 细分领域 | 企业名称 | 区域 | 成立时间 | 企业情况 |
|---|---|---|---|---|
| 身份安全 | CyberArk | 以色列 | 2000 | 基于特权的现代身份安全方法 |
| | 天融信 | 中国 | 1985 | 防火墙领域龙头，提出"NGTNA"（下一代可信网络安全架构） |
| | 绿盟科技 | 中国 | 2000 | 建立了国内领先的商业漏洞库 |
| 云安全 | Palo Alto Networks | 美国 | 2005 | Web安全、邮件安全、终端安全 |
| | 奇安信 | 中国 | 2014 | 大数据智能安全监测与管控产品、IT设施安全防护产品等 |
| | 亚信安全 | 中国 | 2014 | 云安全、身份安全、终端安全、高级威胁治理等 |
| 软件供应链安全 | Mandiant | 美国 | 2004 | 威胁检测和情报、自动化和响应工具、托管防御等 |
| | Cybereason | 美国 | 2014 | 防御和检测解决方案行业领先 |
| | 悬镜安全 | 中国 | 2014 | 专注于DevSecOps软件供应链持续威胁一体化检测防御 |
| | 思客云 | 中国 | 2016 | 软件安全测试产品研发，安全测试与开发体系建设 |
| 工业网络安全 | 启明星辰 | 中国 | 1996 | 安全运营体系、工业互联网安全以及云安全 |
| | 珞安科技 | 中国 | 2016 | 产品全面覆盖工控安全、业务安全和工业互联网安全 |
| 密码应用 | 电科网安 | 中国 | 1998 | 密码基础产品、通用安全产品等 |
| | 卫士通 | 中国 | 1998 | 在信息加密/身份认证及党政行业领域市占率第一 |
| 移动安全 | 国华网安 | 中国 | 1986 | 移动互联网服务、应急安全等 |
| | 深信服 | 中国 | 2000 | 企业级网络安全、云计算、IT基础设施与物联网的产品和服务 |

资料来源：本书编写团队根据公开资料整理。

表4-40 我国网络安全新物种企业典型代表

| 企业名称 | 区域 | 成立时间 | 企业情况 |
|---|---|---|---|
| 四叶草 | 西安 | 2012 | 潜在独角兽企业，终端安全、入侵检测防御、抗拒绝服务攻击等 |
| 奇安信 | 北京 | 2014 | 独角兽企业，大数据智能安全监测与管控产品、IT设施安全防护产品等 |
| 中创为 | 北京 | 2014 | 独角兽企业，可实用化的量子保密通信解决方案及产品服务 |
| 同盾科技 | 杭州 | 2012 | 独角兽企业，金融风险、安全、政企数字化等 |

资料来源：本书编写团队根据"GEI-新物种企业数据库"整理。

2.辽宁基础和建议

辽宁地区对网络安全的内需较大，主要是由于集聚中航沈飞、大连船舶、黎明发动机、沈阳理工大学兵器科学与技术重点实验室等高科技军工科研及生产单位，对高机密性、高等级的网络安全产品与服务需求很大。目前，国内网络安全龙头企业奇安信已在沈阳设立了子公司，本地也拥有东软集团、北方实验室、信华信、和捷科技等有潜力成为行业"标杆"的企业（详见表4-41）。

下一步，辽宁省要充分利用省内广阔的网络安全市场，重点发展工业网络安全、云安全、数据安全领域。具体如下：一是发挥辽宁省制造业场景优势，围绕省内重点制造业企业网安需求，依托北方实验室等重点布局工业网络安全赛道及企业安全防护类产品。二是依托奇安信辽宁公司、和捷科技等前瞻性布局云安全赛道，把握移动办公模式逐渐普及、安全合规要求不断提高的趋势，重点发展支持混合云的安全解决方案以及云内安全服务。三是抓住《中华人民共和国数据安全法》出台带来的产业发展机遇，依托东软集团、信华信、安势科技等积极布局数据安全赛道，重点关注数据库审计、数据库防火墙、数据库加密、数据脱敏等安全产品。

表4-41                          辽宁省网络安全重点企业概览

| 细分领域 | 企业名称 | 区域 | 成立时间 | 企业情况 |
|---|---|---|---|---|
| 数据与隐私安全 | 东软集团 | 沈阳 | 1991 | 自主开发东软 NetEye 下一代防火墙 |
| | 通用软件沈阳公司 | 沈阳 | 2001 | 三六零集团子公司，数据安全及移动安全解决方案 |
| | 信华信 | 大连 | 1996 | 入侵检测、防火墙、数据加密 |
| | 安势科技 | 大连 | 2002 | 网络安全解决方案、安全咨询及安全运营 |
| 身份安全 | 绿盟科技沈阳公司 | 沈阳 | 2000 | 绿盟集团子公司，商业漏洞库建立 |
| 云安全 | 奇安信辽宁公司 | 沈阳 | 2014 | 奇安信集团子公司，大数据智能安全监测与管控 |
| | 和捷科技 | 大连 | 2013 | IT咨询、架构规划、项目实施、认证培训 |
| 工业网络安全 | 北方实验室 | 沈阳 | 2003 | 工控防火墙、工控安全审计系统、工控安全监测系统等 |

资料来源：本书编写团队根据公开资料整理。

### 4.3.5　传感器：布局高端装备及汽车电子领域MEMS传感器

1.赛道概览

传感器是人类获得自然和工业生产中精确信息的重要工具，是人类感官功能的外延。对数字经济时代来说，传感器构成了发展数字经济最基础、最重要的感知层，通过感知和测量真实世界，将其数字化后进行处理，再结合特定算法，实现硬件终端的智能化，这是自动驾驶、数字孪生、智慧工厂等先进技术实现的前提，市场潜力巨大。其中，内部结构在微米甚至纳米量级的MEMS传感器是当前最热门的领域，相较于先前的单一材料和复合材料传感器具有体积小、集成化、智能化、低成本等一系列优点。从全球来看，美国、德国、日本占据较大市场份额，龙头企业包括博世、西门子、霍尼韦尔、佳能等，在手机射频、工业测量等领域优势较为明显。从国内来看，我国以中低端产品为主且市场较为集中，歌尔股份、韦尔股份等行业前五名的企业市占率合计约为40%（详见表4-42），但在高端领域约80%的传感器芯片依赖进口，仅在声学传感器和气体传感器领域具备一定的国际竞争力，还培育了歌尔微、禾赛科技等新物种企业（详见表4-43）。

表4-42 国内外传感器领域发展概览

| 细分领域 | 企业名称 | 区域 | 成立时间 | 企业情况 |
|---|---|---|---|---|
| MEMS传感器 | | | | |
| 运动传感器 | 博世 | 德国 | 1886 | 全球最大的MEMS传感器生产商，气压传感器、磁力计等 |
| | 意法半导体 | 意大利、法国 | 1987 | 压力传感器、加速度计、红外传感器等行业领先 |
| | 西门子 | 德国 | 1847 | 流量计、压力变送器、物位传感器等行业领先 |
| | 美新半导体 | 中国 | 2019 | 电容式加速度计和陀螺仪 |
| 环境传感器 | 爱默生 | 美国 | 1890 | 温度传感器及控制技术行业领先 |
| | 霍尼韦尔 | 美国 | 1885 | 温度传感器、湿度传感器、气体传感器等行业领先 |
| | 华工科技 | 中国 | 1999 | 家电用负温度系数热敏电阻（NTC）温度传感器及新能源汽车正温度系数热敏电阻（PTC）加热器 |
| | 汉威科技 | 中国 | 1998 | 催化燃烧类、电化学类、MEMS工艺类主流气体传感器 |

续表

| 细分领域 | 企业名称 | 区域 | 成立时间 | 企业情况 |
|---|---|---|---|---|
| 图像传感器 | | | | |
| CIS传感器 | 安森美半导体 | 美国 | 1999 | CMOS图像传感器和处理器 |
| | 韦尔股份 | 中国 | 2007 | 硅基液晶投影显示芯片、微型影像模组封装等国内领先 |
| CCD传感器 | 佳能 | 日本 | 1937 | 堆栈式图像传感器、背照式图像传感器等 |
| 雷达传感器 | | | | |
| 毫米波雷达 | 大陆集团 | 德国 | 1871 | 产品全面覆盖24GHz和77GHz两个频率 |
| | 华域汽车 | 中国 | 1992 | 前雷达、角雷达、开门防碰撞雷达等 |
| LiDAR雷达 | Velodyne Lidar | 美国 | 1983 | 环绕式激光雷达、固态激光雷达等 |
| 超声波雷达 | 法雷奥 | 法国 | 1923 | 倒车雷达系统、前方碰撞预警系统、盲点检测系统等 |
| 其他传感器 | | | | |
| 声学传感器 | 敏芯股份 | 中国 | 2007 | 我国最早寻求MEMS传感器芯片本土化生产的传感器企业 |
| | 歌尔微 | 中国 | 2017 | MEMS传感器芯片设计、产品开发、封装测试和系统应用 |
| RF传感器 | 睿创微纳 | 中国 | 2009 | RF MEMS器件和惯性MEMS传感器等 |
| 红外传感器 | 高德红外 | 中国 | 2004 | 民用非制冷热成像探测器 |
| 离散传感器 | 兰宝传感 | 中国 | 1998 | 电感式、电容式、激光测距/位移、电磁测量传感器等 |
| 指纹传感器 | 汇顶科技 | 中国 | 2002 | 指纹识别和触控芯片领导厂商 |
| 激光传感器 | 基恩士 | 日本 | 1974 | 激光位移传感器、激光测距传感器和激光雷达等 |

资料来源：本书编写团队根据公开资料整理。

表4-43                    我国传感器新物种企业典型代表

| 企业名称 | 区域 | 成立时间 | 企业情况 |
|---|---|---|---|
| 禾赛科技 | 上海 | 2014 | 独角兽企业，气体传感器模块、腔增强痕量气体分析仪、PM2.5传感器等 |
| 歌尔微 | 青岛 | 2017 | 独角兽企业，歌尔股份子公司，MEMS器件及微系统模组 |

资料来源：本书编写团队根据"GEI-新物种企业数据库"整理。

2.辽宁基础和建议

作为辽宁制造业核心城市，沈阳市于2021年10月启动了智能传感器产业集群建设，重点依托铁西区智能传感器产业园打造共性技术平台、创新孵化载体以及完整产业链条。目前，省内传感器领域重点企业主要包括中航华亿、华夏天信、罕王微电子、中光电子等，聚焦MEMS运动传感器、MEMS环境传感器以及激光传感器领域。在创新资源方面，沈阳仪表院重点聚焦仪表核心器件传感器和敏感芯片，已经形成芯片、传感器、弹性元件、光学元件、智能仪器仪表、光机电一体化产品、仪表成套系统等完整仪器仪表产业链，并依托研究院成立了传感器国家工程研究中心（详见表4-44）。

表4-44                    辽宁省传感器重点企业概览

| 细分领域 | 企业名称 | 区域 | 成立时间 | 企业情况 |
|---|---|---|---|---|
| MEMS运动传感器 | 中航华亿 | 沈阳 | 2008 | 中航工业子公司，电、光、流体传感器及组件 |
| | 东软集团 | 沈阳 | 1991 | 智能汽车高精定位产品 |
| MEMS环境传感器 | 沈阳仪表院 | 沈阳 | 2000 | 压力传感器、温度传感器、流量传感器等 |
| | 罕王微电子 | 抚顺 | 2011 | 气体传感器、接近传感器及麦克风、磁力计等 |
| 激光传感器 | 中光电子 | 沈阳 | 1992 | 纸张传感器、距离传感器、光电传感器、光线传感器等 |
| | 天信传感 | 大连 | 2019 | 华夏天信子公司，用于甲烷检测的激光传感器 |
| | 艾科感知 | 大连 | 2009 | 高端光电器件及气体检测产品 |

资料来源：本书编写团队根据公开资料整理。

下一步，辽宁省可以依托省内沈阳仪表院、罕王微电子等产业基础及大连理工大学等创新资源，重点布局面向高端装备及汽车电子的MEMS传感器。具体如下：一是支持沈阳仪表院立足沈阳机床、特变电工沈变等高端装备制造企业以及军工企业的产品开发需要，设计制造温度、压力、位置等高端装备用MEMS传感器。二是把握自动驾驶技术发展机遇，支持大连理工大学、中科院沈阳自动化所与东软集团联合开发高精度MEMS加速度计、惯性传感器等汽车用MEMS传感器，并推动产品与华晨宝马等本地整车企业形成配套。

### 4.3.6 柔性电子：布局柔性电路板和柔性显示

1.赛道概览

柔性电子概念的提出是在20世纪80年代，是当代电子技术最前沿的研究领域之一，具有延展性强、制造成本低、制造工艺高效等优点，目前市面上热度较高的折叠屏手机、VR触觉手套等产品都是柔性电子技术在消费领域的应用。柔性电子制造的关键环节包括材料、基板、工艺以及装备，其中工艺和装备是推动行业进步最主要的动力。目前，柔性电子的主要应用领域包括新型显示、医疗设备、光伏设备、新能源汽车等，可用于对人体健康各项指标监测、制造柔性光伏面板、替代汽车线束等，未来还有潜力扩展至环境监测、人工智能等多个领域。从全球来看，美日韩在柔性电子领域起步较早，目前技术较为领先，龙头企业包括Samsung、LG、Sensel等。从国内来看，我国柔性电子产业起步较晚，在高端产品领域与国外龙头企业相比差距较为明显，仅有柔宇科技在超薄柔性显示屏领域具备一定的技术优势（详见表4-45），但得益于国内广阔的下游市场，鹏鼎控股、东山精密等企业在营收规模上与国外企业相比具备一定的竞争力（详见表4-46）。

表4-45 **国内外柔性电子领域发展概览**

| 细分领域 | 企业名称 | 区域 | 成立时间 | 企业情况 |
|---|---|---|---|---|
| 柔性传感器 | Sensel | 美国 | 2013 | 压敏多点触摸输入设备全球领先 |
| | MC10 | 美国 | 2008 | 超薄、可拉伸的柔性传感器和电路 |
| | 钛深科技 | 中国 | 2018 | 超高灵敏度及超强抗噪性能的柔性触觉传感器 |
| 柔性电路板 | 旗胜科技 | 日本 | 1969 | 全球最大的柔性电路板企业 |
| | 东山精密 | 中国 | 1998 | 通过收购覆盖印刷电路板全业务领域 |
| | 鹏鼎控股 | 中国 | 1999 | 高密度、轻薄、可弯折电路板 |
| | 弘信电子 | 中国 | 2003 | 柔性电路板 |
| 柔性显示 | Samsung | 韩国 | 1938 | 柔性有源矩阵有机发光二极体面板（AMOLED）和中小尺寸TFT-LCD行业领先 |
| | LG | 韩国 | 1947 | 柔性显示产品行业领先 |
| | 柔宇科技 | 中国 | 2012 | 全球第一个发布厚度0.01毫米的柔性显示屏 |
| | 京东方 | 中国 | 1993 | 薄膜晶体管液晶显示器件（TFT-LCD） |
| | 维信诺 | 中国 | 1998 | 全球首款AMOLED全卷曲显示屏 |
| 柔性医疗电子 | Sensoria | 美国 | 2010 | 柔性电子袜、柔性电子鞋等用于监测人体步态、足部压力以及辅助治疗糖尿病足 |
| | VivaLNK | 美国 | 2014 | 聚焦柔性体温计、柔性心电监测贴片等 |
| | 智柔科技 | 中国 | 2016 | 清华大学成果转化标杆项目，慢病管理及健康筛查 |
| 柔性电子装备 | 应用材料 | 美国 | 1967 | 柔性电子材料、器件和组装全过程设备 |
| | 凸版印刷 | 日本 | 1900 | 拥有独特的成膜、印刷和薄膜处理技术 |
| | 联得装备 | 中国 | 2002 | 柔性电子生产线、封装设备以及切割设备 |

资料来源：本书编写团队根据公开资料整理。

表4-46 　　　　　　　　我国柔性电子新物种企业典型代表

| 企业名称 | 区域 | 成立时间 | 企业情况 |
|---|---|---|---|
| 柔宇科技 | 深圳 | 2012 | 独角兽企业，柔性显示屏及柔性传感器 |

资料来源：本书编写团队根据"GEI-新物种企业数据库"整理。

### 2.辽宁基础和建议

柔性电子是辽宁省明确提出重点布局的未来产业之一。目前，辽宁省在柔性电子制造领域已涌现龙宁科技、金洋集团、乐仓电子等优质企业（详见表4-47）。尤其在创新方面，辽宁实力较强，中科院金属所成会明院士、孙东明研究员和刘畅研究员团队在2018年就已成功实现单壁碳纳米管薄膜的大规模制备，中科院大连化物所也在柔性化、微型化超级电容器领域取得突破，大连理工大学工程力学系解兆谦教授2022年与美国西北大学、俄勒冈大学科研团队在Science上共同发表疼痛阻滞柔性电子器件研究成果。此外，沈阳市还是我国三大半导体装备产业基地之一，集聚了拓荆科技、芯源微等IC装备制造龙头企业，其产品也能应用到柔性电子制造领域。

表4-47 　　　　　　　　辽宁省柔性电子重点企业概览

| 细分领域 | 企业名称 | 区域 | 成立时间 | 企业情况 |
|---|---|---|---|---|
| 柔性传感器 | 弗吉亚斯林达 | 沈阳 | 2002 | 汽车座椅及安全气囊感知柔性传感器 |
| | 金洋集团 | 丹东 | 2006 | 前身是丹东电子研究所，交通领域柔性压力及温度传感器 |
| 柔性电路板 | 乐仓电子 | 沈阳 | 2011 | 多层柔性基板、刚挠印刷电路板及功能性基板的电子元器件 |
| | 吉星电子 | 大连 | 2002 | 5G、高频、高精密柔性电路板 |
| | 同益光电鞍山公司 | 鞍山 | 2012 | 同益光电子公司，柔性电路板和刚柔结合电路板 |
| 柔性显示 | 龙宁科技 | 大连 | 2010 | 柔性AMOLED用氧化物薄膜晶体管 |
| | 亚世光电 | 鞍山 | 2012 | 电子纸产品可实现柔性显示 |

资料来源：本书编写团队根据公开资料整理。

下一步，辽宁省可以依托中科院金属所等高校院所以及吉星电子等重点企业，并发挥装备制造技术优势，布局柔性电路板、柔性显示等领域。具体如下：一是支持吉星电子、乐仓电子等现有柔性电子领域重点企业与东北微电子所（即中电科47所）、大连理工大学、中科院金属所等高校院所开展校企合作，重点布局柔性电路板制造。二是支持龙宁科技等柔性显示领域重点企业发展壮大。三是支持拓荆科技、芯源微等IC装备制造龙头企业依托自有技术积累超前布局柔性电子制造装备，在产业发展初期阶段抢占国际与国内市场。

## 4.4 未来能源集群

当前我国正处于传统化石能源向可再生能源转型的关键时刻。在"双碳"目标引领下，可再生能源仍难以满足日益增长的能源需求，扩大能源转型所需的发电、配电及存储设施至关重要[①]。我国能源产业蓬勃发展，新能源汽车、锂电池、光伏产品给中国制造增添了新亮色。东北曾因拥有丰富的煤炭、石油等矿产资源，成为我国重要的能源基地，辽宁有必要紧紧抓住碳达峰、碳中和等机会，把握"风光储一体化""南锂北氢"等行业发展趋势，立足国创氢能、融科储能、微控新能源等产业基础和中科院大连化物所、大连理工大学等创新资源（详见表4-48），超前布局氢能"制储输用"、先进储能、新能源汽车等3个新赛道，打造我国重要的新能源基地。

此外，我们还排除了一些赛道方向：一是碳捕集封存与利用，相较于排放点捕获，直接空气捕获更为灵活，但技术难度较高，尚处于研发阶段；二是可控核聚变，要实现高约束、稳态等离子体聚变燃烧，需跨越诸多技术挑战，商用及产业化时间尚不明朗。

---

① 霍勒，高克尔，莱施，等. 未来能源：我们能做些什么 [M]. 周婷，译. 北京：北京联合出版公司，2023.

表4-48           **未来能源领域值得关注的新赛道**

| 来源 | 新赛道 |
|---|---|
| 工信部等七部门，2024年1月《关于推动未来产业创新发展的实施意见》 | ❖ 核能<br>❖ 氢能<br>❖ 生物质能<br>❖ 太阳能电池<br>❖ 新型储能<br>❖ 能源电子 |
| 工信部等四部门，2023年8月《新产业标准化领航工程实施方案（2023—2035年）》 | ❖ 新型储能 |
| 上海市，2022年9月《上海打造未来产业创新高地发展壮大未来产业集群行动方案》 | ❖ 先进核能<br>❖ 新型储能 |
| 北京市，2023年9月《北京市促进未来产业创新发展实施方案》 | ❖ 氢能<br>❖ 新型储能<br>❖ 碳捕集封存利用 |
| 浙江省，2023年2月《浙江省人民政府办公厅关于培育发展未来产业的指导意见》 | ❖ 氢能与储能<br>❖ 可控核聚变及核技术应用<br>❖ 低成本碳捕集利用与封存 |
| 中科院大连化物所及辽宁滨海实验室 | ❖ 电化学储能<br>❖ 燃料电池、动力电池及系统<br>❖ 氢能与先进材料<br>❖ 合成气制液体燃料<br>❖ 多能融合 |
| 中科院金属所 | ❖ 低成本全铁液流电池储能 |
| 大连理工大学 | ❖ 气体分离与新能源膜<br>❖ 低碳能源与碳封存<br>❖ 新能源汽车动力控制 |

## 4.4.1 氢能：布局绿氢"制–储–输–用"全产业链

### 1.赛道概览

在全球能源清洁化、低碳化、智能化发展趋势下，氢能产业已成为当前世界能源技术变革的重要方向。氢能应用场景广泛，可应用于燃料电池车、氢能船舶等交通领域，以及煤化工、石油化工、冶金等工业领域。从全球来看，以德、日、美、澳、加拿大为代表的国家在氢能产业发展中走在前列，美国空气产品、德国林德集团在制氢及加氢领域全球领先，加拿大巴拉德是燃料电池全球龙头（详见表4-49）。从国内来看，我国氢能产业尚处于发展初期，可再生能源发电制氢成本较高，处于技术示范阶段，但产业整体呈现积极发展态势，已初步掌握氢制备、储运、加氢、燃料电池和系统集成的主要技术和生产工艺，在部分区域实现燃料电池汽车小规模示范应用，在氢燃料电池电堆与关键材料、动力系统与核心部件、整车集成等环节已接近国际先进水平，涌现了亿华通、江苏清能等燃料电池领域的优势企业，并诞生了主营电堆的国鸿氢能和主营质子交换膜的东岳未来等新物种企业（详见表4-50）。但与发达国家相比，我国在碳纸、双极板等原材料及加氢站设备国产化等方面仍存在明显短板。

表4-49　　　**国内外氢能"制–储–输–用"领域发展概览**

| 细分领域 | 企业名称 | 区域 | 成立时间 | 企业情况 |
|---|---|---|---|---|
| 制氢环节 | | | | |
| 氢气生产 | 空气产品 | 美国 | 1940 | 全球最大的氢气生产商和氢能基础设施领域的龙头企业 |
| | 宝丰能源 | 中国 | 2005 | 优质煤基新材料行业领军企业，业务包括绿氢生产 |
| 制氢设备 | 约翰考克利尔 | 比利时 | 1817 | 碱性电解水（ALK）制氢系统 |

| 细分领域 | 企业名称 | 区域 | 成立时间 | 企业情况 |
|---|---|---|---|---|
| 制氢设备 | NEL | 挪威 | 1927 | 国际质子交换膜（PEM）制氢电解槽龙头 |
| | 隆基氢能 | 中国 | 2021 | 隆基股份（光伏龙头）子公司，大型碱性水电解制氢系统 |
| | 派瑞氢能 | 中国 | 2008 | 中国船舶718所下属企业，ALK制氢装备、PEM制氢装备、加氢站建设 |
| | 赛克赛斯 | 中国 | 2007 | PEM纯水电解制氢装备 |
| 氢储运加注环节 | | | | |
| 加氢站 | 道达尔 | 法国 | 1924 | 全球第四大石油及天然气公司，业务包括加氢站、绿氢生产 |
| | 中国石油 | 中国 | 1998 | 国内最大的石油和天然气公司，业务包括加氢站、蓝氢生产、绿氢生产 |
| | 中国石化 | 中国 | 1998 | 国内第二大油气生产商，业务包括油氢合建站、加氢站 |
| | 美锦能源 | 中国 | 1981 | 国内最大的独立商品焦和炼焦煤生产商，覆盖氢能全产业链 |
| 加氢设备 | 林德 | 德国 | 1879 | 世界最大的工业气体供应商，70MPa氢气加注机 |
| | 厚普股份 | 中国 | 2005 | 天然气/氢能加注设备 |
| | 深冷股份 | 中国 | 2001 | 智能加氢枪 |
| 氢气储运 | Hexagon Purus ASA | 挪威 | 1963 | 全球领先的IV型高压氢瓶、电池组、燃料电池和电动汽车系统集成供应商 |
| | 京城股份 | 中国 | 1993 | 储氢瓶等气体储运装备 |
| | 中集安瑞科 | 中国 | 2004 | 天然气和氢能储运装备 |
| | 中材科技 | 中国 | 2001 | 燃料电池氢气瓶、碳纤维复合氢气瓶 |

续表

| 细分领域 | 企业名称 | 区域 | 成立时间 | 企业情况 |
|---|---|---|---|---|
| 用氢环节 | | | | |
| 燃料电池车 | 丰田 | 日本 | 1937 | 氢燃料电池乘用车、大巴 |
| | 潍柴集团 | 中国 | 1989 | 氢燃料电池客车、轻卡 |
| | 金龙汽车 | 中国 | 1988 | 氢燃料电池客车 |
| 燃料电池系统 | 巴拉德 | 加拿大 | 1979 | 全球领先的清洁能源燃料电池解决方案提供商 |
| | PowerCell | 瑞典 | 2008 | 沃尔沃旗下全资子公司，燃料电池电堆及系统 |
| | 亿华通 | 中国 | 2012 | 电堆、氢燃料电池发动机系统 |
| | 江苏清能 | 中国 | 2011 | 燃料电池、电解水制氢装备 |
| | 上海神力 | 中国 | 1998 | 质子交换膜燃料电池 |
| 燃料电池电堆 | Hydrogenics | 加拿大 | 1988 | 国际第三方电堆主要供应商 |
| | 重塑能源 | 中国 | 2015 | 燃料电池电堆、膜电极、双极板、氢循环系统、升压转换器 |
| | 国鸿氢能 | 中国 | 2016 | 氢燃料电池电堆及系统 |
| | 氢璞创能 | 中国 | 2010 | 燃料电池电堆 |
| 膜电极 | 戈尔 | 美国 | 1958 | 膜电极组件领先供应商 |
| | 理工氢电 | 中国 | 2018 | 武汉理工大学成果转化企业，膜电极 |
| | 新源动力 | 中国 | 2001 | 大连化物所成果转化企业，燃料膜电极、电池产品及测试设备 |
| | 鸿基创能 | 中国 | 2017 | 氢燃料电池膜电极 |
| 质子交换膜 | 杜邦 | 美国 | 1802 | 全氟离子交换膜、质子交换膜 |
| | 旭硝子 | 日本 | 1907 | 全球离子交换膜先驱，碳氢系离子交换膜等 |
| | 东岳集团 | 中国 | 2017 | 燃料电池全氟质子交换膜 |
| | 擎动科技 | 中国 | 2016 | 燃料电池关键材料催化剂、膜电极 |

续表

| 细分领域 | 企业名称 | 区域 | 成立时间 | 企业情况 |
|---|---|---|---|---|
| 燃料电池催化剂 | 田中贵金属 | 日本 | 1885 | 燃料电池用电极催化剂 |
|  | 庄信万丰 | 英国 | 1817 | 氢燃料电池催化剂 |
|  | 贵研铂业 | 中国 | 2000 | 燃料电池催化剂 |
|  | 中自科技 | 中国 | 2005 | 铂碳催化剂 |
| 气体扩散层 | 东丽 | 日本 | 1926 | 气体扩散层龙头 |
|  | 西格里 | 德国 | 1992 | 全球最大的碳材料生产厂商，业务包括气体扩散层 |
|  | 台湾碳能 | 中国台湾 | 2006 | 燃料电池气体扩散层 |
|  | 通用氢能 | 中国 | 2018 | 燃料电池气体扩散层 |
| 双极板 | 德纳控股 | 德国 | 1904 | 下一代金属双极板 |
|  | 安泰科技 | 中国 | 1998 | 金属双极板 |
| 空压机 | 盖瑞特 | 美国 | 1936 | 全球最大的涡轮增压器制造商，业务包括氢燃料电池电动空压机 |
|  | Rotrex | 丹麦 | 1970 | 氢燃料电池电动空压机 |
|  | 雪人股份 | 中国 | 2000 | 燃料电池空压机和氢气循环泵 |
|  | 金通灵氢能机械 | 中国 | 1993 | 金通灵（大型离心风机）全资子公司，氢燃料空压机 |
| 氢气供给系统 | 普旭 | 德国 | 1963 | 全球氢气循环泵供应龙头 |
|  | 东德实业 | 中国 | 2017 | 燃料电池核心部件氢气循环系统 |
|  | 艾尔科技 | 中国 | 2016 | 氢循环泵 |

资料来源：本书编写团队根据公开资料整理。

表4-50    **我国氢能"制-储-输-用"新物种企业典型代表**

| 企业名称 | 区域 | 成立时间 | 企业情况 |
|---|---|---|---|
| 国鸿氢能 | 嘉兴 | 2015 | 独角兽企业，氢燃料电池电堆及系统 |
| 国富氢能 | 苏州 | 2016 | 潜在独角兽企业，车载高压供氢系统和加氢站成套设备 |
| 国家电投氢能科技 | 北京 | 2017 | 独角兽企业，氢燃料电池、氢能动力系统 |
| 东岳未来 | 淄博 | 2017 | 独角兽企业，燃料电池全氟质子交换膜 |
| 骥翀氢能 | 上海 | 2018 | 潜在独角兽企业，便携式燃料电池 |

资料来源：本书编写团队根据"GEI-新物种企业数据库"整理。

2.辽宁基础及建议

辽宁省已谋划"一核、一城、五区"的氢能产业空间发展格局，"一核"即大连氢能产业核心区；"一城"即沈抚示范区氢能产业新城；"五区"即鞍山燃料电池关键材料产业集聚区、朝阳燃料电池商用车产业集聚区、阜新燃料电池动力系统及配套产业集聚区、葫芦岛低压合金储氢装备及材料产业集聚区和盘锦氢气储运装备产业集聚区。目前，省内已集聚国创氢能、新源动力等燃料电池及关键零部件企业，在加氢、储气瓶、氢燃料整车等环节亦有布局（详见表4-51）。省内还集聚大连化物所及辽宁滨海实验室等创新资源，在提高制氢效率、降低制氢能耗方面处于国内领先水平，不锈钢双极板、高一致性电堆、长寿命催化剂、氢燃料电池组件研发水平国内领先。

表4-51    **辽宁省氢能"制-储-输-用"重点企业概览**

| 细分领域 | 企业名称 | 区域 | 成立时间 | 企业情况 |
|---|---|---|---|---|
| 氢储运加注环节 | | | | |
| 加氢站 | 佳华 | 葫芦岛 | 2010 | 全球首创低压合金储氢及加氢技术，建成全球第一座低压加氢站 |
| 储氢瓶 | 斯林达 | 沈阳 | 2002 | 被佛吉亚收购，车用氢气瓶 |

续表

| 细分领域 | 企业名称 | 区域 | 成立时间 | 企业情况 |
|---|---|---|---|---|
| 用氢环节 | | | | |
| 燃料电池车/船 | 海大清能 | 大连 | 2022 | 依托大连海事大学资源组建，清洁能源船舶 |
| | 氢锋客车 | 大连 | 1987 | 燃料电池客车 |
| 燃料电池 | 国创氢能 | 大连 | 2021 | 中科院大连化物所联合航天科技集团投资平台设立，燃料电池电堆、发动机及零部件 |
| | 新源动力 | 大连 | 2001 | 中科院大连化物所成果转化企业，膜电极、电堆及车用燃料电池 |
| | 嘉寓氢能阜新公司 | 阜新 | 2021 | 北京嘉寓集团子公司，燃料电池发动机动力系统及膜电极研发和生产 |
| 膜电极 | 德尔股份 | 阜新 | 2004 | 汽车零部件公司，业务包括膜电极、双极板及氢气传感器 |
| 空压机 | 沈鼓集团 | 沈阳 | 1934 | 多功率段氢燃料电池空压机 |
| 其他 | 德迩氢能 | 阜新 | 2019 | 德尔股份子公司，氢能搬运设备及其动力系统 |
| | 天一能装备 | 大连 | 2020 | 燃料电池封装与双极板检测 |
| | 大连锅检院 | 大连 | 2018 | 高压储氢瓶检测能力国内领先 |
| | 沈阳特检院 | 沈阳 | 1977 | 高压储氢瓶检测 |

资料来源：本书编写团队根据公开资料整理。

　　下一步，辽宁省要按照"一核、一城、五区"格局，依托新源动力、国创氢能等产业基础和中科院大连化物所及辽宁滨海实验室等创新资源，重点发展绿氢"制-储-输-用"全产业链，力争形成较为完整的氢能产业体系。具体如下：一是推动中科院大连化物所、辽宁滨海实验室等创新资源攻关的前沿技术成果优先在辽转化，以"凡有必用"原则在大连氢能产业核心区、沈抚示范区氢能产业新城等场景示范应用。二是依托国创氢能、新源动力等行业龙头，培育壮大氢燃料电池及其组件等核心产业。三是在"能源链"上下游发力，在辽西、辽东以及海上加强布局风光制氢项目，并推动氢气在炼钢、储能、石油炼化等领域应用。

### 4.4.2 先进储能：布局电化学储能、飞轮储能和压缩空气储能

#### 1.赛道概览

储能是能源革命的关键支撑技术。随着新型电力系统建设的持续推进，其不稳定性、随机性、间歇性的缺点日益显现，电网调峰调频对储能需求日益迫切。以电化学储能、飞轮储能等为代表的新型储能受地理条件影响小，建设周期短，可灵活运用于电力系统各环节中，并且随着建设成本持续下降，商业化应用迅速推广。从全球来看，中国、美国、欧洲三大市场已是公认的在未来5年全球储能领域最大的增量市场，其中，美国特斯拉、韩国LG化学等巨头占据电化学储能市场，美国Beacon Power、VYCON和加拿大Temporal Power是全球飞轮储能主要供应商（详见表4-52）。从国内来看，近年来我国储能企业在全球市场获得了更大声量，锂电产品出口爆发式增长，涌现了宁德时代等储能产业全链条企业，并诞生了主营锂电的海辰储能和储能安全解决方案领域的美克生能源等新物种企业（详见表4-53）。但与国外相比，我国飞轮储能尚处于起步阶段，压缩空气、热储能等长时储能技术有待进一步发展。

表4-52　　　　　　　　**国内外先进储能领域发展概览**

| 细分领域 | 企业名称 | 区域 | 成立时间 | 企业情况 |
|---|---|---|---|---|
| 电化学储能 | | | | |
| 锂离子/钠离子电池 | Fluence | 美国 | 2018 | 西门子和爱依斯电力公司合资成立，全球第二大电池储能系统集成商 |
| | 特斯拉 | 美国 | 2003 | 全球电动汽车龙头，业务包括家用储能设备、商用储能设备 |

续表

| 细分领域 | 企业名称 | 区域 | 成立时间 | 企业情况 |
|---|---|---|---|---|
| 锂离子/钠离子电池 | LG化学 | 韩国 | 1947 | 锂离子动力电池及储能电池 |
| | 宁德时代 | 中国 | 2011 | 乘用车动力电池、储能系统电池及循环回收 |
| | 比亚迪 | 中国 | 1995 | 电池电芯、电池管理系统（BMS）、能量管理系统（EMS）、储能变流器（PCS） |
| | 亿纬锂能 | 中国 | 2001 | 锂离子消费电池、动力电池、储能电池 |
| 液流电池 | 住友电工 | 日本 | 1897 | 全钒液流电池龙头 |
| | 融科储能 | 中国 | 2008 | 全钒液流电池储能系统 |
| | 纬景储能 | 中国 | 2018 | 锌铁液流电池及储能电站 |
| 电池管理系统 | 华塑科技 | 中国 | 2005 | 储能电池、后备电池、动力电池BMS |
| | 协能科技 | 中国 | 2012 | 储能、动力、通信基站后备电源管理系统 |
| 能量管理系统 | 国电南瑞 | 中国 | 2001 | 各功率等级储能变流器、储能电站智能能量管理系统 |
| | 华自科技 | 中国 | 1993 | 储能能量管理系统 |
| 储能变流器 | 阳光电源 | 中国 | 1997 | 全球第一储能系统集成商，逆变器行业龙头 |
| | 盛弘股份 | 中国 | 2007 | 储能变流器、储能系统电气集成 |

飞轮储能

| 细分领域 | 企业名称 | 区域 | 成立时间 | 企业情况 |
|---|---|---|---|---|
| 飞轮储能系统 | Beacon Power | 美国 | 1997 | 全球领先的大规模飞轮储能系统供应商 |
| | Temporal Power | 加拿大 | 2010 | 全球领先的飞轮储能企业 |
| | VYCON | 美国 | 2003 | 全球领先的飞轮储能解决方案提供商 |
| | 华阳股份 | 中国 | 1999 | 我国无烟煤主要生产企业，业务包括飞轮储能装置 |

续表

| 细分领域 | 企业名称 | 区域 | 成立时间 | 企业情况 |
|---|---|---|---|---|
| 飞轮储能系统 | 国机重装 | 中国 | 2001 | 国家重大技术装备制造基地，业务包括大功率、大能量飞轮储能产品 |
| | 交科能源 | 中国 | 2011 | 苏交科旗下企业，飞轮储能通用能量回收系统 |
| | 坎德拉新能源 | 中国 | 2018 | 坎德拉科技子公司，磁悬浮飞轮储能 |
| | 微控新能源 | 中国 | 2018 | 收购美国VYCON公司，飞轮转子、高速磁悬浮飞轮 |
| 核心零部件 | 湘潭电机 | 中国 | 1936 | 高能量密度飞轮电机 |
| | 广大特材 | 中国 | 2006 | 大功率真空磁悬浮飞轮储能转子 |
| 压缩空气储能 | | | | |
| 压缩机 | 阿特拉斯 | 瑞典 | 1873 | 全球压缩机龙头，业务包括气体压缩机及后处理设备 |
| | 陕鼓动力 | 中国 | 1999 | 国内空压机龙头，业务包括压缩空气储能用大型高效压缩机组 |
| | 沈鼓集团 | 中国 | 1934 | 国内离心压缩机领导者，业务包括新一代空气透平压缩机组 |
| 换热器/膨胀机 | 哈尔滨电气 | 中国 | 1994 | 膨胀发电系统、储换热系统以及压缩空气系统 |
| | 东方电气 | 中国 | 1984 | 空气动力透平膨胀机 |

资料来源：本书编写团队根据公开资料整理。

表4-53 我国先进储能新物种企业典型代表

| 企业名称 | 区域 | 成立时间 | 企业情况 |
|---|---|---|---|
| 海博思创 | 北京 | 2011 | 潜在独角兽企业，液冷风冷储能系统 |
| 美克生能源 | 上海 | 2018 | 独角兽企业，储能安全解决方案 |
| 纬景储能 | 上海 | 2018 | 潜在独角兽企业，锌铁液流电池及储能电站 |
| 中储国能 | 北京 | 2018 | 潜在独角兽企业，技术及团队源自中科院工程热物理研究所，压缩空气储能 |
| 微控新能源 | 沈阳 | 2018 | 独角兽企业，收购美国VYCON公司，飞轮转子、高速磁悬浮飞轮 |
| 海辰储能 | 厦门 | 2019 | 独角兽企业，锂电池核心材料、磷酸铁锂储能电池及系统 |

资料来源：本书编写团队根据"GEI-新物种企业数据库"整理。

2.辽宁基础及建议

2022年10月，辽宁省人民政府发布《辽宁省加快推进清洁能源强省建设实施方案》，其中提到，要加快构建新型电力系统，拓展清洁能源开发空间，助推储能产业发展壮大，开展新型储能技术试点示范，通过示范应用带动新型储能技术进步和产业升级。2023年9月，以"碳共享，储未来"为主题的辽宁储能产业大会召开，多角度探讨储能产业高质量发展路径。目前，辽宁省集聚"领跑"行业的融科储能、沈鼓集团及微控新能源（详见表4-54）。其中，大连融科储能建成全球功率最大、容量最大的钒液流电池储能调峰电站，是首个国家级大型化学储能示范项目；沈鼓集团研制的空气动力透平膨胀机应用于我国首个压缩空气储能电站，是世界首套非补燃60MW级空气储能项目压缩机组；沈阳微控新能源飞轮储能电池技术国内领先，其承建的风电场站一次调频和惯量响应应用项目于大唐国际阜新风电场顺利通过并网前验收。此外，省内还集聚了中科院大连化物所、中科院金属所、大连理工大学、东北大学等创新资源。其中，中科院大连化物所电化学储能技术领先，已支撑全球功率最大、容量最大的百兆瓦级液流电池储能调峰电站建设，研发的氢负离子导体可用于开发不同于锂离子电池的新型电池；中科院金属所在新一代低成本全铁液流电池储能技术领域取得技术突破。

表4-54　　　　　　　　辽宁省先进储能重点企业概览

| 细分领域 | 企业名称 | 区域 | 成立时间 | 企业情况 |
|---|---|---|---|---|
| 电化学储能 | | | | |
| 锂离子/钠离子电池 | 星空钠电 | 鞍山 | 2018 | 钠离子电池 |
| | 九夷能源 | 鞍山 | 2003 | 锂离子电池，镍氢环保充电电池 |
| | 南源储能 | 沈阳 | 2023 | 国综绿能间接持股，磷酸铁锂方形电池组 |
| 液流电池 | 融科储能 | 大连 | 2008 | 与中科院大连化物所合作，钒液流电池 |
| 变流器 | 荣信兴业 | 鞍山 | 2017 | 荣信集团子公司，储能变流器 |
| 飞轮储能 | | | | |
| 飞轮储能 | 微控新能源 | 沈阳 | 2018 | 飞轮转子、高速磁悬浮飞轮及飞轮储能系列产品 |
| 压缩空气储能 | | | | |
| 压缩机 | 沈鼓集团 | 沈阳 | 1979 | 压缩空气储能项目核心压缩机 |

资料来源：本书编写团队根据公开资料整理。

下一步，辽宁省将依托融科储能等产业基础、中科院大连化物所等创新资源及新能源场景，重点发展以全钒液流电池为代表的电化学储能、飞轮储能和压缩空气储能。具体如下：一是积极推动新能源项目强制配储、轨道交通制动能量回收、小型孤岛电网调峰等场景开放，推广全钒液流电池储能技术示范应用，支持飞轮储能技术试点示范。二是支持全钒液流电池储能领域的融科储能、飞轮储能领域的微控新能源等企业出海，重点开发面临能源危机的欧洲市场。三是协同中科院大连化物所、中科院金属所等院所联合攻关，提升分布式、消费级储能产品供给能力。

### 4.4.3 新能源汽车：布局纯电汽车及燃料电池汽车

1.赛道概览

新能源汽车是绿色化、智能化、网联化三个未来概念高度融合的典型产业，也是推进汽车产业落实"双碳"目标的重要突破口，代表着汽车产业的未来。随着锂离子动力电池技术成熟，纯电动汽车保持快速增长，增程式电动汽车成为具有"中国特色"的新能源车产品。燃料电池技术不断进步，氢燃料电池车及甲醇燃料电池车目前处于示范应用和商业化探索阶段，氨燃料电池及氨氢燃料电池仍处于研发阶段。从全球来看，特斯拉高端纯电动车引领行业变革，德国大众等传统车企加速转型，一定程度上走在了电动化前沿（详见表4-55）。从国内来看，新能源汽车产业体系已较为健全，整车及动力电池等方面已经获得一定优势，主营动力电池的宁德时代和主营自动驾驶的元戎启行等新物种企业不断涌现（详见表4-56）。然而，我国锂电原材料如镍钴等稀有金属资源严重依赖进口，在绝缘栅双极型晶体管（IGBT）、智能驾驶AI芯片等核心零部件上仍存在"卡脖子"问题。

表4-55　　　　　　国内外新能源汽车领域发展概览

| 细分领域 | 企业名称 | 区域 | 成立时间 | 企业情况 |
|---|---|---|---|---|
| 纯电动汽车和混合动力汽车 | | | | |
| 整车 | 特斯拉 | 美国 | 2003 | 全球电动汽车龙头 |
| | 大众汽车 | 德国 | 1938 | 全球四大汽车生产商之一，基于模块化电驱动平台（MEB）打造的纯电动车型已达12款 |
| | 上汽集团 | 中国 | 1984 | 插电强混车、纯电动车、燃料电池车，拥有智己、名爵汽车品牌 |
| | 比亚迪 | 中国 | 1995 | 新能源整车、电池、电机、电控 |

| 细分领域 | 企业名称 | 区域 | 成立时间 | 企业情况 |
|---|---|---|---|---|
| 电池系统 | 宁德时代 | 中国 | 2011 | 国际领先的动力电池制造商 |
| | LG新能源 | 韩国 | 2020 | 电动汽车电芯、电池模组、电池管理系统以及电池包 |
| | 松下 | 日本 | 1918 | 电动汽车圆柱形锂离子电池 |
| 电机系统 | 弗迪动力 | 中国 | 2019 | 前身为比亚迪事业部，汽车动力总成及新能源整体解决方案 |
| | 方正电机 | 中国 | 2001 | 新能源驱动电机、智能控制器、微特电机 |
| | 日本电产 | 日本 | 1973 | 综合性机电产品制造商，无刷直流马达龙头 |
| | 联合电子 | 中国 | 1995 | 新能源电机 |
| 电控系统 | 博世 | 德国 | 1886 | 汽车零部件行业龙头，高度模块化电控部件及系统 |
| | 汇川技术 | 中国 | 2003 | 电控与扁线电机等 |
| | 阳光电动 | 中国 | 1997 | 新能源汽车电控、电源产品 |
| | 英博尔 | 中国 | 2005 | 新能源汽车动力总成、电源总成以及驱动电机 |
| | 中国时代电气 | 中国 | 1959 | 轨道交通电机控制系统龙头，乘用车电驱 |
| 燃料电池车① | | | | |
| 甲醇燃料电池车 | SFC Energy AG | 德国 | 2000 | 全球车用直接甲醇燃料电池领导者，小型直接甲醇燃料电池 |
| | Oorja Protonics | 美国 | 2005 | 直接甲醇燃料电池 |
| | 中科嘉鸿 | 中国 | 2021 | 技术源于中科院大连化物所，高温甲醇燃料电池 |
| | 北京氢璞 | 中国 | 2010 | 甲醇燃料电池 |

---

① 氢燃料电池车已在4.4.1中介绍，本处仅讨论其他类别燃料电池车。

**超前布局未来产业：辽宁形成新质生产力的关键之举**

续表

| 细分领域 | 企业名称 | 区域 | 成立时间 | 企业情况 |
|---|---|---|---|---|
| 智能汽车 | | | | |
| 车联网 | MOJIO | 加拿大 | 2012 | 基于云技术的车联网开放平台 |
| | OCTO | 意大利 | 2002 | 车联网保险业务，为汽车租赁、车队管理等提供车联网应用 |
| | 四维图新 | 中国 | 2002 | 中国领先的数字地图、车联网和动态交通信息服务提供商 |
| | 千方科技 | 中国 | 2000 | 技术创新型的智能交通运营服务商和大交通数据服务商 |
| 自动驾驶 | Waymo | 美国 | 2009 | 谷歌旗下公司，全球自动驾驶龙头 |
| | Mobileye | 以色列 | 1999 | 英特尔集团旗下公司，自动驾驶技术和高级辅助驾驶系统（ADAS） |
| | GM Cruise | 美国 | 2013 | 通用旗下公司，自动驾驶、无人驾驶出租车 |
| | 阿波罗 | 中国 | 2017 | 百度旗下公司，自动驾驶平台 |
| 智能座舱 | 伟世通 | 美国 | 2000 | 福特汽车拆分成立，汽车座舱电子产品 |
| | 哈曼 | 美国 | 1948 | 智联汽车系统及音视产品 |
| | 东软集团 | 中国 | 1991 | 汽车智能座舱龙头，集成高级辅助驾驶系统（ADAS）、全景环视系统（AVM）等功能 |
| | 德赛西威 | 中国 | 1986 | 高性能智能座舱域控制器平台，包括智能交互系统、智能显示硬件等 |
| 激光雷达 | Velodyne LiDAR | 美国 | 2016 | 机械式激光雷达 |
| | Ouster | 美国 | 2015 | 数字激光雷达 |
| | 禾赛科技 | 中国 | 2014 | 激光雷达 |
| | 速腾聚创 | 中国 | 2014 | 车规级激光雷达和感知解决方案 |

资料来源：本书编写团队根据公开资料整理。

表4-56　　　　　　　　　我国新能源汽车新物种企业典型代表

| 企业名称 | 区域 | 成立时间 | 企业情况 |
|---|---|---|---|
| 纯电动汽车和混合动力汽车 | | | |
| 龙口中宇 | 烟台 | 2003 | 独角兽企业，热管理、汽车电磁风扇离合器、车用整体式双曲线交流发电机 |
| 格力钛新能源 | 珠海 | 2009 | 独角兽企业，格力集团子公司，钛酸锂核心材料、电池、电机电控等 |
| 北汽新能源 | 北京 | 2009 | 独角兽企业，新能源汽车整车及核心零部件 |
| 孚能科技 | 赣州 | 2009 | 独角兽企业，三元软包动力电池 |
| 开沃新能源 | 南京 | 2010 | 独角兽企业，大客车、轻型客车等新能源汽车 |
| 力创电子 | 潍坊 | 2010 | 独角兽企业，新能源及混合动力电控系统总成 |
| 宁德时代 | 宁德 | 2011 | 独角兽企业，动力电池 |
| 奥易克斯 | 南通 | 2013 | 潜在独角兽企业，汽车电控系统产品 |
| 合众新能源 | 嘉兴 | 2014 | 独角兽企业，电动汽车，拥有哪吒品牌 |
| 开云汽车 | 北京 | 2014 | 潜在独角兽企业，城市智能电动车 |
| 零跑汽车 | 杭州 | 2015 | 独角兽企业，大华技术出资成立，智能电动汽车整车以及核心零部件 |
| 蔚来汽车 | 上海 | 2015 | 独角兽企业，智能电动汽车 |
| 车和家 | 北京 | 2015 | 独角兽企业，智能新能源汽车，拥有理想品牌 |
| 橙行智动 | 广州 | 2015 | 独角兽企业，拥有小鹏品牌 |
| 凯博易控 | 苏州 | 2015 | 潜在独角兽企业，新能源客车动力总成系统 |
| 东软睿驰 | 沈阳 | 2015 | 潜在独角兽企业，电动汽车动力系统、高级驾驶辅助系统 |
| 广汽埃安 | 广州 | 2017 | 独角兽企业，广汽子公司，智能网联新能源汽车 |
| 微容科技 | 云浮 | 2017 | 独角兽企业，高容量、车规级、高频、超微型高端片式多层陶瓷电容器（MLCC） |

续表

| 企业名称 | 区域 | 成立时间 | 企业情况 |
|---|---|---|---|
| 智能汽车 | | | |
| 易航智能 | 北京 | 2015 | 潜在独角兽企业，智能驾驶解决方案 |
| 斑马网络 | 上海 | 2015 | 独角兽企业，车载智能系统运营商 |
| 智行者 | 北京 | 2015 | 独角兽企业，无人驾驶 |
| 宽凳科技 | 北京 | 2016 | 潜在独角兽企业，高精地图服务 |
| 驭势科技 | 北京 | 2016 | 独角兽企业，智能驾驶、传感器 |
| 坤泰车辆 | 常州 | 2017 | 潜在独角兽企业，动力传动、转向系统、智慧底盘和智能驾驶 |
| 禾多科技 | 北京 | 2017 | 潜在独角兽企业，自动驾驶 |
| 文远知行 | 广州 | 2018 | 独角兽企业，汽车自动驾驶系统 |
| 楚航科技 | 南京 | 2018 | 潜在独角兽企业，ADAS、自动驾驶系统 |
| 北斗星通 | 重庆 | 2019 | 潜在独角兽企业，卫星导航 |
| 元戎启行 | 深圳 | 2019 | 独角兽企业，L4级自动驾驶全栈解决方案 |
| 图达通 | 苏州 | 2019 | 独角兽企业，300线激光雷达 |
| 国汽智控 | 北京 | 2020 | 潜在独角兽企业，计算基础平台、智能汽车和自动驾驶操作系统、云车路协同生态基础软件 |

资料来源：本书编写团队根据"GEI-新物种企业数据库"整理①。

2.辽宁基础及建议

依托车辆制造产业基础，辽宁省不断抢占新能源汽车产业赛道。目前辽宁新能源汽车产业重点布局在整车制造、动力电池、智能网联汽车等环节，集聚华晨宝马、亿纬锂能、东软集团等优质企业，新能源基础设施布局日益完善，在研发设计及示范推广等方面可圈可点（详见表4-57）。其中，沈阳

---

① 已去除经营异常企业，如威马汽车、知行电动、游侠汽车、爱驰汽车、奇点汽车、天际汽车、知豆汽车、智车优行、时空电动汽车等。

市是宝马集团全球最大生产基地，围绕宝马纯电动车型，亿纬锂能等项目积极为其提供就近配套服务，以东软集团、东软睿驰为代表的高科技企业积极在智能汽车的车联网、智能座舱及自动驾驶方向布局。此外，省内还集聚一批优质创新资源，中科院大连化物所有"燃料电池黄埔军校"之称，已转化多家动力燃料电池企业；大连理工大学布局辽宁省节能与新能源汽车动力控制与整车技术重点实验室、车辆先进设计制造工程技术研究中心；大连交通大学拥有辽宁省新能源电池重点实验室。

表4-57　　　　　　　　辽宁省新能源汽车重点企业概览

| 细分领域 | 企业名称 | 区域 | 成立时间 | 企业情况 |
|---|---|---|---|---|
| 纯电动汽车和混合动力汽车 | | | | |
| 电动整车 | 华晨宝马 | 沈阳 | 2003 | 宝马子公司，纯电动BMW新世代车型、BMW第六代动力电池 |
| | 奇瑞汽车大连公司 | 大连 | 2009 | 新能源整车及零部件 |
| | 航天凌河 | 朝阳 | 2007 | 依托航天科技一院十五所技术，纯电动、增程式专用底盘 |
| | 黄海汽车 | 丹东 | 1995 | 纯电动公交车及混合动力客车 |
| 电池系统 | 亿纬锂能沈阳公司 | 沈阳 | 2022 | 亿纬锂能子公司，动力电池与储能电池 |
| | 中比新能源 | 大连 | 2013 | 锂电池 |
| | 北方宏蓄 | 锦州 | 2023 | 20GWh钠离子电池/锂离子电池 |
| | 九夷锂能 | 鞍山 | 2015 | 时代万恒子公司，锂离子电池 |
| | 厚能科技 | 鞍山 | 2010 | 磷酸铁锂电池及电池组 |
| 电机系统 | 尼得科电机大连公司 | 大连 | 1992 | 尼得科集团子公司，新能源汽车动力总成 |

续表

| 细分领域 | 企业名称 | 区域 | 成立时间 | 企业情况 |
|---|---|---|---|---|
| 电机系统 | 中汽动力沈阳公司 | 沈阳 | 2014 | 内燃机、新能源混合动力 |
| | 莱茵动力 | 锦州 | 2019 | 电机、控制器及三合一动力总成 |
| | 采埃孚电驱 | 沈阳 | 2020 | 采埃孚集团子公司，新能源汽车电驱动桥三合一总成 |
| 智能汽车 | | | | |
| 车联网 | 美行科技 | 沈阳 | 2008 | 车载导航引擎 |
| | 楼兰科技 | 大连 | 2005 | 车联网 |
| | 东软智行 | 大连 | 2021 | 车联网 |
| 自动驾驶 | 东软睿驰 | 沈阳 | 2015 | 高级驾驶辅助系统、电动汽车动力系统等 |
| 智能座舱 | 东软集团 | 沈阳 | 1991 | 智能座舱系统 |
| 其他 | 大连亚明 | 大连 | 1996 | 新能源汽车三电系统、汽车轻量化结构等铝合金压铸件 |
| | 智在前行 | 铁岭 | 2018 | 智能电动尾门 |
| | 国通电子 | 丹东 | 1998 | 新能源汽车充电桩用PTC热敏电阻 |

资料来源：本书编写团队根据公开资料整理。

　　下一步，辽宁省要依托汽车产业集群及创新资源，重点发展电动汽车、核心"三电"配套，并前瞻布局燃料电池系统及整车。具体如下：一是积极推动华晨宝马新能源整车项目及配套动力电池项目落地，支持丹东黄海、朝阳航天凌河等专用车企业提升新能源化水平。二是支持中科院大连化物所、大连理工大学的科技成果在省内转化，引导高校院所与企业在燃料电池、电控系统、车联网等方面开展合作。三是适度超前构建电动汽车充换电、燃料电池加氢加甲醇基础设施体系，引导客运汽车、出租车率先实现新能源化，推动新能源专用车在大宗货运、港口矿山、环卫等场景推广应用。四是推动东软集团、楼兰科技、东软睿驰等本土头部企业成长壮大，支持其与大连理工大学等联合攻关智能座舱及自动驾驶等汽车智能化核心模块，积极构建智能网联汽车创新生态。

## 4.5　未来健康集群

在全球老龄化及新技术迭代加速的背景下，第四次工业革命的技术被灵活运用于医疗领域。比如，人工智能在医疗机器人、影像识别、辅助诊断、辅助护理方面广泛应用；大数据时代为基因测序、药物研发、疾病预防等提供了可能；5G通信技术为远程医疗提供了第二现场；脑机接口能为大脑机能完好但四肢无法移动的患者传达信息[1]。对于辽宁省来说，要立足东软医疗、何氏眼科等产业基础和中科院沈阳自动化所、大连理工大学等创新资源（详见表4-58），布局下一代医疗装备、现代中医药、基因与细胞治疗、眼健康4个新赛道。

表4-58　　　　　　　　　未来健康领域值得关注的新赛道

| 来源 | 新赛道 |
| --- | --- |
| 工信部等七部门，2024年1月《关于推动未来产业创新发展的实施意见》 | ❖ 细胞和基因技术<br>❖ 脑机接口<br>❖ 数字孪生医疗装备<br>❖ 智能适老医疗健康终端 |
| 上海市，2022年9月《上海打造未来产业创新高地发展壮大未来产业集群行动方案》 | ❖ 脑机接口<br>❖ 生物安全<br>❖ 基因和细胞治疗 |

[1] 加藤浩晃. 未来医疗：医疗4.0引领第四次医疗产业变革［M］. 曹健，孟华川，蚁瑞荣，译. 北京：机械工业出版社，2022.

**超前布局未来产业：辽宁形成新质生产力的关键之举**

续表

| 来源 | 新赛道 |
|---|---|
| 北京市，2023年9月<br>《北京市促进未来产业创新发展实施方案》 | ❖ 基因技术<br>❖ 细胞治疗与再生医学<br>❖ 脑科学与脑机接口 |
| 浙江省，2023年2月<br>《浙江省人民政府办公厅关于培育发展未来产业的指导意见》 | ❖ 细胞与基因治疗<br>❖ 干细胞<br>❖ 核医疗<br>❖ 影像诊断<br>❖ 多组学数据分析<br>❖ 医学人工智能 |
| 中科院沈阳自动化所及<br>辽宁辽河实验室 | ❖ 医疗康复机器人<br>❖ 肿瘤早期诊疗机器人 |
| 大连理工大学及<br>辽宁黄海实验室 | ❖ 微纳诊疗机器人<br>❖ 智能手术机器人<br>❖ 医学影像分析设备 |
| 东北大学 | ❖ 医学影像计算<br>❖ 医学成像与智能分析 |
| 中科院大连化物所 | ❖ 本草物质科学 |
| 中国医科大学 | ❖ 基因与细胞治疗 |
| 辽宁中医药大学 | ❖ 中医药传承创新<br>❖ 中药靶向递送 |
| 何氏医学院 | ❖ 眼健康 |

此外，我们还排除了一些赛道方向：一是脑机接口，其技术爆发至今仅有不足10年时间，但电极、芯片及接口数据处理均有较高技术壁垒，距离无创、可交互应用仍需要较长时间；二是核医疗，我国高能医用加速器同位素尚处于空白状态，放药研发跟随欧美，原研新药稀缺，省内发展条件更为不足。

### 4.5.1 下一代医疗装备：布局影像设备、放疗设备和手术机器人

1.赛道概览

医疗装备产业是一个国家制造业和高科技尖端水平的标志之一，是医疗卫生和健康事业的重要物质基础，直接关系人民群众的生命安全和身体健康。新一轮科技革命和产业变革深入推进，全球老龄化的速度加快，给医疗装备发展带来了新的机遇，推动全球医疗器械市场规模不断增长。从全球来看，高端医疗器械市场一直被GE医疗、飞利浦、西门子、医科达、直觉外科等巨头所占据，主要集中在影像诊断、功能检查以及放射治疗设备领域，牢牢掌控着高端医疗设备的定价权（详见表4-59）。从国内来看，我国医疗装备产业在骨科手术机器人等领域达到国际先进水平，超导磁体、电子加速器、射频/谱仪等关键部件打破国外垄断，数字化医用X射线、生化分析仪等产品产量全球领先，集聚天智航、乐普医疗、科华生物等重点企业，此外，我国还涌现出了主营高性能医学影像设备的联影医疗和主营肺病等治疗设备的堃博生物等新物种企业（详见表4-60），但在高端诊断设备领域仍然存在球管、高压发生器、探测器等核心器件"卡脖子"技术难点。

表4-59 　　　　　　　国内外下一代医疗装备领域发展概览

| 细分领域 | 企业名称 | 区域 | 成立时间 | 企业情况 |
|---|---|---|---|---|
| 诊断装备 | | | | |
| 影像诊断设备 | GE医疗 | 美国 | 1901 | 全球领先的医疗设备提供商，医学影像、超声、生命关爱和药物诊断等 |
| | 西门子 | 德国 | 1847 | 医用双源CT、人工智能磁共振、科研磁共振、医用X射线机等 |
| | 万东医疗 | 中国 | 1997 | 国内首家上市医学影像设备企业，高频X射线机、新型数字减影系统等 |

续表

| 细分领域 | 企业名称 | 区域 | 成立时间 | 企业情况 |
|---|---|---|---|---|
| 影像诊断设备 | 迈瑞医疗 | 中国 | 1991 | 数字便携式超声诊断仪、彩色多普勒超声系统等数字超声产品 |
| 功能检查设备 | 飞利浦 | 荷兰 | 1891 | 心电图等诊断产品 |
| | 理邦 | 中国 | 1995 | 十二导心电、十八导心电等心电诊断产品 |
| 内窥镜设备 | 澳华内镜 | 中国 | 1994 | 电子内窥镜设备及内窥镜诊疗手术耗材 |
| 体外检测设备 | 罗氏 | 瑞士 | 1896 | 全球诊断领域领导者 |
| | 迈克生物 | 中国 | 1994 | 生化试剂、免疫试剂及仪器 |
| | 科华生物 | 中国 | 1981 | 生化分析、免疫、分子诊断等产品，诊断试剂产量全国第一 |
| 治疗及生命支持装备 | | | | |
| 手术设备 | 直觉外科 | 美国 | 1995 | 手术机器人及配套手术器械和配件 |
| | 天智航 | 中国 | 2005 | "天玑"骨科手术机器人 |
| 放射治疗设备 | 瓦里安 | 美国 | 1948 | 癌症及其他疾病放射治疗、放射外科、质子治疗和近距离放射治疗设备 |
| | 医科达 | 瑞典 | 1972 | 癌症和脑部疾病放射治疗设备 |
| | 新华医疗 | 中国 | 1943 | SL-IE放射治疗模拟机等 |
| 理化设备 | 伊藤 | 日本 | 1916 | 双频超声波治疗仪等治疗设备 |
| | 赛诺龙 | 以色列 | 2000 | 全球第一大医疗美容激光设备提供商 |
| 监护和生命支持设备 | 乐普医疗 | 中国 | 1999 | 生物可吸收冠状动脉雷帕霉素洗脱支架系统（NeoVas）等心脏支架 |
| | 飞利浦 | 荷兰 | 1891 | 呼吸机、制氧机、雾化器等 |
| | 瑞思迈 | 澳大利亚 | 1989 | 呼吸机等 |
| 康复辅助设备 | 翔宇医疗 | 中国 | 2002 | 压电式冲击波治疗仪、肌电生物反馈训练系统等 |

资料来源：本书编写团队根据公开资料整理。

表4-60　　　　　　　我国下一代医疗装备新物种企业典型代表

| 企业名称 | 区域 | 成立时间 | 企业情况 |
|---|---|---|---|
| 联影医疗 | 上海 | 2011 | 独角兽企业，高性能医学影像、放疗产品及医疗信息化、智能化解决方案 |
| 德晋医疗 | 杭州 | 2015 | 独角兽企业，二尖瓣和三尖瓣相关治疗技术研发 |
| 华大制造 | 深圳 | 2016 | 独角兽企业，X光、核磁共振、CT等模块的智能化整合 |
| 堃博生物 | 杭州 | 2016 | 潜在独角兽企业，肺部疾病介入治疗创新设备 |

资料来源：本书编写团队根据"GEI-新物种企业数据库"整理。

2.辽宁基础和建议

目前辽宁省医疗装备产业主要集中在沈阳、大连、本溪等地，其中沈阳相对较为领先，拥有东软医疗、迈思医疗、新松医疗等一批龙头企业，重点聚焦影像诊断设备、放射治疗设备、监护与生命支持设备等领域（详见表4-61）。其中，东软医疗是国内医疗影像设备行业的龙头企业，自主研发出CT、磁共振、数字X线机、彩超、放射治疗设备以及核医学成像设备等系列产品。此外，省内还集聚了中国医科大学、东北大学、中科院沈阳自动化所、中科院金属所、大连理工大学及辽宁黄海实验室、医学影像智能计算教育部重点实验室、国家数字化医学影像设备工程技术研究中心、国家医学检验临床医学研究中心等创新资源，其中医学影像智能计算教育部重点实验室在低剂量、多能级影像重建优化领域取得了技术突破，国家数字化医学影像设备工程技术研究中心的数字化医学影像设备研发水平与世界先进水平同步。

表4-61            **辽宁省下一代医疗装备重点企业概览**

| 细分领域 | 企业名称 | 区域 | 成立时间 | 企业情况 |
|---|---|---|---|---|
| 诊断装备 | | | | |
| 影像诊断设备 | 东软医疗 | 沈阳 | 1998 | CT、MRI、DSA、XR等 |
| | 开影医疗 | 本溪 | 2015 | Precision系列CT以及Care-50系列数字化医用X射线摄影系统 |
| 体外检测设备 | 东软威特曼 | 沈阳 | 2003 | 生化检测试剂盒、生化分析仪 |
| | 欧姆龙大连公司 | 大连 | 1991 | 欧姆龙集团子公司，动脉硬化检测装置、内脏脂肪检测装置等 |
| 内窥镜设备 | 沈大内窥镜 | 沈阳 | 1993 | 泌尿系统镜、耳鼻喉镜、关节镜、消化系统镜等 |
| 治疗及生命支持装备 | | | | |
| 放射治疗设备 | 东软智睿 | 沈阳 | 2018 | 医用直线加速器 |
| 监护与生命支持设备 | 迈思医疗 | 沈阳 | 2011 | 无创呼吸机、高流量呼吸湿化治疗仪 |
| | 新松医疗 | 沈阳 | 2000 | 医用制氧机、无创呼吸机 |
| | 爱尔泰医疗 | 沈阳 | 2013 | 便携制氧机、雾化器 |
| | 海龟医疗 | 沈阳 | 2005 | 制氧机、氧气舱 |
| 康复辅助设备 | 新松机器人 | 沈阳 | 2000 | 医疗康复机器人 |
| 其他 | 开普影像 | 抚顺 | 2018 | 医疗影像服务 |
| | 长江源 | 沈阳 | 2003 | 成功研发世界首台绿色无创治疗乳腺癌设备——束波刀 |
| | 东软汉枫 | 沈阳 | 2019 | 新型医疗物联网产品与数据服务 |

资料来源：本书编写团队根据公开资料整理。

下一步，辽宁省可以重点依托东软医疗等产业基础和东北大学等高校院所，重点发展影像设备、放疗设备、手术机器人及影像智能算法等重点领域。具体如下：一是支持东软医疗、开影医疗等龙头企业以及东软智睿、长江源等高潜力企业发展壮大，推动高端医学影像设备及先进治疗设备研发。二是支持新松机器人等重点企业与中科院沈阳自动化所、大连理工大学等重点院校联合开展医疗康复机器人、肿瘤早期诊疗机器人、微纳诊疗机器人、智能手术机器人等领域核心技术攻关及产业化。三是重点依托东北大学、辽宁黄海实验室等创新平台，研发医疗影像智能分析系统，鼓励其与东软医疗等龙头企业开展软硬件一体化技术研发及产业化，并支持在中国医科大学及附属医院等省内重点医疗机构开展示范应用。

### 4.5.2 现代中医药：布局中成药及中医智能装备

1.赛道概览

中医药是反映中华民族对生命、健康和疾病的认识，是具有悠久历史传统和独特理论及技术方法的医药学体系。在全球人口老龄化加剧以及"后疫情时代"人们对健康问题愈发关注的背景下，现代中医药的重要作用逐步显现，加之中医药在"治未病"方面具有独特优势，未来现代中医药市场发展前景广阔。从全球来看，中医药市场目前主要集中在东亚地区，韩国、日本在剂型创新、中药产品深加工等方面占据领先地位，集聚津村药业、KWANGDONG等龙头企业（详见表4-62）。从国内来看，我国中药饮片、中成药等市场规模持续扩张，中药材种植行业需求日益旺盛，出现了以白云山、康美药业等为代表的一批上市企业。此外，随着消费者对健康管理的日益重视以及科学技术的进步，中医人工智能装备愈加活跃，但我国在脉诊、舌诊以及针刺、灸疗等中医装备的性能品质方面，还有待进一步提升。

表4-62 　　　　　　　　国内外现代中医药领域发展概览

| 细分领域 | 企业名称 | 区域 | 成立时间 | 企业情况 |
|---|---|---|---|---|
| 原材料及装备 | | | | |
| 中药材种植 | 云南白药 | 中国 | 1993 | 国内中药龙头企业，跌打损伤药物 |
| | 同仁堂 | 中国 | 1669 | 国内中药龙头企业，安宫牛黄丸、同仁牛黄清心丸 |
| 药用辅料 | 山河药辅 | 中国 | 2001 | 国内药用辅料（固体制剂）行业龙头 |
| | 威尔药业 | 中国 | 2000 | 注射剂等复杂制剂用辅料的技术研究位于全国前列 |
| 制药装备 | 楚天科技 | 中国 | 2000 | 中国制药装备行业龙头，提取、干燥、浓缩等制药设备 |
| | 东富龙 | 中国 | 1993 | 国产制药设备龙头 |
| 中医药制造 | | | | |
| 中药饮片 | 康美药业 | 中国 | 1997 | 人参、黄芪、当归等中药饮片 |
| | 中国中药 | 中国 | 1987 | 中药饮片、配方颗粒等 |
| 中成药 | 修正集团 | 中国 | 1995 | 感冒药、消化系统、心脑血管等各类中成药 |
| | 九芝堂 | 中国 | 1650 | 中成药、贵细饮片等系列产品 |
| | 白云山 | 中国 | 1973 | 中成药、天然药物等 |
| | 葵花药业 | 中国 | 2005 | 国内儿童药领先，产品包括感冒发烧、咳嗽、消化等品类 |
| | 益盛药业 | 中国 | 1997 | 人参类药物 |
| | 正和药业 | 中国 | 2002 | 中成药、中药饮片等 |
| | 福康药业 | 中国 | 1999 | 中成药、化学药品等 |
| | 吉林敖东 | 中国 | 1993 | 中成药、生物化学药 |
| | 通化东宝 | 中国 | 1992 | 脂肪肝、血管神经性头疼领域中西成药、生物药 |
| | 通化金马 | 中国 | 1990 | 中成药、乳酸菌等 |

| 细分领域 | 企业名称 | 区域 | 成立时间 | 企业情况 |
|---|---|---|---|---|
| 中成药 | 津村 | 日本 | 1893 | 日本三大汉方药企之一，葛根汤、半夏泻心汤等汉方药产品 |
| | 三共 | 日本 | 1951 | 日本三大汉方药企之一，肠胃药、葛根汤等汉方药产品 |
| | 钟纺 | 日本 | 1887 | 日本三大汉方药企之一，当归芍药散、八味地黄丸等汉方药产品 |
| 中药保健 | 东阿阿胶 | 中国 | 1952 | 国内阿胶及系列保健食品 |
| 药妆 | KWANGDONG | 韩国 | 1963 | 美容系列中药药品 |
| 中医装备 | | | | |
| 中医诊疗设备 | 迈瑞医疗 | 中国 | 1991 | 全球领先的医疗设备企业，中医智能诊疗系统、中医三维脉诊系统等 |
| 中医治疗设备 | 晋瑞医疗 | 中国 | 2013 | 艾灸治疗仪、超声药物透入治疗仪、艾灸装置、中医定向透药治疗仪等 |

资料来源：本书编写团队根据公开资料整理。

2.辽宁基础和建议

辽宁省是我国中医药产业的重要基地之一，具有深厚的中医药文化底蕴和丰富的中药材资源，拥有沈阳红药、双鼎药业、富生制药等一批重点企业（详见表4-63），主要集中在沈阳、大连、本溪、丹东等城市，还集聚了国家中医临床研究基地、国家中成药工程技术研究中心等59个中医药科研创新平台。其中，辽宁中医药大学成为首批国家中医药服务出口基地、国家中医临床研究基地；辽宁省中医药研究院是全国最早的7个中医科研院所之一，发明了"王氏整脊疗法"等独创性中医特色疗法；中科院大连化物所在本草物质组学研究领域经过多年积累，申请专利70多项。

表4-63 　　　　　　　　　　辽宁省现代中医药重点企业概览

| 细分领域 | 企业名称 | 区域 | 成立时间 | 企业情况 |
|---|---|---|---|---|
| 中医药制造 | | | | |
| 中药饮片 | 仙草堂 | 本溪 | 1988 | 广发制药集团子公司，中药饮片古法炮制等 |
| 中成药 | 沈阳红药 | 沈阳 | 1999 | 红药片、红药胶囊、喷雾剂等跌打损伤、风湿肿痛产品 |
| | 双鼎药业 | 沈阳 | 1993 | 心脑血管药、抗结核药、骨科用药、肝炎用药等产品 |
| | 东陵药业 | 沈阳 | 1988 | 特制狗皮膏、天龙拔毒膏、叶金排石胶囊等 |
| | 清宫药业 | 沈阳 | 1995 | 排毒丸、调经丸、养颜丸等中药制剂 |
| | 神龙药业 | 沈阳 | 1998 | 杏苏止咳颗粒等产品 |
| | 富生制药 | 大连 | 1993 | 人参皂苷Rg3原料药及其口服制剂 |
| | 华润本溪三药 | 本溪 | 1970 | 感冒灵、消炎利胆片、黄连素片、板蓝根颗粒等 |
| | 新高制药 | 本溪 | 2009 | 修正药业集团的全资子公司，硬胶囊剂、颗粒剂等 |
| 中医装备 | | | | |
| 中医诊疗设备 | 天仁合一 | 沈阳 | 2014 | 智能艾灸机器人、助眠装备、脉诊装备等 |
| 其他 | 春光制药装备 | 锦州 | 2011 | 泡罩包装机、条带包装机等 |

资料来源：本书编写团队根据公开资料整理。

下一步，辽宁省可以依托天仁合一等产业基础和中科院大连化物所、辽宁中医药大学等创新资源，重点发展配方药和中医智能装备等领域。具体如下：一是推动双鼎药业、东陵药业等重点企业与辽宁中医药大学联合开展心脑血管、骨伤等中药方剂、制剂及中成药研发，并推动中药靶向递送技术成果转化，打响"辽派中医"品牌。二是推动天仁合一等重点企业加快与辽宁省中医药科学院技术合作，打造脉诊仪、智能艾灸机器人等中医智能装备重点产品，支持其在基层医院及社区卫生院开展健康管理服务。三是支持中科院大连化物所、辽宁中医药大学的中药标准化技术、中药受体药理、靶点模型、本草活性物质筛选等前沿技术转化，尤其鼓励其以中药标准化技术提升人参、鹿茸等"辽药六宝"加工水平。

### 4.5.3 基因与细胞治疗：布局细胞治疗药物、试剂耗材及设备

1.赛道概览

基因与细胞治疗领域研发及应用正加速崛起，为肿瘤、罕见病等难治性疾病的新一代精准疗法提供支撑。受人口老龄化加剧及生活方式改变等因素影响，癌症患者群体规模不断扩大，随着医疗保险覆盖越来越多的免疫治疗药物，细胞疗法市场空间得以进一步提升。此外，基因检测也在产前基因筛查、老人健康管理等多渠道推广应用。从全球来看，赛默飞、美天旋、罗氏、Illumina、昆泰等跨国龙头企业处于领先地位，诺华等药物开发/医药合同研发生产（CDO/CDMO）企业也为其发展提供了坚实的服务供应（详见表4-64）。从国内来看，国内细胞疗法的项目数量迅速增长，CAR-T细胞疗法临床试验数量已经超过美国，在基因检测和细胞治疗领域涌现出药明巨诺、华大基因、诺禾致源等龙头企业，此外还诞生了聚焦肿瘤免疫治疗的乐普生物以及聚焦高通量测序的世和基因等新物种企业（详见表4-65）。但与国外相比，我国细胞治疗发展时间较短，国内的设备及试剂在产品质量方面仍与国外存在差距，国内研发企业采购时仍以进口产品为主，基因检测市场也被国外龙头企业占据较大份额。

表4-64 国内外基因与细胞治疗领域发展概览

| 细分领域 | 企业名称 | 区域 | 成立时间 | 企业情况 |
|---|---|---|---|---|
| 设备、试剂、耗材供应商 | | | | |
| 设备 | 赛默飞 | 美国 | 1956 | 细胞与基因治疗实验室设备整体解决方案供应商，包括细胞培养箱、生物安全柜、通用离心机 |
| | 美天旋 | 德国 | 1989 | 集细胞分选、细胞离心、清洗和细胞培养等多种功能于一体的全自动细胞处理系统 |
| | 默克 | 美国 | 1891 | 先进细胞计数设备、细胞培养设备和成像设备等 |
| | 华大智造 | 中国 | 2016 | 高通量测序仪和自动化设备 |
| 试剂耗材 | 罗氏 | 瑞士 | 1896 | 生化试剂产品、全面的qPCR和核酸纯化产品 |
| | STEMCELL | 加拿大 | 1993 | 细胞分选试剂盒、细胞培养基、基因组编辑工具和分子生物学试剂等 |
| | 洁特生物 | 中国 | 2001 | 生物实验室高端耗材、试剂、仪器等 |
| 生物原料 | Pepro Tech | 美国 | 1988 | 全球最大的重组细胞因子和蛋白生产商 |
| | 百普赛斯 | 中国 | 2010 | 为生物医药、健康产业领域提供关键生物试剂产品及解决方案 |
| 服务提供商 | | | | |
| 基因药物/细胞治疗药物 | 传奇生物 | 美国 | 2014 | 集肿瘤免疫细胞疗法研发、临床、生产及商业化开发于一体 |
| | Beam | 美国 | 2017 | 基于碱基编辑技术开发精准基因药物 |
| | 科济药业 | 中国 | 2014 | 治疗实体瘤和血液恶性肿瘤的创新嵌合抗原受体T细胞（CAR-T）疗法 |
| | 药明巨诺 | 中国 | 2016 | CAR-T细胞免疫治疗 |
| | 复兴凯特 | 中国 | 2017 | 肿瘤免疫细胞治疗研发，复星医药与美国 Kite Pharma（吉利德科学旗下公司）的合营企业 |

续表

| 细分领域 | 企业名称 | 区域 | 成立时间 | 企业情况 |
|---|---|---|---|---|
| 基因检测 | Illumina | 美国 | 1998 | 基因测序龙头企业 |
| | 牛津纳米孔 | 英国 | 2005 | 体外诊断领域独角兽企业 |
| | 华大基因 | 中国 | 1999 | 基因检测龙头 |
| | 诺禾致源 | 中国 | 2011 | 基因测序与分析服务 |
| | 贝瑞基因 | 中国 | 1997 | 以高通量测序为基础的基因检测服务与设备、试剂销售 |
| 外包服务 | 昆泰 | 美国 | 1982 | 全球研发及生产外包服务（CXO）龙头，布局有中国医药合同研发机构（CRO）公司昆拓 |
| | 药明康德 | 中国 | 2000 | CRO国际龙头，提供自体和异体细胞疗法生产服务及用于基因治疗的病毒载体生产 |
| | 康龙化成 | 中国 | 2004 | 细胞与基因治疗服务 |

资料来源：本书编写团队根据公开资料整理。

表4-65　　　　**我国基因与细胞治疗新物种企业典型代表**[1]

| 企业名称 | 区域 | 成立时间 | 企业情况 |
|---|---|---|---|
| 设备、试剂、耗材供应商 | | | |
| 博奥晶典 | 北京 | 2012 | 独角兽企业，仪器设备、配套试剂耗材、科研服务外包、实验整体解决方案等 |
| 服务提供商 | | | |
| 诺禾致源 | 北京 | 2011 | 独角兽企业，高通量下一代测序技术知识分享和二代建库测序服务 |
| 世和基因 | 南京 | 2013 | 独角兽企业，高通量测序技术的临床转化应用，主要面向肿瘤患者开展基因检测 |

---

[1]　2010年前的独角兽企业及2016年前的潜在独角兽企业未列出。

| 企业名称 | 区域 | 成立时间 | 企业情况 |
| --- | --- | --- | --- |
| 太美医疗 | 嘉兴 | 2013 | 独角兽企业，基于云计算和大数据技术的生命科学产业数字化解决方案提供商 |
| 海普洛斯 | 深圳 | 2014 | 独角兽企业，聚焦肿瘤液体活检和基因大数据 |
| 明码生物 | 上海 | 2015 | 独角兽企业，承接基因组学研究及相关业务 |
| 基石药业 | 苏州 | 2016 | 独角兽企业，聚焦肿瘤免疫治疗联合疗法 |
| 和誉生物 | 上海 | 2016 | 独角兽企业，小分子肿瘤精准治疗、小分子肿瘤免疫治疗及其联合疗法 |
| 天境生物 | 上海 | 2016 | 独角兽企业，聚焦肿瘤免疫和自体免疫领域创新或高度差异化生物药 |
| 科伦博泰 | 成都 | 2016 | 独角兽企业，抗体药物偶联物（ADC）先驱及领先开发者 |
| 高诚生物 | 杭州 | 2017 | 潜在独角兽企业，专注治疗癌症和自身免疫疾病的抗体药物 |
| 睿健医药 | 武汉 | 2017 | 潜在独角兽企业，依托"AI+化学诱导平台"开发细胞治疗药物 |
| 药明生物 | 苏州 | 2017 | 潜在独角兽企业，开放式、一体化生物制药能力和技术赋能平台 |
| 亘喜生物 | 上海 | 2017 | 潜在独角兽企业，细胞治疗药物开发，被阿斯利康并购 |
| 拓臻生物 | 上海 | 2017 | 潜在独角兽企业，肝病和抗癌新药研发 |
| 华大吉诺 | 武汉 | 2017 | 潜在独角兽企业，肿瘤免疫细胞治疗 |
| 百济神州 | 广州 | 2017 | 潜在独角兽企业，细胞治疗领域抗肿瘤创新药龙头 |
| 信诺维 | 苏州 | 2017 | 潜在独角兽企业，肿瘤、抗感染和代谢等疾病领域创新药 |
| 鼎航医药 | 上海 | 2018 | 潜在独角兽企业，发现和开发用于肿瘤免疫联合疗法的新型药物 |
| 合源生物 | 天津 | 2018 | 潜在独角兽企业，核心产品源瑞达是中国白血病治疗领域首个CAR-T药物 |
| 同润生物 | 上海 | 2018 | 潜在独角兽企业，肿瘤免疫治疗药物研发商 |

| 企业名称 | 区域 | 成立时间 | 企业情况 |
|---|---|---|---|
| 健新原力 | 杭州 | 2018 | 潜在独角兽企业，为先进疗法药物合作伙伴提供包括质粒、病毒载体、细胞治疗产品、mRNA在内的一站式CDMO解决方案 |
| 智享生物 | 苏州 | 2018 | 潜在独角兽企业，生物药CDMO，单克隆抗体、抗体偶联、重组蛋白质等大分子生物药 |
| 科望生物 | 苏州 | 2018 | 潜在独角兽企业，肿瘤免疫治疗 |
| 晨泰医药 | 苏州 | 2018 | 潜在独角兽企业，肿瘤领域新药研发服务商 |
| 乐普生物 | 上海 | 2018 | 独角兽企业，肿瘤免疫治疗 |
| 深信生物 | 深圳 | 2019 | 潜在独角兽企业，平台型生物科技公司，开发创新型mRNA和LNP技术 |

资料来源：本书编写团队根据"GEI-新物种企业数据库"整理。

2.辽宁基础和建议

目前辽宁基因与细胞治疗产业尚处于起步阶段，在细胞基础研究及试剂耗材领域有一定基础，集聚了中添干细胞、沈阳细胞中心、晶泰生物、辽宁医学诊疗中心等代表企业（详见表4-66）。其中，辽宁医学诊疗中心在细胞治疗、基因诊断等新型诊疗产品领域进行持续攻关，正与中国医科大学附属第一医院及盛京医院研发一型糖尿病、肾病等细胞治疗药物；沈阳细胞中心已获批辽宁省唯一一家"辽宁省细胞治疗专业技术创新中心"；晶泰生物在检测耳聋易感基因的试剂盒等领域申请了20余项专利。此外，辽宁省还布局有中国医科大学、大连医科大学、沈阳药科大学、大连干细胞与精准医学创新研究院、东北大学生命科学与健康学院、辽宁省肿瘤医院等技术研究机构和临床机构，为细胞疗法的基础研究和临床应用提供有力支持。

表4-66 辽宁省基因与细胞治疗重点企业概览

| 细分领域 | 企业名称 | 区域 | 成立时间 | 企业情况 |
|---|---|---|---|---|
| 试剂耗材 | 宝生物 | 大连 | 1993 | 基因和细胞研究用试剂 |
| | 博格林生物 | 大连 | 2015 | 发光细胞试剂盒及细胞培养产品 |
| | 沈阳细胞中心 | 沈阳 | 2016 | 细胞培养试剂、细胞保护试剂、细胞冻存试剂 |
| 基因检测 | 晶泰生物 | 大连 | 2014 | 基因检测和高通量测序 |
| 基因药物/细胞治疗药物 | 何氏眼科 | 沈阳 | 2009 | 眼科干细胞治疗 |
| | 辽宁医学诊疗中心 | 沈阳 | 2017 | 糖尿病、肾病等细胞治疗 |
| 其他 | 康德瑞生 | 大连 | 2020 | 人体干细胞技术开发和应用 |
| | 艾米奥 | 沈阳 | 2017 | 细胞治疗和生长因子技术等领域 |
| | 中添干细胞 | 沈阳 | 2017 | 干细胞及免疫细胞种子资源保存、标准化制备、检测及精准疾病筛选 |
| | 臻溪谷 | 大连 | 2017 | 深圳臻溪谷子公司，细胞命运调控技术等 |

资料来源：本书编写团队根据公开资料整理。

下一步，辽宁省可以依托辽宁医学诊疗中心等产业基础及中国医科大学等创新资源，重点发展细胞治疗药物、试剂耗材及设备等领域。具体如下：一是推动中国医科大学、沈阳药科大学、大连医科大学等建设细胞治疗重点实验室和技术创新中心，谋划布局干细胞命运调控等基础前沿和创新融合方向，同时加强临床研究布局。二是出台干细胞领域行业标准，推动沈阳细胞中心、辽宁医学诊疗中心、大连干细胞与精准医学创新研究院等成果转化初创企业发展壮大，规范行业发展。三是依托中科院沈阳自动化所、大连理工大学、辽宁黄海实验室等开展自动化封闭式细胞处理设备、过程分析技术系统等细胞制备仪器装备研发。

### 4.5.4 眼健康：布局眼设备及耗材、眼药、眼病及慢病管理

1.赛道概览

眼健康是国民健康的重要组成部分，已成为资本市场的"黄金赛道"。科技飞速发展，5G时代的到来使得移动互联网、视频、网络游戏等电子屏幕使用频率呈几何级增长，"护眼"在屏幕时代成了全民消费的刚需，眼健康产业表现出了强劲的动力。从全球来看，眼健康市场目前呈现高度集中的竞争格局，美国、欧洲、亚洲占据市场较大份额，拥有强生、爱尔康、诺华等龙头企业（详见表4-67）。从国内来看，随着公众对眼健康的关注，眼健康产业成为未来发展的朝阳产业，眼科器械及眼药发展进入加速期，我国也在人工晶状体、角膜接触镜等眼科耗材领域实现突破，并涌现出高视医疗、康弘药业等一批龙头企业，诞生了主营眼科医疗器械的爱博诺德等新物种企业（详见表4-68）。但是，我国眼科耗材及器械仍以进口为主导，国产品牌与进口产品在技术和质量方面存在巨大差距。

表4-67　　　　　　　　　国内外眼健康领域发展概览

| 细分领域 | 企业名称 | 区域 | 成立时间 | 企业情况 |
|---|---|---|---|---|
| 眼科药物 | 诺华 | 瑞士 | 1996 | 全球眼科制药三巨头之一，开角型青光眼等眼部药品研发 |
| | 参天制药 | 日本 | 1890 | 全球眼科药物三巨头之一，眼科处方药 |
| | 爱尔康 | 美国 | 1947 | 全球眼科药物三巨头之一，全面研发、生产、营销眼部医药品 |
| | 康弘药业 | 中国 | 1996 | 国内眼科药物龙头企业，产品包括康柏西普眼用注射液等 |
| 眼科医疗器械 | 依视路 | 法国 | 1849 | 屈光不正、白内障等设备 |
| | 强生 | 美国 | 1886 | 全球眼科器械龙头企业，业务覆盖眼科手术设备、眼科检查设备等 |

| 细分领域 | 企业名称 | 区域 | 成立时间 | 企业情况 |
|---|---|---|---|---|
| 眼科医疗器械 | 高视医疗 | 中国 | 1998 | 国内眼科医疗器械行业规模最大的公司，产品包括眼科诊断设备、手术设备等 |
| 眼科耗材 | 欧普康视 | 中国 | 2000 | 国内角膜塑形镜龙头 |
| | 爱博医疗 | 中国 | 2010 | 国内眼科耗材领先企业，业务覆盖人工晶状体、角膜塑形镜和隐形眼镜 |
| | 昊海生科 | 中国 | 2007 | 全球第七大人工晶状体生产商 |
| 眼科医疗服务 | Lasik Vision Institute | 美国 | 1999 | 美国眼科服务三巨头之一，屈光手术 |
| | 爱尔眼科 | 中国 | 2003 | 国内第一大眼科医疗服务集团 |
| | 华夏眼科 | 中国 | 1997 | 国内眼科医疗服务行业龙头 |

资料来源：本书编写团队根据公开资料整理。

表4-68　　　　　　　　我国眼健康新物种企业典型代表

| 企业名称 | 区域 | 成立时间 | 企业情况 |
|---|---|---|---|
| 爱博诺德 | 北京 | 2010 | 潜在独角兽企业，人工晶状体、角膜塑形镜等 |

资料来源：本书编写团队根据"GEI-新物种企业数据库"整理。

2.辽宁基础和建议

辽宁眼健康产业形成了全产业链发展模式，尤其在眼科智能诊断技术领域具有核心竞争力，拥有何氏眼科、兴齐眼药等龙头企业和骨干医疗机构（详见表4-69）。其中，何氏眼科拥有东北唯一眼科国家重点专科，在智能诊疗设备、高端眼科材料等领域取得50余项专利；兴齐眼药已成为国内眼科用药的龙头企业，拥有人工泪液、角膜修复等十大系列30多种产品；中国医科大学附属第四医院眼科是目前东北地区教学医院眼科规模最大、专业最全的专业眼科医疗机构。此外，辽宁省集聚了眼科生物医药国家地方联合工程实验室、眼科医药国际科技合作基地以及国家基因库眼基因库等多个眼科研发平台，其中国家基因库眼基因库是全国唯一的眼科基因库。

表4-69　　　　　　　　　　辽宁省眼健康重点企业概览

| 细分领域 | 企业名称 | 区域 | 成立时间 | 企业情况 |
|---|---|---|---|---|
| 眼科药物 | 兴齐眼药 | 沈阳 | 1977 | 国内眼科药物龙头企业，人工泪液、角膜修复等产品 |
| | 艾尔健康 | 沈阳 | 2012 | 眼药技术研发 |
| 眼科医疗服务 | 何氏眼科 | 沈阳 | 1996 | 辽宁本土眼科医院集团，眼科专科诊疗服务和视光服务 |
| | 爱尔眼科 | 沈阳 | 2018 | 爱尔眼科医院集团的子公司，眼科医疗服务 |
| | | 大连 | 2015 | |
| | 普瑞眼科沈阳公司 | 沈阳 | 2005 | 成都普瑞眼科子公司，屈光不正矫正、医学白内障超声乳化术等各种眼部手术 |

资料来源：本书编写团队根据公开资料整理。

下一步，辽宁省要依托何氏眼科、兴齐眼药等龙头企业和中国医科大学等创新资源，重点发展眼设备及耗材、眼药、眼病及慢病管理等领域。具体如下：一是依托何氏眼基因库和眼产业研究院等开展眼科自适应诊疗设备、眼科生物医用耗材等领域前沿技术攻关和产业化。二是推动兴齐眼药继续加大研发投入力度，完善眼科各领域产品布局，做大做强治疗干眼症、抗感染抗炎类眼药，同时向眼底血管病变药物、青光眼药物等方向加强布局。三是推动何氏眼科、爱尔眼科、中国医科大学附属第四医院等医疗服务重点企业提高全生命周期眼健康管理水平，布局儿童近视防控及眼病中心、白内障及老花中心等专业领域眼病中心。四是推动依托何氏眼科、辽宁何氏医学院、兴齐眼药等布局的光明小镇高水平建设，打响成为具有全球影响力的眼科领域特色小镇。

## 4.6    未来生物集群

    未来生物产业是造福全人类的重大部署，为生命健康、粮食安全和能源危机等全球性问题提出解决方案①。数字、绿色、基因是未来科技三大发展方向，也在不断改造农业、工业生产方式。其中，数字农业是农业发展的数字化形式，生物农业是农业与绿色经济融合发展的形态，生物制造是生产方式生物化的结果。对辽宁省来说，要立足十月稻田、医诺生物等产业基础和中科院沈阳生态所、中科院大连化物所等创新资源（详见表4-70），布局数字农业、生物农业、生物制造等新赛道。

表4-70　　　　　　　　　　**未来生物领域值得关注的新赛道**

| 来源 | 新赛道 |
|---|---|
| 工信部等七部门，2024年1月<br>《关于推动未来产业创新发展的<br>实施意见》 | ❖ 合成生物<br>❖ 生物育种 |
| 工信部等四部门，2023年8月<br>《新产业标准化领航工程实施方案<br>（2023—2035年）》 | ❖ 生物制造 |
| 上海市，2022年9月<br>《上海市打造未来产业创新高地发展<br>壮大未来产业集群行动方案》 | ❖ 生物安全<br>❖ 合成生物 |
| 北京市，2023年9月<br>《北京市促进未来产业创新发展<br>实施方案》 | ❖ 合成生物 |

---

  ①　李斌. 生物经济：一个革命性时代的到来［M］. 北京：中国民主法制出版社，2022.

续表

| 来源 | 新赛道 |
|---|---|
| 中科院沈阳生态所 | ❖ 生物制造<br>❖ 生物农药<br>❖ 生物饲料 |
| 中科院大连化物所 | ❖ 生物新材料<br>❖ 生物能源 |
| 大连理工大学及<br>辽宁黄海实验室 | ❖ 智能生物制造<br>❖ 生物基化学品 |
| 沈阳农业大学 | ❖ 东北水稻生物学与遗传育种<br>❖ 草莓育种与优质栽培<br>❖ 农机装备<br>❖ 生物农药 |
| 大连海洋大学 | ❖ 刺参、贝类、河鲀良种繁育 |

此外，我们还排除了一些赛道方向：一是生物能源，在未来的 10~25 年内，生物能源替代石油的可能性极低，目前主要处于基础研究和探索转化阶段；二是生物材料，我国生物材料研究和产业化起步较晚，距离产业化还有较长的路要走。

### 4.6.1 数字农业：布局数字化+农业全产业链

1.赛道概览

"数字农业"概念源自"数字地球"，是"数字地球"在农业领域的应用。数字农业既是数字经济的组成部分，也是数字中国的重要内容，实施乡村振兴战略、实现农业农村现代化也离不开数字农业的发展和应用①。从全

---

① 刘海启. 加快数字农业建设为农业农村现代化增添新动能 [J]. 中国农业资源与区划，2017，38（12）.

球来看，美国等发达国家积极发展农业科技，利用大数据打造精准农业，出现 Regrow Ag、Carbon Robotics 等龙头企业（详见表4-71）。从国内来看，我国数字农业市场规模持续增长，数字农业新技术广泛应用在数据平台服务、无人机植保等场景，出现了极飞科技、吉峰科技、海芯华夏等重点企业，也诞生了主营社区生鲜电商的兴盛优选等新物种企业（详见表4-72）。但是，目前我国数字农业仍然处于初级阶段，高端智能农机核心芯片绝大部分仍依赖进口，农业传感器、农业人工智能等方面与国外有较大差距。

表4-71　　　　国内外数字农业领域发展概览

| 细分领域 | 企业名称 | 区域 | 成立时间 | 企业情况 |
|---|---|---|---|---|
| 农业系统及装备 | | | | |
| 农业无人机 | 极飞科技 | 中国 | 2007 | 全球最大的农业无人机企业 |
| 智慧农机 | Carbon Robotics | 美国 | 2018 | 激光除草机器人 |
| | 吉峰科技 | 中国 | 1994 | 智能除草机器人、新能源智能无人车 |
| 数据平台 | Regrow Ag | 美国 | 2016 | 农业碳排放监测系统 |
| | Precision Planting | 美国 | 1993 | 分析土壤数据，实现"非均匀播种密度" |
| | Solum | 美国 | 2009 | 获取土壤数据进行精准施肥 |
| | Green Labs | 韩国 | 2017 | 设置传感器实时监测农场生产情况 |
| | Trapview | 斯洛文尼亚 | 2007 | 开发自动化害虫监测系统 |
| | 海芯华夏 | 中国 | 2008 | 设施农业大数据平台运营、农业大数据解决方案 |
| | 益客食品 | 中国 | 2004 | 农业物联网、农业大数据与分析 |
| 农产品种植/养殖 | | | | |
| 智能养殖 | 牧原股份 | 中国 | 1992 | 国内智能化生猪养殖龙头企业 |
| 智能种植 | 中粮集团 | 中国 | 1983 | 无土栽培和垂直农业等技术的应用在国内居于前沿 |

续表

| 细分领域 | 企业名称 | 区域 | 成立时间 | 企业情况 |
|---|---|---|---|---|
| 农产品加工流通 | | | | |
| 预制菜 | Sysco | 美国 | 1969 | 冷冻食品、乳制品等 |
| | 日冷集团 | 日本 | 1942 | 核心战略单品"正宗炒饭" |
| | 聪厨 | 中国 | 2002 | 速冻调理制品、酱卤制品、蔬菜制品、水产制品等 |
| | 安井食品 | 中国 | 2001 | 速冻火锅料制品、速冻面米制品等 |
| 生鲜电商 | GrubMarket | 美国 | 2014 | 美国最大的南美水果供应商 |
| | FreshDirect | 美国 | 2002 | 美国五大生鲜电商之一 |
| | 盒马鲜生 | 中国 | 2015 | O2O新零售平台 |

资料来源：本书编写团队根据公开资料整理。

表4-72　　　　　　**我国数字农业新物种企业典型代表**

| 企业名称 | 区域 | 成立时间 | 企业情况 |
|---|---|---|---|
| 农业系统及装备 | | | |
| 农信互联 | 北京 | 2003 | 独角兽企业，农业互联网解决方案 |
| 深兰科技 | 上海 | 2012 | 独角兽企业，AI解决方案，产品包括农业智能化、生物安全智能化业务 |
| 极飞科技 | 广州 | 2012 | 潜在独角兽企业，业务包括农业无人机、农业无人车、农业自驾仪等 |
| 无距科技 | 沈阳 | 2015 | 潜在独角兽企业，业务包括植保无人直升机 |
| 麦飞科技 | 北京 | 2016 | 哪吒企业，中科院遥感所转化企业，依托视觉光谱技术的农业大数据服务商 |
| 美村科技 | 重庆 | 2016 | 潜在独角兽企业，订单农业服务平台聚土网 |

续表

| 企业名称 | 区域 | 成立时间 | 企业情况 |
|---|---|---|---|
| | | | 农产品加工流通 |
| 易果生鲜 | 上海 | 2007 | 独角兽企业，进口生鲜电商 |
| 汇通达 | 南京 | 2010 | 独角兽企业，五星控股旗下，农业零售终端一站式解决方案 |
| 彩食鲜 | 渭南 | 2011 | 独角兽企业，永辉超市旗下，B2B生鲜电商 |
| 本来工坊 | 北京 | 2012 | 独角兽企业，生鲜电商、生鲜供应链服务 |
| 壹佰米 | 上海 | 2014 | 独角兽企业，前置仓生鲜电商叮咚买菜 |
| 钱大妈 | 广州 | 2014 | 独角兽企业，社区生鲜肉菜专卖连锁 |
| 云杉世界 | 北京 | 2014 | 独角兽企业，生鲜电商美菜网 |
| 花点时间 | 北京 | 2015 | 潜在独角兽企业，鲜花电商 |
| 安鲜达 | 上海 | 2015 | 独角兽企业，生鲜冷链供应链服务 |
| 永辉云创 | 上海 | 2015 | 潜在独角兽企业，永辉超市旗下，拥有超级物种、永辉生活、永辉生活到家三大核心业态 |
| 生鲜传奇 | 合肥 | 2017 | 潜在独角兽企业，社区生鲜连锁超市 |
| 谊品弘科 | 重庆 | 2017 | 哪吒企业，社区生鲜电商谊品生鲜 |
| 村鸟网络 | 南京 | 2018 | 哪吒企业，五星控股旗下，农村物流 |
| 鲜橙科技 | 苏州 | 2018 | 潜在独角兽企业，社区生鲜电商同程生活 |
| 凤集食品 | 绵阳 | 2018 | 哪吒企业，黄天鹅品牌可生食鸡蛋 |
| 锦益网络 | 北京 | 2018 | 哪吒企业，阿里领投，社区生鲜电商T11 |
| 奇菩科技 | 武汉 | 2018 | 哪吒企业，社区生鲜电商美邻美 |
| 兴盛优选 | 长沙 | 2018 | 独角兽企业，蔬菜水果、肉禽水产、日用百货等社区电商平台 |

2.辽宁基础和建议

近些年，辽宁省较为重视数字化农业推广，并在多市区构建智慧农业系统，探索省内农业数字化转型方案，典型成功案例包括铁岭牧原、凌源蔬菜、北票番茄、阜蒙生猪等国家数字农业创新应用基地，沈阳新民市"数字孪生农业基地"等。目前，省内已集聚觅视科技、大壮无人机等一批数字农业系统及装备企业，在智慧养殖、预制菜等环节亦有布局，还涌现出辽宁省首家独角兽企业十月稻田（详见表4-73）。此外，华美畜禽等45家重点企业还批准创建省级智慧畜牧业应用基地。

表4-73　　　　　　　　辽宁省数字农业重点企业概览

| 细分领域 | 企业名称 | 区域 | 成立时间 | 企业情况 |
|---|---|---|---|---|
| 农业系统及装备 | | | | |
| 智慧农机 | 智农创新 | 沈阳 | 2022 | 农机智能化装备 |
| 农业无人机 | 大壮无人机 | 沈阳 | 2015 | 农林植保无人机 |
| 数据平台 | 觅视科技 | 大连 | 2021 | 物联网硬件系统、数字孪生系统 |
| 农产品种植/养殖 | | | | |
| 智慧种植 | 鹏昊实业 | 营口 | 2002 | 大数据整合精准农业，将农田打造成工厂化的种植车间 |
| | 七星米业 | 沈阳 | 2005 | 立体数字化育秧和数字化农田 |
| 智慧养殖 | 辉山乳业 | 沈阳 | 2002 | TMR全混合日粮喂养系统，实现奶牛精准饲养 |
| | 华美畜禽 | 沈阳 | 2002 | 智能化蛋鸡精准养殖孵育基地 |
| | 耘垦集团 | 沈阳 | 1984 | 现代化种鸡饲养基地 |
| 农产品加工流通 | | | | |
| 预制菜 | 添味食品 | 沈阳 | 2020 | 火锅食材及酱卤制品 |
| | 益海嘉里 | 沈阳 | 2010 | 预制菜研发 |

续表

| 细分领域 | 企业名称 | 区域 | 成立时间 | 企业情况 |
|---|---|---|---|---|
| 预制菜 | 獐子岛 | 大连 | 1958 | 刺参、鲍鱼、扇贝、三文鱼、鳕鱼、鱿鱼、鲐鲅、虾等海鲜预制菜 |
| 生鲜电商 | 供销快线 | 沈阳 | 2018 | 农产品流通产销对接平台 |
| 其他 | 十月稻田 | 沈阳 | 2018 | 是"数字化+农业产销一体化"商业模式典型代表，优质大米或杂粮加工 |
| | 日佳电子 | 大连 | 2002 | 电子器件，业务包括LED照明植物工厂 |

资料来源：本书编写团队根据公开资料整理。

下一步，辽宁省可以依托十月稻田、觅视科技等新兴技术企业和大连海洋大学等创新资源，推动数字化+农业全产业链发展。具体如下：一是推动独角兽企业十月稻田等新物种企业进一步发展壮大，并支持耘垦集团、棒棰岛等企业复制十月稻田"数字化+农业产销一体化"经验，立足辽宁及东北农产品、海产品优势孵化数据驱动的新物种企业。二是依托觅视科技、大壮无人机等龙头企业，提供智能种植和智能养殖一体化解决方案，并支持沈阳仪表科学院等与其联合开展土壤温湿度传感器等产品研发。三是加快推动大连海洋大学"海洋牧场"信息监测管理平台在省内转化。

### 4.6.2　生物农业：布局生物育种、生物肥料和生物农药

1.赛道概览

生物农业作为生物经济重点发展领域之一，对更好保障国家粮食安全、满足居民消费升级和支撑农业可持续发展具有重要意义。随着生物科技的快速发展以及人民群众对食品消费更高层次的新期待，生物经济近年来越来越受到重视，其中之一就是顺应"解决温饱"转向"营养多元"的

新趋势，发展面向农业现代化的生物农业①。从全球来看，生物农业已经
成为新的经济增长引擎，美国、法国、德国等发达国家相继出台政策法规
鼓励生物农业产业发展，出现了科迪华、利马兰格、巴斯夫、拜耳等生物
育种龙头企业，占据了全球近一半的种子市场。从国内来看，我国的生物
农业起步较晚，但较其他发展中国家已经小有成就，并在生物育种、生物
肥料、生物农药领域取得较大进展，其中，杂交水稻育种、转基因抗虫棉
等处于世界领先水平，出现了隆平高科、登海种业、垦丰种业等龙头企业
（详见表4-74）。但是，我国仍存在植物基因编辑缺乏原始技术、育种企业
创新能力较差等问题。

表4-74　　　　　　　　国内外生物农业领域发展概览

| 细分领域 | 企业名称 | 区域 | 成立时间 | 企业情况 |
|---|---|---|---|---|
| 生物育种 | 隆平高科 | 中国 | 1999 | 国内杂交水稻育种龙头企业，杂交水稻、玉米、蔬菜种业 |
| | 科迪华 | 美国 | 2016 | 全球领先的种子和作物保护解决方案供应商 |
| | 利马格兰 | 法国 | 1965 | 全球种业四强企业之一，大田种子、蔬菜种子与谷物产品 |
| | 巴斯夫 | 德国 | 1865 | 全球第三大农药公司，完整的种子处理剂产品组合 |
| | 拜耳 | 德国 | 1863 | 生物制剂、种子和性状开发领域始终处于全球领先地位 |
| | 登海种业 | 中国 | 2000 | 玉米种子生产规模国内领先 |
| 生物肥料 | 诺维信 | 丹麦 | 1921 | 研发用于促进作物对磷的吸收并加强固氮作用的生物肥 |
| | Pivot Bio | 美国 | 2010 | 微生物固氮 |
| | 航天恒丰 | 中国 | 2008 | 生物菌肥 |

---

① 国家发展改革委.“十四五”生物经济发展规划［EB/OL］.［2022-05-10］.【国家发展改革委印发《“十四五”生物经济发展规划》】-国家发展和改革委员会（ndrc.gov.cn）.

续表

| 细分领域 | 企业名称 | 区域 | 成立时间 | 企业情况 |
|---|---|---|---|---|
| 生物饲料 | 帝斯曼集团 | 荷兰 | 1902 | 饲用酶制剂 |
| | 养乐多 | 日本 | 1935 | 活菌制剂 |
| | 天科生物 | 中国 | 2005 | 无公害、绿色环保型饲料添加剂 |
| | 新和成 | 中国 | 1994 | 食品添加剂、营养强化剂 |
| 生物农药 | 德强生物 | 中国 | 1998 | 宁南霉素、枯草芽孢杆菌、淡紫拟青霉等系列产品 |
| | 新瑞丰生化 | 中国 | 2004 | 赤霉酸原药等产品 |

资料来源：本书编写团队根据公开资料整理。

2.辽宁基础和建议

辽宁省在生物农业领域展现出巨大的潜力和活力，尤其在生物育种领域有着积极的发展，已涌现出一批具有实力的企业，包括东亚种业、鑫玉龙等（详见表4-75）。其中，东亚种业被纳入国家种业阵型企业名单，在玉米、水稻等生物育种领域承担20余项国家科研项目。此外，省内还拥有沈阳农业大学、大连海洋大学、辽宁省种业创新研究院、玉米生物育种国家重点实验室等科研资源，在水稻、刺参等生物育种以及生物肥料等方面具有创新基础。其中，沈阳农业大学依托辽宁省农业生物技术重点实验室，在农作物相关基因组分析及基因工程辅助育种等领域已取得一系列科研成果。

表4-75　　　　　　　　辽宁省生物农业重点企业概览

| 细分领域 | 企业名称 | 区域 | 成立时间 | 企业情况 |
|---|---|---|---|---|
| 生物育种 | 东亚种业 | 沈阳 | 1993 | 农业产业化国家重点龙头企业，玉米生物育种国家重点实验室 |
| | 恩柽研究院 | 沈阳 | 2019 | 新种培育、有害生物防护等 |
| | 鑫玉龙 | 大连 | 2004 | 刺参种、苗的育、繁、推一体化 |

| 细分领域 | 企业名称 | 区域 | 成立时间 | 企业情况 |
|---|---|---|---|---|
| 生物育种 | 登海种业辽宁公司 | 沈阳 | 2014 | 山东登海种业子公司，国内玉米种子行业龙头 |
| | 天正实业 | 大连 | 1993 | 河鲀种苗研发 |
| | 忠信淡水渔业 | 辽阳 | 2002 | 黄颡鱼等种苗育种 |
| | 光合蟹业 | 盘锦 | 1999 | 河蟹良种研发 |
| | 安诺农业 | 葫芦岛 | 1999 | 葡萄良种苗木培育、新品种引进试种开发等 |
| | 锦润种业 | 锦州 | 2019 | 玉米等农作物种子生产 |
| | 景祺种业 | 锦州 | 2016 | 玉米种子研发生产 |
| | 金谷源种业 | 铁岭 | 2017 | 玉米良种的研发生产 |
| | 艾格莫林 | 本溪 | 2007 | 三文鱼种苗研发养殖 |
| | 天隆生物 | 沈阳 | 2021 | 水稻种子生产 |
| 生物肥料 | 波音饲料 | 沈阳 | 1990 | 预混合饲料、饲料添加剂等研发 |
| 生物农药 | 微科生物工程 | 朝阳 | 2005 | 生物广谱杀菌剂等研发 |

资料来源：本书编写团队根据公开资料整理。

下一步，辽宁省可依托东亚种业等产业基础及中科院沈阳生态所、沈阳农业大学等创新资源，重点发展生物育种、生物农药、生物肥料等领域。具体如下：一是推动东亚种业等创新企业深耕生物育种、生物肥料等细分领域，推进新产品产业化，培育一批具有竞争力的专精特新企业。二是支持鑫玉龙等企业与大连海洋大学等高校联合，开展刺参、贝类等辽宁特色海产生物育种，建设特色海产种苗繁育基地。三是依托沈阳农业大学、辽宁省种业创新研究院、玉米生物育种国家重点实验室等创新资源，加强水稻、玉米、复合微生物肥料等领域技术研发，并推动科技成果在省内转化。

### 4.6.3 生物制造：布局疫苗、合成中药和生物食品

1.赛道概览

生物制造也称"生物合成"，其与经济发展、生命健康、国家安全息息相关，被誉为没有"天花板"的朝阳产业。近年来，生物制造底层技术与关键核心技术研发不断取得突破，广泛应用于化工、能源、医药、食品等重要工业制造领域，迎来全新的发展机遇。从全球来看，生物制造市场主要由北美与欧洲主导，出现了Beam、DNA Script等龙头企业（详见表4-76）。从全国来看，我国生物制造行业的市场前景广阔，并且我国在新型基因编辑器、酶蛋白理性设计等底层生物技术方面取得重要进展和突破，生物制造技术在医药、可持续化工能源、食品生产等方面应用广泛，已培育百济神州、凯赛生物等重点企业，此外，还诞生了致力于生物基分子材料研发的蓝晶微生物和专注于免疫治疗的恺佧生物等新物种企业（详见表4-77）。但是，由于我国生物制造产业起步较晚，仍存在着高端平台工具国产化不足，生物能源、生物农业有待进一步发展等问题。

表4-76　　　　　　国内外生物制造领域发展概览

| 细分领域 | 企业名称 | 区域 | 成立时间 | 企业情况 |
|---|---|---|---|---|
| 生物/工程技术 | Ginkgo Bioworks | 美国 | 2009 | 基因代码库、高度自动化的菌种工程等 |
| | DNA Script | 法国 | 2014 | 无模板酶技术制造合成DNA |
| | 博雅辑因 | 中国 | 2015 | 基因编辑 |
| | 华大基因 | 中国 | 2010 | 基因检测行业龙头公司 |
| 平台工具 | Synthego | 美国 | 2012 | "全栈式"基因工程服务 |
| | Amyris | 美国 | 2003 | 自动化菌株改造平台 |

续表

| 细分领域 | 企业名称 | 区域 | 成立时间 | 企业情况 |
|---|---|---|---|---|
| 平台工具 | Synthace | 英国 | 2011 | 云软件平台Antha，对实验室的设备、协议等进行自动化编程 |
| | Benchling | 美国 | 2013 | 基因组设计、生物学实验管理和数据分析工具 |
| 生物医疗 | Moderna | 美国 | 2016 | COVID-19疫苗 |
| | Antheia | 美国 | 2015 | 酵母发酵生产阿片类药物 |
| | 百济神州 | 中国 | 2010 | 小分子抑制剂等生物创新药 |
| | 欣贝莱生物 | 中国 | 2017 | 高附加值植物来源医药化合物 |
| 生物化工 | Genomatica | 美国 | 1998 | 生物基丁二烯等 |
| | C16 Biosciences | 美国 | 2018 | 微生物发酵生产棕榈油的替代品 |
| | 华恒生物 | 中国 | 2005 | 丙氨酸系列产品 |
| | 凯赛生物 | 中国 | 2000 | 生物法长链二元酸、生物基戊二胺以及生物基聚酰胺等 |
| 生物能源 | LanzaTech | 美国 | 2005 | 利用细菌将二氧化碳、甲烷等废气转化为燃料和化学品 |
| 生物农业 | PivotBio | 美国 | 2010 | 玉米作物的微生物固氮产品 |
| 生物食品 | Impossible Foods | 美国 | 2011 | 酵母发酵生产豆血红蛋白，用于制作植物肉产品 |
| | 嘉必优 | 中国 | 2004 | 生物合成营养素产品研发 |

资料来源：本书编写团队根据公开资料整理。

表4-77                        我国生物制造新物种企业典型代表

| 企业名称 | 区域 | 成立时间 | 企业情况 |
|---|---|---|---|
| 弈柯莱生物 | 上海 | 2015 | 潜在独角兽企业，生物资源工程库平台 |
| 瀚海新酶 | 武汉 | 2015 | 潜在独角兽企业，酶基因挖掘与性能表征、酶分子优化与改造等技术平台 |
| 蓝晶微生物 | 北京 | 2016 | 独角兽企业，设计、开发、制造新型生物基分子和材料 |
| 恺佧生物 | 上海 | 2018 | 潜在独角兽企业，免疫治疗和诊断技术市场的蛋白工具 |
| 摩珈生物 | 广安 | 2018 | 潜在独角兽企业，医药原料药、饲料添加剂、食品添加剂 |
| 恩和生物 | 杭州 | 2019 | 潜在独角兽企业，合成生物学技术开发商 |
| 微构工场 | 北京 | 2021 | 潜在独角兽企业，生物材料和高值化合物 |
| 态创生物 | 广州 | 2021 | 潜在独角兽企业，多物质量产的生物制造平台 |

资料来源：本书编写团队根据"GEI-新物种企业数据库"整理。

2.辽宁基础和建议

辽宁省在生物制造产业领域已经形成了一定的产业基础和竞争优势，特别是在生物制品等方面表现突出，沈阳、大连等城市已成为生物制造产业发展的核心区域，已集聚成大生物、博泰生物、医诺生物、复星雅立峰、奥鸿药业等重点企业（详见表4-78）。奥鸿药业开发的奥德金（小牛血清去蛋白注射液）在脑血管和外周血管治疗剂细分领域有明显市场优势。此外，辽宁省拥有中科院沈阳生态所、中科院大连化物所、大连理工大学及辽宁黄海实验室等科研机构，在医药生物技术、智能生物制造、生物基化学品等研究领域取得了较大进展。

下一步，辽宁省可以依托医诺生物等龙头企业和中科院大连化物所等创新资源，重点发展疫苗、人造肉、合成中药、生物食品等领域。具体如下：一是支持成大生物、奥鸿药业、医诺生物等重点企业联合中科院大连化物所等高校院所组建创新联合体，加强创新食品及添加剂、生物制品、疫苗等领域新产品开发。二是推动辽宁何氏医学院成果转化项目生物合成铁皮石斛等发展壮大。三是加快推动中科院沈阳生态所、中科院大连化物所、大连理工大学及辽宁黄海实验室等开展生物制造、生物能源关键核心技术攻关及产业化。

表4-78　　　　　　　　　**辽宁省生物制造重点企业概览**

| 细分领域 | 企业名称 | 区域 | 成立时间 | 企业情况 |
|---|---|---|---|---|
| 生物食品 | 医诺生物 | 大连 | 2003 | 正布局生物酶催化合成营养素 |
| 生物医疗 | 何氏眼科 | 沈阳 | 1996 | 正布局生物合成铁皮石斛 |
| | 成大生物 | 沈阳 | 2002 | 人用狂犬病疫苗国内领先 |
| | 艾美生物大连公司 | 大连 | 1993 | 中国大型全产业链民营疫苗集团艾美疫苗子公司，人用疫苗 |
| | 复星雅立峰 | 大连 | 2002 | 复星医药子公司，人用流感疫苗 |
| | 博泰生物沈阳公司 | 沈阳 | 2014 | 生物技术和药物生产技术综合研发平台 |
| | 科兴疫苗大连公司 | 大连 | 2010 | 科兴生物子公司，新型冠状病毒灭活疫苗等 |
| | 三生生物 | 沈阳 | 1993 | 单抗等创新生物药 |
| | 奥鸿药业 | 锦州 | 2002 | 复星医药集团子公司，奥德金为国内首创治疗神经功能缺损的生物制剂 |

资料来源：本书编写团队根据公开资料整理。

# 第5章
# 超常规举措：未来产业培育关键发力点

介绍技术创业促进、新物种企业培育、战略科技力量布局、场景创新促进、未来产业先导区建设、创投基金群建设、央国企焕新推进、治理创新推进这八大领域的30多项超常规举措，便于读者了解未来产业培育各关键举措总体逻辑、先进实践经验、辽宁现状及下一步突破方向。

**超前布局未来产业：辽宁形成新质生产力的关键之举**

　　基于本书"实操性"定位，本章我们将重点介绍对未来产业发展有实质性帮助的4%关键举措①。2022年12月，辽宁省委经济工作会议强调，启动实施全面振兴新突破三年行动，大干三年、奋斗三年，以超常规举措打一场新时代东北振兴、辽宁振兴的"辽沈战役"。辽宁省委强调的"超常规举措"与我们提到的4%关键发力点本质上是同一个内容。实际上，对于全国各地的未来产业培育来说，都应该采取超常规举措予以推进。

　　对于处在不同发展阶段和资源禀赋不同的地区，促进未来产业发展的关键举措组合将会存在差异。本书以辽宁省为例，结合其当前发展阶段依次介绍8个方面抓手（如图5-1所示）。一是抓技术创业，技术创业是引爆未来产业的起点，对于辽宁等创新资源丰富但成果本地转化率低的地区，技术创业尤其重要，这也是我们将其放在第一位介绍的原因。二是抓新物种企业，在各类技术创业项目中通常能涌现出一批以独特物种命名的独角兽企业、哪吒企业等新物种企业，它们是开辟未来产业新赛道的先锋企业，其中，多数新物种企业的最终归宿是成为专精特新企业，仅个别有望成为产业生态主导型企业或科技领军企业。三是抓战略科技力量，未来技术的突破是形成未来产业的必要前提，而战略科技力量又是突破颠覆性技术、"卡脖子"技术等未来技术的关键力量，为此，第三节我们将介绍国家实验室、国家科研机构和研究型大学、科技领军企业等战略科技力量。四是抓场景创新，未来产业是基于未来技术突破和场景应用而培育的新兴产业，技术推力和需求拉力对前沿技术的产业化都至关重要、缺一不可，为此，我们将紧接着介绍场景创新举措。五是抓未来产业先导区，未来产业从技术创业到高速成长的全过程，对技术、人才、场景、基金等要素都有着极高的要求，为此，各地都比较注重打造未来产业先导区以汇聚特定要素，作为未来产业培育的主阵地。六是抓创投基金群，从国内外实践看，科技金融在未来产业培育中发挥着至

---

① 在本书第3章举措选择中已提到，根据长城战略咨询提出的"80-20-4"原则，对任何一件事情，在各项促进举措中，真正有实质性帮助的往往只有最为关键的4%小切口举措。

关重要的作用，其中供给相对不充分的主要还是面向初创期、成长期企业的以各类基金为主的"创投基金群"。七是抓央国企焕新，央国企是经济发展的关键力量，对于辽宁省，央国企在国民经济中的比重更高，如果能有效调动央国企力量参与，对于未来产业发展将是极大促进。八是抓治理创新，以上几个方面超常规举措的落地见效，还需要统筹推进机制、认知升维、政策和监管创新等配套保障手段，我们将在本章的最后一节予以介绍。

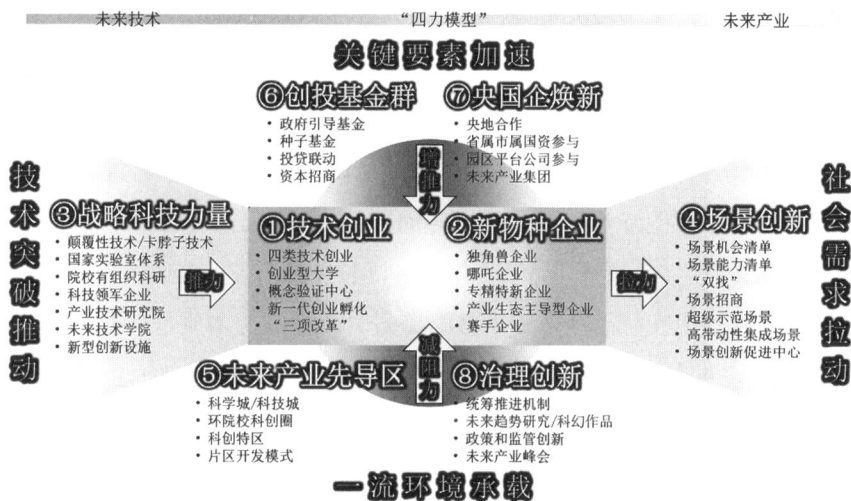

图5-1 未来产业孕育"四力模型"及超常规举措组合

## 5.1 抓技术创业：引爆未来产业的起点

国内外大量实践及研究都表明，技术创业（也称高技术创业、新经济创业等[①]）才是引爆未来产业的起点，而非技术策源。从实践来看，硅谷、波

---

① 参见：拜尔斯，多尔夫，尼尔森. 技术创业：从创意到企业 [M]. 汪涛，译. 北京：机械工业出版社，2022.雷家骕，王兆华. 高技术创业管理：创业与企业成长 [M]. 2版. 北京：清华大学出版社，2008.罗伯茨. 高新技术创业者：MIT的创业经验及其他 [M]. 陈劲，姜智勇，译. 北京：清华大学出版社，2023.王德禄. 新经济创业概论 [M]. 北京：金城出版社，2023.

**超前布局未来产业：辽宁形成新质生产力的关键之举**

士顿、以色列、中关村、深圳等之所以成为创新尖峰或未来产业发展先行区，都与其活跃的技术创业密不可分。比如，在20世纪50到80年代，全球比斯坦福大学领先的高校非常多，包括哈佛、MIT等，但最终毗邻斯坦福大学的硅谷最成功，根源还是其技术创业更活跃①。再比如，福建省宁德市近几年地区生产总值高速增长，短短6年实现翻倍，并从2016年全省倒数第二位上升至全省正数第五位，这与其积极发展动力电池未来产业有关，再进一步深究，这主要得益于2009年宁德市成功吸引曾毓群等老乡回宁德创办了如今的全球动力电池巨头宁德时代（详见表5-1）。从学界研究来看，大量研究认可技术创业是推动社会进步、新经济起飞及未来产业发展的关键手段。比如，在《创业简史：塑造世界的开拓者》②一书中，通过对殖民扩张、工业革命、信息革命、太空探索等的研究，得出了"创业活动是推动历史前进的原动力"的重要结论。再比如，长城战略咨询创始人王德禄在2023年出版的《纵论新经济》③一书中提到"新经济的本质是创业经济，通过技术创业来扩散新技术并推动新兴产业发展是新经济起飞的主要路径"，他还在2018年出版的《创业是中国的希望：我在中关村做新经济咨询》④一书中系统介绍了中关村各个发展阶段技术创业发挥的关键作用，同时在书的结尾提出"创业是中国的希望"的关键结论。此外，中国社会科学院工业经济研究所课题组主编的《未来产业：开辟经济发展新领域新赛道》⑤一书也提出"未来产业虽然是由前沿技术推动的，但是存在于大学和科研机构的实验室中、以揭示自然规律为目的、以发表论文和申请专利为产出表现的研究活动，不能称为未来产业；只有当这些科学研究、工程技术研究的成果转化为具有实际功能的产品或服务后，技术才从科学跨入产业领域，可以说，开

① MIT创业中心主任爱德华·罗伯茨编写的《创业精英：MIT如何培养高科技创业家》一书，也表达了这一观点。其提到，虽然MIT的创业教育及技术创业起步更早，但斯坦福大学及硅谷地区后来居上。
② 卡伦. 创业简史：塑造世界的开拓者 [M]. 王瑶，译. 北京：中国人民大学出版社，2023.
③ 王德禄. 纵论新经济 [M]. 北京：科学技术文献出版社，2023.
④ 王德禄. 创业是中国的希望：我在中关村做新经济咨询 [M]. 北京：金城出版社，2018.
⑤ 中国社会科学院工业经济研究所课题组. 未来产业：开辟经济发展新领域新赛道 [M]. 北京：中国发展出版社，2023.

发出产品原型是某一未来产业诞生起点的标志"。综上可见，企业家而非科学家，才是引爆未来产业的起点，除非进入了绝对的"无人区"，否则技术创业就比技术策源更为重要。尤其对于辽宁等创新资源丰富但成果本地转化率低的地区，技术创业更为重要，这也是我们将其放在第一位介绍的原因。

表5-1　　　宁德时代高成长对宁德市地区生产总值增长的贡献情况　（单元：亿元）

| 福建省各地区生产总值 | | 年份 | 宁德市 | | 宁德时代 | |
|---|---|---|---|---|---|---|
| 2022年 | 2016年 | | 地区生产总值 | 同比增长 | 营业收入 | 同比增长 |
| 福州12 308 | 泉州6 646 | 2022 | 3 554 | 13% | 3 286 | 152% |
| 泉州12 102 | 福州6 197 | 2021 | 3 151 | 23% | 1 304 | 159% |
| 厦门7 802 | 厦门3 784 | 2020 | 2 557 | 4% | 503 | 10% |
| 漳州5 706 | 漳州3 125 | 2019 | 2 451 | 12% | 457 | 55% |
| 宁德3 553 | 龙岩1 895 | 2018 | 2 194 | 15% | 296 | 48% |
| 龙岩3 314 | 三明1 860 | 2017 | 1 907 | 14% | 200 | 34% |
| 莆田3 116 | 莆田1 823 | 2016 | 1 670 | 5% | 148 | 161% |
| 三明3 110 | 宁德1 623 | 2015 | 1 590 | — | 57 | — |
| 南平2 211 | 南平1 457 | | — | | | |

资料来源：本书编写团队根据公开资料整理。

在本节中，我们将首先介绍学术创业、系列创业、大企业内部创业、海归创业这四类技术创业，接着将介绍构建一流创业生态系统的关键着力点。"创业生态系统"最初由MIT倡导，后来在全球推广，一流的创业生态系统不仅有利于吸引全球技术创业者前往，对于技术创业"跨过死亡谷"也将大有帮助。结合国内外实践，当前构建一流创业生态系统关键着力点主要包括布局创业型大学、概念验证中心、新一代创业孵化载体等定位于学术创业促进的专业服务机构，以及推进有利于打通技术创业堵点的科技成果转化"三项改革"。具体如下：

### 5.1.1 深挖四类技术创业，储备更多未来产业"苗企业"

在本章引言中已经提到，我们始终坚信技术创业是未来产业形成的起点。实际上，早在1988年我国就开始关注高技术创业，国外甚至更早。1988年8月，我国开始实施"火炬"计划，即高新技术产业化发展计划，明确提出创办高新技术产业开发区和高新技术创业服务中心，两者实际上都以推动技术创业为核心使命。近些年，我国各地都比较注重推动学术创业等技术创业。比如，中关村重点推动海归创业、驻地高校院所科技成果转化创业等，成为我国独角兽企业最为密集的区域。再比如，2015年时任浙江省省长李强，在接受中国政府网采访时曾提到浙江高层次创业可概括为"四大系"，即高校系、浙商系、阿里系、海归系[①]。结合我国过去30多年的实践，我们认为，近期各地需要重点关注四类技术创业，包括学术创业（高校院所科研人员创业及学科性公司）、系列创业（连续创业）、大企业内部创业、海归创业（跨区域创业）[②]。此外，还需要重点挖掘四类技术创业中具有改变世界梦想的企业。因为，越是全球化就越需要改变世界的创业者来开辟人类的新疆域。以前，改变世界的是政治家，后来是科学家，但是二者越来越受到国际边界、学科边界的限制，不能系统、综合地利用全球资源，我们认为未来可能改变世界的将是创业者，他们能够使用全人类的知识改变人类的生存、生活方式。

1）学术创业

学术创业主要是指大学教授的创业，是大学继实现教育使命和科研使命之后，实现服务社会第三使命最为关键的手段[③]。我们在本书中使用这一概

---

① 李强. 浙江创业主力军有"四大系"[EB/OL]. [2015-11-11]. https://www.gov.cn/wenzheng/2015-11/18/content_5014023.htm.
② 王德禄. 纵论新经济 [M]. 北京：科学技术文献出版社，2023.王德禄. 新经济创业概论 [M]. 北京：金城出版社，2023.王德禄. 创业是中国的希望：我在中关村做新经济咨询 [M]. 北京：金城出版社，2018.
③ 夏清华. 学术创业：中国研究型大学"第三使命"的认知与实现机制 [M]. 武汉：武汉大学出版社，2013.游振声. 美国研究型大学学术创业模式研究 [M]. 重庆：重庆大学出版社，2017.李卫锋，郭绍增，张湧. 象牙塔走出独角兽：学术创业纪事 [M]. 北京：人民邮电出版社，2023.

念指代"高校院所科研人员创业以及由高校院所发起设立的学科性公司①"。在我国科学技术水平与国外差距不断缩小的情况下，海归创业的红利逐步消失，学术创业成为当前这个时代我国技术创业最为主要的形式。对于辽宁省来说，新松、东软、芯源微、融科储能等优秀企业，均来自高校院所成果转化，此外，大连理工大学还启动了学科性公司建设。接下来，辽宁省一方面要继续推动更多驻辽高校院所的科技成果本地转化，另一方面要复制推广大连理工大学学科性公司的探索，在省内更多的高校院所开展试点。

2）系列创业（连续创业）

系列创业者在把企业创办到一定程度之后，或者将企业卖出，或者聘请职业经理人继续经营企业，而自己去创办新的企业。系列创业者的创业企业更容易获得天使投资，因为他们有充足的创业经验，比如在创办小米时，雷军就属于系列创业者。对于辽宁省来说，我们也发现了一些典型的系列创业者，比如，全国最大民营软件园——沈阳国际软件园的创始人赵久宏就是其中一位，他先于1993年创办了沈阳昂立信息技术有限公司，主要做信息技术解决方案，后来跨界经营产业园区——昂立信息园，再后来二次创业，于2007年成立了沈阳国际软件园有限公司。接下来，辽宁省要有意识地推动在辽的更多优秀青年企业家二次创业、跨界创业。

3）大企业内部创业

我们经过长期跟踪研究发现，大企业内部创业是孵化独角兽企业的重要来源，其主要有两种形式：一种形式是业务拆分，即大企业通过对内部业务团队、部门进行拆分实现对新业务市场的精准切入，创造业务增长极，比如，富士康将其全球供应链单元分拆为独立运营主体，孵化出智慧物流独角

① 学科性公司是依托高校科研人才优势与技术积淀，以高校优势学科下的科技成果转化为目标，采取风险共担、利益共享的现代企业制度，进行产品生产与商业化运营的经济实体。学科性公司通常由学院、项目组与教师合作组建，采用股份制的形式设定股权分配比例。2000年，中南大学首创学科性公司，中南大学创造的"学科性公司制"具有两个特征：股本由学校的技术成果无形资产和少量科研课题结余经费加社会资本组合而成，前者占总资本的24%左右，其中90%以上为以学校科技成果作价入股的无形资本；在管理方式上，学校教授一般担任公司董事、董事长、技术总监等职务，负责技术指导、组织研发等工作，由社会投资方指派或双方共同聘请专人担任总经理，负责公司的生产组织、市场营销及日常事务等工作。

兽企业准时达；歌尔集团拆分微电子业务单元孵化出歌尔微电子。另一种形式是技术孵化，即大企业成立独立的运营主体，推动相关新兴技术商业化应用，比如，平安集团聚焦金融科技、医疗科技两大技术板块，孵化出陆金所、金融壹账通、平安医保科技、平安好医生等独角兽企业。对于辽宁省来说，东软集团在内部创业上探索较多，截至2023年7月，已成功孵化了东软教育、东软熙康、东软医疗、东软睿驰、东软智睿等上市企业及上市种子企业。此外，奥克集团在该方面也进行了很多的探索。接下来，辽宁省要进一步推动有限的大企业全面内部创业，孵育更多的未来产业"苗企业"。

4）海归创业（跨区域创业）

以海归创业为主的跨区域创业者是指频繁来往于两个以上地区的创业者。这类创业者能够及时把握最新技术热点和趋势，拥有多地区的经验，了解最新的商业模式，他们感知世界的能力更强。在我国互联网、创新药等产业发展早期，这种创业模式发挥了关键作用，早期中关村很多创业模式都是复制的硅谷模式，其创业者也多来自硅谷①。对于辽宁省来说，中国海外学子（大连）创业周实际上就是比较典型的招引跨区域创业者的探索。截至2023年7月，中国海外学子（大连）创业周已举办23届，成功引进何伟、王汉光等跨区域创业者创办了何氏眼科、科天新材料等上市企业及潜在独角兽企业。此外，拓荆、锦州神工等科创板上市企业，也是辽宁从海外带土移植引进的项目。虽然我国与国外技术差距在缩小，但这一来源仍值得辽宁关注。

针对以上四类技术创业，目前辽宁省暂无统一的促进计划，为此，下一步，非常有必要实施"千企在辽创"等类似计划，系统促进四类技术创业，每年组建形成千家左右的未来产业"苗企业"。具体可以采取以下行动：一是制订辽宁省"千企在辽创"总体方案，作为总体指南，充分调动全省相关力量参加。二是全面挖掘驻辽院校成果转化、人才团队"带土移植"、科技型企业高管再创业、大企业裂变等渠道的"硬科技"创业项目，

① 王德禄. 硅谷中关村人脉网络［M］. 北京：清华大学出版社，2012.

形成种子企业库。三是注重推动全省创新策源能力最强的"五朵金花"高校院所成果转化，使之成为全省及全国标杆，可以学习陕西集全省之力推动"一院一所一校"成为科技成果转化标杆的经验，重点推动中科院大连化物所、中科院沈阳自动化所、中科院金属所、大连理工大学、东北大学这"五朵金花"，通过产研院布局、学科性公司建设、深度产学研合作等方式推动成果转化，挖掘推动重点实验室成果、院士团队成果、国家科技奖成果在辽转化（详见表5-2）。四是针对辽宁民营经济相对不够发达的情况，加强孕育类似于浙商"走遍千山万水、想尽千方百计、说尽千言万语、吃尽千辛万苦"的辽商创业精神。五是加强海外人才团队"带土移植"。利用毗邻日、韩地理便利条件，聚焦未来装备、未来能源、未来智能、未来健康等日韩所具有的优势高科技产业，加强日、韩人才团队"带土移植"，招引高科技企业中国研发中心，形成重点未来产业领域国内外产业链创新链相互"扭抱缠绕"格局。

表5-2　　　**辽宁省高校院所"五朵金花"及成果转化情况**

| 高校院所 | 成果转化及院地、校地合作情况 |
| --- | --- |
| （一）<br>中科院大连化物所 | ①已孵化融科储能、中触媒等重点科技企业<br>②正推进在大连英歌石科学城建设大连先进光源、辽宁滨海实验室、大连凌水湾实验室、中国科学院大学能源学院及大连化物所长兴岛基地 |
| （二）<br>中科院<br>沈阳自动化所 | ①已孵化新松、芯源微、沈科仪等重点科技企业<br>②已在沈阳浑南科技城落户基地，正推进建设辽宁辽河实验室、中国科学院大学机器人与智能制造学院 |
| （三）<br>中科院金属所 | ①已孵化中科三耐等重点科技企业<br>②已在沈阳浑南科技城落户基地，正推进建设辽宁材料实验室、中国科技大学材料科学与工程学院 |

| 高校院所 | 成果转化及院地、校地合作情况 |
|---|---|
| （四）<br>大连理工大学 | ①已孵化科德数控等重点科技企业<br>②正推进在大连英歌石科学城建设辽宁黄海实验室及高性能精密制造全国重点实验室等全国重点实验室基地 |
| （五）<br>东北大学 | ①已孵化东软医疗等重点科技企业<br>②正推进在沈阳浑南科技城建设东北大学创新港 |

资料来源：本书编写团队根据公开资料整理。

### 5.1.2 试点建设创业型大学，"生产"更多"创业精英"

19世纪，大学迎来了第一次学术改革，研究成为大学的第二使命，出现了以产出高水平研究成果和培养高层级精英人才为双重目标的研究型大学。20世纪后期，MIT、哈佛、斯坦福等研究型大学率先探索推动技术成果转化及开发新产业（斯坦福大学转型建设创业型大学的典型实践详见专栏5-1）。这些勇于冒险、善于培养创业型人才的研究型大学被称为创业型大学。可见，学术创业及"创业精英"培养是创业型大学的核心使命。从这个角度讲，创业型大学建设对于未来产业培育意义重大。在国内，浙江大学2000年率先提出对标斯坦福和MIT，建设世界一流的创业型大学。当前，创业型大学已经日益成为大学发展的新方向。

### 专栏5-1　　斯坦福大学转型建设创业型大学的典型实践[①]

斯坦福大学是美国研究型大学向创业型大学转型的典范，在承担传统的知识传授与产出职能外，更是成为了知识的应用转化机构。

斯坦福大学的主要做法如下：

1.重点布局兼具理论与实践潜力的应用学科；

---

① 段世飞，等. 美国研究型大学如何向创业型大学转型——基于斯坦福大学的个案研究[J]. 现代教育管理. 2022（4）.

2.适应知识应用转化需求任命系主任，并按照外界应用需求建设学科；

3.布局跨学科研究中心，极大增强了斯坦福科研实力和外界合作能力；

4.鼓励教师与外界签订研究合同，并争取外界投资；

5.调整专利所有权政策，激发师生创新创业活力；

6.将创新创业文化渗透至斯坦福校园的各个角落；

7.布局技术许可办公室、斯坦福工业园等创业支持机构。

对于辽宁省来说，由于我国在国家层面暂未对创业型大学的建设进行统一部署，依托东北大学、大连理工大学等双一流高校自发推进创业型大学建设将有难度，为此，可以采取以下办法：一是积极推动东北大学、大连理工大学、沈阳工业大学等重点高校全面落实教育部、科技部等有明确要求并且对于高校学术创业及生产"创业精英"有帮助的举措，包括建设创新创业学院、布局大学科技园和未来产业科技园、推进科技成果转化"三项改革"等。二是推动有强烈意愿并且基础条件较好的民办高校全面转型建设"创业型大学"，比如，1999年创办的辽宁何氏医学院就非常适合，其定位就是打造"中国未来的斯坦福"，目前其在学术创业方面也小有成就。

### 5.1.3　布局概念验证中心，推动更多早期科研成果商业化

概念验证中心是一种高校与各类机构合作运营的创新组织，其通过提供种子资金、商业顾问、创业教育等支持，对实验室发明等早期科研成果的商业化可行性进行验证，这对于成果转化类的技术创业项目意义重大。

从全球来看，概念验证中心已有20多年历史，2011年加利福尼亚大学圣选戈分校建立了全球第一个概念验证中心——冯·李比希创业中心。其背景是《拜杜法案》出台后，美国高校纷纷建立了技术许可办公室，将高校师生发明专利许可给企业，但经过近20年实践，仍有约75%的高校专利未能实现产业化，其中一个主要原因是高校的基础研究成果与技术产品之间存在

一条"断裂带"，导致很多企业和投资机构不敢接手转化这些成果。为了打通"断裂带"，加利福尼亚大学圣迭戈分校在政府、基金会、企业等支持下建立了全球第一个概念验证中心①。2008年，新加坡也正式启动概念验证资助计划，鼓励大学和公立科研院所将尖端基础研究成果转化为能够市场化的产品，帮助科研人员创立科技型企业，每个项目最高可得到25万新元资助。可见，从全球经验来看，概念验证中心既可以是实体的机构，也可以是资助计划等非实体形式。

再看我国的情况。我国概念验证中心从实体起步，2018年4月，西安交通大学依托国家技术转移中心成立了我国高校首个"概念验证中心"，同时还成立了专注于生物及环保、新材料等方向的"概念验证微种子基金"。此后，上海、北京、浙江等地的多所高校及科研院所以及部分投资机构陆续跟进，围绕概念验证平台建设、概念验证项目支持、概念验证基金设立等展开探索。比如，北京航空航天大学的"概念验证+孵化+投资"模式、中科院的"3I验证体系"等（详见专栏5-2）。2021年以来，我国概念验证中心建设持续升温，上海、苏州、杭州等城市发布了与概念验证相关的政策（详见表5-3），比如，杭州出台了《杭州市概念验证中心建设工作指引（试行）》，提出打造全国概念验证之都，首批授牌15家概念验证中心，并设立了总规模50亿元的成果转化基金。此外，我国部分地区还积极布局"科技成果转化中试基地"作为概念验证平台的下一阶段验证平台。2019年，位于亦庄的北京经济技术开发区（以下简称"北京亦庄经开区"）制定了《中试基地认定管理办法》，启动中试基地部署工作，截至2022年底，已集聚了病毒载体基因药物中试基地、第三代半导体功率器件制造与验证中试基地、集成电路设计与测试中试基地等15家中试基地，成为具有广泛知名度的中试基地集聚区（详见专栏5-3）。2023年，成都高新区也提出打造具有全国

---

① 张九庆，张玉华，张涛. 美国概念验证中心促进成果转化的实践及其启示 [J]. 全球科技经济瞭望，2019，34（4）.

影响力的中试首选地。

**专栏5-2                           我国概念验证中心典型案例**

◆ 西安交通大学概念验证中心。2018年，西安交通大学率先成立全国高校首个概念验证中心，随后还联合碑林区环大学创新产业带发起了第一支概念验证微种子基金，专注于生物及环保、新材料等领域的项目概念验证。其主要以小额早期科技投资及专业管理为主，投资额度属于微种子范畴，一般在10万~20万元之间，项目投资周期一般在一年左右，以原理概念性样品或样机为主目标，成熟一个转让一个，一般由种子或天使基金接盘，收益一般不低于5倍。

◆ 清华工研院概念验证中心。由清华工研院牵头，联合清华大学技术转移研究院共同承担，于2020年11月启动建设，每年由相关部门支持经费500万元，清华工研院配套经费500万元。对于入选的项目，清华工研院概念验证中心与科研团队签订合同，以横向项目的形式开展验证。项目经费采取阶段支持方式分两次拨付，验证周期为1年。

◆ 中科院概念验证中心。2023年，中科院科创中心搭建了中科院首个概念验证中心，首创"3I验证体系"，即一级验证进行创意性验证，二级验证开展可行性验证，三级验证开展商业化验证，累计验证项目130余项。

◆ 高瓴资本"Aseed+"种子计划。2022年9月，高瓴资本宣布正式推出"Aseed+"种子计划，聚焦制造业、新能源、新材料、生物科技、碳中和等重点领域，计划用3年时间投资100家左右的种子期企业。

资料来源：本书编写团队根据公开资料整理。

对于辽宁省来说，目前暂未启动概念验证中心布局，但已启动了中试基地建设工作。2021年，辽宁省科技厅印发了《辽宁省科技成果转化中试基地建设指引》，明确中试基地的内涵、任务、体制机制和建设方向，截至

2023年6月，已累计认定36家。我们认为，辽宁省下一步可以从以下两个方面着力：一是尽快启动实体概念验证中心的建设，以及非实体的概念验证计划，并尽快设立概念验证微种子基金；二是推动已备案的36家中试基地高质量发展，尤其要推动中试基地围绕六大未来产业领域形成布局合力，比如，北京亦庄经开区聚焦生物医药领域布局了细胞治疗研发和中试基地、新药研发和产业化基地、昭衍10万升规模的大分子中试基地三个中试基地。

表5-3　　　　　　　　我国重点地区出台的概念验证支持政策

| 地区 | 政策文件 | 主要内容 |
|---|---|---|
| 北京 | 《中关村国家自主创新示范区优化创新创业生态环境支持资金管理办法（试行）》 | ❖ 支持围绕高精尖产业建设第三方概念验证平台<br>❖ 提供成果评估、可行性分析、样机生产、小批量试制、商业评价等概念验证服务<br>❖ 事前补助，一般不超过3年，每年不超过200万元 |
| 杭州 | 《杭州市概念验证中心建设工作指引（试行）》 | ❖ 采取"先创建、后认定"方式建设，首批授牌的15家概念验证中心覆盖了智能物联、高端装备、新材料等产业领域<br>❖ 设立总规模50亿元的科技成果转化基金，加快科技成果转化和概念验证 |
| 深圳 | 《深圳市概念验证中心和中小试基地资助管理办法》 | ❖ 采取"先建设、后认定"的方式进行事后资助，每年在科技研发资金中安排经费，择优认定资助和评估资助，认定资助最高不超过500万元<br>❖ 概念验证中心重点开展项目遴选、验证分析、投融资和创业孵化服务 |
| 苏州 | 《苏州市打造科技服务业发展先导城市三年行动计划》 | ❖ 支持高校院所、科研机构、创新型企业建设概念验证中心<br>❖ 新建的概念验证中心给予最高100万元的建设资助 |

资料来源：本书编写团队根据公开资料整理。

专栏5-3　　　　　北京亦庄经开区建设中试基地集聚区实践

截至2022年底，北京亦庄经开区已集聚了病毒载体基因药物中试基地、第三代半导体功率器件制造与验证中试基地、集成电路设计与测试中试基地等15家中试基地。其主要做法是：

一是制定出台管理办法。2019年，北京亦庄经开区制定了《中试基地认定管理办法》，按照该办法引导各企业、单位建设中试基地，首批组织认定了6家中试基地。此后，中试基地陆续开放为企业提供中试服务，让科研成果加速引进、加速转化、加速产业化，为开发区发展提供原动力。

二是深化"三城一区"联动。北京亦庄经开区作为北京科技创新中心建设"三城一区"承载空间的一部分，围绕科技成果和实体经济的双向对接，实施创新成长计划、创新伙伴计划，积极承接中关村科学城、未来科学城（位于昌平）、怀柔科学城"三城"的成果转化。

资料来源：本书编写团队根据公开资料整理。

### 5.1.4 探索新一代创业孵化，瞄准新赛道孵育更多新物种企业

早在20世纪50年代，美国就领先全球出现了以创业孵育为核心功能的孵化器，到20世纪80年代，我国国内也开始探索，成立了高新技术创业服务中心[①]。对于未来产业发展来说，也需要创业孵化载体发挥关键作用，并且其对创业孵化的要求更高。目前，我国大部分的孵化器不能满足未来产业培育的需要[②]。当然，也有中科创星等优秀代表，他们聚焦新赛道、孵育新物种，成为孵化界的一股清流，能够满足未来产业孵化需要（详见专栏5-4）。为此，近些年，我们开始呼吁，各地要结合新赛道开辟需要，建设聚焦特定领域的新一代专业孵化载体，形成垂直赛道重度赋能的创业孵化新范式。

---

[①] 全球第一家企业孵化器是贝特维亚工业中心，由美国的乔·曼库索于1959年在美国纽约创办，并逐渐发展为贝特维亚工业园。1987年6月，我国第一家科技企业孵化器——武汉东湖新技术创业者中心在武汉创立。此后在全国范围内还启动了大学科技园、未来产业科技园等孵化载体的培育及认定。

[②] 长城战略咨询. 新一代创业孵化与赛道牵引 [R]. 2022. 该研究提到：近些年我国的各类孵化载体在蓬勃发展的过程中也出现了大量问题，比如，在服务供给上，大量创业孵化机构仅作为"二房东"，围绕产业赛道的专业深度服务供给不足；在能力水平上，现有大部分创业孵化机构与前端创新资源割裂、与后端产业化脱节，难以全面整合科学家、高校院所、大企业、资本等多元主体资源，不能为技术创业打造出产学研融通的高端赋能平台。

　　对于辽宁省来说，下一步建设适用于未来产业的新一代孵化载体可以重点从以下两方面着手：一是推动沈阳国际软件园等条件较好的存量孵化载体，聚焦特定新赛道领域，转型升级成为新一代专业孵化器；二是积极寻求与中科创星、李泽湘团队、王田苗团队等经验丰富的新一代孵化器运营者合作，争取其来辽宁布局专业孵化载体。

**专栏5-4　　　　　　全国新一代专业孵化典型实践**

　　◆ **中科创星：先行布局光电芯片赛道。**中科创星由中科院西安光机所联合社会资本在2013年发起创办，是我国首个专注于硬科技创业投资与孵化的专业平台，探索出了集人才、技术、资本、服务于一体的"四位一体"科研成果转化孵化模式。成立之初，中科创星便锚定光电芯片赛道，目前已投资150余家光电芯片企业，其中航天民芯、天科合达、立德红外3家光电芯片企业入选国家级专精特新"小巨人"企业。具体做法：一是基于中科院西安光机所研究成果优势以及米磊等关键人物的引领，锁定光电芯片赛道。二是成立总规模达70亿元的数只基金，坚持做"耐心资本"，接力助推硬科技企业加速跑。三是打造光电子集成孵化平台，提供从创新研发到中试的全流程服务，加速光电子器件从研发到产业化的过程。四是专注投后管理，为不同阶段的创业企业提供认知升维培训、产业生态资源链接等服务。

　　◆ **李泽湘：消费机器人赛道的探索者。**学院派创业者代表李泽湘，在机器人领域已投资孵化了大疆、云鲸智能、海柔创新3家独角兽企业及多家潜在独角兽企业。李泽湘教授具有早期赴美留学者、工程师创业者、实战教育家等多重身份，拥有引领机器人赛道发展的强大能力。具体做法：一是提出和践行"新工科教育"，遵从项目制学习，培育出大疆汪涛等新工科人才。二是以消费级机器人为主赛道，打造场景，打磨深度赋能的孵化平台。

　　资料来源：本书编写团队根据公开资料整理。

### 5.1.5 探索科技成果转化"三项改革"，为学术创业"松绑"

科技成果转化被视为"世界难题"，也是推动高校院所学术创业需要重点解决的问题。最近，陕西省在全国"三权改革"①的基础上，探索了"三项改革"试点，成为全国科技成果转化领域改革创新的新样板。该改革也能够为学术创业松绑，对于未来产业培育意义重大。其具体做法是：2022年，陕西省以西北工业大学为试点，针对"缺钱转""不想转""不敢转"三大难题，开展横向科研项目结余经费出资科技成果转化、职务科技成果单列管理、技术转移人才评价和职称评定"三项改革"，后续在全省75所高校复制推广；2022年底，陕西省又进一步出台《陕西省深化科技成果转化"三项改革"十条措施》，推出了"先使用后付费""权益让渡""先投后股"等创新举措（详见表5-4）。

表5-4　　　　　　　　　陕西省"三项改革"实践情况

| 文件名称 | 关键举措 |
| --- | --- |
| 《陕西省深化全面创新改革试验　推广科技成果转化"三项改革"试点经验实施方案》 | 1.职务科技成果单列管理。职务科技成果不再纳入国有资产管理体系，以作价入股等方式转化职务科技成果形成国有资产的减值及破产清算，区别于现行国有资产形成的股权，不纳入国有资产保值增值管理考核范围；建立专门管理制度和监管机制，保障高等院校权益。<br>2.技术转移人才评价和职称评定。建立符合技术转移转化工作特点的专门人才评价制度，以能力、业绩和贡献评价人才，破除"四唯"倾向。从事科技成果转化的高校教师，可按照分类评审要求纳入"教学科研型"参加职称评审；从事成果转化的专职人员纳入工程序列参加职称评审。<br>3.横向科研项目结余经费出资科技成果转化。鼓励高等院校探索科研人员将横向科研项目结余经费以现金出资方式，入股经单位批准同意的、与单位共享成果转化收益、产权清晰的科技型企业，形成"技术入股+现金入股"的投资组合 |

---

① 2015年以来，我国形成了《中华人民共和国促进科技成果转化法》、《实施〈中华人民共和国促进科技成果转化法〉若干规定》和《促进科技成果转移转化行动方案》的科技成果转化"三部曲"。此后，针对科技成果转化关键环节和重点问题，我国还组织实施了科技成果转化使用权、处置权、收益权"三权改革"。

| 文件名称 | 关键举措 |
|---|---|
| 《陕西省深化科技成果转化"三项改革"十条措施》 | 1.许可"先使用后付费"。针对中小微企业在承接高校院所科技成果转化时面临的现金流短缺、违约风险较大等问题，陕西支持试点高等学校、科研院所将已实施单列管理的科技成果许可给中小微企业使用，许可双方约定采取"零门槛费+阶段性支付+收入提成"或"延期支付许可费"等方式支付许可费。<br><br>2.探索"权益让渡"转化方式。针对职务科技成果赋权改革中高校院所留存的成果所有权处置流程烦琐、收益方式不明确等问题，陕西支持试点高校院所将已实施单列管理的职务科技成果，通过"赋权+现金"或者"赋权+约定收益"两种方式，将留存成果所有权让渡给成果完成人，由成果完成人实施转化。<br><br>3.开展"先投后股"试点。针对科技成果从实验室走向生产线进行"二次开发"面临的投资大、风险高等现实困难，陕西支持有条件的市区以科技项目形式，对在本区域内落地转化的"三项改革"科研人员创办领办的科转企业投入财政科技经费，在被投企业实现市场化股权融资时或发展良好后，将投入的财政资金转换为股权，并按照"适当收益"原则逐步退出。<br><br>4.设立"三项改革"计划项目。在省科技计划中设立科技成果转化"三项改革"计划项目，对开展"三项改革"综合试点单位、参与"三项改革"路演的优质项目等予以支持。<br><br>5.加强技术转移人才队伍建设。支持有条件的高等学校开设科技成果转移转化相关课程，探索建立技术转移学院，加强高层次技术转移人才培养，推动科技经纪人参与科研项目转化，建立科学技术转移人才激励机制。<br><br>6.建立作价入股专门持股平台。深化职务科技成果单列管理，依托秦创原发展股份有限公司成立"技术托管"平台，支持有条件的高等学校设立全资技术转移公司，建设科技成果作价入股的专门持股平台 |

资料来源：本书编写团队根据公开资料整理。

对于辽宁省来说，下一步要全面推广陕西省"三项改革"经验，积极争取国家有关部委支持，试点开展职务科技成果单列管理、技术转移人才评价和职称评定、横向科研项目结余经费出资科技成果转化等科技体制改革，解决高校院所在科技成果转化中面临的"不敢转""不想转""缺钱转"三大难题，同时，让此前的"私对公"的不成体系成果转化变成"公对公"的有组织成果转化，有力推进学校及技术团队名正言顺参与和支持未来企业发展壮大。

## 5.2　抓新物种企业：开辟未来产业的先锋队伍

企业是构成经济的基本细胞。其中，支撑未来产业的企业多源于颠覆性技术和前沿技术的成果转化，这些企业通常科技属性强，属于实体经济或"数实融合"领域。我们经研究发现，以独特物种命名的独角兽企业、瞪羚企业、哪吒企业等"新物种企业"是未来产业关键构成细胞，其主要集中在即将爆发的新赛道领域，这些新物种企业的种子企业，一旦跨过死亡谷，就容易实现非线性的爆发式成长（详见图5-2）。因此，新物种企业有时也被称为"高成长企业"。长城战略咨询是国内最早发布中国新赛道体系的智库机构，其构建新赛道体系时，依据的正是独角兽企业、哪吒企业等重点新物种企业的行业分布[①]。另外，北京等地出台的未来产业行动计划，也提及要加强瞪羚企业、独角兽企业等新物种企业的培育。综上可见，新物种企业是支撑未来产业的关键企业种类。

此外，从北京、上海、四川等地的实践来看，还有三个企业种类也值得各地在培育未来产业时予以关注。一是四川探索的"赛手企业"，其对各地培育未来产业很有启发性，四川专门针对开辟新赛道需要原创设计了赛手企

---

[①]　长城战略咨询. 中国新赛道体系发展报告2021［R］. 2021.

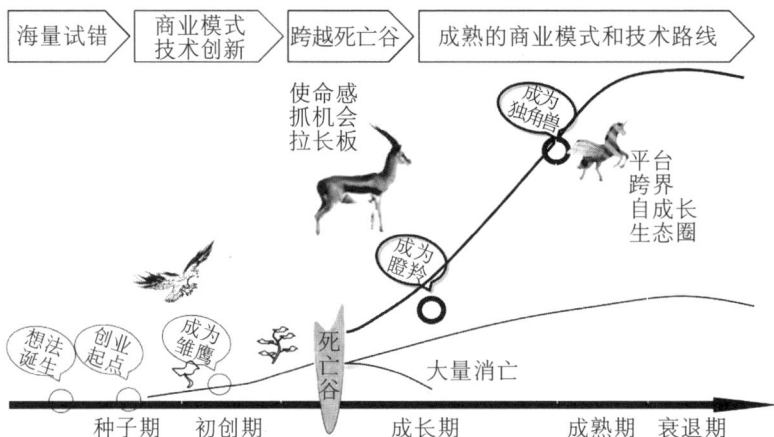

图5-2　新经济时代企业非线性成长路线图①

业标准，并启动了专项培育行动。二是产业生态主导型企业，这是一类具有超级带动性的巨无霸企业，在上海、北京等地的未来产业培育方案中，都提出要培育产业生态主导型企业，实际上，近些年常提的腾讯、小米、百度、今日头条、海尔等平台型企业，也属于这一类。但是，因为其数量极其稀少，即使在独角兽企业中，都仅有极少数能够成为产业生态主导型企业，对于独角兽企业相对稀缺的辽宁来说，更是难上加难，为此在后文就不专门介绍了。三是专精特新企业，虽然最初我国开展专精特新企业培育，主要是为推动广大中小企业转型升级，但未来产业很多前沿科技企业最终归宿都是成为专精特新企业，毕竟只有极少数能成为产业生态主导型企业。

本节接下来将对独角兽企业、哪吒企业、专精特新企业以及赛手企业等支撑未来产业发展的重点企业种类分别予以专门介绍②。此外，值得一

---

① 长城战略咨询. 新经济时代企业非线性成长路线图 [R]. 2018.

② 这里不再专门介绍瞪羚企业，辽宁实践已走在全国前列，下一步的重点是一以贯之继续推进。2019年辽宁省科技创新领导小组办公室印发《辽宁省新型创新主体建设工作指引》，正式启动瞪羚企业培育工作。截至2022年底，辽宁省累计培育瞪羚企业707家，其中2022年新培育了226家，这226家瞪羚企业营业收入三年复合增长率为37.8%。此外，截至2022年底，辽宁已有芯源微、锦州神工、连城数控、东软教育、豪森瑞德、科德数控、中触媒、拓荆科技、富创精密9家瞪羚企业实现在科创板、北交所等上市。

提的是，培育新物种企业不能仅停留在新物种企业标准制定及认定的层面，还需要从创业促进、场景供给、基金赋能、政策加持等多个方面发力，也就是要与本章其他小节的举措结合推进。比如，辽宁某潜在独角兽企业（估值在 20 亿元左右），最近就提出有三个方面的政策诉求：一是希望省市给予重点项目研发支持；二是希望省市协调提供示范场景及协助推广首台套设备；三是其已摘地准备扩建生产线，希望市区在项目建设上予以支持。

### 5.2.1 "独角兽企业"是具有较强爆发力的未来产业高成长企业

"独角兽企业"的概念诞生于美国硅谷，最初由种子轮基金 Cowboy Ventures 的创始人 Aileen Lee 于 2013 年提出，是指价值获得投资机构认可、估值仍有提升空间的高成长企业。2015 年，中关村联合长城战略咨询率先将这一概念引到国内，并发布了"2015 年中关村独角兽企业榜单"，小米、美团、滴滴等 40 家企业入选榜单，数量仅次于美国硅谷，中关村成为全球独角兽企业数量排名第二的地区。虽然独角兽企业的概念最初提出是从投资者的视角，代表一种投资者青睐的企业类型，但由于这类企业基本都处于新兴产业领域，具有很强的新赛道开辟能力，为此，一些前沿地区将独角兽企业作为培育新经济及未来产业的关键抓手。比如，2023 年，北京市科学技术委员会、中关村科技园区管理委员会等 11 个部门联合印发的《关于进一步培育和服务独角兽企业的若干措施》，就在解读材料中提到，独角兽企业是新经济发展的"风向标"；再比如，同年发布的《北京市促进未来产业创新发展实施方案》提出要"培育一批独角兽企业"，作为促进未来产业的一项举措。此外，长城战略咨询发布的《中国新赛道体系发展报告 2023》，也提到"硬科技独角兽企业是开辟未来产业新赛道的重要来源"。综上可见，独角兽企业，尤其是硬科技领域的独角兽企业是培育未来产业的关键力量。

　　再看独角兽企业的标准。其具体标准为成立年限不超过十年、获得过私募投资且尚未上市、最新一轮融资估值不低于10亿美元的企业。其具备跨界融合、颠覆性创新和自成长机制三大特点，是资本市场以真金白银投票做出的理性选择，非常有潜力成长为科技领军企业（标准详见专栏5-5）。长城战略咨询是国内最早研究和发布独角兽企业榜单的第三方专业机构，自2016年起已连续发布6期中国独角兽企业研究报告，持续跟踪独角兽企业发展动态，并于2020年起连续发布4期中国潜在独角兽企业研究报告。根据最新报告，2022年中国独角兽企业共有357家，分布于50座城市（详见表5-5）；2022年中国潜在独角兽企业共有653家，分布于54座城市（详见表5-6）。

**专栏5-5　　　　　独角兽（含潜在、种子）企业标准**[①]

　　（1）"四新三属性"：属于新技术、新产业、新业态和新模式四新领域，具有跨界属性、平台属性以及自成长属性；

　　（2）获得过私募投资，且尚未上市；

　　（3）规模效益指标

　　——独角兽：成立时间不超过10年，最后一轮融资后，企业估值超过10亿美元；

　　——潜在独角兽（满足下列条件之一）：

　　①成立5年（不含）~9年（含），最后一轮融资后，估值超过5亿美元；

　　②成立时间不超过5年，最后一轮融资后，企业估值超过1亿美元；

　　——种子独角兽：成立3年以内，最后一轮融资后，企业估值超过1亿元人民币。

---

　　① 长城战略咨询. 高成长企业分类导引（GB/T 41464—2022）[S]. 2022.

表5-5 　　　　　　　　2022年全国独角兽企业城市分布① 　　　　　　（单位：家）

| 全国排名 | 城市 | 数量 | 全国排名 | 城市 | 数量 |
|---|---|---|---|---|---|
| 1 | 北京 | 76 | 26 | 镇江 | 2 |
| 2 | 上海 | 63 | 27 | 郑州 | 2 |
| 3 | 深圳 | 36 | 28 | 珠海 | 2 |
| 4 | 杭州 | 24 | 29 | 滁州 | 1 |
| 5 | 广州 | 23 | 30 | 楚雄 | 1 |
| 6 | 苏州 | 16 | 31 | 湖州 | 1 |
| 7 | 南京 | 14 | 32 | 黄石 | 1 |
| 8 | 合肥 | 8 | 33 | 金华 | 1 |
| 9 | 青岛 | 8 | 34 | 龙岩 | 1 |
| 10 | 天津 | 8 | 35 | 厦门 | 1 |
| 11 | 长沙 | 8 | 36 | 上饶 | 1 |
| 12 | 成都 | 7 | 37 | 沈阳 | 1（十月稻田②） |
| 13 | 武汉 | 6 | 38 | 宿迁 | 1 |
| 14 | 重庆 | 5 | 39 | 台州 | 1 |
| 15 | 嘉兴 | 4 | 40 | 通化 | 1 |
| 16 | 常州 | 3 | 41 | 威海 | 1 |
| 17 | 济南 | 3 | 42 | 西宁 | 1 |
| 18 | 西安 | 3 | 43 | 延安 | 1 |
| 19 | 东莞 | 2 | 44 | 盐城 | 1 |
| 20 | 南通 | 2 | 45 | 宜宾 | 1 |
| 21 | 宁波 | 2 | 46 | 云浮 | 1 |
| 22 | 石家庄 | 2 | 47 | 枣庄 | 1 |
| 23 | 无锡 | 2 | 48 | 长春 | 1 |
| 24 | 芜湖 | 2 | 49 | 株洲 | 1 |
| 25 | 香港 | 2 | 50 | 淄博 | 1 |

① 长城战略咨询. 中国独角兽企业研究报告2023［R］. 2023.
② 2023年底，辽宁再新增1家独角兽企业，即微控新能源。

表5-6 　　　　　　　　　2022年全国潜在独角兽企业城市分布① 　　　　　（单位：家）

| 全国排名 | 城市 | 数量 | 全国排名 | 城市 | 数量 |
|---|---|---|---|---|---|
| 1 | 北京 | 138 | 28 | 烟台 | 2 |
| 2 | 上海 | 118 | 29 | 湖州 | 2 |
| 3 | 苏州 | 75 | 30 | 赣州 | 2 |
| 4 | 深圳 | 54 | 31 | 济宁 | 1 |
| 5 | 广州 | 40 | 32 | 济南 | 1 |
| 6 | 杭州 | 34 | 33 | 淄博 | 1 |
| 7 | 南京 | 27 | 34 | 九江 | 1 |
| 8 | 成都 | 18 | 35 | 包头 | 1 |
| 9 | 合肥 | 18 | 36 | 滁州 | 1 |
| 10 | 无锡 | 18 | 37 | 东营 | 1 |
| 11 | 武汉 | 12 | 38 | 广安 | 1 |
| 12 | 珠海 | 7 | 39 | 海口 | 1 |
| 13 | 天津 | 6 | 40 | 绵阳 | 1 |
| 14 | 重庆 | 6 | 41 | 黔南 | 1 |
| 15 | 长沙 | 6 | 42 | 通化 | 1 |
| 16 | 宁波 | 6 | 43 | 铜陵 | 1 |
| 17 | 厦门 | 6 | 44 | 宣城 | 1 |
| 18 | 常州 | 5 | 45 | 宜春 | 1 |
| 19 | 西安 | 4 | 46 | 镇江 | 1 |
| 20 | 嘉兴 | 4 | 47 | 泰州 | 1 |
| 21 | 南通 | 4 | 48 | 湘潭 | 1 |

① 长城战略咨询. 中国潜在独角兽企业研究报告2023［R］. 2023.

续表

| 全国排名 | 城市 | 数量 | 全国排名 | 城市 | 数量 |
|---|---|---|---|---|---|
| 22 | 青岛 | 3 | 49 | 邢台 | 1 |
| 23 | 南昌 | 3 | 50 | 扬州 | 1 |
| 24 | 郑州 | 3 | 51 | 张家口 | 1 |
| 25 | 徐州 | 3 | 52 | 保定 | 1 |
| 26 | 绍兴 | 3 | 53 | 福州 | 1 |
| 27 | 沈阳 | 2（微控新能源、中钛装备） | 54 | 香港 | 1 |

对于辽宁省来说，2022年，仅有十月稻田1家企业入选"中国独角兽企业榜单"（详见专栏5-6），共有微控新能源、中钛装备2家企业入选"中国潜在独角兽企业榜单"。同时，辽宁省于2019年起已经连续5年实施独角兽企业专项培育计划，截至2022年底，辽宁省累计备案10家潜在独角兽企业、9家种子独角兽企业（详见表5-7）。

**专栏5-6　　　　辽宁独角兽企业"十月稻田"发展亮点**

十月稻田集团股份有限公司2018年成立，是辽宁省第一家独角兽企业，2021年5获得B轮融资，估值为16.6亿美元。公司一直致力于为客户提供预包装优质大米、杂粮、豆类及干货产品，2022年营业收入达到45.33亿元，三年收入年复合增长率为79.5%。

十月稻田的发展亮点：

一是大数据驱动的发展模式。凭借覆盖全国的全渠道销售网络，十月稻田整合线上线下销售运营，从大量客户反馈中洞察客户需求，在抢占用户心智和深度分销上构建了竞争壁垒。

二是注重跨界营销。十月稻田携手《乡村爱情》IP，打造跨界联名款大米，将农业与文艺相结合，推出"抢收新米大作战"H5小游戏，让用户沉浸式体验水稻从播种到收割的全过程。

三是布局全产业链。凭借完善的供应链支撑，十月稻田在其规模不大时就前置性布局了产业链，从原产地、种植、存储到加工层层把控。

资料来源：本书编写团队根据公开资料整理。

表5-7　　　辽宁省10家潜在独角兽企业和9家种子独角兽企业名单[①]

| 企业类型 | 序号 | 企业名称 |
|---|---|---|
| 潜在独角兽企业 | 1 | 沈阳无距科技有限公司 |
| | 2 | 心医国际数字医疗系统（大连）有限公司 |
| | 3 | 大连优迅科技股份有限公司 |
| | 4 | 沈阳中钛装备制造有限公司 |
| | 5 | 荣信汇科电气股份有限公司 |
| | 6 | 东软睿驰汽车技术（沈阳）有限公司 |
| | 7 | 十月稻田农业科技有限公司 |
| | 8 | 沈阳微控新能源技术有限公司 |
| | 9 | 润新微电子（大连）有限公司 |
| | 10 | 微神马科技（大连）有限公司 |
| 种子独角兽企业 | 11 | 沈阳上博智像科技有限公司 |
| | 12 | 辽宁壮龙无人机科技有限公司 |
| | 13 | 中农置粮科技股份有限公司 |
| | 14 | 大连厚仁教育科技有限公司 |
| | 15 | 沈阳恩柽研究院有限公司 |
| | 16 | 大连科天新材料有限公司 |
| | 17 | 大连瑞迪声光科技有限公司 |
| | 18 | 遨海科技有限公司 |
| | 19 | 东软汉枫医疗科技有限公司 |

---

[①] 辽宁沈大自创区（高新区）研究院. 辽宁省瞪羚独角兽企业发展报告2022 [R]. 2023.

针对独角兽企业的培育，我们认为，下一步辽宁省要充分借鉴苏州经验（详见专栏5-7），具体着力点如下：

**专栏5-7**　　　　　　　**苏州培育独角兽企业实践**

截至2022年底，苏州独角兽企业达到17家[①]（2018年仅为1家[②]），位列全国第五，且90%的独角兽企业集中在硬科技领域，与苏州的电子信息、装备制造、新材料、生物医药等产业高度契合。

苏州培育独角兽企业的主要做法：

一是建立后备军。苏州2018年开始实施独角兽企业培育计划，并在全国率先出台研发后补助的奖励模式，对入库的独角兽企业给予一定比例的研发费用补助和支持。

二是强化基金建设。苏州依托苏州工业园区产业基金，设立了"独角兽企业专项投资基金"。

三是开放场景。苏州每年遴选一批场景开放示范项目，让企业产品能够快速首用首试，比如，九识科技的智能物流车就在园区的特定区域实现了自动驾驶送货。

四是承办全国独角兽大会。苏州连续两年承办了中国潜在独角兽大会，2023年还承办了中国独角兽大会。

资料来源：本书编写团队根据公开资料整理。

一是和本地大企业谈，拆分新业务板块独立发展。辽宁大企业比较多，很多新业务板块有独立融资、独立发展的可能性，要充分去挖掘。比如，东软集团培育出的很多新业务板块都属于未来产业领域，有些已上市，有些仍

---

[①]　包括艾博生物、新光维、镁伽科技、为度生物、企查查、康多机器人、智加科技、图达通、Momenta、追觅科技、硅谷数模、天瞳威视、英诺赛科、清陶能源、正力新能、如果新能源、天兵科技。
[②]　基石药业。

处于孵化期，处在孵化期的很多都是独角兽企业的重要苗子，是辽宁培育独角兽企业的重要来源。最近，南京、青岛等很多城市培育出大量的独角兽企业，基本都采用这种模式，其中，青岛"日日顺"入选独角兽榜单，成为大件物流行业的首个"独角兽"，也是海尔集团孵化的首个"独角兽"。我们特别推荐这种模式，因为这是"老树发新芽"的典型代表，有利于充分激活本地的大企业资源。

二是和全国大企业谈，落户垂直领域新业务总部。拆分业务培育独角兽企业，不仅要关注本土大企业，更要放眼全国，积极推动全国大企业在辽宁布局新业务。比如，天津涌现的很多独角兽企业，都由北京大企业在天津设立的垂直领域新业务总部发展而来的。近几年，辽宁营商环境不断改善，加之辽宁创新资源丰富、产业门类齐全，引进优势产业领域大企业垂直新业务总部的可能性越来越大。

三是挖掘具有爆发式成长基因的初创企业。对于专业机构来说，发掘具有爆发式成长基因的初创企业还比较容易，但要政府自己发掘就有难度。那些独角兽企业集聚的地方，一定有很多基金公司、创业服务机构、战略咨询机构等专业机构，协助政府挖掘高潜力企业，同时也需要政府的决心和投入加持。这几年我们在辽宁也发现一些具有数据驱动、平台化、连锁经营等爆发式成长基因的初创企业。

四是寻找辽宁籍企业家人才回乡创办新赛道企业。我们发现，爱尔眼科第一家眼科医院开在沈阳，因为沈阳有何氏眼科等眼产业发展环境，但是，后来爱尔眼科总部设在了长沙，是因为爱尔眼科创始人陈邦是长沙人，并且长沙也重视他并支持他做大做强。这个案例告诉我们，要致力于寻找热门赛道的辽宁及东北籍企业家，提供全方位支持，把公司总部引过来，说不定就会成为下一家独角兽企业。例如，陕西首家独角兽企业杨凌美畅的创始人吴英，选择把自己的企业落户在家乡杨凌，仅仅用了不到3

年时间，杨凌美畅生产的金刚线就占据全球金刚线市场份额的50%，稳居全球第一。

### 5.2.2 "哪吒企业"是一出生就很能"打"的未来产业初创企业

"哪吒企业"概念最初由长城战略咨询创始人王德禄于2019年提出，即成立3年内，A轮融资获得1亿元（含）以上融资的创新型企业。这类企业具有成长起点高、赛道领域新、场景创新强等特征，一"出生"就很能"打"。一般由科学家、连续创业者、跨区域创业者等高端精英人才创办，或由大企业孵化而成[1]。如果说独角兽企业是以西方的神兽形象为一类企业赋予了一个物种身份，"哪吒企业"则是以东方天神形象为另一类企业赋予的另一个物种身份，也是第一个中国原创的新物种企业IP。从未来产业培育的角度讲，我们认为，哪吒企业甚至比独角兽企业更能代表未来产业发展方向，因为其创立时间更短、更逼近前沿的赛道领域。同样，与独角兽企业类似，只有其中硬科技领域的哪吒企业才是开辟未来产业新赛道的重要来源。

对于辽宁省来说，目前仅有十月稻田1家企业入选2022年中国哪吒企业榜单（2022年全国哪吒企业城市分布详见表5-8）。针对哪吒企业培育，我们认为下一步辽宁省的着力点如下[2]：一是启动哪吒企业培育计划。可以将哪吒企业纳入现有的辽宁新物种企业培育体系，出台哪吒企业备案标准，开展哪吒企业常态化挖掘及专项培育。二是引导各界重视和支持哪吒企业。哪吒企业作为稀有物种，辽宁目前各界对其重视程度还不够，为此要鼓励各类媒体加强宣传"哪吒企业"典型案例，不断提高各界对"哪吒企业"群体的认知及关注。

---

[1] 长城战略咨询. 哪吒企业：新经济中的高能级创业 [R]. 2022.
[2] 长城战略咨询. 哪吒企业是世界级领军企业的良种 [R]. 2020.

表5-8 　　　　　　2022年全国哪吒企业城市分布① 　　　　（单位：家）

| 全国排名 | 城市 | 数量 | 全国排名 | 城市 | 数量 |
|---|---|---|---|---|---|
| 1 | 上海 | 73 | 19 | 济南 | 2 |
| 2 | 北京 | 66 | 20 | 滁州 | 2 |
| 3 | 深圳 | 26 | 21 | 太原 | 2 |
| 4 | 苏州 | 26 | 22 | 烟台 | 2 |
| 5 | 杭州 | 25 | 23 | 淄博 | 2 |
| 6 | 南京 | 13 | 24 | 厦门 | 2 |
| 7 | 广州 | 12 | 25 | 宁波 | 1 |
| 8 | 成都 | 9 | 26 | 安庆 | 1 |
| 9 | 天津 | 8 | 27 | 包头 | 1 |
| 10 | 合肥 | 7 | 28 | 嘉兴 | 1 |
| 11 | 武汉 | 5 | 29 | 临沂 | 1 |
| 12 | 常州 | 5 | 30 | 宁德 | 1 |
| 13 | 珠海 | 5 | 31 | 青岛 | 1 |
| 14 | 无锡 | 3 | 32 | 日照 | 1 |
| 15 | 重庆 | 3 | 33 | 上饶 | 1 |
| 16 | 南通 | 3 | 34 | 绍兴 | 1 |
| 17 | 长沙 | 3 | 35 | 沈阳 | 1（十月稻田） |
| 18 | 郑州 | 3 | 36 | 西安 | 1 |

## 5.2.3　"专精特新"企业是多数前沿技术企业的最终归宿

虽然最初我国开展"专精特新"企业培育主要是为推动广大中小企业转

① 长城战略咨询. 中国哪吒企业研究报告2022［R］. 2022.

型升级，但由于未来产业的很多前沿科技企业的最终归宿都是成为"专精特新"企业，因而，培育"专精特新"企业成为各地培育未来产业的重要手段之一。在我国各地已出台的未来产业专项文件中，很多都提到要培育"专精特新"企业。比如，北京提出"支持链主企业牵头组建创新联合体，带动培育一批独角兽企业、专精特新'小巨人'企业"；浙江提出"培育200家以上专精特新企业，并积极引导未来产业中的专精特新中小企业成长为国内领先的'小巨人'"。可见，各地比较公认，"专精特新"企业是未来产业培育需要重点关注的一类企业。

再从"专精特新"企业本身来看。2011年7月，时任工业和信息化部（以下简称"工信部"）总工程师的朱宏任在《中国产业发展和产业政策报告（2011）》新闻发布会上首次提出"专精特新"企业概念。他提出，"十二五"时期将大力推动中小企业向"专精特新"方向发展，即专业、精细管理、特色和创新。同年9月，工信部发布的《"十二五"中小企业成长规划》中把坚持"专精特新"作为"十二五"时期促进中小企业成长的基本原则之一。2013年7月，工信部发布《关于促进中小企业"专精特新"发展的指导意见》，进一步丰富和规范了"专精特新"的内涵，即"专业化、精细化、特色化、新颖化"。目前，全国暂不组织"专精特新"企业统一备案，由各地自行组织。但是，从2019年开始，工信部以"专精特新"企业为基础，在核心基础零部件（元器件）、关键基础材料、先进基础工艺和产业基础技术等"四基"领域，启动培育主营业务突出、竞争力强、成长性好的专精特新"小巨人"企业，这些"小巨人"企业拥有各自的"独门绝技"，在产业链上具备一定的话语权，是专注于细分市场、创新能力强、市场占有率高、掌握关键核心技术、质量效益优的排头兵企业。截至2022年底，全国共备案4批4 357家专精特新"小巨人"企业，其中，辽宁省2022年新备案76家，累计备案329家。2022年全国第四批和累计专精特新"小巨人"省份分布见表5-9。

表5-9　　　　2022年全国第四批和累计专精特新"小巨人"省份分布

| 全国排名 | 地区 | 当年备案（家） | 累计备案（家） | 全国排名 | 地区 | 当年备案（家） | 累计备案（家） |
|---|---|---|---|---|---|---|---|
| 1 | 湖北 | 1 041 | 2 450 | 17 | 天津 | 64 | 253 |
| 2 | 浙江 | 603 | 1 456 | 18 | 陕西 | 52 | 204 |
| 3 | 广东 | 448 | 1 533 | 19 | 山西 | 40 | 331 |
| 4 | 江苏 | 425 | 2 142 | 20 | 吉林 | 25 | 73 |
| 5 | 山东 | 402 | 1 062 | 21 | 广西 | 22 | 113 |
| 6 | 北京 | 333 | 832 | 22 | 云南 | 20 | 88 |
| 7 | 安徽 | 259 | 614 | 23 | 黑龙江 | 19 | 66 |
| 8 | 上海 | 245 | 711 | 24 | 贵州 | 17 | 153 |
| 9 | 湖南 | 174 | 1 389 | 25 | 新疆 | 14 | 70 |
| 10 | 河南 | 167 | 425 | 26 | 甘肃 | 7 | 53 |
| 11 | 重庆 | 139 | 312 | 27 | 内蒙古 | 5 | 32 |
| 12 | 四川 | 138 | 452 | 28 | 海南 | 4 | 13 |
| 13 | 河北 | 137 | 402 | 29 | 青海 | 4 | 15 |
| 14 | 福建 | 133 | 399 | 30 | 宁夏 | 3 | 47 |
| 15 | 辽宁 | 76 | 329 | 31 | 西藏 | 2 | 4 |
| 16 | 江西 | 73 | 273 | 总计 | | 4 357 | 16 273 |

资料来源：本书编写团队根据公开资料整理。

此外，与"专精特新"企业密切相关的"制造业单项冠军"企业也值得各地关注。2016年，为了贯彻落实《中国制造2025》，解决我国制造业"大而不强"问题，工信部印发了《制造业单项冠军企业培育提升专项行动实施方案》（以下简称《实施方案》），以引导制造企业专注创新和产品质量提升，推动产业迈向中高端，带动中国制造走向世界。《实施方案》明确"制造业单项冠军企业"是指长期专注于制造业某些特定细分产品市场，生产技术或工艺国际领先，单项产品市场占有率位居全球前列的企业。截至2023年初，工信部发布第一至第七批"全国制造业单项冠军示范企业和产品名单"，共计1 200家企业上榜，包括单项冠军示范企业604家、单项冠军产品596个，其中，辽宁的单项冠军示范企业有16家、单项冠军产品有17个。

另外，国外的"专精特新"企业即"隐形冠军"企业也值得各地关注。在国外，"专精特新"企业被称为"隐形冠军"企业。1986年，时任欧洲市场营销研究院院长的赫尔曼·西蒙被美国哈佛大学商学院的西多尔·利维特教授问了一个问题："为什么联邦德国的经济总量不过美国的1/4，但是出口额雄踞世界第一？哪些企业对此所作的贡献最大？"赫尔曼·西蒙直觉答案不会是众所周知的大公司，因为它们和国际竞争对手相比并没有特别的优势。他通过深入调查和研究，证明答案正是在各自所在的细分市场默默耕耘并且成为全球行业领袖的中小企业，这些中小企业的作用在全球化进程和国际竞争中甚至变得更为重要①。1990年，赫尔曼·西蒙创造性地提出了"隐形冠军企业"的概念，因此他也被誉为"隐形冠军之父"。此后，他通过研究大量德国的卓越中小企业案例，认为隐形冠军企业是指在某个细分市场占据绝对领先地位但鲜为人知的中小企业。其定义的"隐形冠军企业"需要满足3个标准条件：一是处在世界同业市场的前三强或者至少是某个大洲第一名的公司，二是年营业额低于50亿欧元，三是不为外界周知的，公众知名度比较低。

辽宁省不仅在2022年11月印发的《辽宁省优质中小企业梯度培育管理实施细则（暂行）》中提出构建"创新型中小企业—专精特新中小企业—专精特新'小巨人'企业"专精特新企业培育梯度，还在2022年3月印发的

---

① 林惠春，谢丹丹，朱新月. 专精特新：向德国日本隐形冠军学什么？［M］. 北京：企业管理出版社，2022.

《进一步优化营商环境 加大对中小微企业和个体工商户纾困帮扶力度的政策措施》中，提出对新认定的国家级和省级"专精特新"中小企业、专精特新"小巨人"企业、制造业单项冠军企业给予最高不超过100万元的奖励。我们认为，下一步辽宁省可以借鉴宁波实践经验（详见专栏5-8），从以下三个方面入手进一步深化"专精特新"企业梯度培育：一是在培育的手段上再下功夫。一方面要从场景供给、产业链配套、检验检测、标准化、融资等多个领域支持"专精特新"企业成长，另一方面要鼓励社会各界围绕"专精特新"企业组织论坛、培训、技术对接会等活动，并提供咨询诊断、人力资源等专业化服务。二是与产业集群培育衔接。可以聚焦辽宁省提出的22个重点产业集群，分别研究"专精特新"企业培育对策，实现"一业一策"精益化差异化培育。三是加强标杆宣传。通过举办论坛、发布报告、出版专著等方式营造"专精特新"企业发展氛围，引导更多企业走"专精特新"之路。

**专栏5-8** **宁波"制造业单项冠军之城"实践与启示**[①]

宁波自2017年启动制造业单项冠军企业培育工作以来，不断探索优化单项冠军企业培育路径，目前已有国家级单项冠军企业83家，数量位居全国第一。

宁波培育制造业单项冠军企业的主要做法是：

◆ 开展两轮顶层设计，在全国率先提出打造"单项冠军之城"。2017年，宁波启动制造业单项冠军培育工程，并将其作为全力建设全国首个"中国制造2025"试点示范城市的八大重点工程之一。2020年，宁波再次以关键核心技术为重点开展单项冠军全链条培育，并在全国率先提出打造"制造业单项冠军之城"。同时，宁波通过政策支持不断强化单项冠军企业培育，比如，对国家级单项冠军企业给予最高300万元的奖励，对国家级单项冠军

---

① 长城战略咨询. 宁波"制造业单项冠军之城"经验与启示［R］. 2023.

企业挂牌上市给予最高200万元的支持。

◆ 完善梯队培育机制，壮大单项冠军后备企业力量。宁波已构建形成"市级潜力培育企业—市级重点培育企业—国家级单项冠军企业"的分级培育梯队，目前，有市级潜力培育企业和市级重点培育企业超440家。同时，2021年工信部等六部门联合印发的《关于加快培育发展制造业优质企业的指导意见》明确了专精特新"小巨人"企业、制造业单项冠军企业、产业链领航企业间的梯队培育接续关系。基于此，宁波将国家级专精特新"小巨人"企业全部纳入国家级单项冠军后备企业培育梯队。目前，宁波拥有国家级专精特新"小巨人"企业283家，数量位居全国第四。

◆ 持续推动链式发展，增强单项冠军产业引领作用。宁波聚焦"246"万千亿级产业集群和标志性产业链，在"关键核心技术—材料—零件—部件—整机—系统集成"和"关键核心技术—产品—企业—产业链—产业集群"等方面全链条培育单项冠军。目前，在化工新材料、节能与新能源汽车等10条标志性产业链中已成功培育一批单项冠军企业，其中，国家级单项冠军企业在10大标志性产业链牵头单位中占比超过30%。

◆ 拓展标杆宣传渠道，营造单项冠军企业培育氛围。宁波通过举办论坛、发布发展报告、出版专业书籍等方式营造单项冠军企业培育氛围，引导更多企业走"专精特新"发展道路。2018年举办"中国（宁波）单项冠军发展国际论坛"，邀请"隐形冠军之父"赫尔曼·西蒙教授等专家指导，并在全国率先发布城市级单项冠军发展报告。之后，连续五年持续发布单项冠军发展报告，先后出版《寻找中国制造隐形冠军》丛书宁波卷、《宁波制造业单项冠军企业炼"城"记》等。2022年再次举办"宁波制造业单项冠军之城论坛"，进一步深化"冠军城"城市标识。同时，社会各界围绕单项冠军积极开展各类论坛、培训、资源链接、咨询诊断等活动，不断增强单项冠军企业的专业化服务。

### 5.2.4　实施"赛手企业"培育计划，覆盖各类新赛道开辟力量

2022年，四川省在国内率先启动新赛道领先型"赛手企业"培育计划，以"培育新赛手、抢抓新赛道"为总体逻辑，旨在挑选一批主营业务属于新赛道领域，具有较强引领带动能力的工业和信息化企业，尽快培育成独角兽企业、行业领军企业或细分领域隐形冠军（详见专栏5-9）。"赛手企业"的遴选主要面向服务机器人、智能检测装备等35个新赛道领域（详见表5-10），要求企业具有较强创新能力，尤其核心产品具有较强竞争力和增长潜力。省财政给予每家领先型"赛手企业"最高200万元奖补资金，同时，鼓励地方财政依据实际情况配套相应资金。2022年共有24家企业入选省级"赛手企业"。

**专栏5-9　　　　　四川省"赛手企业"标准①**

1.主营业务属于新赛道领域，在本赛道具有较强引领带动能力的工业和信息化企业。

2.具有较强的创新能力，核心产品具有较强竞争力和增长潜力，在所属产业领域内能够起到引领带动作用。

3.企业近三年新赛道核心产品年销售收入不低于1 000万元，保持了较快增长态势。

4.以集团名义申报的，不再接受集团分公司独立申报。

表5-10　2022年四川省"赛手企业"培育计划新赛道重点方向及代表企业

| 序号 | 新赛道重点方向 | 代表企业 |
|------|------|------|
| 1 | 无人机 | 成都纵横自动化技术股份有限公司 |
| 2 | 服务机器人 | —— |

① 四川省经信厅. 关于组织开展2022年新赛道领先型"赛手企业"推荐工作的通知，2022-09-19。

续表

| 序号 | 新赛道重点方向 | 代表企业 |
|---|---|---|
| 3 | 智能检测装备 | —— |
| 4 | 丘区山区智能农机 | —— |
| 5 | 氢燃料电池汽车 | 东方电气（成都）氢燃料电池科技有限公司 |
| 6 | 固态动力电池 | —— |
| 7 | 智能网联汽车 | 绵阳富临精工股份有限公司 |
| 8 | 中低轨卫星热点应用 | 中国电子科技集团公司第二十九研究所<br>成都盟升电子技术股份有限公司 |
| 9 | 新型智能传感器 | 成都凯天电子股份有限公司 |
| 10 | 6G关键先导性技术 | —— |
| 11 | 超级智能终端 | |
| 12 | 未来智慧家庭产品 | |
| 13 | 高性能连接器 | 四川华丰科技股份有限公司 |
| 14 | 先进算力 | 四川华鲲振宇智能科技有限责任公司 |
| 15 | 工业互联网 | 工业云制造（四川）创新中心有限公司 |
| 16 | 工业软件 | 四川虹信软件股份有限公司 |
| 17 | 云游戏 | |
| 18 | XR（AR/VR/MR） | 成都索贝数码科技股份有限公司 |
| 19 | 工业元宇宙 | —— |
| 20 | 钒电池及镍氢电池储能 | —— |
| 21 | 稀土功能材料 | 眉山博雅新材料股份有限公司 |
| 22 | 同位素与辐照 | 成都中核高通同位素股份有限公司 |
| 23 | 功效化妆品 | —— |

续表

| 序号 | 新赛道重点方向 | 代表企业 |
|---|---|---|
| 24 | 高原健康氧 | —— |
| 25 | 高端天然气化工新材料 | 中昊晨光化工研究院有限公司 |
| 26 | 绿能制氢产业 | —— |
| 27 | 高端电子化学品 | 四川东材科技集团股份有限公司<br>四川和晟达电子科技有限公司 |
| 28 | 健康智能家居 | 四川亚度家具有限公司 |
| 29 | 新型竹产业 | —— |
| 30 | 高原户外装备 | —— |
| 31 | 果露酒 | 泸州老窖股份有限公司 |
| 32 | 预制菜 | 四川铁骑力实业有限公司<br>四川高金食品股份有限公司<br>四川美宁食品有限公司 |
| 33 | 智能服务型制造 | 四川长虹智能制造技术有限公司 |
| 34 | 超高清显示 | 成都斯菲特科技有限公司<br>成都极米科技股份有限公司 |
| 35 | 地热 | —— |

资料来源：本书编写团队根据公开资料整理。

　　对于辽宁省来说，主要是依托独角兽企业、瞪羚企业、专精特新企业等三个企业种类来培育未来产业，相比于四川的领先型赛手企业种类，可能会错失一些正处于发展初期，或暂未受到资本关注、或暂未实现高成长、或暂未达到一定业务规模的未来产业优质苗企业。因此，我们建议辽宁省尽快启动类似赛手企业的培育计划，实现对更多优质苗企业的覆盖。下一步，建议辽宁省的着力点如下：一是实施未来产业领先型"赛手企业"培育计划。学习四川经验尽快启动未来产业领先型"赛手企业"的认定及专项培育工作，重点从颠覆性技术成果转化项目、"卡脖子"技术成果转化项目、人才团队"带土移植"项目、大企业裂变衍生项目、数实深度融合项目中挖掘领先型"赛手企业"。二是加强"赛手企业"接续培育。分类组织领先型"赛手企业"对接专精特新"小巨人"企业、独角兽企业等"成长期"企业培育计划，以及上市企业、科技领军企业等"成熟期"企业培育计划。

## 5.3 抓战略科技力量：未来产业的技术源头

技术策源能力对于未来产业发展至关重要。纵观全球，各大产业强国、科技强国都在抢先布局和重点扶持可能孕育未来产业的技术研发活动。能够形成未来产业的关键核心技术，主要包括颠覆性技术、外国"卡脖子"技术两类。从国内外实践来看，具有这两类关键核心技术攻克能力的主要为国家实验室、国家科研机构、高水平研究型大学、科技领军企业、新型研发机构（如台湾工研院、江苏产研院等产业技术研究院）等战略科技力量[1]，它们可以为技术创业类项目源源不断地输送创业精英、前沿技术及创新人才。其中，国家实验室与地方实验室以及全国重点实验室构成国家实验室体系，是两类关键核心技术攻关的"塔尖"力量；国家科研机构和高水平研究型大学的核心是围绕两类关键核心技术攻关，强化推进有组织科研；科技领军企业的核心是牵头组建创新联合体，同时牵头建设产业创新中心、技术创新中心等创新平台，形成更强的技术攻关能力；产业技术研究院是应用技术研究的关键新势力。本节将分别介绍以上两类形成未来产业的关键技术以及四类关

---

[1] 习近平总书记在2021年两院院士大会上指出"世界科技强国竞争，比拼的是国家战略科技力量。国家实验室、国家科研机构、高水平研究型大学、科技领军企业都是国家战略科技力量的重要组成部分，要自觉履行高水平科技自立自强的使命担当"。陈劲在《国家战略科技力量》一书中，将战略人才力量、创新联合体等纳入战略科技力量，中科院深圳先研院院长樊建平在《国家战略科技力量：新型科研机构》一书中，提出新型研发机构也是战略科技力量的组成部分。

键攻关力量。此外，我们还将介绍两类对关键核心技术攻关有重要支撑的辅助力量。一是未来技术学院，科技竞争的本质是科技人才的竞争，未来产业的硬科技属性决定了各地发展未来产业需要重点关注未来技术人才，未来技术学院是培养未来技术人才的关键力量。二是新型创新设施，随着科技的进步，战略科技力量想要实现重大原始创新，就必须借助大科学装置、超算中心、基因库等新型研发设施。

另外，值得一提的是，布局战略科技力量一定不能盲目跟风，要讲求实际需要和财政的可承担能力。辽宁省更应该如此。目前，辽宁省已在六大未来产业领域布局了4个辽宁实验室、2个大连实验室，以及中国科学院大学能源学院、中国科技大学材料科学与工程学院、中国科学院大学机器人与智能制造学院、东北大学未来技术学院4个重点未来技术学院，同时实质性启动建设了大连先进光源、国家基因库眼基因库、沈阳人工智能计算中心等多个新型创新设施。下一步，辽宁省千万不能和别的地区比战略科技力量多寡，而是要结合辽宁未来产业开辟的需要首先推动现有高校院所"有组织科研"，其次才是有针对性地适当布局新的战略科技力量，毕竟当前的辽宁已经存在创新能力较强但成果本地转化率低的严重问题。

### 5.3.1 颠覆性技术和"卡脖子"技术是形成未来产业的两类关键技术

严格来讲，形成未来产业的关键核心技术，主要是颠覆性技术和前沿技术。正如习近平总书记多次强调的，我国在前沿技术、颠覆性技术等领域，同国外处在同一条起跑线上，如果能够超前部署、集中攻关，很有可能实现从跟跑并跑到并跑领跑的转变。其中，前沿技术和颠覆性技术都是面向未来的技术类型，两者存在大量的交叉部分，本质上也无太大的区别，从字面来看，前沿技术更强调技术的前瞻性，颠覆性技术更强调技术的突破性[1]，从

---

[1] 王康，陈悦，宋超，等. 颠覆性技术：概念辨析与特征分析 [J]. 科学学研究，2022，40 (11).

各地实践来看，"颠覆性技术"一词使用频率更高，为此我们在本书中也将使用"颠覆性技术"一词指代各类面向未来的关键核心技术。此外，如果从国外有而我国暂无的角度讲，"卡脖子"技术也是形成未来产业的关键技术，头际上颠覆性技术与"卡脖子"技术也有关联，颠覆性技术可以替代"卡脖子"技术，化解"卡脖子"技术难题。为此，我们在本书中将重点关注颠覆性技术、"卡脖子"技术两类有望开辟未来产业的关键核心技术。

1）颠覆性技术

颠覆性技术被视为"改变游戏规则"和"重塑未来格局"的革命性力量。"颠覆性技术"的概念1995年由美国哈佛大学克莱顿·克里斯坦森（Clayton M.Christensen）教授首次提出，被定义为一种另辟蹊径、对已有传统或主流技术能产生颠覆性效果的技术。美国国防部、新美国安全中心、美国国家科学基金会、麦肯锡全球研究院、德国弗劳恩霍夫协会等均对颠覆性技术开展了相关研究，他们强调颠覆性技术是通过新的轨道产生新的技术，对原有技术体系产生破坏，对相关领域进行根本性变革，为重塑国际竞争格局和全球经济结构创造可能。因此，颠覆性技术对打破平衡、建立国家绝对竞争优势具有重要的战略意义。早在1958年，美国就成立了美国国防部高级研究计划局（DARPA），以独立资助机构推动颠覆性技术创新，每年投入约30亿美元开展军事领域的颠覆性技术研发，以不到0.5%的美国国防预算，促成了GPS、互联网和隐形飞机等多个意义重大的创新成果。2021年，《中华人民共和国国民经济和社会发展第十四个五年规划和2035年远景目标纲要》提出"布局一批国家未来产业技术研究院，加强前沿技术多路径探索、交叉融合和颠覆性技术供给"和"加速战略性前沿性颠覆性技术发展，加速武器装备升级换代和智能化武器装备发展"的颠覆性技术攻关任务。同年，科技部启动首届全国颠覆性技术创新大赛，旨在对接国家重大专项，构建颠覆性技术"发现—遴选—培育"全生命周期服务体系，加速颠覆性技术项目落地。对于辽宁省来说，目前已经在依托4个辽宁实验室系统性部署颠覆性技术创新工作，下一步可以进一步扩展到其他的战略科技力量，并出台专门的支持措施。

2）"卡脖子"技术

"卡脖子"技术是国外有但我国暂时还没有，且国外不卖给我们的技术，如果能够成功攻克"卡脖子"技术，那么就有望形成在我国仍属于"无中生有"的未来产业。目前，我国已采取新布局国家实验室、推动存量高校院所开展有组织科研、推动科技领军企业组建创新联合体、实施国产替代计划等诸多措施攻克"卡脖子"技术。此外，全国各地也在积极探索解决"卡脖子"问题的重点抓手，比如，沈阳采取设立"卡脖子"关键核心技术攻关重大科技专项、组织产业链头部企业绘制产业图谱等举措，推进"卡脖子"核心技术攻关（详见专栏5-10）。2022年8月，习近平总书记在辽宁省考察沈阳新松公司时还特别强调，"要时不我待推进科技自立自强、只争朝夕突破'卡脖子'问题"。可见，"卡脖子"技术攻关对于辽宁省来说意义尤其重大，下一步，有必要在全省复制推广沈阳的实践探索，并进一步探索更加有效的"卡脖子"技术攻关路径。

**专栏5-10　　　　沈阳市"卡脖子"关键核心技术攻关实践**

◆ 实施产业"卡脖子"关键核心技术攻关重大科技专项。在国家重大科技专项引领下，沈阳市聚焦解决外国"卡脖子"问题，瞄准高端装备（含机器人）、航空（军工）、集成电路和医疗装备等重点产业链，筛选出15家牵头领军企业，找准"卡脖子"的整机、部件及附件产品，梳理出80多项外国"卡脖子"关键核心技术问题清单，并分批安排重大科技专项组织攻关。

◆ 实施企业关键核心技术攻关"揭榜挂帅"。首先是找准企业创新"真需求"，组织专门力量深入全市重点产业龙头骨干企业，"一对一"摸排急需解决的技术难题，将企业愿意买单的"真需求"挖掘出来。其次是引导企业研发"真投入"，开展科研项目经费管理改革，由以往企业自行安排和使用项目补助及配套研发经费，向真正支付协同攻关单位研发经费转变。最终要实现技术攻关"真联合"，面向全社会发布"揭榜挂帅"项目榜单，让企业自主选择最优技术合作方，让真正具备研发攻关能力的机构和团队"挂帅出征"。

◆ 组织产业链头部企业绘制产业链"卡脖子"图谱。全市复制推广沈阳机床绘制产业链"卡脖子"图谱经验，组织重点产业链14家头部企业绘制产业图谱，调查、摸清沈阳重点产业链技术发展现状，分析优势技术和"卡脖子"领域，搞清楚产业发展中关键卡点，找准有望突破形成优势的关键环节、影响发展需要壮大的薄弱环节、制约发展急需引进的缺失环节，精准定位"卡脖子"技术问题，并绘制图谱作为未来5~10年全市技术攻关路线图。

◆ 支持头部企业牵头组建创新联合体。围绕沈阳市8条重点产业链，以"卡脖子"技术攻关及抢先布局颠覆性技术为使命，由行业龙头企业牵头组建创新联合体，从而引导创新资源围绕头部企业的"卡脖子"问题配置。每年对已备案的创新联合体进行绩效评价，重点评估创新联合体年度项目合作、人才交流、合作成果、资源共享、产业链升级促进等情况，并根据年度绩效评价，给予评价优秀的创新联合体一定资金或项目支持。

## 5.3.2 争创国家实验室，成为未来技术攻关"塔尖"力量

国际上，对国家实验室的探索始于美国1942年启动的"曼哈顿计划"，其顺利实施造就了美国能源部国家实验室，此后，1961年启动实施的"阿波罗计划"等促成美国国家航空航天局（NASA）国家实验室的诞生[①]。目前，美国已形成以能源部实验室、国家航空航天局实验室、国防部实验室为

---

① 李昊，徐源. 国家使命：美国国家实验室科技创新 [M]. 北京：清华大学出版社，2021.

核心的国家实验室体系。近年来，美国的国家实验室在颠覆性技术、前沿技术攻关上发挥了重要作用。比如，20 世纪 80 年代末，美国和日本的相关研究人员提出极紫外光刻技术，以波长为 13.5nm 的极紫外光作为光源，将芯片的工艺精度达到 7nm、5nm，此后一些国家和机构开展了大量研究，其中，英特尔和美国能源部共同发起成立 EUV LLC 联盟，集聚了劳伦斯·利弗莫尔国家实验室、劳伦斯伯克利实验室和桑迪亚国家实验室三大国家实验室，投入 2.25 亿美元资金，集中了数百位顶尖科学家，验证极紫外光刻技术的可行性，并将这一技术转让给荷兰阿斯麦公司，才成就了阿斯麦公司在光刻机领域的绝对霸主地位[①]。我国从 20 世纪 80 年代开始，就在学习美国经验，探索布局国家实验室，目前已取得一定进展。2022 年，党的二十大报告还提出建设"国家实验室体系"，这里的国家实验室体系是指以新建的国家实验室为牵引，以优化、重组后的全国重点实验室为核心支撑，所形成的中国特色国家实验室体系。

国家实验室体系具体包括：

1) 国家实验室

作为体现国家意志、实现国家使命、代表国家水平的战略科技力量，国家实验室是面向国际科技竞争的创新基础平台，是保障国家安全的核心支撑，是我国级别最高的实验室。我国国家实验室的发展经历了三个阶段（详见表 5-11），第一阶段是 1984—1991 年，根据国家科技发展需求，在高能物理、核物理等领域建了 4 个国家实验室。第二阶段是 2000—2006 年，科技部开展了国家实验室建设的试点，分三批启动 16 个国家实验室的建设。2000 年，沈阳材料科学国家（联合）实验室获批组建；2003 年，北京凝聚态物理国家实验室等 5 个试点国家实验室筹建；2006 年，海洋、航空航天等领域 10 个重要方向的国家实验室启动筹建。此外，2017 年，科技部会同财政部、国家发改委制订了《国家科技创新基地优化整合方案》，明确将沈阳

---

① 雷吉梅克. 光刻巨人：ASML 崛起之路 [M]. 金捷幡，译. 北京：人民邮电出版社，2020.

材料科学国家（联合）实验室等批准筹建的6个试点国家实验室转为国家研究中心，纳入国家重点实验室管理序列。第三阶段是2021年至今，2021年《中华人民共和国国民经济和社会发展第十四个五年规划和2035年远景目标纲要》提出"聚焦量子信息、光子与微纳电子、网络通信、人工智能、生物医药、现代能源系统等重大创新领域组建一批国家实验室"，目前已揭牌一批。对于辽宁省来说，下一步要聚焦"国家所需、辽宁所能"的方向，主动超前布局地方实验室，并积极争取纳入国家实验室序列。

表5-11　　　我国第一阶段和第二阶段国家实验室建设探索情况

| 序号 | 名称 | 成立时间 | 状态 | 依托单位 | 城市 |
|---|---|---|---|---|---|
| 第一阶段：1984—1991年 | | | | | |
| 1 | 国家同步辐射国家实验室 | 1984 | 建成 | 中国科学技术大学 | 合肥 |
| 2 | 正负电子对撞机国家实验室 | 1984 | 建成 | 中科院高能所 | 北京 |
| 3 | 北京串列加速器核物理国家实验室 | 1988 | 建成 | 中核集团原子能院 | 北京 |
| 4 | 兰州重离子加速器国家实验室 | 1991 | 建成 | 中科院近代物理所 | 兰州 |
| 第二阶段：2000—2006年 | | | | | |
| 5 | 沈阳材料科学国家（联合）实验室 | 2000 | 转为研究中心 | 中科院金属所 | 沈阳 |
| 6 | 北京凝聚态物理国家实验室 | 2003 | 转为研究中心 | 中科院物理所 | 北京 |
| 7 | 合肥微尺度物质科学国家实验室 | 2003 | 转为研究中心 | 中国科学技术大学 | 合肥 |

续表

| 序号 | 名称 | 成立时间 | 状态 | 依托单位 | 城市 |
|---|---|---|---|---|---|
| 8 | 清华信息科学与技术国家实验室 | 2003 | 转为研究中心 | 清华大学 | 北京 |
| 9 | 北京分子科学国家实验室 | 2003 | 转为研究中心 | 北京大学 中科院化学所 | 北京 |
| 10 | 武汉光电国家实验室 | 2003 | 转为研究中心 | 华中科技大学 中科院武汉物数所 中国船舶717所 | 武汉 |
| 11 | 青岛海洋科学与技术试点国家实验室 | 2006 | 建成 | 中国海洋大学 中科院海洋所 | 青岛 |
| 12 | 磁约束核聚变国家实验室 | 2006 | 筹建 | 中科院合肥物质院 中核集团西物院 | 合肥 |
| 13 | 洁净能源国家实验室 | 2006 | 筹建 | 中科院大连化物所 | 大连 |
| 14 | 船舶与海洋工程国家实验室 | 2006 | 筹建 | 上海交通大学 | 上海 |
| 15 | 微结构国家实验室 | 2006 | 筹建 | 南京大学 | 南京 |
| 16 | 重大疾病研究国家实验 | 2006 | 筹建 | 中国医学科学院 | 北京 |
| 17 | 蛋白质科学国家实验室 | 2006 | 筹建 | 中科院生物物理所 | 北京 |
| 18 | 航空科学与技术国家实验室 | 2006 | 筹建 | 北京航空航天大学 | 北京 |
| 19 | 现代轨道交通国家实验室 | 2006 | 筹建 | 西南交通大学 | 成都 |
| 20 | 现代农业国家实验室 | 2006 | 筹建 | 中国农业大学 | 北京 |

资料来源：本书编写团队根据公开资料整理。

2）地方实验室

2017 年 8 月，科技部、财政部、国家发展改革委员会联合印发的《国家科技创新基地优化整合方案》明确提出，在重大创新领域按照"成熟一个、启动一个"原则组建国家实验室。此后，浙江、广东、江苏等省份开始先行探索，以打造国家实验室"预备队"为目标，围绕重大科技前沿以及本省优势学科和支柱产业发展需求，布局地方实验室。2017 年 8 月，浙江率先成立之江实验室；2018 年 3 月，广东首批成立生物岛实验室、鹏城实验室、松山湖材料实验室、季华实验室 4 个省实验室；2018 年 8 月，江苏成立网络通信与安全紫金山实验室。截至 2022 年 9 月，全国 20 多个省份布局建设的"省实验室"已有 100 多家[①]。对于辽宁省来说，一方面要推动现有的 4 家辽宁实验室和 2 家大连实验室加强材料、智造、能源、装备等领域前沿技术攻关及孵育未来产业（详见表 5-12）；另一方面还有必要围绕空天装备、人工智能、基因与细胞治疗、生物制造等领域有针对性地新布局一批地方实验室。

表5-12　　　　　　　　辽宁省6家地方实验室名单及基本情况

| 序号 | 名称 | 依托单位 | 牵头人 | 主攻方向 |
|------|------|----------|--------|----------|
| 1 | 辽宁材料实验室 | 中科院金属所 | 卢柯院士 | 新材料 |
| 2 | 辽宁辽河实验室 | 中科院沈阳自动化所 | 于海斌院士 | 智能制造 |
| 3 | 辽宁滨海实验室 | 中科院大连化物所 | 刘中民院士 | 洁净能源与精细化工 |
| 4 | 辽宁黄海实验室 | 大连理工大学 | 贾振元院士 | 装备制造 |
| 5 | 大连凌水湾实验室 | 中科院大连化物所 | 梁鑫淼研究员 | 中医药 |
| 6 | 大连金石湾实验室 | 大连工业大学 | 朱蓓薇院士 | 海洋食品 |

资料来源：本书编写团队根据公开资料整理。

---

[①] 宋姗姗，钟永恒，刘佳，等. 我国省实验室的建设体系分析与相关建议研究［J］. 世界科技研究与发展，2023，45（4）.

3）全国重点实验室

全国重点实验室是依托大学和科研院所建设的科研实体。全国重点实验室实行人财物相对独立的管理和运行，与国家实验室共同构成我国的国家实验室体系。从已获批的全国重点实验室来看，少数为新批准建设，多数由原国家重点实验室转建而来，因此，全国重点实验室也常被誉为是1984年启动的"国家重点实验室建设计划"升级版。对于辽宁省来说，一方面要推动未来产业领域已经获批的全国重点实验室加强未来技术攻关及本地转化，包括高性能精密制造全国重点实验室、能源催化转化全国重点实验室等；另一方面还要围绕六大未来产业领域，积极推动更多的国家重点实验室转建全国重点实验室或新创建一批全国重点实验室。

### 5.3.3 推动国家科研机构和研究型大学有组织科研，充分释放潜能

中华人民共和国成立以来，我国陆续布局了大量的国家科研机构和研究型大学，包括中科院的114个研究所、军科院、医科院、农科院、央企研究所、世界一流大学等。目前，批准新建这些类型的机构难度非常大，因此，对于未来产业培育而言，重点是推进存量机构瞄准颠覆性技术、"卡脖子"技术等开展"有组织科研"。在科研管理领域，有组织科研已经不是一个新鲜词汇，但正式进入国家战略是2022年。2022年12月，习近平总书记在党的二十大报告中，提出"加强高校有组织科研"。在此之前，2022年8月，教育部印发《关于加强高校有组织科研推动高水平自立自强的若干意见》，提出推动高校充分发挥新型举国体制优势，加强有组织科研，更高质量、更大贡献服务国家战略需求。从本质上讲，有组织科研是一种以服务国家需求为导向、更加强调力量整合和集成攻关的科研范式，其有利于发挥新型举国体制优势，聚焦服务国家战略需求，还有利于各种创新要素的有机整合，促进科技力量和创新资源配置更加合理。

结合四川大学的实践经验①，我们认为，可从以下三个方面入手推进驻地院校瞄准未来产业领域关键核心技术开展有组织科研：一是整合多学科力量组建未来技术领域跨学科研究团队。不仅关键核心技术需要跨学科的集成攻关，重要科学理论的突破、新科学理论的产生大多也离不开多学科的交叉、融合和集成创新。此外，不同学科专业人才的高度汇聚，还可以实现多元知识、不同思维的交流和碰撞，促进新观点、新方法、新理论、新思想产生。二是构建有利于未来技术团队协同攻关的系统性考核评价体系。过去职称评审、项目申报、评奖评优等过程中多重视成果第一完成人，这不仅降低了团队合作攻关的积极性，更不利于开展以团队协作和跨学科合作为主的关键核心技术攻关。三是聚焦重点未来产业领域，与世界一流大学和研究机构组建国际化、跨国别的研究团队。开展有组织科研要敞开大门、打开视野，与世界一流大学和研究机构开展交流合作，最大限度用好全球创新资源。此外，还值得一提的是提倡"有组织科研"并不意味着否定自由探索。有组织研究重在"组织"层面，自由探索重在"个体"层面，两者分属不同的逻辑，积极引导和鼓励科研人员在围绕未来产业领域重大科学、科技问题开展高水平自由探索的同时服务集成攻关，实现自由探索与集成攻关同频共振、相得益彰。

对于辽宁省而言，由于改革开放以前辽宁经济在全国都相对领先，当时国家科研机构及研究型大学多布局在经济相对领先的区域，因此，即使从目前来看，辽宁省的国家科研机构和研究型大学在全国都具有一定的比较优势（详见表5-13）。下一步，辽宁省重点是把这些驻辽的国家科研机构和研究型院校及61位院士等高层次人才组织起来，聚焦未来产业重点领域集中攻克颠覆性技术及"卡脖子"技术。

---

① 汪劲松. 高校有组织科研如何"落地生花"[N]. 学习时报，2023-05-04.

表5-13　　辽宁省国家科研机构和高水平研究型大学及两院院士名单①

| 类型 | 院校及两院院士（时间为当选时间，*为中国科学院院士） |
|---|---|
| 国家科研机构（含央企及其研究所） | ❖ 中科院大连化物所（12人）：张东辉2017*、刘中民2015、张涛2013*、杨学明2011*、包信和2009*、李灿2003*、张玉奎2003*、桑凤亭2003、衣宝廉2003、沙国河1997*、何国钟1991*、张存浩1980*<br>❖ 中科院金属所（6人）：李殿中2023*、成会明2013*、卢柯2003*、柯伟1997、李依依1993*、叶恒强1991*<br>❖ 中科院沈阳自动化所（3人）：于海斌2023、王天然2003、封锡盛1999<br>❖ 中科院沈阳生态所：朱教君2023<br>❖ 中航工业集团沈飞设计所（4人）：王向明2021、孙聪2015、杨凤田2007、李明1995<br>❖ 中国航发沈阳发动机研究所：刘永泉2023<br>❖ 鞍钢矿业集团：邵安林2015<br>❖ 鞍山钢铁集团：刘玠1997<br>❖ 中国石化大连石油化工研究院：胡永康1997<br>❖ 大连船舶重工集团：沈闻孙1997 |
| 高水平研究型大学①（含医院） | ❖ 大连理工大学（15人）：郭旭2023*、贾振元2019*、孙立成2019*、项昌乐2019、彭孝军2017*、孔宪京2017、蹇锡高2013、郭东明2011、申长雨2009*、欧进萍2003、王众托2001、林皋1997*、王立鼎1995*、程耿东1995*、邱大洪1991*<br>❖ 东北大学（5人）：冯夏庭2019、唐立新2019、王国栋2005、柴天佑2003、闻邦椿1991*<br>❖ 中国医科大学（2人）：尚红2019、陈洪铎1999<br>❖ 沈阳农业大学（2人）：李天来2015、陈温福2005<br>❖ 辽宁大学：潘一山2023<br>❖ 大连工业大学：朱蓓薇2013<br>❖ 北部战区总医院：韩雅玲2013<br>❖ 海军大连舰艇学院：赵晓哲2011<br>❖ 沈阳工业大学：唐任远2001<br>❖ 沈阳药科大学：姚新生1996 |

资料来源：本书编写团队根据公开资料整理。

---

①　辽宁省人民政府. 辽宁省统筹推进世界一流大学和一流学科建设实施方案，2017-01-10.

### 5.3.4　推动科技领军企业牵头组建创新联合体，形成技术攻关合力

习近平总书记在 2021 年两院院士大会的讲话中指出，科技领军企业是国家战略科技力量重要的组成部分，要强化科技领军企业在重大科技任务中的"出题者"与"阅卷人"作用；要"加快构建龙头企业牵头、高校院所支撑、各创新主体相互协同的创新联合体"。相比于中小企业，科技领军企业在技术沉淀、科研条件、人才储备、应用场景等方面都具有得天独厚的优势，更容易在一些关键核心技术领域实现突破。为此，在未来产业发展中科技领军企业也将扮演重要角色，比如，华为公司就是我国 6G、量子芯片等未来产业的主要推动者。此外，由于未来产业具有发展的不确定性和技术的前沿性，科技领军企业在攻克关键核心技术及布局未来产业时，不能仅仅依托自身力量，还要牵头组建创新联合体，采用"揭榜挂帅"等模式，跨区域甚至跨国别整合纵向的整零力量及横向的产学研力量，有条件的还可以依托创新联合体创建国家级的技术创新中心①、制造业创新中心②及产业创新中心③。

具体来讲，创新联合体是以解决制约产业发展的关键核心技术问题为目标，由领军（或龙头）企业基于自身需求牵头组建，以共同利益为纽带联结政产学研用和产业链上下游多主体参与，政府力量和市场力量协同发力的体系化、任务型的研发组织。目前，在国家层面我国暂未出台具体的创新联合体标准及支持措施，广东、上海探索的"产学研战略联盟"，江苏探索的"产学研合作联盟"，以及辽宁探索的 IC 装备产业技术创新战略联盟（依托拓荆科技等成套装备骨干企业，详见专栏 5-11）等都是创新联合体先行探索。此外，山东省出台了《关于打造"政产学研金服用"创新创业共同体的实施意见》；浙江省在省级科技计划中设立专门针对共同体的专项；陕西省

---

①　比如，国家高速列车技术创新中心（2016 年获批，中国中车牵头，我国第一家），国家新能源汽车技术创新中心（2018 年获批，北汽集团牵头，我国第二家）。目前，辽宁暂无。
②　我国已批复设立 26 个国家级制造业创新中心。其中，辽宁 1 家，为新松公司牵头的国家机器人创新中心。
③　比如，国家先进计算产业创新中心（2018 年获批，中科曙光牵头）。目前，辽宁暂无。

提出省重大科技项目可定向委托创新联合体承接；江苏省优先支持创新联合体申报国家重大科技计划项目；安徽省探索利用会员制、股份制、协议制等方式，多渠道吸引企业、金融和社会资本投入共同体建设。对于辽宁省来说，下一步可以重点从两方面着力：一是依据2023年辽宁省科技厅出台的《辽宁省创新联合体建设工作指引（试行）》，推动一批科技领军企业先行试点，形成标杆示范案例。二是推动现有的各类政策由支持科技领军企业向支持创新联合体逐步转变，比如，可以复制推广沈阳市经验，以"卡脖子攻关重大专项"为切入口，由原来的支持大企业自主攻关，向支持大企业牵头的创新共同体联合攻关转变，经过一段时间的专项支持，就有望围绕大企业形成整零及产学研联合攻关合力。三是支持大企业建设头部企业配套园区。在全省推广沈阳经验，推动政企合作围绕大企业建设头部企业配套园区，承接大企业的新增产能及新引育的配套企业，提升大企业本地配套率。

**专栏5-11  依托成套设备骨干企业组建IC装备产业技术创新战略联盟实践**

❖ 组建情况：2019年，19家集成电路产业相关企业和高校院所发起成立了沈阳市IC装备产业技术创新战略联盟，其前身是2010年建立的辽宁省半导体装备产业技术创新战略联盟[①]。其中，12家企业、4家科研院所和3所高等院校覆盖IC装备产业链条的不同环节、不同技术和产品，不但分工明确，而且在技术和产品上相互配套，产业链综合实力位居全国前三。

❖ 取得成效：2022年，IC装备产业实现产值65亿元，同比增长62.5%。产业链企业累计承担国家重大专项18项，获国拨资金8.52亿元。单片湿法刻蚀、12寸PECVD等关键技术和产品填补了国内空白，实现了进口替代。芯源微、拓荆科技、富创精密等重点企业实现科创板上市。

❖ 主要做法：IC装备联盟的成功很大程度上得益于联盟企业以股权为纽带实现合作模式创新，联盟骨干成员通过交互参股，建立了"软件控制系

---

[①] 邢军伟. 系统透视下辽宁创新能力研究 [M]. 沈阳：东北大学出版社，2018.

统—整机装备—零部件子系统—材料—工艺处理"的全供应链体系。

资料来源：本书编写团队根据公开资料整理。

### 5.3.5 布局产业技术研究院，成为应用技术开发及熟化关键推动者

从全球各地实践来看，科技成果转化的难题，在未来产业发展中依然存在，甚至更为严峻。因为其技术更为前沿，对于技术的熟化、技术应用场景的挖掘、技术投资方的寻找等都将难度更大，为此各地也很有必要聚焦未来产业领域，布局一批以应用技术研究及推动技术熟化为使命的综合性或专业类产业技术研究院。德国1949年布局的弗劳恩霍夫协会、台湾1973年布局的工业技术研究院、深圳市政府与清华大学1996年共建的深圳清华大学研究院、江苏2013年布局的江苏省产业技术研究院、武汉市政府与华中科技大学2013年共建的武汉光电工业技术研究院等都是典型代表（详见专栏5-12）。此外，成都还实施了"岷山行动"，创新探索采用揭榜挂帅的方式建设产业技术研究院，并建立股权回馈机制形成资金闭环（详见专栏5-13）。

### 专栏5-12    国内外产业技术研究院建设典型实践

❖ 德国弗劳恩霍夫协会：成立于1949年，是民办官助非营利的独立社团法人，最初以促进德国第二次世界大战后经济复苏为使命，目前已发展成为欧洲最大的应用科学研究机构，致力于推动科技成果迅速转化为成熟的产品，在德国有着"科技搬运工"之称。主要做法：一是聚焦信息通讯、生命科学等七大重点领域，开展以共性技术为主的应用型研究。二是探索新型治理机制，以会员大会、理事会与执行委员会"三会"统筹协会发展。三是采用市场化的"合同制"聘用人才，并与高校、企业形成双向人才流动机制。四是以市场化合同科研收入为主，收入中10%~20%的政府拨款与上年合同科研收入挂钩。

❖ 台湾工业技术研究院：1973年，台湾地区的《工业技术研究院设置条例》将分散在台湾各处的联合工业研究所、联合矿业研究所、金属工业研

究所3家研究机构合并成立台湾工业技术研究院（以下简称"台湾工研院"），总部位于新竹县，以财团法人的方式实行企业化运作。其定位为任务导向的应用研究机构，最突出的贡献是奠定了台湾半导体与集成电路产业发展的坚实基础和领先优势。初期以政府补贴为主，经过十年的探索，通过强化产业服务逐步实现自我造血。目前，台湾工研院主要有三大业务板块：一是技术研发；二是产业服务，提供知识产权顾问、小型试量产、检验检测等服务；三是衍生增值，推动技术转移转化及育成新创公司。台湾工研院2022年收入合计56.35亿元台币，其中，56.5%为技术服务收入、36.7%为专案计划研究收入、6.2%为专案计划衍生收入、0.6%为业务外收入。截至2022年，台湾工研院还累计设立了157家衍生企业[1]。

❖ 江苏省产业技术研究院：作为江苏科技体制改革"试验田"，2013年12月江苏省产业技术研究院（简称"江苏产研院"）在江苏省委、省政府的关心支持下正式成立。自成立以来，其始终围绕"持续为江苏产业发展供给技术"的建院初心，并按照"研发作为产业、技术作为商品"的理念，积极发挥两个桥梁作用——"高校（科研机构）与工业界的桥梁"和"全球创新资源与江苏的桥梁"，从创新资源供给和企业技术需求挖掘两端精准发力，在产业技术研发机构治理体系、研发载体建设、人才引进培养和激励、财政资金高效使用等方面探索了系列改革举措。截至2023年初，江苏产研院累计向市场转移转化科技成果6 200多项，衍生孵化科技型企业1 200多家，服务企业数量超过2万家。

资料来源：本书编写团队根据公开资料整理。

## 专栏5-13　成都实施揭榜挂帅型产业技术研究院"岷山行动"典型实践[2]

2021年初，为了推动科技创新"从高原到高峰"进一步升级，成都高

---

[1] 参见台湾工业技术研究院2022年的年报。其中技术服务收入包括军队、企业委托项目形成的咨询、培训、检测、分析等收入；专案计划研究收入即经济部技术处等政府部门委托的科技研发项目；计划衍生收入即由专案计划所产生的技术而衍生形成的收入；业务外收入，包括社会捐赠等。
[2] 部分资料来自位于成都高新区新川AI创新中心的"岷山展厅"。

新区出台《揭榜挂帅型研发机构"岷山行动"计划实施方案》，计划在5年时间内，围绕电子信息、生物医药、数字经济三大优势产业及未来产业领域，采用"揭榜挂帅"的方式带土移植人才团队组建50家左右的产业技术研究院。揭榜的人才团队在自筹一定经费基础上，可根据实际需要向高新区申请5年5000万元或者1亿元的经费支持，经审议通过后，政府支持资金采用股权方式由"成都高新岷山行动科技服务有限公司"投向企业，占股比例不低于30%，并提供陪伴式孵育服务，待被投企业取得一定发展成效后逐步退出，政府的投资回报用于滚动支持新一轮揭榜项目，形成良性循环。

其两点关键经验如下：

一是以"揭榜挂帅"机制汇聚全球创新资源。项目发榜环节，聚焦当地主导产业和未来产业"卡脖子"环节，拟定需求榜单，经专家把关后，面向全球发布需求榜单。项目揭榜环节，组建"创投＋技术＋财务"的专家评审组，聚焦"技术先进性、产业化实现性、团队落地成都可能性"对项目进行研判，精准选取产业化前景广的项目。项目服务环节，由政府平台公司提供全过程服务，同时采取"一年一考核，三年一淘汰"的管理方式，及时中止未履约或进展不佳的项目。

二是以股权回馈机制推动形成投入产出闭环示意图（如图5-3所示）。前期政府资金投入，根据专家评审结果分档给予新型研发机构资金支持，且支持资金采取负面清单"包干制"，同时，政府平台公司以现金出资方式与专家团队、行业龙头企业及知名投资机构等资源导入者共同注册成立新研运营公司。中期孵化企业股权回馈，在新研运营公司项目技术成熟时，将项目孵化出企业，该企业由技术团队、新研运营公司、外部投资机构共同持有股份，被孵化的新创企业首轮融资时，新研运营公司将一定的股权以零价格转让给政府平台公司。后期政府所持股权变现收益缴回财政，政府平台公司通过股权"招拍挂"或产业扶持基金接力投入等市场化方式退出，取得股权变现收益缴回财政，实现财政资金滚动支持。

（一）股东及团队构成

1.新研运营公司须现金出资，团队持股比例须大于50%，股权结构精晰，团队核心领军人才须股权体现，应为业内顶尖人才。

2.团队核心领军人才须股权体现，应为业内顶尖人才。

3.团队核心成员中应具备懂产业、具备公司运营管理能力；能协调团队创新资源的人才，原则上全职参与。

（二）平台公司参与

1.早期参股新研运营公司，正常运转后退出，超额收益可反哺新研运营公司。

2.根据项目使用经费情况，新研运营公司首轮融资时，将10%股权零价格转让给高新区国有平台公司，股权回馈价值（按首轮计价）累计达到政府产业扶持资金1.5倍时不再转让

（三）造血能力

新研运营公司须形成自我造血能力，可通过孵化项目等研究院现金流来源实现新研运营公司持续运转红、平台服务收入、社会融资，申报政府产业实现新研运营公司持续运转

行业龙头企业，知名投资机构等资源带入者

专家团队（>50%）

政府平台公司（15%~30%）

新研运营公司

综合运营管理部门

公共技术平台（设备）

项目部1　项目部2　项目部N

孵化公司1　孵化公司2　孵化公司N

技术团队持股（<70%）

新研公司持股（>30%）

外部投资

政府平台公司

零价格转让10%股权

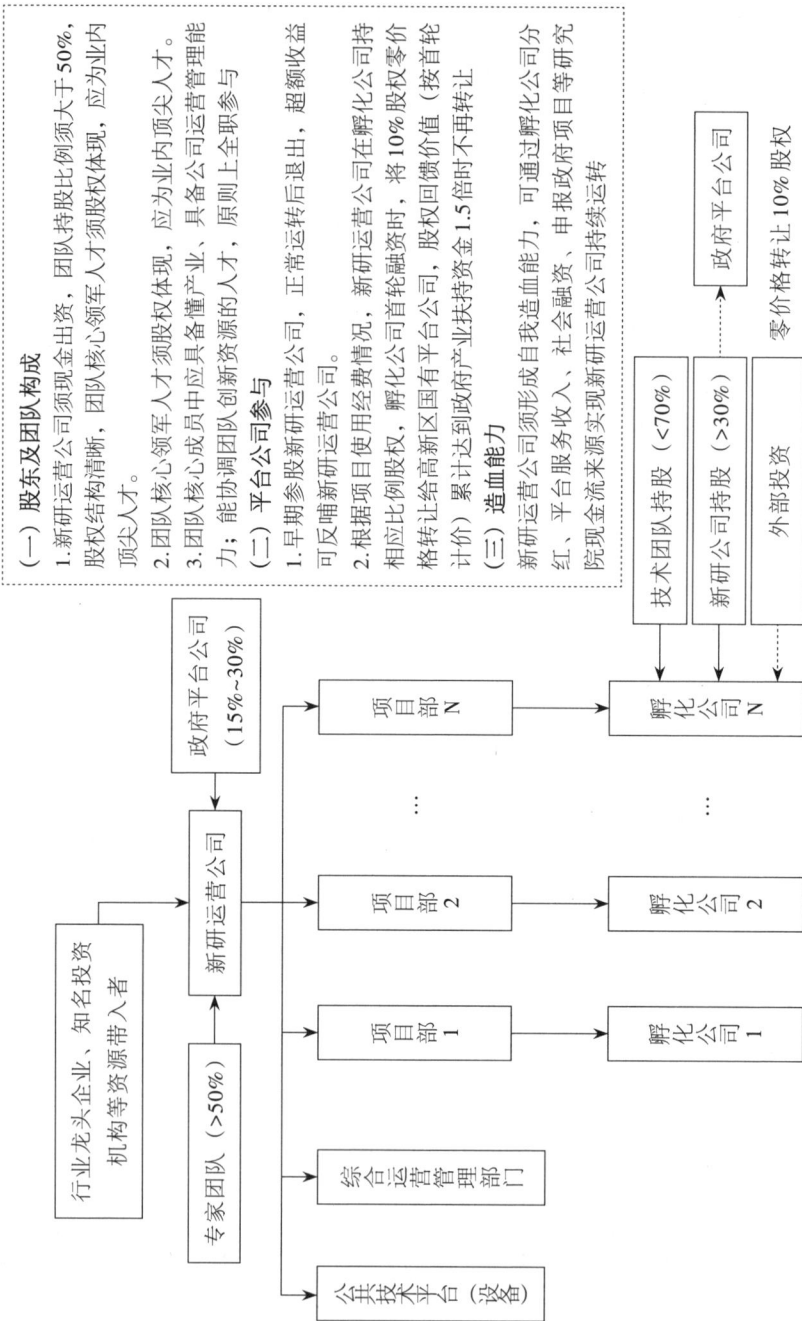

图5-3　以股权回馈机制推动形成投入产出闭环示意图

资料来源：本书编写团队根据公开资料整理。

### 5.3.6  布局未来技术学院，成为培养未来产业人才的关键力量

科技竞争的本质是科技人才的竞争。未来产业的硬科技属性决定了各地发展未来产业需要重点关注未来技术人才，最近各地探索比较多的"未来技术学院"是培养未来技术人才的关键力量。

未来技术学院主要包括两类：一类是教育部根据2020年5月印发的《未来技术学院建设指南（试行）》确定的首批12个未来技术学院（详见专栏5-14），其中包括辽宁的1家，为东北大学未来技术学院。另一类是中国科学院大学以及其他一些思想相对超前的大学与各地合作建设的未来技术领域交叉学科学院、新兴产业学院。比如，辽宁已布局的中国科学院大学能源学院、中国科技大学材料科学与工程学院、中国科学院大学机器人与智能制造学院、东北大学机器人学院。再比如，2023年，沈阳理工大学提出启动10个现代产业学院，并出台了《沈阳理工大学现代产业学院管理办法》。目前，集成电路产业学院已经与紫光集团在半导体全产业链、网络基础设施以及云服务领域开展对应的微专业合作；工业互联网及安全产业学院已经与奇安信科技集团在共建网络安全靶场和网络安全微专业等方面达成合作。对于辽宁省来说，下一步除了要积极争创更多的国家级未来技术学院，还要推动驻辽的高校院所自主布局更多的未来技术领域交叉学科学院、新兴产业学院。

**专栏5-14**　　　　　　**全国12家"未来技术学院"名单**

◆ 北京大学（未来生命健康及疾病防治技术）

◆ 北京航空航天大学（未来新概念飞行器、未来空间开发利用等空天科技）

◆ 上海交通大学（能源环境、健康医疗）

◆ 中国科学技术大学（量子科技）

◆ 西安交通大学（储能科学与工程、人工智能+X、医工交叉）

◆ 哈尔滨工业大学（人工智能、智能制造、生命健康）

◆ 华中科技大学（先进智能制造、生物医学成像、光电子芯片与系统、人工智能）

◆ 东南大学（芯片设计、信息材料、未来通信、智能感知）

◆ 天津大学（未来智能机器与系统、储能科学与工程、智慧城市）

◆ 华南理工大学（智能感知、大数据、AI+融合技术）

◆ 东北大学（工业智能领域，控制科学与工程、计算机科学与技术、软件工程、机器人科学与工程等）

资料来源：本书编写团队根据公开资料整理。

### 5.3.7 布局新型创新设施，为重大原始创新提供关键支撑

随着科学技术的不断发展，以及科研范式的不断变迁（由几千年前的实验观察范式、几百年前的理论推理范式、几十年前的模拟仿真范式、十几年前的数据驱动范式到如今的AI驱动第五范式[①]），重大科学发现及关键核心技术突破对新型创新设施的依赖越来越大。截至2019年底，诺贝尔奖中有72.6%的物理学奖、81.1%的化学奖、95.5%的生理学或医学奖，都是依托尖端科学仪器取得的，它是世界主要国家构建和保持科技竞争优势的重要途径[②]。本小节我们将介绍重大科技基础设施（或"大学科装置"）、算力基础设施（本质上也属于重大科技基础设施的范畴）、国家基因库这三类新型创新设施。此外，值得一提的是，上海最近面向AI驱动的第五科研范式需要，提出了布局AI科研助手、AI操作机器人、智能实验环境等智能化科学设施，助力新材料发现、流体模拟、聚变反应堆设计、药物分子与目标蛋白

---

① 2023年4月，在张江科学会堂开幕的2023浦江创新论坛"AI for science专题论坛"上，"AI for science科学数据开源开放平台"宣告启动。平台由上海市依托上海交通大学等布局建设，旨在推动人工智能技术成为解决基础学科重大科学问题的新范式，该AI驱动范式也称研发第五范式。

② 佚名. 把更多大国重器握在手中 [N]. 经济日报，2023-09-02.

结合等全面加速，这对于各地新型创新设施的布局也很有启发性。

1）重大科技基础设施

重大科技基础设施建设起源于第二次世界大战时期的美国，至今已有80多年的历史，有时也称"大科学装置"。比如，1945年第一颗原子弹的成功研制就有赖于1939年启动建设的世界上第一台核反应堆"芝加哥一号堆"（建在芝加哥大学）以及1943年升级建设的"芝加哥二号堆"（建在后来著名的美国第一个国家实验室阿贡国家实验室所在地）等重大科技基础设施。因此，后来美国在布局以能源部国家实验室为核心的国家实验室时，都非常注重布局与该国家实验室独特的核心能力相匹配的特定设施。我国重大科技基础设施建设起步于20世纪60年代。1988年，我国首个重大科技基础设施——北京正负电子对撞机建成，成为继"两弹一星"之后在高科技领域取得的又一重大突破性成就。2014年，为落实《国家重大科技基础设施建设中长期规划（2012—2030年）》有关要求，提升我国探索未知世界、发现自然规律、实现科技变革的能力，国家发展改革委会同有关部门研究制定了《国家重大科技基础设施管理办法》指导重大科技基础设施合理布局。截至2022年9月，我国已经布局建设77个国家重大科技基础设施，已建成运行34个，部分设施已经迈入全球第一方阵[1]，在推动我国前沿科学研究、攻克"卡脖子"难题、开辟未来产业新赛道等方面发挥了重要作用。比如，依托兰州重离子研究装置开发出的重离子治癌装置，为肿瘤治疗提供了新方案；有"人造太阳"之称的全超导托卡马克核聚变实验装置为人类开发利用核聚变创造了可能；依托散裂中子源这一"超级显微镜"解决了国产叶片的材料设计、制备和加工工艺难题。对于辽宁省来说，目前暂无国家级重大科技基础设施，但自主谋划了7个重大科技基础设施，其中，大连先进光源进展最快，已列入国家重大科技基础设施建设"十四五"规划备选项目（详见表5-14）。我们认为，后续一方面要推动这7个谋划的重大科技基础设施尽快

---

[1] 国家发展改革委新闻发布会——介绍重大基础设施建设有关情况，2022-09-23.

获得国家发展改革委批准；另一方面要依托这些重大科技基础设施布局一批
颠覆性创新平台，让这些重大科技基础设施在未来产业新赛道开辟上充分发
挥作用。

表5-14　　　　　　辽宁省拟布局的7个重大科技基础设施名单

| 序号 | 城市 | 名称 | 依托单位 |
|---|---|---|---|
| 1 | 沈阳 | 高能射线多束源材料多维成像分析测试装置 | 辽宁材料实验室 |
| 2 | 沈阳 | 未来工业互联网创新基础设施 | 辽宁辽河实验室 |
| 3 | 沈阳 | 超大型深部工程灾害物理模拟设施 | 东北大学 |
| 4 | 沈阳 | 特殊钢全生命周期研发测试平台 | 中科院金属所 |
| 5 | 大连 | 高亮度极紫外自由电子激光设施（即"大连先进光源"） | 中科院大连化物所 |
| 6 | 大连 | 海洋工程环境实验与模拟设施 | 大连理工大学 |
| 7 | 大连 | 智能制造重大科技设施群 | 大连理工大学 |

资料来源：本书编写团队根据公开资料整理。

2）算力基础设施

根据我国《"十四五"数字经济发展规划》，算力基础设施是数字基础
设施的重要组成部分[①]。在数据驱动、AI驱动等科研新范式下，算力基础设
施的布局对于重大科学发展、关键核心技术突破以及科技型企业的成长都变
得尤为重要。比如，近期火爆出圈的ChatGPT，是一款由人工智能技术驱动
的自然语言处理工具，其对海量大数据的计算和处理能力正是支撑其训练和
运行的重要前提。目前，国家批复的算力基础设施主要有两类，一类是超级
计算中心，其主要依托功能强、运算速度快、存储容量大的超级计算机建
设，多用于国家高科技领域和尖端技术研究。截至2022年底，我国已批准

———————
　① 此外，还包括千兆光纤网络、5G、卫星通信网、物联网等信息网络基础设施，以及工业互
联网、智慧交通物流设施、智慧能源系统等传统基础设施智能化改造后所形成的融合基础设施。

建立10个超级计算中心①，辽宁暂无。另一类是国家新一代人工智能公共算力开放创新平台，是基于人工智能芯片构建的人工智能计算机集群，主要应用于人工智能深度学习模型开发、模型训练和模型推理等场景。2023年9月，我国首批批复9家新一代人工智能公共算力开放创新平台，沈阳人工智能计算中心和大连人工智能计算中心同时上榜，辽宁成为全国唯一同时获批两个该平台的省份（详见专栏5-15）。此外，根据中国信息通信研究院（简称"信通院"）2022年11月发布的《中国算力发展指数白皮书（2022年）》，辽宁省算力指数规模位列全国第九，东北地区第一，相对领先。下一步，辽宁还可以适当加大在算力设施方面的布局，但更重要的是充分引导这些算力基础设施在推动全省数字驱动型未来产业起飞及科研范式向AI驱动升级中发挥作用。

**专栏5-15　算力基础设施：超级计算中心与人工智能计算中心**

超级计算中心与人工智能计算中心都属于算力基础设施，均由科技部管理。其中，超级计算中心主要依托功能最强、运算速度最快、存储容量最大的超级计算机建设，多用于国家高科技领域和尖端技术研究，是一国科研实力和综合国力的重要象征。截至2022年底，我国已批准建立10个超级计算中心，分别位于天津、广州、深圳、长沙、济南、无锡、郑州、昆山、成都、西安。而人工智能计算中心是基于人工智能芯片构建的人工智能计算机集群，主要应用于人工智能深度学习模型开发、模型训练和模型推理等场景，提供从底层芯片算力释放到顶层应用使能的人工智能全栈能力②。2023年9月，我国首批批复9家国家新一代人工智能公共算力开放创新平台，沈阳人工智能计算中心和大连人工智能计算中心同时上榜，辽宁成为全国唯一同时获批两个该平台的省份，除此之外，北京、武汉、西安、珠海、成都、

---

① 分别位于天津、广州、长沙、深圳、济南、无锡、郑州、昆山、成都和西安。
② 中国科学技术信息研究所. 人工智能计算中心发展白皮书［R］. 北京：中国科学技术信息研究所，2020.

杭州、南京各自获批了一个新一代人工智能公共算力开放创新平台，另有16家新一代人工智能公共算力开放创新平台处于筹建之中。

超级计算中心与人工智能计算中心的主要区别如下：

◆ 战略定位不同。超级计算中心立足于科学研究，是支撑国家科研体系的大科学装置，主要解决大系统、大工程、大科学的问题。人工智能计算中心立足于赋能产业，是支撑数字经济的基础设施。

◆ 应用领域不同。超级计算中心主要应用于重大工程或科学计算领域的通用和大规模科学计算，如新材料研发、新药设计、航空航天飞行器设计等领域的研究。人工智能计算中心主要支持人工智能与传统行业的融合创新与应用，提升传统行业的生产效率，在自动驾驶、辅助诊断、智能制造等方面应用广泛。

◆ 技术架构不同。超级计算中心的核心计算能力由高性能CPU或协处理器提供，注重双精度通用计算能力，追求精确的数值计算。人工智能计算中心的核心计算能力由训练、推理等专用计算芯片提供，注重单精度、半精度等多样化计算能力，是一种不确定的近似计算。

资料来源：本书编写团队根据公开资料整理。

### 3）国家基因库

基因资源是重要的国家战略资源，不仅对于国家安全至关重要，对于生命科学的发展也至关重要，比如，精准医学就是立足于基因组大数据的一种医学模式；再比如，基因组大数据还可以为药物靶点的发现提供基础数据及大量信息。2011年，国家发展改革委等四部委批复同意华大基因组建深圳国家基因库，2016年建成。深圳国家基因库是继美国、日本和欧盟之后全球第四个建成的国家级基因库，此后，华大基因还分别和青岛市政府、辽宁何氏医学院等合作建设了青岛国家海洋基因库、沈阳国家眼基因库（详见专栏5-16）。对于辽宁省来说，拥有世界首个、也是目前唯一的眼基因库，各级政府要充分重视，予以大力支持，一方面要学习青岛支持海洋基因库的经验，支持眼基因库实施特定眼病基因组计划，形成更强大的基因组大数据库；另一方面要鼓励眼基因库开放，引进各类新药研究机构，依托眼基因组大数据开发靶向药物，包括眼病领域以及眼底照片叮识别的糖尿病、高血压、心脏病、脑卒中等相关慢病领域。

**专栏5-16　　　　　　　我国3个国家基因库基本情况**

◆ 深圳国家基因库：是国家发展改革委等四部委批复建设的我国首个国家级综合性基因库。2016年9月正式启用，是继美国、日本和欧盟之后全球第四个建成的国家级基因库。基因库由深圳国家高技术产业创新中心负责管理，并委托华大基因负责运营。该平台主要用于存储管理中国特有遗传资源、生物信息和基因数据，为生命科学研究和生物产业创新发展提供服务。

◆ 青岛国家海洋基因库：由青岛市政府、西海岸新区管委会和华大基因共建，2016年8月启动建设，目前已成为全球最大的海洋基因库。截至2023年底，该基因库存储海洋生物样本资源10余万份，发起了万种鱼类基因组计划、海洋微生物基因组计划等科学计划，已完成了873种海洋生物基因测序，对全球海洋生物基因组研究贡献度达28%、对中国海洋生物基因组研究贡献度达49%。正是因为该基因库的存在，青岛将基因与细胞产业列为青岛七大未来产业之首。

◆ 沈阳国家眼基因库：由辽宁何氏医学院、何氏眼科医院与华大基因等共建，2017年9月启动建设，是全国唯一的眼病及相关慢性病遗传资源库。目前，何氏集团已依托基因库成功开发及在研多款眼科基因药物。

资料来源：本书编写团队根据公开资料整理。

## 5.4  抓场景创新：未来产业技术熟化的加速器

最近在经济发展及城市建设领域很火的"场景"（Scenario）一词，实际上不是近期才诞生的新概念。早在20世纪80年代传播学者梅罗维茨就从戈夫曼的"拟剧理论"中获得灵感，提出了"场景"一词，当时，他把该概念用于影视领域，指电影拍摄的场地和布景[①]。后来，该词又被应用到了消费促进、技术促进、数字经济促进、城市营造等多个领域，并上升为我国的国家战略。2021年10月，习近平总书记在中央政治局第34次集体学习中提出，"要充分发挥海量数据和丰富应用场景优势，推动数字经济健康发展"。我国2021年3月发布的《中华人民共和国国民经济和社会发展第十四个五年规划和2035年远景目标纲要》中，还提到了建设未来技术应用场景、数字技术应用场景、5G技术应用场景、美好数字生活场景、现代时尚消费场景等多类场景。2022年7月，科技部等六部门联合印发的《关于加快场景创新以人工智能高水平应用促进经济高质量发展的指导意见》，对人工智能领域场景创新工作进行系统部署。与此同时，工信部等还探索启动智能制造示范工厂及优秀场景、机器人应用优秀场景、人工智能创新应用先导区典型应用场景等国家级示范场景建设工作。根据长城战略咨询统计，截至2022年底，我国地区生产总值前100位的城市中已有43个城市启动了场景创新的相关工作[②]。

从以上我国及各地关于场景的部署来看，虽然场景创新对于消费升级、城市营造等多个领域都适用，但各地更为关注场景对于技术进步及成果转化的促进作用，可见，场景对于未来产业培育至关重要，而且基本形成共识。

---

① 长城战略咨询. 新场景体系［R］. 2022.
② 长城战略咨询. 中国场景创新研究报告2023［R］. 2023.

对此，从目前我国及各地关于未来产业的部署中也能窥见，比如，《中华人民共和国国民经济和社会发展第十四个五年规划和2035年远景目标纲要》在前瞻谋划未来产业任务中就明确提出"实施产业跨界融合示范工程，打造未来技术应用场景，加速形成若干未来产业"；再比如，上海、北京等出台的未来产业行动方案，分别提出"发布早期验证场景，加速0~1的创新突破；发布融合试验场景，推动1~100加速孵化；发布综合推广场景，推动100~100万爆发式增长""举办新场景发布会、供需对接会；支持底层技术跨界示范应用，实现不同场景协同联动"。

再从原理上来看，超大规模应用场景能从技术迭代、创新激励、多条技术路线并行演进等方面促进未来产业发展。虽然技术推力和需求拉力对前沿技术产业化都至关重要、缺一不可，但有时场景创新产生的需求拉力，甚至比技术推力更重要，正如恩格斯所说："社会一旦有技术上的需要，这种需要就会比十所大学更能把科学推向前进。"对于我国等具有规模巨大的市场以及丰富应用场景的国家来说，需求拉动尤其能够发挥关键作用，这也是我国近些年互联网等多领域实现全球领先的原因所在。超大规模市场不仅可以为前沿技术产业化提供充分的获利空间，为创新活动提供激励，还能容纳更多技术路线并行演进，一条技术路线失败了，市场还能够支持其他技术路线成为最终的胜利者，避免一家企业"点错科技树"造成整个产业出局①。

对于场景工作的推进，我国大量城市已经开展了探索，可以分为四个梯队（详见表5-15）。根据《中国场景创新研究报告2023》，第一梯队采取"全市统筹、系统推进"场景创新的工作模式，以北京、上海、合肥、成都等城市为代表；第二梯队采取"特定领域系统推进"模式，以青岛、南京、济南等城市为代表；第三梯队实现"不定期发布场景清单"，以杭州、广州、

---

① 中国社会科学院工业经济研究所课题组. 未来产业：开辟经济发展新领域新赛道 [M]. 北京：中国发展出版社，2023.

沈阳等城市为代表；第四梯队以"点状启动场景探索"为特点，尚未形成工作体系和工作思路。

表5-15 　　　　　　　　我国重点城市场景创新工作实践情况[①]

| 梯队分布 | 梯队特征 | 代表城市 |
|---|---|---|
| 第一梯队 | 全市统筹、系统推进 | 北京、合肥、上海、成都 |
| 第二梯队 | 特定领域系统推进 | 青岛、南京、济南、武汉 |
| 第三梯队 | 不定期发布场景清单 | 杭州、广州、沈阳、苏州、长沙、贵阳、淄博、芜湖、九江、赣州、宜春、上饶、常州、南昌 |
| 第四梯队 | 点状启动场景探索 | 无锡、宁波、天津、绵阳、宜宾、株洲、郑州、大连、温州、宜昌、福州、泉州、潍坊、重庆、南通、石家庄、厦门、惠州、西安、烟台、榆林 |

对于辽宁省来说，场景创新工作实际起步比较早，但系统性不够，还需进一步提升。目前，辽宁省工信厅牵头的智能制造场景开放以及沈阳市商务局牵头的场景招商都取得了不错成效，但在统筹推进力度、精细化程度等方面，与第一、第二梯队城市还有较大差距。为此，本节将结合辽宁省需要，重点介绍4个需要提升的方面。一是对标《北京市加快应用场景建设推进首都高质量发展的工作方案》《合肥市实施场景应用创新三年行动方案》等，编制出台场景顶层设计文件，明确工作方案、工作重点及责任分工，统筹推进场景工作。二是对标合肥、成都等城市，把"两清单"和"双找"做到极致，包括编制场景机会清单、场景能力清单，以及为场景找技术、为技术找场景，达到内培外引新物种企业的根本目的。三是对标北京、成都等城市打造超级示范场景经验，启动示范性"高带动集成场景"建设，最大限度挖掘和放大场景价值，推动新材料、新工艺、新科技等应用尽用、能用先用。四是学习合肥经验，成立场景创新促进中心，由专门的市场化机构来负责"两

---

① 长城战略咨询. 中国场景创新研究报告2023 ［R］. 2023.

清单"编制、"双找"活动组织（场景大会及对接会）、场景招商、新物种企业场景打磨等相关工作。具体建议如下：

### 5.4.1　以引育技术领先企业为落脚点，推进场景两清单与双找

从2018年开始，上海、成都、北京等城市率先启动场景工作。

上海从2018年开始连续多年发布人工智能场景清单；北京从2019年开始连续多年发布市级应用场景项目；成都2019年首发《城市机会清单》，后续还多次组织新经济"双千"发布会。可以看出，这些早期探索主要关注场景机会清单的征集发布，对场景落地实施的关注还不够，这也暴露出很多的问题。自2022年起，越来越多的城市从单纯场景清单发布转向更加重视场景供需对接。

据长城战略咨询统计，在启动场景工作的43个GDP TOP100（地区生产总值排名前100）城市中，截至2023年8月，已有14个城市开展了不同形式及规格的场景供需对接活动，比如，合肥产业链场景供需对接系列活动、青岛人工智能"百企百景"对接洽谈会（从2020年开始，已连续举办四届）、上海工业数字化供需对接大会等。其中，合肥探索较为深入，其不仅首创提出场景机会清单和场景能力清单两张场景清单工作机制，还建立了季度场景清单发布工作体系，2022年发布了三批场景机会清单，释放100个市级场景机会，并推荐了三批106个场景能力。自合肥此探索之后，编制发布两张场景清单正在成为各地启动场景创新工作的标配。

先看机会清单。机会清单就是当地可以释放给各类企业的机会，能够释放"大机会"的场景业主方主要包括政府部门、国有企业、事业单位、民营大企业，它们在数字化转型、低碳化转型等过程中能够释放大量新技术新产品新工艺的"大机会"。编制场景的机会清单，就是要把这些"大机会"给梳理出来，清单化展示。在编制清单的过程中，还有两点值得注意，一是成都的探索，其把人民对美好生活的需要转化为城市营造的愿景，再把美好城

市的愿景蓝图转化为场景清单；二是上海的探索，其聚焦人工智能等特定的行业编制清单。

再看能力清单。能力清单主要是展示当地哪些企业具有承接哪些场景的能力。具有场景承建能力的企业，一般以科技企业为主，它们拥有大量的自主研发的新技术、新产品、新工艺，同时，它们也亟须寻找技术验证的环境。编制能力清单，不仅有利于充分了解当地企业技术供给能力，还有利于推进场景赋能本地科技型企业成长。

最后介绍"双找"。有了两个清单之后，还需要推动两个清单的匹配，这就需要组织供需对接会、"揭榜挂帅"等各种形式的活动，创造两类主体"碰撞"的机会。合肥在这个过程中，基于实践总结形成了"双找"的模式，即为场景找技术、为技术找场景。在组织"双找"活动时，一定不能仅停留在"双找"的热闹中，要注意关注两个核心落脚点：一是依靠场景的魅力招引域外前沿技术企业。尤其要多依靠高价值场景①招引域外前沿技术企业区域总部甚至总部，各地可以争取承办全国性独角兽企业峰会、潜在独角兽企业峰会等峰会，借助峰会邀请全国新物种企业到当地系统对接，也可以组织细分赛道专场新物种企业对接会，还可以"一对一"深度对接，总之就是要多对接，从交流的碰撞中产生火花，用一个个高价值场景换取一批批总部型项目落地。二是依靠场景的赋能促进驻地院校成果本地转化及本土的前沿技术企业高成长。这里，就需要用到能力清单。全省的场景清单出来后，就需要主动去挖掘本地能够承担场景建设的创新型企业及院校人才团队，给他们机会，助力他们成长。另一方面，还要针对重点培育的科技型企业及创业团队，组织场景的打磨会，帮助他们找到技术应用的场景，并帮助这些企业在省内及省外寻找合适的场景机会。

---

① 所谓"高价值场景"，是指各类投资商抢着拿其公司未来在整个区域的主要经济效益来和你交换的场景，所以"投资商是否愿意落户区域总部甚至总部"是检验场景价值的首要标准。在这个过程中，政府不用给扶持资金，土地优惠、税收奖励也基本不给，实现了由过去的"买总部"到现在的拿场景"换总部"。这样通过高价值场景换总部，不仅代价低，而且换来的总部还有很强的生命力。

对于辽宁省来说，全省在工业互联网场景开放、沈阳在场景招商等方面的探索相对领先。辽宁已连续举办5届全球工业互联网大会，从第一届开始，就在一直组织参会的数字经济企业与辽宁本地制造业头部企业对接，撮合双方合作。2020年第二届大会，开始专门探讨场景实践。2021年第三届大会，辽宁正式发布了相关企业的1 453个工业互联网应用场景需求。经过这些年的努力，辽宁的这些行动在推动辽宁制造业转型升级的同时，也成功引进了华为、科大讯飞、奇安信等头部企业的区域总部，并助推了一批本地中小型科技企业成长。2021年4月，沈阳在东北率先发布了《场景清单》，并提出打造"东北场景第一城"，这在东北乃至全国新经济界都引起很大的轰动，此后沈阳市还多次发布场景清单，其多个区县也积极发布清单。这几年，沈阳也确实有不少通过"高价值场景"引进头部企业、新物种企业区域总部的成功实践，比如华为区域总部落户沈阳就是典型案例（详见专栏5-17）。虽然辽宁发布场景清单及组织双找活动取得了一定效果，但我们调研中也发现了一些问题，比如，微控新能源、恩梓科技等重点新赛道企业，其"首台套"产品及颠覆性技术主要应用场景均不在辽宁，企业存在外迁的风险。为此，我们建议辽宁省从以下几个方面着力：一是建立常态化的场景挖掘和供需对接机制，组织编制场景机会清单和场景能力清单，并按需组织各类"撮合"对接活动；二是一以贯之推进全省在工业互联网领域、沈阳在场景招商等领域的超前探索，久久为功见效；三是策划更多高价值场景，争取引进更多头部企业、新物种企业，为区域经济增长做出更大贡献；四是把目前全省的成果转化、科技型企业培育等工作与场景的策划、开放等工作结合起来推进，让场景为全省技术创新及成果转化全面赋能。

## 专栏5-17 沈阳市开放"智慧城市"场景引进华为的实践探索

沈阳通过开放全市及浑南区"智慧城市"等多领域用数场景，促成华为公司在浑南区落户辽宁区域总部、辽宁鲲鹏生态创新中心等重大项目，并引进一批华为生态圈企业。

（1）开放市区"智慧城市"场景，成功引进华为区域总部。针对华为公司的鲲鹏产品、计算产品等"试验"及市场拓展需求，沈阳市政府全力推进交通、教育、医疗、政务等领域数据开放，组织编制《沈阳市新型智慧城市建设试点方案》，与华为公司在智慧出行、智慧校园、智慧医院、智慧政府等应用场景开展合作。浑南区政府积极开放一网通管、一网通办、一网协同、智慧党建等多个数字化场景，与华为公司合作共建"浑南智慧体"。以上场景开放促成华为区域总部落户。

（2）争取华为公司开放内部场景，联合引进生态圈企业。在华为公司的区域总部落户沈阳后，市、区政府还积极联合华为公司引进其生态圈企业。一是支持华为公司建设开放型辽宁鲲鹏生态创新中心，目前，中心已与数百家的高校院所达成培训、产学研等合作，并成功吸引几十家产业链上下游软硬件开发企业入驻浑南。二是支持华为公司建设开放型的沈阳人工智能计算中心，由浑南区人民政府国有独资企业沈阳高新发展投资控股集团有限公司（简称"高发投集团"）参与计算中心建设投资及日常运营，计算中心将建设总规模300P人工智能算力，支撑AI重大应用模型训练及推理，吸引自动驾驶、智慧医疗、网络安全、数字设计、自然语言处理等领域AI企业集聚。三是争取华为公司开放半导体供应链需求，积极与芯源微、拓荆科技等沈阳重点半导体装备企业对接、合作。

资料来源：本书编写团队根据公开资料整理。

## 5.4.2  布局超级示范场景，打造一批未来技术关键试验场

全国各地在推进场景工作时，都比较重视少数关键的"高带动性集成场景"（或"超级场景"）建设，其由多个相互关联的"小切口"场景组合而成，不仅能够更有效地促进产业升级、城市发展及生活质量提升，还能以批

量的方式加速新技术的迭代以及新物种企业的成长，可以说，超级示范场景的建设将最大限度挖掘和放大场景价值，推动新材料、新工艺、新科技应用尽用、能用先用。比如，2022 年北京冬奥会积极开放场馆建设、赛事保障、赛事运维、赛事直播等各类场景机会，为新技术新产品提供测试、展示的试验场，吸引全国范围内 500 多家科技企业参与，并使得羽衣甘蓝、超星未来、象辑科技、拙河科技、全色光显等一批技术领先企业脱颖而出（详见表5-16）；再比如，合肥市最近重磅打造了"骆岗公园超级场景"，截至 2023年 9 月，已落地新技术、新产品超 100 个，打造具有显著示范性的应用场景超 50 个，联动科创企业超 500 家。此外，在长城战略咨询发布的《中国场景创新研究报告 2023》中，结合各地场景开放重点涉及的人工智能、元宇宙、智慧城市、智能制造这四大领域，提出了八类高带动性的集成场景（详见表5-17），这些集成场景可以作为各地规划和设计重大场景项目的参考蓝本。

表5-16　　　　　　　　　　　科技冬奥十大应用场景

| 十大场景 | 具体内容 | 技术支持方 |
| --- | --- | --- |
| 冬奥开幕沉浸式体验空间 | ❖ 逼真的"冰立方"<br>❖ 世界最大 8K 高清地面显示<br>❖ 超高清激光"雪如意" | 京东方<br>利亚德 |
| 冬奥智慧场馆 | ❖ 数字鸟巢<br>❖ 智慧调度"冰立方"工程<br>❖ 网络安全"零事故" | 北京智能建筑<br>广联达 |
| 冬奥裁判评分 | ❖ 动作技术量化分析<br>❖ 运动轨迹实时追踪<br>❖ 三维运动员追踪分析 | 百度智能云<br>第四范式 |
| 冬奥赛事高质量转播 | ❖ 子弹时间看赛事<br>❖ 8K 超高清直播<br>❖ 360°全景赛事直播<br>❖ 冰壶运动轨迹捕捉 | 阿里云<br>创维 |

超前布局未来产业：辽宁形成新质生产力的关键之举

续表

| 十大场景 | 具体内容 | 技术支持方 |
|---|---|---|
| 数字人解说 | ❖ 冬奥手语播报系统<br>❖ 3D手语数智人<br>❖ AI手语主播 | 智谱华章<br>凌云光<br>腾讯 |
| 冬奥医疗救治 | ❖ AI医疗数字管控平台<br>❖ 科技移动救援小车<br>❖ 穿戴式医疗级体温计 | 浪潮信息<br>羽衣甘蓝 |
| 运动员智能生活服务 | ❖ 释放压力的智能床<br>❖ 区块链冬奥食品安全保障平台<br>❖ 智能模拟仿真的战袍 | 麒盛科技 |
| 冬奥服务机器人 | ❖ 冬奥智慧餐厅<br>❖ 智能双臂协作的咖啡机器人<br>❖ 无接触智能物流机器人<br>❖ 善于交流的防疫机器人 | 猎户星空<br>京东物流 |
| 冬奥AR导览 | ❖ 3D高精度识别的AR导航<br>❖ 随叫随到的AR引导 | 旷视<br>商汤 |
| 冬奥交通智能化 | ❖ 冬奥重点区域交通运输"一张图"<br>❖ 复杂山地交通仿真数据 | 百度地图 |

资料来源：本书编写团队根据公开资料整理。

表5-17　　**长城战略咨询·八大高带动性集成场景（2022版）**[①]

| 八大场景 | 小切口场景 | 场景能力代表企业 |
|---|---|---|
| 智能工厂 | ❖ 机器视觉工业检测<br>❖ 工业元宇宙数字底座<br>❖ 仓储AMR无人物流<br>❖ 工业设备数字运维 | 大族机器人、节卡机器人<br>雪浪云、智昌科技<br>灵动科技、极智嘉<br>纵行科技、安脉盛 |

[①]　更全面的小切口场景详见《中国场景创新研究报告（2023）》。

续表

| 八大场景 | 小切口场景 | 场景能力代表企业 |
|---|---|---|
| 园区新型储能 | ❖ 5G基站储能<br>❖ 虚拟电厂<br>❖ 个性化屋顶光伏<br>❖ 压缩空气储能 | 宁德时代、国轩高科<br>平衡机器、汇电云联<br>正泰安能<br>嘉泰新能 |
| 自动驾驶测试场 | ❖ 自动驾驶感知决策<br>❖ 自动驾驶算力芯片设计<br>❖ 无人驾驶重卡货运 | 觉非科技、鸿泉物联<br>奕行智能、复睿微<br>赢彻科技、千挂科技 |
| 元宇宙街区 | ❖ AR实景导览<br>❖ 虚拟空间搭建<br>❖ AR虚拟试穿<br>❖ 虚拟主播 | Rokid、奇点临近<br>Cocos、构赛博<br>翰飞科技、投石科技<br>魔珐科技、中科闻歌 |
| 虚拟数字人 | ❖ 超写实数字人创作平台<br>❖ 数字人肢体动作AI驱动<br>❖ 数字人直播全栈服务 | 唯物科技、数字栩生<br>中科深智<br>花脸数字、世优科技 |
| AI新药研发 | ❖ 人工智能靶点发现引擎<br>❖ AI蛋白质设计<br>❖ AI辅助合成路线设计 | 费米子科技、英矽智能<br>分子之心、百奥几何<br>智化科技 |
| 一件事集成办 | ❖ 城市数据驾驶舱<br>❖ 文档智能审阅<br>❖ 政策智能审批<br>❖ 数字公务员 | 美云数据<br>达观数据<br>渊亭科技<br>东上数字 |
| 企业级零信任安全 | ❖ 网络准入控制<br>❖ 数字证书<br>❖ 量子加密<br>❖ 安全态势感知 | 北信源、奇安信<br>海泰方圆、江南信安<br>国盾量子、四盾科技<br>安恒信息、知道创宇 |

资料来源：本书编写团队根据公开资料整理。

对于辽宁省来说，目前在超级示范场景建设上探索还不足，比如，仅有1个工厂入选"灯塔工厂"，入选各类国家级示范场景也较少（详见表5-18），尤其缺少具有极大带动性类似于北京科技冬奥、亦庄高级别自动驾驶示范区、张江人工智能岛的超级场景。为此，辽宁省下一步可从以下几个方面着力：一是聚焦全省技术领跑领域加快超级示范场景布局，大胆先行先试，勇闯"无人区"。比如，聚焦万亿氢能与储能新赛道，立足大连化物所创新能力全球领先优势，加快沈大氢能高速走廊、辽宁港氢能港口及辽宁港经济圈氢能物流通道等场景供给，并推动新能源市场化定价、风光强制配储、碳足迹认证、绿电绿证交易等机制建设，助力辽宁抓住能源革命的重大产业机会[①]；再比如，依托中科院金属所、中科院沈阳自动化所、大连理工大学、东北大学，以及"沈大长哈科创走廊"上的哈尔滨工业大学、中科院长春光机所和中科院长春应化所等在未来智能、未来材料等领域全球领先的创新能力，加强"黑灯工厂"及"整机装备"开放，为工业母机、工业软件、先进材料等提供示范场景。二是启动"未来辽宁"研究，围绕辽宁比较优势领域，联合技术专家、未来学家等描绘"未来辽宁"蓝图，并结合未来蓝图学习北京、上海等城市的经验，包装类似于科技冬奥、智慧大兴机场的重大"未来项目"，为前沿技术试验提供一流示范场景。三是出台示范性场景建设专项政策，参考上海"按项目投资额的30%予以支持，最高支持额2 000万元"，结合辽宁财力出台支持政策。

## 5.4.3 组建场景创新促进中心，成为场景工作专业化推进机构

从各地实践来看，除了依托发改、科技、工信、商务等现有政府部门的力量以外，各地还探索依托以下各方力量推动场景工作：

---

[①] 目前，国内氢能走廊超级场景已经初见雏形，国内现在至少有6个"氢走廊"项目，包括"成渝氢走廊"、长三角"氢走廊"、长江"氢走廊"、广东粤湾"氢走廊"、山东半岛"氢动走廊"和浙江特色"氢走廊"。依托各省的氢能走廊建设，有望搭载氢高速示范线路、加氢站、重载物流、氢车通勤等氢能"制—储—加—用"全链条的应用场景示范。

表5-18　　　　　　　　　辽宁省获批的国家级示范场景名单

| 部门 | 示范场景类型 | 辽宁省名单 |
|---|---|---|
| 工信部 | 智能制造示范工厂揭榜单位和优秀场景名单 | ❖ 三一重装：重型装备智能制造示范工厂<br>❖ 三菱发动机：汽车用高端发动机智能制造示范工厂 |
| | 机器人应用优秀场景名单 | ❖ 新松机器人：脑卒中、脊髓损伤患者上下肢功能康复训练等<br>❖ 沐森农业：林果旋耕、播种、植保等作业<br>❖ 天安科技：煤矿掘进作业<br>❖ 三一重型：煤矿掘进作业<br>❖ 中煤科工沈阳研究院：矿山作业机器人及系统等<br>❖ 东方测控：露天矿无人驾驶<br>❖ 科迪科技：智能选矸 |
| 科技部 | 新一代人工智能示范应用场景名单 | 暂无 |

资料来源：本书编写团队根据公开资料整理。

一是依托专门设立的政府部门，比如，成都曾专门成立市新经济发展委员会，负责全市新经济发展及场景供给、落地工作。

二是依托专门成立的国有企业，比如，深圳龙华区由市区两级国有企业联合成立龙华城市场景实验室有限公司，负责应用场景建设工作。

三是依托当地的科技服务机构，比如，青岛的工业互联网创新发展中心。

四是以政府购买服务的方式依托第三方机构，比如，合肥市就联合该领域的专业机构长城战略咨询[①]成立了"合肥场景创新促进中心"，负责场景挖掘、场景打磨、清单发布、对接路演、推广服务等全流程场景工作，这也是全国首个城市场景创新中心。

---

①　长城战略咨询在对独角兽企业、哪吒企业等新物种企业成长规律的研究中发现，很多新物种企业商业模式爆发的转折点来自高价值场景的突破，其找到技术应用场景就能实现快速成长，此后在成长过程中由于持续导入更广泛的资源，还能带动技术本身的二次迭代。为此，长城战略咨询从2017年就开始关注并持续研究新场景，它也是国内最早启动场景创新研究与实践的智库机构。

在以上四类场景推动力量中，我们最为推荐第四种。从合肥经验来看，其依托场景创新中心推进实现后来居上，截至2023年5月，累计服务超1 000家企业，挖掘场景需求超600个，举办路演对接活动50多场，促成意向合作70多项，这也是合肥能够进入场景创新第一梯队城市的原因所在（详见专栏5-18）。

**专栏5-18　合肥依托场景创新中心打造"全域场景创新之城"实践**

◆ 深入挖掘场景需求策划两张清单。合肥联合专业机构组织各部门、区县、科研院所座谈近百场，挖掘近500条场景需求线索，谋划发布三批场景机会清单及场景能力清单，包括开放市级场景机会100个，推介场景能力106项。2023年第一季度谋划发布首批场景机会20个，场景能力40项。

◆ 构建常态化场景发布机制。合肥已建立起常态化的场景清单发布机制，原则上每季度发布一批场景清单。比如，2022年5月，举办"合肥市重点产业链首批场景清单发布暨'科技抗疫'场景主题活动"，发布30个重点产业链场景机会清单、20个重点产业链场景能力清单和16个"科技抗疫"场景清单；9月，又围绕城市发展全领域，发布2022年第二批50个场景机会清单和50个场景能力清单。

◆ 开展常态化场景对接。2022年，合肥联合专业机构举办场景路演对接活动50多场，帮助70多家场景业主单位对接了100多家优秀企业，帮助32家场景能力企业实现市场拓展，22家企业拿到了实质性订单。合肥还常态化开展场景专题对接会和"双需"对接会，广泛对接国内优质新物种企业解决场景需求，全年累计邀请100余家外地企业参与对接，促成数十个场景合作落地。

◆ 开展常态化场景打磨。合肥常态化邀请来自科研院所及投资、企业战略、产业等领域的场景专家，组织场景路演打磨会，例如，2022年7月举办了场景创新企业路演遴选会，邀请多家智库、投资、科研等机构，共十余位专家参与，帮助一批潜力企业打磨技术应用"切口"，寻找场景方向。

◆ 策划和举办中国场景创新峰会。2022年9月，合肥举办了2022中国（合肥）首届场景创新峰会，发布全国首个《中国场景创新体系报告2022》，颁发了年度最佳场景创意奖，释放了合肥市第二批场景机会清单和场景能力清单，吸引了全国50多家独角兽企业、潜在独角兽企业等新物种企业到合肥共建共享场景。

资料来源：本书编写团队根据公开资料整理。


对于辽宁省来说，场景工作起步早，并且依托省工信厅、沈阳市商务局等牵头分别开展了一些场景工作，但效果不如第一、第二梯队的合肥、成都、深圳等城市，主要原因还是推进力度不够。为此，我们建议辽宁省要尽快建立场景创新促进中心，在政府和市场之间搭建一个专业化平台，帮助政府策划场景、打磨场景，向企业开放及征集新技术，同时也帮助企业的新技术落地寻找应用场景，从而系统推动场景挖掘、场景打磨、场景清单、场景大会、场景对接、场景示范等各项工作继续走深走实，让场景在未来产业培育中切实发挥作用。


## 5.5　抓未来产业先导区：孕育未来产业的主阵地


未来产业从技术创业到高速成长的全过程，对技术、人才、场景、基金等要素都有着极高要求，为此，浙江[①]、上海[②]、河南[③]多地开始探索打造"未来产业先导区"以汇聚特定要素，作为未来产业培育的主阵地。2023年

---

[①]　浙江实践：浙江对于未来产业集聚区的统筹布局，实际上始于2019年2月启动的"万亩千亿"新产业平台，当时浙江省人民政府办公厅印发了《关于高质量建设"万亩千亿"新产业平台的指导意见》。这类新平台空间面积在5到10平方千米之间（即万亩），并要连片；定位上主要面向重量级未来产业；体制上只增挂牌子，不增设机构。截至2022年底累计批复四批，共计27个。2023年2月，浙江省人民政府办公厅印发的《关于培育发展未来产业的指导意见》继续提出以"万亩千亿"新产业平台为主阵地大力发展重量级未来产业。2023年5月，浙江省数字经济发展领导小组办公室还印发了《关于浙江省未来产业先导区建设的指导意见》，并于2023年8月公布首批8家省级未来产业先导区培育创建名单。
[②]　上海实践：2022年9月，上海市人民政府印发了《上海打造未来产业创新高地 发展壮大未来产业集群行动方案》，提出建设15个左右未来产业先导区。2023年3月，3家首批未来产业先导区获得授牌。
[③]　河南实践：2022年1月，河南省人民政府办公厅印发《河南省加快未来产业谋篇布局行动方案》，并于同年9月，由省工信厅组织评选出首批9省级未来产业先导区。

7月，国家发展改革委党组书记、主任郑栅洁在《求是》发表署名文章，也提出"对前沿技术、颠覆性技术进行多路径探索，推动建立国家未来产业先导区，超前谋划布局一批未来产业"[①]。

从浙江、上海等先行地区的经验来看，能够承担未来产业先导区功能的载体形态包括科学城/科技城、环院校科创生态圈、高新区、科创园区/科创街区、科创楼宇、特色小镇、产业基地/产业谷、产业园区等多种形式（详见表5-19）。概括来讲，其要么是聚焦未来技术领域的创新功能区，要么是聚焦未来产业领域的产业功能区。本节我们将重点介绍近年来各地比较关注的科学城/科技城、环院校科创生态圈、科创特区三类较难打造的未来产业先导区，并介绍片区综合开发这一未来产业先导区开发建设关键模式[②]。

表5-19　　　　　　　　我国各地布局的未来产业先导区名单

| 省份/地市 | 先导区名称及属性 |
|---|---|
| 浙江（8家） | ❖ 杭州城西科创大走廊人工智能未来产业先导区：依托杭州未来科技城、紫金港科技城、青山湖科技城等<br>❖ 德清北斗地信未来产业先导区：依托位于湖州的德清地理信息小镇，属于未来产业领域的特色小镇<br>❖ 海宁第三代半导体未来产业先导区：依托位于嘉兴的海宁泛半导体"万亩千亿"新产业平台<br>❖ 空天产业（无人机与卫星互联网）未来产业先导区：依托位于台州湾新区的通用航空"万亩千亿"新产业平台<br>❖ 未来网络（6G）未来产业先导区：依托位于杭州萧山区的湘湖未来产业社区（7.13平方千米）<br>❖ 中国眼谷眼健康未来产业先导区：依托温州市龙湾区联合温州医科大学和附属眼视光医院共建的中国眼谷<br>❖ 宁波柔性电子未来产业先导区：依托宁波高新区<br>❖ 绍兴市越城区第三代半导体未来产业先导区：依托绍芯谷 |

① 郑栅洁. 加快建设以实体经济为支撑的现代化产业体系［J］. 求是，2023（13）.
② 对各类开发区、产业谷、特色小镇、产业园区等感兴趣的，可参见《新经济"闯关东"：东北新动能培育实践与展望》一书第四章。

续表

| 省份/地市 | 先导区名称及属性 |
| --- | --- |
| 上海（3家） | ❖ 上海（张江）未来产业先导区：依托张江科学城<br>❖ 上海（临港）未来产业先导区：依托自贸区临港新片区，含多个未来产业领域特色园区，如东方芯港、生命蓝湾、大飞机园、信息飞鱼、海洋创新园等<br>❖ 上海（大零号湾）未来产业先导区：上海交通大学等高校周边17平方千米的区域，属于环院校科创生态圈 |
| 河南（9家） | ❖ 郑州高新技术产业开发区：量子信息、前沿新材料<br>❖ 郑州经济技术开发区：氢能与储能<br>❖ 郑州中原科技城：未来网络<br>❖ 郑州临空生物医药产业园：生命健康<br>❖ 开封汴东先进制造业开发区：前沿新材料<br>❖ 鹤壁市淇滨区：未来网络<br>❖ 新乡高新区氢能产业园：氢能与储能<br>❖ 襄城县先进制造业开发区：前沿新材料<br>❖ 商丘经济技术开发区：前沿新材料 |

资料来源：本书编写团队根据公开资料整理。

　　在介绍之前，还有一点值得强调。既然未来产业先导区是依托于各类功能区，那么到底各地还有没有必要统一推进？我们认为，统一推进还是很有必要的，主要是为了形成未来产业先导区建设及发展的合力，避免单打独斗。为此，我们也建议辽宁省：一是尽快启动省级"未来产业先导区"建设试点，作为全省未来产业发展的主阵地，首批试点建议以沈阳、大连两市为核心，可以重点考虑科技城及环院校科创组团（我们初步提出"2+12"未来产业先导区建议名单，详见表5-20），同时要加强建设指导，引导这些先导区认知升维，切实构建未来产业体系化培育举措；二是全省统筹支持先导区导入关键要素，可以学习四川、陕西等省份的经验，统筹推动来辽发展的区域总部类项目优先落户先导区，从税源涵养角度支持先导区解决高投入问题，同时统筹推动全省分散的战略科技力量有序在先导区建设基地及整体搬迁至先导区。

表5-20 　　　　　辽宁省首批未来产业先导区建议名单（2+12）

| 类型 | 先导区名称 | 重点院校及创新资源 | 未来产业/新赛道 |
|---|---|---|---|
| 科技城类<br>2个 | （一）<br>沈阳浑南科技城<br>（沈阳高新区） | ①中科院金属所<br>②中科院沈阳自动化所<br>③东北大学<br>④沈阳建筑大学<br>⑤沈阳理工大学<br>⑥辽宁材料实验室<br>⑦辽宁辽河实验室 | ①未来材料<br>②未来装备<br>③未来智能 |
| | （二）<br>大连英歌石科学城<br>（大连高新区） | ①中科院大连化物所<br>②大连理工大学<br>③大连海事大学<br>④辽宁滨海实验室<br>⑤辽宁黄海实验室<br>⑥辽宁凌水湾实验室<br>⑦大连先进光源 | ①未来能源<br>②未来装备<br>③未来智能 |
| 科创组团类<br>12个 | （一）<br>沈北科教融合园<br>（沈北新区） | ①中国医科大学<br>②沈阳航空航天大学<br>③沈阳工程学院<br>④沈阳农业大学<br>⑤中科院沈阳生态所 | ①下一代空天装备<br>②未来健康<br>③未来生物 |
| | （二）<br>光明小镇<br>（棋盘山管委会） | ①辽宁何氏医学院<br>②国家基因库眼基因库 | ①眼健康<br>②合成生物 |

续表

| 类型 | 先导区名称 | 重点院校及创新资源 | 未来产业/新赛道 |
|---|---|---|---|
| 科创组团类<br>12个 | （三）<br>中科文萃数字港<br>（沈河区） | ①中科院金属所<br>②中科院沈阳自动化所<br>③中科院沈阳生态所<br>④沈阳药科大学 | ①未来智能 |
| | （四）<br>三好街创新街区<br>（和平区） | ①东北大学<br>②鲁迅美术学院<br>③沈阳音乐学院 | ①未来智能 |
| | （五）<br>名字待定<br>（铁西区） | ①沈阳工业大学<br>②沈阳化工大学 | ①未来装备 |
| | （六）<br>名字待定<br>（皇姑区） | ①辽宁大学<br>②辽宁中医药大学 | ①未来健康 |
| | （七）<br>名字待定<br>（金普新区） | ①大连理工大学<br>②大连民族大学<br>③大连大学<br>④辽宁金石湾实验室 | ①未来装备<br>②未来智能 |
| | （八）<br>名字待定<br>（甘井子） | ①大连工业大学<br>②大连理工大学校友创业园 | ①未来装备<br>②未来健康 |
| | （九）<br>名字待定<br>（沙河口） | ①大连海洋大学<br>②大连交通大学 | ①未来装备<br>②未来健康 |

续表

| 类型 | 先导区名称 | 重点院校及创新资源 | 未来产业/新赛道 |
|---|---|---|---|
| 科创组团类<br>12个 | （十）<br>名字待定<br>（太平湾合作区） | ①招商局集团 | ①未来能源<br>②未来装备 |
| | （十一）<br>名字待定<br>（锦州高新区） | ①辽宁工业大学<br>②锦州医科大学<br>③渤海大学 | ①未来装备<br>②未来健康 |
| | （十二）<br>名字待定<br>（鞍山高新区） | ①辽宁科技大学 | ①未来材料 |

### 5.5.1 布局科学城/科技城，成为孕育未来产业的第一主阵地

虽然未来产业概念最近才提出，而科学城、科技城早已有之，但从上海、浙江等地未来产业先导区布局实践来看，科学城/科技城都是承载未来产业的第一主阵地。国际上正式叫科技城或科学城的，主要是苏联新西伯利亚科学城（20世纪50年代启动建设，最早取名科学城）、日本筑波科学城（20世纪60年代启动建设）、法国法兰西岛科学城、法国索菲亚-安蒂波利斯科学城等，此外，美国波士顿128公路科创走廊、美国北卡三角研究园、英国剑桥科学园等也具有科技城或科学城的功能（详见专栏5-19）。国内创新基础较好的城市，基本也都在布局科技城或科学城，比如，上海的张江科学城，北京的中关村科学城、未来科学城（位于昌平）、怀柔科学城三大科学城，四川的绵阳科技城及成渝共建的西部科学城等。

### 专栏5-19　　国外典型科学城/科技城建设实践情况

◆ 苏联新西伯利亚科学城：始建于20世纪50年代，距俄罗斯第三大城

市新西伯利亚市中心约30千米，这里曾经聚集过俄罗斯50%以上有实力的科学家，研究领域涉及信息技术、核物理、理论遗传学、太空计划等。

◆ 日本筑波科学城：始建于20世纪60年代，位于距东京市中心约60千米的日本茨城县筑波市，拥有约300家研究机构、约1.3万名科学家，是日本最大的科学技术中枢。

◆ 法国索菲亚-安蒂波利斯技术城：始建于1969年，位于法国尼斯和科达苏尔附近，园区占地23平方千米，是在巴黎高等矿业学校和"索菲亚协会"的主导下建设的，与英国剑桥科技区和芬兰赫尔辛基高科技区并称为欧洲三大科技园区，是法国电子信息产业发展的重要基地。

◆ 法国法兰西岛科学城：始建于1983年，位于巴黎市中心南部25千米处，以奥赛和萨克雷镇为轴心，方圆400平方千米，聚集人口160万人。这里集聚了法国60%的技术院校、43%的公共科研机构，包括巴黎第十一大学、巴黎综合理工学院、萨克雷原子能研究中心和法国国家航空航天研究院（研究院有8个研究所，包括总院在内的3个研究所都位于科学城）等40多个高等学校和科研机构，拥有35 000多名科研人员和8 000多家新兴企业。

◆ 美国波士顿128号公路科创走廊：128号公路是美国波士顿市一条92千米长的半环形公路，修建于1951年，距波士顿市区16千米，规划建设之初128号公路并非以科创为目的，但集聚了麻省理工学院（MIT）和哈佛大学等知名高等院校。第二次世界大战结束时，MIT成为美国最大的国防研发承包商，128号公路则成为"科研一条街"。随着冷战结束和太空竞赛的趋缓，国防订单大幅减少，128号公路曾出现一时的萧条。20世纪70年代末，几百家文字处理与计算机公司在此汇集，计算机销量占据全美市场份额的40%以上。20世纪80年代，128号公路错过了个人计算机和互联网的发展浪潮，硅谷开始取代128号公路成为新的计算机工业中心。到21世纪，128号公路凭借着在生命科学与物理学、化学、工程学、计算机科学等多学科领域的技术沉淀和融合，再次崛起，成为全美著名的生物技术走廊。

◆ 美国北卡三角研究园：始建于1959年，位于美国北卡罗来纳州中部，坐落在一座面积为28平方千米的森林公园之中，有包括IBM、史克制药等在内的130多家大公司的科研机构和科研公司、近4万科研人员。

资料来源：本书编写团队根据公开资料整理。

科学城和科技城到底有何区别呢？从概念上讲，科技与科学的差别还是非常大的，科技更强调技术，科学更强调知识，但在我国政府与社会的话语体系中，并没有刻意去区分科技与科学的概念，自然也不会刻意区分科技城和科学城。为此，目前科技城/科学城都指用于承载各类创新平台、科技服务平台以及创新成果产业化项目的功能空间[1]，是各地打造原始创新策源地及培育未来产业的主阵地。

对于辽宁省来说，目前，已在沈阳、大连两市分别布局了沈阳浑南科技城、大连英歌石科学城（详见专栏5-20）。下一步，我们建议一方面要加快推进沈阳浑南科技城、大连英歌石科学城落地见效；另一方面可以探索布局大连海洋科技城，围绕辽宁省蓝色经济发展需要，学习青岛等地的经验，依托金普新区、长兴岛等功能园区建设海洋科技城，在海洋经济多领域形成全球领先的创新策源能力。

**专栏5-20　　　　　　　辽宁省科技城/科学城建设情况**

◆ 沈阳浑南科技城：2019年启动规划建设，以打造科技创新策源地、新旧动能转换发动机、新经济发展示范区为定位，布局先进材料、智能制造、信息技术、生命健康、数字文创五大主导产业，重点推进辽宁材料实验室和辽宁辽河实验室等地方实验室建设，并超前布局超大型深部工程灾害物理模拟设

---

[1]　在科技/科学城建设时，各地都非常关注承载创新成果的产业化项目，因为建设科技城、科学城需要政府投入大量的资金建设各类创新平台、科技服务平台及其配套设施，且多数靠地方专项债、投资人+EPC等方式融资建设，各地都希望这些产业化项目未来能为当地创造源源不断的税收。

施、高能射线多束源材料多维成像分析测试装置、未来工业互联网科研基础设施等重大科技基础设施，建设沈阳材料科学国家研究中心、中国科学院大学机器人与智能制造学院等重点创新平台以及北方算谷等"一谷七园"科创园区。

◆ 大连英歌石科学城：2019年启动规划建设，以打造具有全国影响力的创新策源中心为定位，聚焦洁净能源技术、新一代信息技术、智能制造、生命健康、海洋工程等领域开展科技研究和成果孵化，重点推进辽宁黄海实验室、辽宁滨海实验室、大连凌水湾实验室等地方实验室建设，并超前布局大连先进光源大科学装置等重大科技基础设施，建设大连理工大学实验室组群、大连化物所实验室组群等重点创新平台。

资料来源：本书编写团队根据公开资料整理。

### 5.5.2 布局环院校科创圈，用好院校"金角银边"发展未来产业

从硅谷、波士顿128公路、中关村等先进地区最初的发展来看，毗邻高校院所的"金角银边"布局科创产业空间是培育新产业的重要手段。为此，对于高校院所相对不够集聚但又想充分利用有限的高校院所资源发展未来产业的地区，我们通常会建议这些地区建设微型版科学城或科技城，即环院校科创生态圈（或称为环院校科创组团）。其可以从0到1打造，也可以依托大学科技园或者未来产业科技园等空间拓展或功能升级而来。

环院校科创生态圈具体包括：

1）大学科技园

1951年，斯坦福大学建立了世界上第一个现代意义上的大学科技园——斯坦福研究园。依靠斯坦福大学雄厚的知识、技术、人才资源和出租的校园土地，吸引了具有开创性的初创公司以及老牌公司研发机构加入该创新者社区，成功孵化出了一大批在全球具有深远影响的企业和产业，并由此催生了全球知名的高科技产业高地——"美国硅谷"。受美国影响，西方国家及亚洲地区掀起大学科技园建设热潮。20世纪60年代末，英国剑桥大学成立了剑桥

科学公园；20世纪70年代，韩国在首尔附近建立大德科技园；同时，新加坡、泰国和印度等也相继建立大学科技园。1984年，德国建立了慕尼黑高科技工业园，同一时期，法国、意大利、爱尔兰等国家也根据自身发展特色和优势建立相应的大学科技园。20世纪80年代末，中国开始建立自己的大学科技园。东北大学于1990年正式建立了我国第一个大学科技园，也拉开了国内大学科技园探索的序幕。随后北京大学、清华大学、哈尔滨工业大学等高校相继开始大学科技园建设。2019年，科技部会同教育部制定并发布了《关于促进国家大学科技园创新发展的指导意见》，由此启动新一轮国家大学科技园认定和评估工作。目前，科技部累计备案的国家大学科技园数量达140家。对于辽宁省来说，共有7所大学获批国家大学科技园（详见表5-21），下一步国家大学科技园有两个提质升级方向：一是领域上更聚焦未来产业，争取未来产业科技园建设试点；二是空间上扩展，建设环高校科创生态圈。

表5-21 　　　　　　　　　　辽宁省7家国家大学科技园名单

| 序号 | 城市 | 大学科技园名称 | 批复时间 |
|---|---|---|---|
| 1 | 沈阳 | 东北大学国家大学科技园 | 2001年 |
| 2 | | 沈阳工业大学国家大学科技园 | 2006年 |
| 3 | | 沈阳工程学院国家大学科技园 | 2021年 |
| 4 | 大连 | 大连理工大学国家大学科技园 | 2004年 |
| 5 | | 大连交通大学国家大学科技园 | 2013年 |
| 6 | 鞍山 | 辽宁科技大学国家大学科技园 | 2010年 |
| 7 | 阜新 | 辽宁工程技术大学国家大学科技园 | 2010年 |

资料来源：本书编写团队根据公开资料整理。

2）未来产业科技园：大学科技园的产业升级

2021年，科技部会同教育部印发《关于依托国家大学科技园开展未来产业科技园建设试点工作的通知》（国科发区〔2021〕375号），并明确支持若干高校和地方政府（或国家高新区）、科技领军企业联合打造大学科技园升级版，开展未来产业科技园建设试点，建设未来产业科技创新和孵化高地。目前，国家大学科技园基本都对外宣传称自己是"依托学科优势"，但在实际中，由于大学内负责科技成果转化和双创教育管理的部门众多，各条线割裂严重，基本处于各自为战的状态，所谓的依托大学优势也就成了园区方的一厢情愿。未来产业科技园在原有高校运营的基础上，把产业定位、载体建设运营、项目引进等事项交给区县或者高新区管委会，而高校则专注于科技成果转移转化和创新创业人才培养，两者形成协同联动。截至2022年底，科技部共批复10家未来产业科技园建设试点（详见表5-22）。对于辽宁省来说，目前暂无大学科技园纳入全国的未来产业科技园建设试点，下一步要充分发挥高校院所资源优势，尽快实现零的突破。

表5-22　　　　　　　　**全国10个未来产业科技园试点名单**

| 序号 | 名称 | 共建单位 |
|---|---|---|
| 1 | 空天科技未来产业科技园 | 北京航空航天大学、中关村科学城、沙河高教园区 |
| 2 | 国防与信息安全未来产业科技园 | 北京理工大学、良乡大学城、中关村科学城 |
| 3 | 未来能源与智能机器人未来产业科技园 | 上海交通大学、闵行区、宁德时代 |
| 4 | 自主智能未来产业科技园 | 同济大学、杨浦区、嘉定区 |
| 5 | 未来网络未来产业科技园 | 东南大学、江宁经开区 |
| 6 | 光电与医疗装备未来产业科技园 | 华中科技大学、东湖高新区 |
| 7 | 生物医药与新型移动出行未来产业科技园 | 中山大学、广州市、广汽集团、广州医药集团 |
| 8 | 未来轨道交通未来产业科技园 | 西南交通大学、成都市 |
| 9 | 空天动力未来产业科技园 | 西北工业大学、西安市、陕西空天动力研究院 |
| 10 | 航天高端装备未来产业科技园 | 哈尔滨工业大学、哈尔滨市、哈尔滨高新区、哈尔滨电气集团 |

资料来源：本书编写团队根据公开资料整理。

3）环院校科创生态圈：大学科技园及未来产业科技园的空间扩展与功能升级

本质上讲，硅谷地区、波士顿128公路地区都是非常典型的环院校科创生态圈。国内北京、上海等都较早探索建设比大学科技园空间范围更大、功能更健全的环院校科创生态圈。以上海为例，截至2022年，上海环高校知识经济圈企业超过1.8万家[①]，其中，最有影响力的是"环同济知识经济圈"（详见专栏5-21），同济大学在2007年就与杨浦区正式签订合作共建协议，之后闵行区和上海交通大学联合打造了"大零号湾"（详见专栏5-22）、宝山区和上海大学联合打造了"环上大科技园"。对于辽宁省来说，近期沈河区正在推进的中科文萃数字港，实际就是环院校科创组团，其依托中科院金属所、中科院沈阳自动化所等创新资源，布局以数字经济为核心的约6平方千米的科创产业组团，通过数字主题楼宇打造、低效空间更新发展数字经济、联合高校院所利用其"金角银边"发展数字经济等方式，培育发展数字经济核心产业。下一步，我们建议辽宁省推动中科文萃数字港等在建的环院校科创生态圈尽快出成效，同时，大连甘井子区、沈阳铁西区等有条件的地区也要积极布局一批。

**专栏5-21　　　　　　　"环同济知识经济圈"发展经验**

"环同济知识经济圈"是上海建设"环高校创新生态圈"的雏形。20世纪80年代以来，同济大学周边形成了一批教授和研究生创业企业，2002年同济周边的产业带现象被媒体报道，2007年同济大学在百年校庆期间与杨浦区正式签订合作协议，该经济圈2009年被科技部认定为"环同济研发设计服务特色产业基地"。

目前，该经济圈区域面积约2.6平方千米，经过10多年经营，产值从

---

[①]　上海市产业创新生态系统研究中心，同济大学上海国际知识产权学院创新与竞争研究中心. 2022年环高校知识经济圈调查报告［R］. 上海：同济大学上海国际知识产权学院，2022.

2002年的10亿元增长到2007年的80亿元，再到2020年的500多亿元，目前正向2025年突破1 000亿元目标迈进。

此外，在2017年教育部第四轮学科评估中，同济大学的土木工程、环境科学与工程、城乡规划学、管理科学与工程4个学科获得A+，这4个学科又正好与"环同济知识经济圈"的四大产业——建筑设计、环保产品、城市规划和工程咨询一一对应。近些年，上海各区县纷纷复制杨浦与同济大学合作的经验，推动"环高校创新生态圈"建设。比如，闵行区与上海交通大学联合打造了"大零号湾"、宝山区与上海大学联合打造了"环上大科技园"。

资料来源：本书编写团队根据公开资料整理。

**专栏5-22**             **"大零号湾"实践探索**[①]

"零号湾"正式诞生于2015年6月，在距离上海交通大学闵行校区一路之隔的一栋由闵行区人民政府、上海交通大学和上海地产集团三方共建的5万平方米商务楼内，旨在打造产、学、研一体转化链条的"试验田"。

2018年，为了加快区域整体转型，引领上海双创升级，闵行区将"零号湾"放大，与上海市科学技术委员会、上海交通大学共同研究"零号湾"及周边区域后，提出以新时期大学科技园高质量建设为契机，立足"环交大"核心区域，发挥"高校院所聚集、科技成果密度高、产业承载能力强"的区位优势，拓展打造"大零号湾"科技创新策源功能区。"大零号湾"概念应运而生，其总面积拓展至约17平方千米。

2023年1月上海市科学技术委员会印发了《推进"大零号湾"科技创新

---

①   "零号"蕴含了两层意思，一方面体现了创新创业与学校零距离、与服务零距离；另一方面蕴含了科技成果转化"从0到1"的过程，重点为"硬科技"创业者提供成长和发展的条件。"湾"：主要是因为许多全球著名的科创中心，都是坐拥湾区、背靠校区，"大零号湾"同样位居"浦江第一湾"，毗邻两所985高校，其对标世界一流科创高地着力打造"科创湾区"。"大"：主要是表达了区域的空间范围从最初一栋商务写字楼，逐步扩大到17平方千米。从更大范围看，以"大零号湾"为核心的高校院所成果转移转化项目，可辐射至周边闵行经济技术开发区、莘庄工业区、临港浦江国际科技城总面积约120平方千米的区域范围。这也就是"大零号湾"名字的由来。

策源功能区建设方案》，其提到了五项重点任务以及四项保障措施，这也是对近年来"大零号湾"实践探索形成的发展路径的高度概括，主要包括以下几点：

◆ 实施创新策源功能强基行动：依托"湾内"高校院所、新型研发机构、战略科技力量、创新型企业等优质创新主体资源，重点提升原始创新能力，建设一流学科，打造高能级产业平台。目前，"大零号湾"已建成投用高能级科创载体18个，一大批创新中心和成果项目落地，开放式科创街区初具规模。

◆ 实施科技成果转化加速行动：一方面推动高校院所的科研基础设施、大型仪器等创新资源面向企业与人才开放共享，另一方面引入投资基金、孵化载体等科技服务机构，探索建立科技成果转化体系。

◆ 实施前沿新兴产业引领行动：重点围绕生物医药、人工智能、高端装备三大产业培育一批行业领军企业，同时加强对数字经济、绿色低碳、元宇宙等未来产业布局。目前，"大零号湾"共集聚硬科技企业3 000余家，上市企业9家，"独角兽"企业2家，估值超10亿元的企业有22家。

◆ 实施创新创业人才集聚行动：为世界一流高层次人才、关键核心技术领域应用研究人才、创新创业人才等高端人才及团队提供从创新到生活的全方位支撑。目前，园区已打造1.6万平方米的一门式大零号湾科创服务大厦，集聚了行政服务中心、科创服务中心和人才服务中心，为企业和创业者提供行政、科技、创业、人才、会务等多功能一站式服务。

资料来源：本书编写团队根据公开资料整理。

### 5.5.3 建设科创特区，营造一流的未来产业发展"制度环境"

习近平总书记在2016年全国科技创新大会、两院院士大会、中国科协第九次全国代表大会上的讲话指出，要"深化改革创新，形成充满活力的科技管理和运行机制；科技创新、制度创新要协同发挥作用，两个轮子一起转"。2023年9月，新华社在述评习近平总书记提出的"新质生产力"一词时也提出，形成"新质生产力要推动科技创新和制度创新两个轮子一起转，通过体制机制改革优化创新环境，推动新技术新业态新模式不断孵化结果"。可见，制度创新对于未来产业发展也至关重要。目前，全国各地建设的"科创特区"，是科技创新领域制度创新的先行区，值得各地未来产业发展时予以关注。

最近，随着党的二十大报告中进一步强调"深化科技体制改革，形成支持全面创新的基础制度"，各地建设"科创特区"的热情空前高涨。从全国来看，明确提出建设"科创特区"的主要有北京中关村、上海张江、四川绵阳、无锡等。实际上，国家自创区也具有科创特区的类似功能。比如，中关村自创区开展了成果转化、知识产权管理、人才发展、科技金融、新经济制度、创新生态治理等领域的大量先行先试制度探索。最近发展比较好的"科创特区"要数陕西省依托西咸新区打造的"秦创原"创新驱动平台，其在科技企业孵化、成果转化、科技服务体系建设等方面采取了一系列创新性举措（详见专栏5-23）。此外，合肥建设的"科大硅谷"也是很典型的探索（详见专栏5-24）。

**专栏5-23　　　　　　陕西省"秦创原"建设实践**

2021年3月30日，秦创原创新驱动平台（以下简称"秦创原"）正式挂牌成立。目前，在秦创原平台的驱动下，陕西省综合创新水平指数位列全国第九，科技型中小企业、高新技术企业数年均增长超过40%。秦创原综合服务中心累计服务企业超过1.6万家、兑现奖补6.8亿元、惠及企业1 600余家。

◆ 出台支持政策。《秦创原创新驱动平台建设三年行动计划（2021—2023年）》及其政策包以陕西省委、省政府名义印发，主要涵盖了科技人才、成果转化、企业创新、科研平台、服务体系5大类共70条措施，范围广且力度大。

◆ 地市联动发展。秦创原发布了《秦创原总窗口地市协同"十大"工作举措》，主要包括重点产业协同、科创飞地合作、设备平台开放等十个方面，目的是将总窗口的创新要素和资源惠及全省更多创新主体，最大化发挥示范和牵引作用。

◆ 科技体制改革。陕西省在西北工业大学、陕西科技大学、西安理工大学等高校推动科技成果转化"三项改革"[①]，并获得2022年国务院真抓实干督查激励。

资料来源：本书编写团队根据公开资料整理。

## 专栏5-24　　　　　"科大硅谷"建设运营实践[②]

"科大硅谷"由安徽省政府、合肥市政府、中科大联合规划建设，由中科大、中科院下属上市公司和合肥市区两级国资平台共同出资组建科大硅谷服务平台（安徽）有限公司负责运营，通过这种形式将政府、高校院所、企业、人才等创新资源深度绑定，实现融合发展、合力发展。

"科大硅谷"先期规划"一核两园一镇"约8.22平方千米功能承载区，按照"链接全球新资源、建立新型研发模式、创新科技成果转化机制、鼓励科技创业、创新投融资模式、汇聚创新创业人才"的思路，构建"团队＋基金＋载体"的创新单元运营模式，实现"一栋楼就是一个产业链"。目前已设立一期15亿元的"科大硅谷"引导基金，集聚17个院士团队，转化3 000余项科技成果，孵化企业260余家。

◆ 链接全球资源。依托科大硅谷服务平台公司和中科大全球校友事务部，作为平台和窗口链接中科大全球创新资源。提出全球招募众创空间、孵

---

① 指职务科技成果单列管理、技术转移人才评价和职称评定、横向科研项目结余经费出资科技成果转化。
② 《支持"科大硅谷"建设若干政策》和《支持"科大硅谷"建设若干政策实施细则》。

化器、新型研发机构、专业园区运营团队。

◆ 支持新型研发。允许人才分别与高校院所和新型研发机构签订聘用协议，实现"双落户"，以"基金+奖补"方式为"双聘"科研人员提供增量经费支持。鼓励企业、研究机构建设或与地方政府共建概念验证中心、小试中试平台和公共服务平台，最高按照投资额50%给予不超过2亿元的配套。

◆ 创新成果转化机制。对于职务发明在"科大硅谷"内转化的情况，支持按照贡献的省市财力给予一次性奖励。允许横向课题经费以现金出资入股转化企业。支持建立拨转股、股转债新模式，允许团队回购股份。鼓励"先使用后付费"模式在"科大硅谷"内施行。

◆ 鼓励科技创业。对于高层次人才创办企业提供最高500万元启动资金和500平方米创业空间支持。对"沿途下蛋"企业提供最高1000万元支持，具有突破属性的重点项目最高支持不超过1亿元。

◆ 汇聚双创人才。对符合条件的企业给予自主人才评价名额，对"高精尖缺"人才按照年收入财力贡献15%以上部分给予等额奖励。

◆ 鼓励投融资。允许管理团队以10%为上限跟投。给予股权投资奖励，最高可按20%比例计征所得税并根据相应省市财力贡献给予等额奖励。

资料来源：本书编写团队根据公开资料整理。

对于辽宁省来说，建设科创特区也具备一定的载体基础。比如，沈阳浑南科技城、大连英歌石科学城、沈抚改革创新示范区等近年来都在创新平台布局、科技成果转化、科技企业培育、科技人才集聚等领域有所探索，但制度创新力度还不够大、成效还不够显著。下一步，要充分学习借鉴陕西"秦创原"、合肥"科大硅谷"等先进地区的经验做法，加大现有制度探索的力度、深度，切实解决成果"不想转、不敢转、没钱转"，以及人才"不想来、留不住"等深层次问题，同时要在企业后续成长的扶持和监管上予以突破，为新业态发展创造良好环境。

### 5.5.4　探索片区开发模式，加速未来产业先导区开发建设

　　片区开发（或称"片区综合开发"）是对成片区域统筹开发的一种模式，是各地打造创新/产业功能区的主要手段，也适用于各种形态未来产业先导区的开发建设。通常，对于几平方千米的功能区，可以直接采用片区开发模式，对于几十平方千米的功能区，则需要划分成若干片区分别予以打造。各地在开发实践时，片区开发的难点是投融资模式[①]。因为片区开发的投资大，而地方政府多处于"缺钱"状态，国家又在不同程度地控制风险、收紧政策，所以片区开发的投融资模式一直在不断变化，曾出现过城投公司贷款模式（1998—2018）、土地开发分成模式（1999—2006）、BT施工方垫资模式（1984—2006）、土地储备融资模式（2012—2016）、F+EPC模式[②]，至今仍可以使用的模式包括：ABO和投资人+EPC结合的"授权+投资人+EPC"模式（该模式近期最受各地关注，详见专栏5-25）、PPP公私合营模式（多数地区PPP项目支出已经达到地方政府财政承受能力10%的控制红线）、专项债模式（在监管趋严、额度受限背景下专项债难以成为主流模式）、中央预算内投资、城市更新基金、基础设施公募REITs等，以及大连市与招商局集团创新性探索的"专属综合开发"模式（详见专栏5-26）。

### 专栏5-25　当前最受关注的片区开发投融资模式：授权+投资人+EPC[③]

　　由于PPP监管趋严、规范政府债等原因，ABO和投资人+EPC结合的

---

　　① 陈淑鹏. 片区综合开发项目总体策划探讨——以龙港市龙湖片区为例［J］. 建筑经济，2022（43）. 杨震，邱玉，等. 片区综合开发项目的投融资模式选择探讨［J］. 建筑经济，2022（4）. 林霆. "投资人+EPC"模式在片区综合开发中的运用［J］. 财会月刊，2022（7）. 肖璐. 区域综合开发模式的前世今生［R］. 东滩智库，2022.
　　② EPC即交钥匙模式，因为各地财政紧张，要求施工企业把融资环节也囊括进来，于是有了F+EPC，但是随着《政府投资条例》的出台，政府投资项目不得由施工企业垫资建设，使得F+EPC模式难以持续。
　　③ 肖璐. 一文读懂什么才是合规的片区开发投融资模式［R］. 东滩智库，2022.

"授权+投资人+EPC"模式受到广泛关注。其具体操作模式如下：

①地方政府通过竞争性方式，授予属地平台公司特许经营权；

②平台公司通过竞争性方式，寻找社会投资人；

③平台公司与社会投资人成立合资项目公司，社会投资人控股；

④项目公司与平台公司签订投资合作协议，负责片区的开发；

⑤项目公司用应收账款和经营收入向金融机构融资；

⑥项目公司进行施工建设和营商环境营造；

⑦工程建设后进行土地出让，地方财政获得土地、税收等收益；

⑧地方财政根据经营绩效向平台公司支付特许经营服务费和绩效奖补；

⑨平台公司向项目公司支付工程费用和绩效奖补；

⑩项目公司利用工程费用和运营收益偿还金融机构贷款。

资料来源：本书编写团队根据公开资料整理。

**专栏 5-26　大连市与招商局集团合作开发"大连太平湾合作创新区"实践[①]**

大连太平湾合作创新区位于大连北部，规划面积约 260 平方千米，其中，港区面积约 13.86 平方千米。2009 年，大连市启动太平湾港区规划，并在 2012 年委托大连港集团实施太平湾的开发，但项目在 2015 年受用海、环评审批等影响而搁置。2019 年 1 月，招商局集团初步完成了对辽宁港口的整合，同时筹备重启太平湾开发。2021 年 9 月，招商局集团与辽宁省、大连市共同签署《开发建设太平湾合作协议》，通过"政企合作、企业主导"的开发模式，致力于将太平湾打造成为"东北亚新蛇口"。

◆ 合作愿景：打造国资国企综合改革特别示范区，推动港产城一体化融合发展。

◆ 开发模式：结合招商局集团此前在蛇口工业区和漳州开发区进行政

---

[①] 钟坚. 改革开放梦工场——招商局蛇口工业区开发建设40年纪实（1978—2018）[M]. 北京：科学出版社，2018.

**超前布局未来产业：辽宁形成新质生产力的关键之举**

企合作片区开发的经验，双方创新性地提出了"专属综合开发"的概念。开发主体为招商局太平湾开发投资有限公司（简称"太平湾公司"），其主要负责统筹园区开发、基础设施建设、投融资、招商引资以及产业配套服务等；管理主体为中共大连太平湾合作创新区委员会与大连太平湾合作创新区管委会，主要负责政策制定、发展规划、行政审批、社会治理以及公共服务等事务，享有一级财政及独立金库、大连市级和部分省级经济管理权限等发展自主权。与传统的片区开发模式相比，此次太平湾的合作开发共有六大创举：一是50年专属综合开发模式；二是"只予不取"财政支持政策，地方财政全部保留；三是省市授权"能放皆放"；四是对省市用地、用能、用水等各类资源指标"应保尽保"；五是建立辽宁省、大连市和招商局集团三方联合管理协调机制，党委班子7人中招商局集团占4人，管委会领导班子5人中招商局集团推荐人员不少于3人；六是省市对合作模式、政策赋予、管理机制等予以立法保护。

◆ 收益模式：太平湾公司的收益主要分为政府职能业务和市场化业务两方面。其中，政府职能业务指通过对区域进行综合开发并提供综合服务获取"累计综合开发净收益"和服务收入；市场化业务指利用"专属综合开发"模式优势，开展特许经营、物业开发等市场化业务获取收益，以及利用省市给予的政策优势导入自身产业以获得经济收益。

资料来源：本书编写团队根据公开资料整理。

对于辽宁省来说，目前，沈阳浑南科技城、大连英歌石科学城等在建设中，主要采用的是"授权+投资人+EPC"模式，但是同时也在积极争取政府专项债、中央预算内投资、省市专项资金、国企投资、银行贷款等多种资金渠道支持。下一步"2+12"未来产业先导区建设，要积极探索多种融资方式，适度超前建设十万平方米、百万平方米甚至千万平方米量级的科创产业空间，并积极打造"三生融合"的发展环境，作为发展未来产业的最基础保障。此外，在"2+12"先导区之外，也可以针对每一个有成果转化可行性的研究型院校，通过校地、院地合作方式，共建十万平方米量级的环高校院所科技楼宇群。

## 5.6 抓创投基金群：以金融"活水"滋养未来产业

从硅谷、中关村、张江等全球创新尖峰的经验来看，科技金融在战略性新兴产业、未来产业的培育中发挥着至关重要的作用。其中，初创期、成长期企业对于种子基金、天使基金、风投基金（VC）、投贷联动等金融产品有较大需求；而成熟期企业对于私募股权基金（PE）、科技信贷、科技保险等金融产品，以及通过资本市场进一步拓宽融资渠道有较大需求（详见表5-23）。从全国实践看，供给相对不充分的主要还是面向初创期、成长期企业的以各类基金为主的金融产品，可以称之为"创投基金群"，这也是各地政府从金融角度发力支持未来产业发展的主要手段。为此，本节我们将重点介绍对"创投基金群"组建具有引导作用的政府引导基金、具有"投早投小投科技"功能的种子基金、与基金联动的信贷类产品投贷联动，以及依托基金招引新物种企业的"投资+招商"。此外，在5.1节中，我们还介绍了涉及"投资+孵化"的新一代创业孵化模式。还值得一提的是，"创投基金群"建设对于东北地区破除"投资不过山海关"意义重大，前些年投资之所以不过山海关，主要还是因为东北没有好的项目，本节提出的种子基金就是为了让好项目多起来，在有了好项目后，后续政府的引导基金还可以引导各类市场化基金关注并投资这些好项目。

表5-23　　　　　　　　　　　常见的科技金融产品/举措

| 类型 | 重点产品/举措 |
| --- | --- |
| 财政投入 | 政府引导基金、风险补偿资金、贷款贴息 |
| 投资基金 | 种子基金、天使基金、风投基金（VC）、私募股权基金（PE）等 |
| 资本市场 | 主板、创业板、科创板、债券市场等 |
| 科技信贷 | 投贷联动、知识产权质押贷款、科技研发贷、科技成果转化贷等 |
| 科技保险 | 产品研发责任保险、关键研发设备保险等 |

### 5.6.1　推进政府引导基金改革，引导更多市场化创投基金在辽布局

在未来产业及战略性新兴产业发展过程中，初创期、成长期企业对于种子基金、天使基金、风投基金（VC）等私募股权投资类金融产品有较大需求。但是，这些金融产品风险较大、市场供给相对不足，为此，美国、以色列等国家就率先探索组建政府引导基金，引导以上各类创投基金设立及支持新兴产业发展。在1957年苏联成功发射世界第一颗人造卫星之后，美国为了夺取科技和军事优势，举全国之力推动科技创新。1958年美国出台《小企业投资法案》，并以此法案启动了以"通过刺激和补充私人资本与长期贷款，解决中小企业融资难问题并推动其业务增长"为使命的SBIC计划，这是全世界最早设立的政府引导基金。截至2018年底，SBIC计划共筹集458亿美元的长期资本，成功培育了英特尔、微软、IBM、苹果等一大批知名跨国公司[①]。以色列设立的Yozma母基金也是国际上较早的政府引导基金探索，1992年以色列风投之父Yigal Erlich向以色列政府提出申请拨款1亿美元组建以色列首只政府创业引导基金，YOZMA母基金由此而

---

　　① 赵鑫. 政府投资基金资本动员机制优化——来自美国SBIC计划的经验借鉴［J］. 地方财政研究，2020（4）.

生[1]。此外，也有研究显示，政府引导基金比政府直投基金更有利于未来产业及战略性新兴产业的培育，因为政府引导基金属于以市场化运作的公私合营制风险资本，比公有制直投基金更倾向于企业早期阶段和高科技行业投资[2]。

在我国，深圳、合肥、陕西等地在产业引导基金探索方面走在前列。清科创业发布的"2023年中国最佳政府引导基金50强"中，深圳两只基金入选前十，分别是排名第一的深圳市政府投资引导基金（深圳市创新投资集团有限公司）和排名第七的深圳天使母基金（深圳市天使投资引导基金管理有限公司）。截至2023年6月，深圳市政府引导基金的子基金已直接投资深圳市"20+8"战略性新兴产业和未来产业集群项目约2 700个，其中，获得后续融资的企业超1 500家，已上市的企业近300家，成为独角兽企业的超220家，成为国家级专精特新"小巨人"企业的有380家（详见专栏5-27）。

**专栏5-27　　　　　深圳市政府引导基金建设实践[3]**

深圳市政府引导基金成立于2015年。根据清科"2023年中国最佳政府引导基金50强"，综合排名位列全国第一。

1.委托管理+市场化运作。

2016年，深圳市创新投资集团（简称"深创投"）受托管理千亿级深圳市政府引导基金，政府主管部门主要负责制度体系和重大事项的研究与制定，深创投通过健全架构及分级决策，强化组织领导，按照市场化原则承担市引导基金日常运营管理职责，包括对市场化子基金的遴选、投资、投后管

① 萧端，熊婧，等.政府创业引导基金运作模式借鉴——以以色列YOZMA基金为例[J].南方经济，2014（7）.
② 黄福广，张慧雪，彭涛.等.国有资本如何有效参与风险投资？基于引导与直投的比较证据[J].研究与发展管理，2021，33（3）.
③ 对话深创投：政府引导基金在产业转型升级和经济高质量发展中将发挥更大作用[EB/OL]. [2023-06-10]. https://mp. weixin. qq. com/s？ src=11&timestamp=1708311129&ver=5089&signature= ZdpbUTUYvaC7BDqfax5KGeDeS2Bgwx*WjZRPzIEqHiHzBmwdhBFXy56slHiqHQhWwgBrkyS0ZPK-gM9b4 NRx-DrN2xfi9e5vBwHIr3bx6yed72d6xClXZjHqu5o0KBOL&new=1.

理等。

2.聚集资金组建子基金群。

深圳市引导基金一方面以千亿元级出资，持续为本土创投机构提供了稳定的募资渠道；另一方面通过子基金遴选吸引了大量国内外知名创投机构，形成了覆盖天使期、初创期、成长期和成熟期等全生命周期的接续投资体系，助力深圳形成创投风投生态集聚区。

3.扶持提升本地创投竞争力。

目前，深圳市引导基金已与90多家国内知名投资机构合作投资，合作机构中30多家入选"中国最佳政府引导基金50强"。在与深圳本地机构的合作中，深圳市引导基金一方面注重与本地头部创投机构密切合作，长期且多轮出资其新设基金；另一方面也注重扶持本地中小创投机构，在合作的50多家本地机构中，有30多家机构是专业型的新生代中小创投机构，深圳市引导基金通过自身品牌效应和规范性管理要求带动本地中小创投机构逐步发展壮大，使之更具市场竞争力。

4.汇聚资源打造赋能平台。

深圳市引导基金持续在融资服务、人才招聘、研究报告、场地空间、政府资源、招商引资、专业培训、产业资源和对接上市服务九个方面为子基金参投项目企业开展深度赋能。

5.持续深耕战略性新兴产业。

深圳市引导基金的子基金已直接投资深圳市"20+8"战略性新兴产业和未来产业集群项目约2 700个，投资金额超2 000亿元，占所有投资项目数量和所有投资项目金额的比例均超80%。其中，获得后续融资的企业超1 500家，已上市的企业近300家，成为国家级专精特新"小巨人"企业的有380家，成为独角兽企业的超220家。

资料来源：本书编写团队根据公开资料整理。

合肥和陕西的近期探索也较多。其中，陕西2021年以来组建了百亿元级秦创原科创系列基金，形成"母基金+子基金"且覆盖"种子—天使—VC—PE"全周期的基金体系，尤其组建了面向高校院所科技成果转化类种子项目的秦创原春种基金、面向硬科技企业的秦创原硬科技基金等专门服务于未来产业的基金。2022年6月，合肥提出"创投城市计划"作为"合肥模式"的升级版，其核心是设立200亿元政府引导母基金（合肥高质量发展引导基金），引导社会资本合作设立各类专项基金，支持合肥的科技创新发展，实现由产投向创投转变、从"移大树"向"投早投小投科技"转变。此外，2023年2月，合肥还提出打造"科大硅谷"风投创投街区，引进全球各类有影响力的基金管理机构落户[①]。

结合国内外先行探索的实践，我们认为，各地在组建政府引导基金时要把握以下核心要点：一是注重打造覆盖企业全生命周期需要的"基金丛林"。比如，刚提到的陕西、合肥的政府引导基金，都构建"种子—天使—VC—PE"的全周期基金体系。二是注重引导子基金投早、投小、投科技。比如，合肥规定母基金对私募基金投资种子期、初创期科技型中小企业给予投资奖励和50%~70%的超额收益让利，投资损失给予20%、最高500万元补偿。三是注重引导社会资本参与。比如，湖北、安徽等省级引导基金返投比例降到1.2~1倍，同时对省级引导基金参股的种子基金等给予30%~50%的投资亏损允许率。四是注重联合央企设立"央地基金"。比如，陕西省引导基金就非常注重与央企合作，目前已联合中国航天科技集团、中国光大集团分别设立了陕西国华融合产业发展基金、光控财金（陕西）先进制造投资基金，另外，最近还与11家央企集中签约，拟设立规模为200亿元的央地基金，包括拟联合中国航空发动机集团设立航空发动机产业基金（二期）、拟联合国

---

① 唐柳雯，陈颖，袁佩如.从产投到创投，"投行"合肥如何蝶变？[N].南方周末，2023-10-10.

**超前布局未来产业：辽宁形成新质生产力的关键之举**

华能源投资有限公司设立能源科技转化基金、拟联合北大荒集团投资设立种业基金①。

对于辽宁省来说，在政府引导基金方面已开展了一些探索。早在2016年就成立了辽宁产业（创业）投资引导基金，2022年又根据省政府安排，更名为辽宁产业投资基金，且基金规模由100亿元扩展到200亿元。2022年，沈阳市提出设立总规模为100亿元的天使母基金，首期规模为20亿元，并同步出台了《促进沈阳市投资基金业高质量发展的实施意见》和《沈阳市天使基金投资管理办法》。2023年6月，大连市也提出设立首期规模为100亿元的大连市政府引导母基金，主要投向科技创新、战略性新兴产业等重点领域，并出台了《大连市政府引导母基金管理办法》。但是，我们在调研中也发现，虽然辽宁已有一些探索，但还存在体制机制突破不足、社会资本撬动不够、基金规模小等问题，而且暂无一只政府引导基金入选清科创业的"2023年中国最佳政府引导基金50强"。

我们认为，下一步辽宁省可以从三个方面着手：一是打造2~3只一流的"政府引导基金"。可以按照2023年9月起正式施行的《私募投资基金监督管理条例》有关要求，重点学习深圳政府引导基金发展模式，对已设立的政府产业引导基金管理模式进行优化，对于具有投早投小、投拟引进高科技产业项目、投上市募投项目、投本土高成长企业等功能的创投基金实施差异化监管，同时探索科学合理设置返投比例、投资收益让渡、建立投资失败尽职免责等机制，解决社会资本募不来、高风险产业项目不敢投等问题。二是争取国家级政府引导基金参股辽宁基金。国家级政府引导基金以国家战略任务为导向，由相关部委牵头成立，比如，科技部的国家科技成果转化引导基金，财政部的国家集成电路产业投资基金等（详见表5-24），这些基金的加持，不仅能给辽宁带来资金，还能给辽宁带来基金背后的强大资源网。三是联合央企成立央地合作基金。可结合辽宁产业布局

---

① 佚名. 陕西与11家央企开启"央地基金"合作新模式［N］. 西安日报, 2023-04-25.

特点，重点与通用技术集团、航空工业集团等涉及"五大安全"领域的央企合作，联合设立产业投资基金。

表5-24　　　　　　　　　**我国代表性国家级政府引导基金**

| 发起单位 | 基金名称 | 基金规模（亿元） |
|---|---|---|
| 国资委 | 中国国有企业结构调整基金 | 3 500 |
| | 中国国有资本风险投资基金 | 2 000 |
| 财政部 | 国家集成电路产业投资基金 | 一期1 300、二期2 000 |
| | 国家制造业转型升级基金 | 1 472 |
| | 国家军民融合产业基金 | 1 500 |
| 工信部 | 国家中小企业发展基金 | 600 |
| 科技部 | 国家科技成果转化引导基金 | 247 |
| 发改委 | 国家战略性新兴产业发展基金 | 3 000 |
| | 国家新兴产业创业投资引导基金 | 400 |
| 网信办 | 中国互联网投资基金 | 1 000 |

资料来源：本书编写团队根据公开资料整理。

### 5.6.2　设立种子基金，打通科技成果转化"最初一公里"

在形成未来产业"金种子"企业的四大来源中，大企业内部创业、系列创业等相对不缺启动资金，对于创业启动资金有较大需求的主要是高校院所的学术创业。为此，各地也在积极探索有效的解决办法，比如，陕西省探索出"横向科研项目结余经费出资科技成果转化"的模式，即科研人员可以将横向科研项目结余经费以现金出资方式，入股经单位批准同意的、与单位共享成果转化收益、产权清晰的科技型企业，形成"技术入股+现金入股"的投资组合，解决"缺钱转"问题（详见5.1.5小节）。本小节将介绍的种子基金模式是解决高校院所科技成果"缺钱转"的另一模式。

与天使基金、风投基金（VC）等私募股权基金相比，种子基金更加关注早期创业项目，更加突出"扶早""扶小"，将有利于打通科技成果转化的"最初一公里"，还有利于解决后续天使基金、风投基金缺项目的问题。目前，陕西、合肥在我国种子基金探索方面走在前列。比如，由陕西省、西安市和西咸新区联合出资设立的秦创原春种基金（以下简称"春种基金"），截至2023年底，已推动省内的20余家高校院所新设立460多家科技型企业；再比如，由中科院合肥创新院牵头设立的"中科高新（创新院）基金"（以下简称"创新院基金"），截至2022年底，已支持近60个中科院孵化的科技成果转化项目（详见专栏5-28）。

**专栏5-28　陕西"春种基金"和合肥"创新院基金"实践探索**

◆ 陕西"春种基金"：针对种子期项目社会资本参与度低的问题，陕西省、西安市和西咸新区联合出资设立，全部投资于省内高校师生的技术创新链前端环节科技成果转化项目，推动项目完成从创意阶段向具体产品或服务阶段的转化，每个项目给予50万元或100万元资金支持，占新公司10%的股份。自2021年2月基金设立至2023年初，已累计完成467家公司设立、实施212家公司出资，出资金额近2亿元[①]。目前，已涌现出钛超润新（钛合金高效加工绿色润滑介质）、镐京触媒（纳米合金催化剂）、束能碳基（离子束非晶碳基薄膜制备装置）等优质种子企业。

◆ 合肥"创新院基金"：由中科院合肥创新院（中科院（合肥）技术创新工程院有限公司）联合合肥高新建设投资集团等分别设立了两期"创新院基金"，重点支持科技成果转化及硬科技项目。一期基金成立于2017年4

---

① 陕西西咸金融控股集团有限公司. 省级名单！秦创原春种基金成功入选创新案例［EB/OL］.（2023-04-13）. http://www.xixianjinkong.com/xwzx/xxyw/1658374284327817217.html.

月，规模为3 300万元，重点投资中科院系统及校友项目，促进中科院系统的科技项目成果转化，截至2022年底，已支持近60个中科院孵化的科技成果转化项目；二期基金于2022年11月成立，规模为3 200万元，重点投资科研院所及高校技术团队创办企业、有核心技术和发展前景的硬科技初创期和成长期项目，重点投资人工智能、电子信息和生命健康等战略性新兴产业领域。

资料来源：本书编写团队根据公开资料整理。

　　结合陕西的春种基金、合肥的创新院基金等先行探索，以及合肥市2022年5月出台的《合肥市种子基金管理办法》，我们认为，组建种子基金要把握以下核心要点：一是聚焦支持处于创新链前端的科技成果转化项目，与天使基金、风投基金等形成有效接力。比如，春种基金提出根据技术成熟度等级[①]，精准支持技术成熟度在3级和4级即处于概念验证和工作样机阶段的项目。再比如，《合肥市种子基金管理办法》提出，种子基金将主要扶持高校院所科技成果在转化初期但未创设企业的科技团队，或运营时间不满一年的初创期科技型企业。二是种子基金主要采用"广撒网、多捞鱼"投资策略。比如，春种基金原则上每个项目投资50万~100万元，占新公司10%的股份。再比如，《合肥市种子基金管理办法》提出，种子基金投资单个企业的投资额度不超过200万元。三是种子基金注重建立风控机制和容错机制。比如，《合肥市种子基金管理办法》就提出了"种子基金单个投资项目退出后提取项目净收益的5%作为风险准备金弥补可能发生的亏损""按照整个基金生命周期评定允许基金出现最高不超过50%

---

[①] 技术成熟度评价起源于美国国家航空航天局，根据2020年美国政府问责局发布的《技术成熟度评估指南》，技术成熟度等级（TRL）可划分9个层级：TRL1-基本原理被发现和报告；TRL2-技术概念或应用被阐明；TRL3-通过关键功能或特性的分析和实验，概念得到验证；TRL4-实验室环境下验证基础部件/原理样机；TRL5-模拟环境下验证基础部件/原理样机；TRL6-模拟环境下演示系统/分系统模型或原型；TRL7-实际运行环境下演示系统原型；TRL8-实际系统通过测试和演示验证；TRL9-实际系统通过真实任务验证。王鑫，刘瑜，王俊伟，等. 成熟度评价体系及其在我国航天领域的实践研究［J］. 航天工业管理，2023（7）.

的亏损"等具体机制。

此外，由江苏产研院和苏州工业园最早探索的"拨投结合"模式，也属于一种解决高校院所科技成果"缺钱转"的新探索，其运作原理与种子基金非常类似。正如该模式提出者长三角国家技术创新中心（简称"长三角国创中心"）主任、江苏产研院院长刘庆所言，"拨投结合恰恰是聚焦前沿早期风险度高，但有可能产生颠覆性影响、填补国内空白的技术项目，主要是为了帮助早期原创技术跨越死亡之谷，提升产业化应用成熟度"，其具体运作的模式是"财政资金先按科研项目形式投入，如果完成既定研发任务并获得市场化融资，前期投入转化为公司股权，参照市场化方式管理或退出；如果项目未能获得市场融资，则宽容失败，项目结题验收"，长三角国创中心保有项目转化权利①（详见专栏5-29）。我们认为，"拨投结合"模式与种子基金的差别主要有三个方面：一是持股时间不同。"拨投结合"模式的转股权操作要等到市场化融资实现以后才进行，而种子基金在投资时或者公司成立时就直接占股。二是支持额度不同。"拨投结合"模式支持额度比种子基金大，种子基金通常每个项目支持50万元或100万元，按长三角国创中心累计57个重大产业技术项目、共计支持6.45亿元计算，每个项目平均支持1 100万元。三是会计和税务处理方式不同②。此外，在无锡市惠山区出台的《"拨投结合"创新型专项资金管理办法》中，甚至还将种子基金作为拨投结合项目解决注册资本金问题的手段，该办法提到"拨投结合项目首期注册资本由拨投结合基金出资并持股，其中研发项目以拨投结合基金名义首次出资金额不超过50万元，产业化项目以拨投结合基金名义首次出资金额不超过100万元"。

---

① 黄海华. 原创技术如何跨越"死亡之谷"："拨投结合"新范式助力成果转化 [N]. 上观新闻，2023-02-05.
② 任梦."拨投结合"业务会计与税务处理探析：基于长三角国创中心案例 [J]. 新会计，2023（6）.

专栏 5-29　　　　　江苏省产业技术研究院"拨投结合"实践①

　　以"拨投结合"方式支持科技成果转化，最早于 2017 年在苏州工业园区与江苏产研院的合作下得到了实践。苏州汉骅半导体 2017 年落户苏州工业园区，项目团队拥有第三代半导体关键材料氮化镓射频技术，但因为早期需投入大量研发费用，且回报周期较长，团队在寻求投资时遭遇各种困境。江苏产研院与苏州工业园区达成共识，探索通过"拨投结合"方式为团队提供上亿元项目经费，帮助团队承担创新项目早期研发风险。2021 年，汉骅半导体完成 A 轮融资，规模超 1 亿元，江苏产研院和苏州工业园区支持的研发合作资金也在本轮融资时转化为相应投资权益。2022 年，汉骅半导体完成数亿元 B 轮募资。目前，汉骅半导体已掌握氮化镓射频材料技术，在国内率先发布 4 英寸、6 英寸全波段的氮化镓射频外延材料，公司估值达到 20 亿元人民币。

　　此外，江苏产研院还将这一经验延伸到长三角国家技术创新中心（长三角国创中心）。截至 2022 年底，长三角国创中心通过拨投结合，在长三角区域累计支持了 57 个重大产业技术项目，其中，长三角国创中心累计支持 6.5 亿元，带动地方投入支持 8.8 亿元，已有超过 10 个项目达成研发目标并实现 A 轮融资。

　　资料来源：本书编写团队根据公开资料整理。

　　对于辽宁省来说，我们了解到，仅有 2022 年沈阳产业技术研究院（以下简称"沈阳产研院"）与沈阳盛京金控投资集团有限公司共同出资设立的沈阳市科技成果转化基金从功能上看涵盖种子基金功能，但目前其投资的项目数量仍较少，还没有切实发挥作用，此外，沈阳产研院牵头的"拨投结合"刚开始试点。为此，我们建议辽宁省下一步从以下 3 个方面着力：一是尽快出台《辽宁省种子基金管理办法》，规范指导省内种子基金加快发展；

---

　　① 蔡姝雯，张宣. 江苏省产业技术研究院——九年跑出科技体制改革"加速度"[N]. 新华日报，2022-10-27.

二是进一步支持沈阳产研院等在投拨结合、种子基金等方面进行探索，并尽快新组建一批种子基金，扩大探索范围；三是积极探索政策支持方式创新，将更多无偿的科技经费支持、产业化扶持政策等资金支持，转化为"拨投结合"、种子基金等基金支持方式，实现资金变基金"四两拨千斤"，比如，我们团队就经常建议各地，可以削减部分高企奖励的资金，仅优先支持高企100强、500强，将剩余资金用于补充种子基金。

### 5.6.3 探索投贷联动，以"小股权"撬动"大债权"

投贷联动是银行类金融机构支持未来产业高成长新物种企业的重要途径，主要包括贷款+认股权证、贷款+子公司投资、贷款给PE/VC机构间接投资企业等模式。但不幸的是，2023年3月，投贷联动模式开创者硅谷银行因为客户挤兑引发流动性危机导致破产，引起全球对投贷联动模式的怀疑。实际上，其破产与投贷联动模式无关。中国人民银行研究局（以下简称"央行研究局"）巡视员周学东在"2023济南科创金融论坛"发言时提到，央行研究局经研究得出结论"硅谷银行投贷联动模式风险远远低于传统银行，硅谷银行倒闭主要是因为2020年后其经营模式发生转变，在资产端配置大量长期资产支持证券（MBS）和国债等非信贷资产，同时未受保存款比重过高（91%），最终才导致流动性危机的发生，与科技型贷款和投贷联动模式无关"[①]。为此，我们建议，各地要积极推动本地法人银行探索投贷联动业务。目前，中关村银行、南京银行等都进行了较多的探索（详见专栏5-30和专栏5-31），其中中关村银行采取了"贷款+认股权证"模式，南京银行采取了"贷款+子公司投资"模式。对于辽宁省而言，下一步也有必要推动盛京银行、辽沈银行、大连银行、锦州银行等本土法人银行积极探索投贷联动业务模式，进一步拓宽初创期及成长期硬科技企业融资渠道。

---

① 参见中国人民银行研究局巡视员周学东在"2023济南科创金融论坛"上的发言。

**专栏 5-30　中关村银行"贷款+认股权"投贷联动业务实践**

北京中关村银行（以下简称"中关村银行"）成立于 2017 年 6 月，是全国首家专注于服务科技创新的银行。认股权贷款是中关村银行成立后首批推出的三款产品之一，主要面向新一代信息技术、新消费、数字经济、生命健康、智能制造、军工等硬科技领域企业的 A 轮、B 轮、C 轮融资，其准入标准是上一年销售收入原则上不低于 1 000 万元，近两年主营业务收入增长率不低于 20%，并且授信前 12 个月已有或授信后 9 个月预计至少有 1～2 家知名的 VC 或者 PE 机构有投资意向。根据 2021 年 9 月数据，中关村银行成立 4 年多累计投放认股权贷款 210 余笔，支持科技创新型企业近 90 户，投放贷款金额近 25 亿元，认股权贷款成功行权 18 笔[①]。其中，很多企业已成长为独角兽企业，包括 36 氪、微步在线、元年科技、极智嘉、慧算账、中商惠民等。中关村银行投资联动业务的操作流程是：由中关村银行向企业提供债权融资，企业以融资金额的一定比例向中关村银行指定的"中关村创投"授予认股权（如图 5-4 所示）。

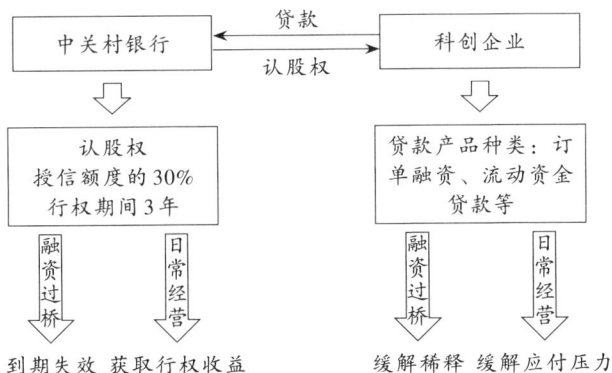

注：认股权现阶段主要由中关村创投代持

**图 5-4　中关村银行投资联动业务的操作流程**

资料来源：本书编写团队根据公开资料整理。

---

[①]　北京中关村银行. 一图看懂北京中关村银行投贷联动核心业务认股权贷款［EB/OL］. ［2021-09-01］. https://baijiahao.baidu.com/s? id=1709667379998309174&wfr=spider&for=pc.

**专栏5-31    南京银行"贷款+子公司投资"投贷联动业务实践**

◆ 2015年，南京银行就开始探索"小股权+大债权"的特色投贷联动模式，其服务对象为初创期、成长期的科技型企业。南京银行以"商业银行+投资子公司"的组织架构开展业务，小股权部分主要由南京银行旗下的投资子公司进行股权投资，单户投资比例不高于5%，再由南京银行进行大比例信贷发放，最高不超过3 000万元。其中，参与股权投资的机构都是南京银行全资控股或绝对控股的机构，为后续"大债券"的信贷发放做了充分的风险评估。

◆ 2020年以来，南京银行对投贷联动业务进一步优化升级，推出"政银园投"投贷联动新模式。南京银行与政府部门联合，以高新产业园区为载体，选择具有产业整合能力的垂直化投资机构，为园区内科创企业提供"股权投资+信贷资源+政策支持"的全方位服务。2020年至今，南京银行"政银园投"模式下已有14只基金落地，已累计服务超3.5万户科技企业；截至2023年3月，科创金融贷款余额近735亿元，有贷户数近1.14万户①。

资料来源：本书编写团队根据公开资料整理。

## 5.6.4    探索资本招商，助力辽宁招引更多新物种企业

新物种企业不仅高速成长、快速扩张对于资本有需求，而且很多新物种企业都是纯民营企业，需要国资适当加持，为此，很多地区都把国资投资作为招引新物种企业的重要筹码。这些年，合肥在该方面的探索和努力成效最显著，以2008年投资京东方项目为起点，截至2023年初，成功移植了京东方、蔚来、大众、兆易创新等战略性新兴产业"大树"，以合肥建投、合肥产投、合肥兴泰为代表的合肥国有资本已累计投向战略性新兴产业超过

---

① 李览青．"小股权"撬动"大债权"这家城商行探索投贷联动新方案［N］．21世纪经济报道，2023-07-20．

1 600亿元，带动项目总投资超过5 300亿元[1]（详见专栏5-32）。正是因为"合肥模式"的成功，资本招商受到各界的广泛关注，目前已成为各地招引新物种企业及培育未来产业的关键手段。

专栏5-32　　　　合肥"资本招商"模式及经验

◆ 抓好基金体系建设。形成"引导性股权投资+社会化投资+投后管理"多元化投融资体系。一是出台基金管理办法，通过《合肥市产业投资引导基金管理办法》《合肥市创业投资引导基金管理办法》《合肥市天使投资基金管理办法》三个覆盖企业全周期的管理办法，规范、指导财政资金以基金的形式投入重点产业。二是依托合肥产投、合肥建投、合肥兴泰三大国资投资平台，联合中信、招商等头部投资机构发起设立以合肥市产业投资引导基金、合肥市创投引导基金、合肥芯屏产业投资基金等为代表的产业基金群。

◆ 抓好运作机制建设。围绕投资全链条打造"引进团队—国资领投—项目落地—股权退出—循环发展"的闭环。一是组建真正能"用好基金、找准项目"的招商队伍，他们了解地区基金设立及产业布局情况，清楚靶向招商的项目清单，善于兼顾基金投资与区域产业发展的双重需要。二是审慎尽职调查，统筹发改、经信、科技、投促等多部门和产投、建投等国有投资平台，联合成立领导小组，负责项目审核把关，并聘请100余位招商顾问，对体量大、技术先进、专业性强项目的论证把脉。三是由国资认购流动性较强的上市公司股权并引入其募投项目，上市公司拿到股权融资后再自行在合肥落地项目，避免政府投入固化和沉淀。四是不谋求控股权，产业向好发展后及时退出（其判断标准是：以退出资本后该招引项目"走不走"为标准），通过二级市场减持完成退出，为新的投资积累资金。

资料来源：本书编写团队根据公开资料整理。

① 唐柳雯，陈颖，袁佩如. 合肥：一座城市"投行"的蝶变［N］. 南方日报，2023-10-11.

**超前布局未来产业：辽宁形成新质生产力的关键之举**


对于辽宁省来说，目前仅个别项目采用了资本招商的模式，比如，中国航发燃气轮机制造装试中心项目等。相较于合肥还不够成体系，其中既有基金自身的问题，也有招商与基金联动不足的问题。为此，我们建议辽宁省下一步要从以下几个方面着力：一是尽快组建基金群和国资投资公司矩阵。辽宁目前开展资本招商最大的问题是能够承担该功能的基金及国资投资公司很有限，为此，要用"真金白银"支持设立几只政府引导基金，并组建几家有实力的国资投资公司，同时还可以通过划拨优质资产等方式，支持国资投资公司发展壮大，从而提升对特定产业尤其是特定产业链的经营能力。二是练好"募、投、管、退"基本功。资本招商在募、投、管、退等环节，对于政府及人才的要求都较高，这方面恰恰是辽宁最为欠缺的。比如，要大力"募"，要多多联合央企、大型国企、产业龙头企业、头部投资机构等，成立面向特定主题或特定产业的投资基金；要精准"投"，要深入研判目标项目的经营、财务、法律关系等情况，依托专业团队把脉，做好项目尽职调查，并联合外部专家及内部的相关负责同志组建投资决策委员会；要科学"管"，要通过"招引外部团队+自培基金人才"的方式，提升基金管理运作效率；要适时"退"，要把握政府基金"引导""扶持"本质属性，健全退出机制、拓宽退出渠道、优化利益分配，推动引导基金在产业向好后及时退出，提高投资资金运转效率。三是推动资本与招商充分跨界和融合。即使从金普、浑南等辽宁资本招商先行探索地区来看，资本和招商"两张皮"问题依旧非常突出。这些地区基金群或国资投资公司相对不错，招商队伍力量也比较强，但两者分管领导不同，相互之间也不交流，资本侧重于投资本地高成长项目以及科技成果转化项目，对于招商引资不关注；而招商人员也不了解区域基金及国资情况，在招商洽谈时也不擅于运用资本工具。由此可见，拟探索资本招商的地区一定要注重推动资本和招商跨界和融合，有个捷径是，安排同一分管领导，同时管理金融、国资及招商工作。

## 5.7 抓央国企焕新：未来产业孵育的关键新势力

在我国，央国企是经济发展的关键力量。在东北地区，央国企在国民经济中的比重更高。可见，如果能有效调动央国企力量参与，对于各地未来产业发展将有极大促进。据新华社消息，2023 年 7 月，国资委成立了专项工作领导小组和工作专班，全力推进央企产业焕新行动和未来产业启航行动，推动央企加快布局和发展新一代移动通信、人工智能、生物技术、新材料等 15 个重点产业领域，这对于各地区未来产业发展都是极大的利好，各地要主动承接央企未来产业项目，形成央地联动培育未来产业格局。此外，各地还要积极推动存量地方国企前瞻布局未来产业，有条件的地区还可以专门成立以孵育未来产业为核心使命的科创集团、未来产业集团。

### 5.7.1 深化央地合作，争取更多央企未来产业项目在辽落地

2023 年 7 月，国资委部署启动央企产业焕新行动和未来产业启航行动，这是我国首次要求央企参与未来产业布局。行动实施以来，大量央企积极探索或总结过往的实践经验，比如，中国建材集团有限公司（简称“中国建材”）投建了高性能纤维新材料项目，国家电力投资集团有限公司（简称“国家电投”）承担了“国和一号”和重型燃气轮机重大专项，中国兵器工业集团有限公司（简称“中国兵器”）布局了新能源汽车电芯及下一代功率半导体项目；除了央企产业集团外，国有资本投资运营公司也开始发力，比如中国国新控股有限责任公司（简称“中国国新”）、中国诚通控股集团有限公司（简称“中国诚通”）等依托旗下国新基金、国调基金等重点支持绿

色低碳、新一代信息技术等领域科技创新项目发展（详见专栏5-33）。

**专栏5-33 央企及国有资本投资运营公司参与未来产业布局的典型实践**

❖ 中国建材集团有限公司（简称"中国建材"）：旗下中复神鹰年产2.5万吨高性能碳纤维项目在西宁全面投产，总投资50亿元，产品广泛应用于航天航空、新能源等领域。

❖ 中国中化集团有限公司（简称"中国中化"）：2022年2月，旗下华陆新材年产5万立方米硅基纳米气凝胶复合材料项目一次性开车成功，并产出第一批合格的硅基纳米气凝胶复合绝热毡产品，标志着我国气凝胶产品实现了大规模产业化。

❖ 中国电子科技集团有限公司（简称"中国电科"）：旗下美泰科技实现MEMS惯性器件与系统在自动驾驶市场的全覆盖，自主研发的MEMS惯性器件与系统现已累计实现百万级装车，安全气囊加速度传感器完成量产定型，正在国内主流车厂开展应用验证。

❖ 中国电信集团有限公司（简称"中国电信"）：深入实施云改数转战略，2023年上半年，产业数字化业务收入达688亿元，同比增长16.7%；其中天翼云收入达459亿元，同比增长63.4%。

❖ 中国海洋石油集团有限公司（简称"中国海油"）：建成了国内首个投产的海上智能油田（秦皇岛32-6油田）和国内首个海洋工程装备数字化智能制造基地；在惠州石化建成国内首个"双频5G+工业互联网"智能炼厂；自主研发"璇玑"系统打破国外技术垄断。

❖ 中国移动通信集团公司（简称"中国移动"）：在"2022科技周暨移动信息产业链创新大会"发布《中国移动6G网络架构技术白皮书》，首次系统化分享6G网络架构设计。

❖ 国家电力投资集团有限公司（简称"国家电投"）：承担"国和一号"和重型燃气轮机两个国家重大专项，布局了光伏、氢、储、能源数字化等新能源关键技术研发，成功研制了制氢装备、燃料电池、液流电池、能源工业互联网等核心产品。

❖ 中国兵器工业集团有限公司（简称"中国兵器"）：推进新能源"香格里拉"计划和智能化"北斗天枢"计划，加快向智能低碳出行科技公司转型。与宁德时代合作，共建50GWh电芯产能，与斯达半导体、英飞凌等合作，推进下一代功率半导体在新能源汽车领域的商业化应用。

❖ 中国航空工业集团有限公司（简称"航空工业"）：聚焦航空应急救援、通航产业和机载提升三大专项，市场化、场景化开发AG600大型水陆两栖飞机、AC系列直升机、"新舟"系列特种飞机、"翼龙"/AR系列大中型无人机等装备。

❖ 中国国新控股有限责任公司（简称"中国国新"）：旗下国新基金截至2023年6月，累计投资战略性新兴产业项目224个，投资金额占总投资金额近80%；累计投资原创技术策源地项目28个，总投资金额超200亿元，累计投资央企产业链链长项目28个，总投资金额为123亿元。

❖ 中国诚通控股集团有限公司（简称"中国诚通"）：联合山西省、北京市西城区以及中国海油、中粮集团等央企共同组建国调基金二期——协同发展基金，注册资本315亿元，重点投向绿色低碳、新一代信息技术、高端制造等领域。

资料来源：本书编写团队根据公开资料整理。

实际上，在国资委正式提出央企要布局未来产业之前，我国就对央企参与自主创新以及央企参与战略性新兴产业布局有明确的要求。2018年4月，国资委和科技部联合印发的《关于进一步推进中央企业创新发展的意见》，就提出鼓励中央企业承担和参与国家重大科技项目，支持中央企业设立和联合组建研究院所、实验室、新型研发机构、技术创新联盟等各类研发机构和组织。2019年12月，国务院国有企业改革领导小组办公室正式启动"百户

**超前布局未来产业：辽宁形成新质生产力的关键之举**

科技型企业深化市场化改革提升自主创新能力专项行动"（简称"科改示范行动"），该行动实施以来，中央企业在创新平台建设、创新人才培养、"卡脖子"技术攻关等方面已经取得了一定成效[①]。早在2012年1月，国资委发布的《关于认真做好中央企业2012—2014年滚动规划编制工作的通知》就明确提出"主业与节能环保、新能源、新一代信息技术、生物、高端装备制造、新材料、新能源汽车等产业[②]相关的中央企业，要调整完善专项规划，编制好企业新一轮滚动规划"；此后，2016年7月印发的《国务院办公厅关于推动中央企业结构调整与重组的指导意见》，明确提出中央企业要加大战略性产业投资力度，要着力推动战略性新兴产业发展，加快形成新的经济增长点；据《经济日报》报道，2018年至2022年，中央企业在战略性新兴产业领域投资规模由0.7万亿元增长至1.5万亿元，占全部投资比重由12.8%提升至27%，主要涉及航天、高铁、船舶、大飞机等重要领域。

　　对于辽宁省来说，2023年3月以来，辽宁相继与中国航空发动机集团有限公司（简称"中国航发集团"）、中国兵器等央企签订框架协议，在氢储能、航空航天、新材料等未来产业领域开展广泛合作（详见表5-25）。比如，联合招商局集团在大连太平湾布局高端装备制造及新能源产业基地，培育氢能、新能源汽车等未来产业；联合中国航发建设航空动力研发及产业基地，并推动航空发动机及燃气轮机自主研发和生产制造。下一步，辽宁省可以围绕国防安全、粮食安全、生态安全、能源安全、产业安全"五大安全"领域，积极争取相关领域的央企[③]在辽布局未来产业项目、未来产业先导区、未来产业创新平台及未来产业投资基金。

---

① 国务院国资委改革办，国务院国资委研究中心. 改革创新：科改示范行动［M］. 北京：机械工业出版社，2021.
② 这几个产业实际上就是战略性新兴产业，只是这个文件未明确提"战略性新兴产业"一词。
③ 结合国家对东北地区"五大安全"定位，可以重点关注中航工业集团、中国航发集团、国家电网、大唐集团、华电集团、国家电投集团、国家能投集团、中国电建集团、中国能建集团、中粮集团、中国农业发展集团、中国林业集团、中国医药集团、中国节能环保集团、中国通用技术集团、国机集团、中车集团、中钢集团、中国钢研集团、中铝集团、中国有色集团、有研科技集团、北京矿冶集团、五矿集团等央企。

表5-25　　　　　　近期央企在辽布局的未来产业领域重点项目

| 央企名称 | 重点项目 |
|---|---|
| 中国航空工业集团有限公司 | 沈阳航空航天城项目 |
| 中国航空发动机集团有限公司 | 中航发集团航空动力研发及产业基地项目 |
| 中国能源建设集团有限公司 | 辽宁省集成电路装备示范园区开发建设项目 |
| 中国机械科学研究总院集团有限公司 | 沈阳铸造研究所精密铸造特色工业园项目 |
| 中国电信集团有限公司等 | 大连数谷园区综合开发建设项目 |
| 招商局集团有限公司 | 大连太平湾高端装备制造及新能源产业基地项目 |
| 中国核工业集团有限公司 | 辽阳300吨/年核级硼-10酸高科技新材料项目 |
| 国家电力投资集团有限公司 | 铁岭市百万千瓦级风光火储多能互补示范项目 |
| 中国华能集团有限公司等 | 营口市海上风电项目 |
| 中国兵器工业集团有限公司 | 中国锦州北方能源基地项目 |
| 中国机械工业集团有限公司 | 国家超级计算无锡中心锦州分中心建设项目 |
| 中国中化控股有限责任公司 | 中国中化扬农葫芦岛大型精细化工项目 |

资料来源：本书编写团队根据公开资料整理。

## 5.7.2　推动地方国企试点布局未来产业，形成标杆实践

除央企之外，近些年地方国企也在积极参与科技创新及战略性新兴产业、未来产业等培育，包括参与专业园区建设运营、参与创新平台搭建、参与投资基金组建、参与资本招商等多种形式。比如，合肥市属的国资集团合肥产投集团通过布局产业平台、创新平台及资本平台三类平台，全面

参与合肥市的战略性新兴产业及未来产业培育；再比如，中关村发展集团、成都高新投资集团等开发区平台公司，也主要通过产业投资、专业园建设、创新平台布局、高端论坛组织等方式，参与未来产业的培育（详见专栏5-34）。此外，本书编写团队在陕西和四川调研还了解到两个有意思的实践，一是陕西省在校地共建中国西部科技创新港时，考虑西安交通大学缺资金以及缺建设经验，由省属国企陕西建工集团负责融资200亿元，投资建设创新港，建成后交由西安交通大学运营，负责其擅长的技术攻关及成果就地转化；二是成都高新区实施"岷山计划"时，专门成立了国资公司成都岷山研究院有限公司，负责计划的具体实施以及被投产业技术研究院的后续服务。

## 专栏5-34　地方国资参与科技创新、新兴产业及未来产业培育实践

❖ 合肥产投集团。基本形成以产业平台为核心、以创新平台为引擎、以资本平台为支撑的业务板块。目前，投资建设合肥长鑫集成电路、智能语音国家新型工业化产业示范基地等产业项目；参与投建了合肥离子医学中心、智慧能源创新中心、大基因中心等三大创新平台；管理运营合肥市创投引导基金、天使投资基金等"产投系"基金群。

❖ 中关村发展集团。截至2023年初，参股基金超120只，投资项目超2 000个，包括兆易创新、百济神州、钢研纳克、中芯北方等，总投资额超600亿元；投资运营了中关村软件园、中关村生命园、中关村（京西）人工智能科技园、中关村集成电路设计园、中关村医疗器械园等高品质的科技园区，还与北京航空航天大学共建未来产业科技园。连续4年参与筹办了中关村论坛，该论坛是面向全球科技创新交流合作的国家级平台。

❖ 成都高新投资集团。成立了策源资本，截至2023年6月，自主管理基金规模超200亿元，并组建1 060亿元产业基金群。投资建设了天府软件园、天府生命科技园、AI创新中心、天府长岛、生物医药创新孵化园等科

技园；承接实施了四川首个无人驾驶示范、数智综保、全域物联网等新基建项目，对外输出"蓉城·夔牛""空天·灵眸"等全国领先的AI解决方案。参与布局了四川省人工智能研究院等6个高能级创新平台。

资料来源：本书编写团队根据公开资料整理。

对于辽宁省来说，省、市、区国企参与未来产业的探索还不多见。其中，沈阳航空产业集团算是走在前列的，其充分对标"合肥产投"的模式，构建以产业平台为核心、以创新平台为引擎、以资本平台为支撑的业务架构，全面推进航空全产业链发展。具体来说：在产业平台方面，通过央地协同探索"头部企业+配套园区"模式，布局了沈阳航空动力产业园、沈阳航空航天城等专业航空产业载体；在创新平台方面，联合国内航空产业重点主机厂所、大连理工大学、东北大学、沈阳航空航天大学等大企业及高校院所共建创新联合体，开展关键核心技术攻关，并全资设立航空产业技术研究院主抓科技成果本地转化；在资本平台方面，成立了沈阳航产投资有限公司开展资本运营，并组建航空产业基金扶持沈阳本地航空类企业和引进外地企业落户。下一步，辽宁省要从以下两个方面着力推动地方国企积极参与未来产业布局：一是打造省属市属国资布局未来产业标杆。从目前40多家省属及沈阳、大连市属国企中，选出10家左右行业领域与辽宁六大未来产业方向有一定契合度的企业（详见表5-26），重点推动这些企业学习对标合肥产投集团以及辽宁省内沈阳航空产业集团等经验，从基金设立、创新平台布局、未来产业科技园建设、场景开放、资本招商、创新共同体建设等方面切入参与未来产业布局。二是打造开发区平台公司布局未来产业标杆。从目前辽宁国家级及省级各类开发区或其功能园区的平台公司中，选择10家左右开展未来产业布局试点，从园区运营服务、招商引资、科技创新、金融投资、人力资源等方面切入，深度赋能1～2个细分赛道起飞。

表5-26  **具有较大未来产业发展潜力的辽宁省属和**

**沈阳、大连市属国企名单**

| 序号 | 类型 | 企业名称 |
|------|------|----------|
| 1 | 辽宁省属国企 | 辽宁金融控股集团有限公司 |
| 2 | | 辽宁省能源产业控股集团有限责任公司 |
| 3 | | 辽宁省环保集团有限责任公司 |
| 4 | | 辽渔集团有限公司 |
| 5 | 沈阳市属国企 | 沈阳盛京金控投资集团有限公司 |
| 6 | | 沈阳产业投资发展集团有限公司 |
| 7 | | 沈阳航空产业集团有限公司 |
| 8 | 大连市属国企 | 大连重工装备集团有限公司 |
| 9 | | 大连洁净能源集团有限公司 |
| 10 | | 大连英歌石科技产业发展有限公司 |

资料来源：本书编写团队根据公开资料整理。

### 5.7.3  组建未来产业集团，形成未来产业投资与孵化专业国资集团

近几年，山东、合肥等开始探索组建专注于未来产业投资与孵化的地方国资集团，比如，山东组建的"山东未来集团有限公司"、合肥组建的"合肥未来科技产业投资发展有限公司"。此外，上海、山东、合肥等地探索组建的科创集团，也多专注于未来产业领域的投资与孵化（详见表5-27），比如，2021年12月，原上海科创集团与浦东科创集团联合重组成立的新上海科创集团，据其董事长傅红岩[①]介绍，自1992年前身上海科技创业投资（集

---

[①] 喻琰. 如何布局未来产业？上海科创集团傅红岩：围绕这三条主线 [N]. 澎湃新闻，2023-09-21.

团）有限公司成立以来，在发展的各个历史时期，一直发挥着国资创投引领作用，推动未来产业的发展，成立初期上海科创集团就从天使轮开始支持半导体和生物医药发展，培育出了大批数百亿元乃至上千亿元市值的独角兽企业和行业龙头企业，目前，上海科创集团聚焦投资上海三大先导产业和浦东六大硬核产业（详见专栏5-35）。

总体来看，不同于一般的地方国资集团还涉及战略性新兴产业布局、成熟产业转型升级促进以及城市基础设施建设、市政公共服务等业务板块，未来产业集团及科创集团主要聚焦未来产业领域，实现对未来产业的充分关注及充分专注。

表5-27　　　　　国内未来产业集团及科创集团建设典型实践

| 集团名称 | 成立 | 基本情况 |
|---|---|---|
| 上海科创集团 | 2021 | 上海科技创业投资（集团）有限公司（简称"上海科创集团"）由科创投集团与浦东科创集团合并重组而成，其中，科创投集团由1992年成立的上海科投与1999年成立的上海创投合并重组而成。在战略性、前瞻性、基础性领域，培育了中微、上微、盛美、南模、翔捷、安路等大批硬核科创企业。截至2022年11月，集团培育科创板上市企业86家，占科创板上市企业总数的17.8% |
| 山东科创集团 | 2017 | 山东省科创集团有限公司（简称"山东科创集团"）致力于战略性新兴产业培育和科创生态服务。截至2023年6月，围绕科技研发，布局省级以上创新平台37个；立足科创产业，布局培育国家级"专精特新小巨人"13家，省级"瞪羚企业"22家；致力于科技成果转化，支持119家企业落地科技成果转化和重大产业技术创新；倾力于人才服务，集聚30名海内外院士、泰山学者、泰山产业领军人才等高端人才和近300名专家博士；打造创新载体，建设山东国资科创基地等5个科技产业园区，在建及运营面积为20余万平方米；布局科创金融，建立9只科技特色基金，总规模达12.1亿元 |

续表

| 集团名称 | 成立 | 基本情况 |
|---|---|---|
| 山东未来集团 | 2021 | 山东未来集团有限公司（简称"山东未来集团"）与山东未来网络研究院是山东省委、省政府决定组建，由省工信厅主管，与紫金山实验室合作，采用"院企一体化"发展模式成立的产业互联网综合服务商。其中，由紫金山实验室主任刘韵洁院士团队承担研究的确定性网络（未来网络），是我国通信与信息领域首个国家重大科技基础设施。当前，互联网已由消费应用领域进入产业应用领域，急需建立一种高质量传输服务的新型网络。确定性网络是全球领先的新一代通信基础网络，可提供"准时、准确"的高质量数据传输服务，解决现有传统网络难以支撑产业互联网技术需求的问题 |
| 合肥科创集团 | 2021 | 合肥市科创集团有限公司（简称"合肥科创集团"）为合肥产投的全资子公司，受托管理合肥市"种子基金"，累计投资金额已超过5 000万元，还参与建设了中科院合肥技术创新工程院、合肥工业大学智能制造技术研究院、合肥中科微电子创新中心有限公司、合肥市微电子研究院有限公司、安徽大学科技园等多个创新平台 |
| 合肥未来科技公司 | 2023 | 合肥未来科技产业投资发展有限公司（简称"合肥未来科技公司"）将布局合肥未来科技园，并打造创投城市大街、"科里科气"城市气质展示区等产业载体，聚焦生命科学、绿色科技、人工智能等未来产业领域，汇集全球科研精英和创新创业人才，推动科技成果就地交易、转化、应用 |
| 蜀山科创集团 | 2021 | 合肥蜀山科技创新投资集团有限公司（简称"蜀山科创集团"）已打造"科大硅谷"蜀山园科创驿站——科大站、科学岛站以及硅谷大厦等地标性孵化载体，入驻团队覆盖大数据、人工智能、半导体检测设备、新能源等前沿技术领域，并发行了5亿元"科大硅谷"创新创业母基金和2亿元创新创业直投基金 |

资料来源：本书编写团队根据公开资料整理。

专栏 5-35　　　　　　　　上海科创集团建设运营实践①

上海科创集团是上海唯一一个以投资早期和早中期科创企业为主的国有核心投资平台，形成了以"投资+服务+生态"为特色的业务体系。

◆ 精准投资选苗。一是在投资方向上，聚焦两端，一端是天使投资阶段，国有创投着力推动科技成果产业化，弥补市场缺位；另一端是 PE 阶段，国有创投围绕重点产业、行业龙头企业开展产业并购投资，打造产业生态圈。二是在价值判断上，坚持"三最七高一低"的投资逻辑。"三最"指产业链最上游、价值链最顶端、技术体系最底层，"七高"指高素质团队、高技术门槛、高行业壁垒、高增长速度、高盈利能力、高市场容量、高研发投入，"一低"指低估值。三是在产业布局上，坚持全产业链投资。

◆ 全面服务育才。一是"投"，由上海科创、浦东科创、上海科投、上海创投、海望资本、科投股份、上海 IC 基金等组成"上海科创系"，开展集群式投资。二是"贷"，累计发放小额贷款超 180 亿元，支持企业数百家。三是"孵"，依托张江火炬科创园等总计 22 万平方米孵化空间，为数百家创新企业提供孵化、培育和加速服务。四是"保"，累计提供融资担保服务12 000 家次，累计金融服务规模超过 2 000 亿元。五是"引"，依托母基金，引进一批瞄准产业链关键节点的生物医药创投基金和团队入驻上海，累计认缴金额超 20 亿元，吸引社会资本超 120 亿元。六是"合"，比如组建了 200家机构和优秀科创企业加盟的海望科技创新联盟，吸纳 32 家生物医药企业加入，为其提供一系列增值服务。

◆ 产业生态赋能。一是抓好产业创新策源。投资经理采取"项目专管员"的方式分片包干，与中科院上海分院、生科院、药物所等 80 余所高校

---

① 上海市国资委. 上海科创集团发挥创投平台作用，服务科创中心建设 [EB/OL]. [2022-11-21]. https://www.gzw.sh.gov.cn/shgzw_xxgk_cyggcz/20221121/3108ffe601094a9fa6da04c5eb516ea8.html

**超前布局未来产业：辽宁形成新质生产力的关键之举**

和科研机构建立战略协作关系，拓展创新成果转化项目源和项目库。同时，还连续三届独家承办并冠名"上海科创杯"海聚英才全球创新创业大赛，目前该活动已成为上海规格最高、规模最大、影响最广的创新创业高端人才选拔活动。二是整合产业生态资源。利用上海科创市级投资平台优势，充分整合区县、国资、交易所等各类资源，为企业成长提供全方位服务。三是拓展投招联动来源。围绕"育链、补链、固链、延链"进行资本招商，针对产业链关键节点的空白领域，大力实施投招联动，开展育链、补链式招商；针对区域产业竞争白热化态势，通过竭诚提供各类增值服务，说服有意外迁的企业留在本地发展，加强固链、安商稳商。

资料来源：本书编写团队根据公开资料整理。

对于辽宁省来说，目前省、市、区层面都尚未成立未来产业集团及科创集团，仅大连英歌石科技产业发展有限公司有点类似于科创集团。下一步，辽宁省可从以下几个方面着力：一是整合成立省级未来产业集团或科创集团。这些集团要从市场化角度参与"种子—天使—VC—PE"的全周期产业投资以及资本招商、未来产业科技园建设、颠覆性技术创新平台布局等全省未来产业布局工作，同时出资支持市级未来产业集团、未来产业先导区平台公司等发展。二是推动沈阳、大连两市成立未来产业集团。在推动盛京金控集团、沈阳航空产业集团、大连重工装备集团等现有产业集团加大未来产业布局的同时，沈阳、大连都有必要整合组建市级的未来产业集团，形成更加有力的未来产业推进力量。三是推动区域性科创集团成长壮大。一方面要支持大连英歌石科技产业发展有限公司等具有未来产业集团属性的区域性国资集团进一步提升投融资、科技园区和创新平台建设运营、科研成果转化等方面的专业能力；另一方面还要积极推动暂未设立平台公司的未来产业先导区尽快探索"小管委会或小专班+大平台公司"模式，由平台公司全面参与先导区未来产业的投资及市场化促进工作。

## 5.8 抓治理创新：培育壮大未来产业的关键保障

本节我们将介绍培育壮大未来产业的保障举措，这些保障措施是本章其他超常规举措落地见效的关键支撑。我们认为，各地区在推进未来产业发展时，需要重点关注的保障措施，主要包括四个方面：一是组织保障，各地政府应有领导小组、专班或新设立的专门部门来负责推进未来产业的培育工作，毕竟发展未来产业科学家、企业家和政府三者缺一不可；二是认识升维，前文已经提到，只有理解到位，才能执行到位，为此，各地就需要通过集体学习、专题调研等方式，以及借助科幻小说、科幻电影等传播载体，提升实践者的未来感，加深其对未来社会、未来技术及未来产业的系统认知；三是政策和监管创新，相较于成熟产业以及战略性新兴产业，未来产业发展的政策着力点和监管要点有所不同，为此就需要差异化地施策；四是未来产业峰会，由于未来产业还不是一个十分普及的事项，为此，就需要各地区召开未来产业峰会，调动一切可依托的力量参与未来产业发展。

### 5.8.1 建立自成体系的未来产业推进机制，集中力量促进见成效

党领导下的新型举国体制是我国成就事业的重要法宝，比如，我国曾依靠举国体制开展科技攻坚，形成了可控核聚变、载人航天、探月工程、北斗导航、量子计算与通信、深海探测、高速铁路、大型客机等重大科技成果。对于未来产业培育而言，同样需要一套有效的统筹推进机制。目前，国内已有北京、上海等多个省市针对未来产业培育出台了专项行动计划，并采取了

配套专项行动。在 2023 年 12 月召开的全国工业和信息化工作会议上，工信部也提出 2024 年要启动未来产业发展行动计划。那么，辽宁应如何设计推进机制呢？

从理论上来看，各地培育未来产业需要建立一套与战略性新兴产业"隔离"的推进机制。因为未来产业的形成路径及关键着力点，相较支柱产业、战略性新兴产业有很大的不同，比如，未来产业关注颠覆性技术创新，而战略性新兴产业关注"卡脖子"技术攻关，因此，为了避免实践者沿用其熟悉但不太契合未来产业的培育路径，同时避免战略性新兴产业等发展势头良好的产业与处于早期、还不太受到关注的未来产业争夺资源，就像"物种的形成必须要经过隔离"一样，各地都有必要建立相对独立的、自成体系的推进机制。

从各地未来产业培育实践来看，主要还是成立领导小组及专班负责推进。专班是任务导向型组织，按照专业人做专业事的逻辑建立，多需要依托跨部门的合作，旨在应对重大、特殊、紧迫的临时性专项任务。其比较适用于未来产业的促进。比如，河南省在省制造强省建设领导小组下设未来产业发展专项工作组，负责未来产业发展各项工作具体推进，专项工作组办公室设在省工信厅。我们认为，专班甚至还可以依托国有平台公司的力量组建，这样的专班战斗力更强，合肥的科技成果转化专班就是该模式的典型代表（详见专栏 5-36）。除了成立专班以外，还可以建立其他形式的专门推进机构。比如，成都为了推动新经济发展而成立的新经济发展委员会。合肥为了促进场景创新而联合专业机构成立的场景创新促进中心。此外，上海 2022 年出台的《上海打造未来产业创新高地　发展壮大未来产业集群行动方案》还提到"组建未来产业促进平台，促进资源对接、成果转化"。

对于辽宁省来说，虽然省直有关部门及沈阳、大连两市在未来产业培育上已有一些探索，但均不系统、不全面，尤其目前全省及沈阳、大连两市都暂未建立统筹推进机制。为此，我们建议辽宁省下一步要从以下几个方面着力：一是启动实施省级未来产业发展计划，辽宁要以"争当赛道开辟先锋，建设新质生产力强省"为导向，尽快启动实施未来产业发展计划（可简称"辽未计划"）。二是辽宁省及沈阳、大连两市都有必要尽快组建未来产业推进专班，可以重点借鉴合肥的经验，将相关的国资平台公司纳入，组建更有战斗力的专班。三是对标先进地区"优势产业+战略性新兴产业+未来产业"的现代化产业体系格局，更新《关于调整产业集群和"三篇大文章"重点任务分工》，在现有"12个市场竞争优势明显千亿级产业集群+12个战略性新兴产业集群"的基础上，增加6个未来产业集群。四是由专班牵头，组织编制辽宁省未来产业发展规划及三年振兴新突破行动计划，作为指导全省未来产业发展的纲领性文件和行动指南，并针对人工智能、合成生物、氢能、先进储能等未来产业重点领域，有针对性地出台一批专项指导意见，凝聚共识、形成推进合力。五是建立未来产业的动态评价机制，在产业发展预期出现巨大偏离时，及时纠偏。

**专栏5-36　　　　　合肥市科技成果转化专班建设实践**

2022年1月，合肥市科技局牵头成立科技成果转化专班。该专班人数近200人，分为4个小组，人员主要从安徽创新馆、合肥市产投集团、合肥市兴泰控股集团、合肥滨湖投资控股集团、合肥市科创集团、合肥创新投资管理有限公司以及县（市）区、开发区抽调组成，负责对接中国科技大学、中科院合肥物质科学研究院、合肥工业大学、安徽大学等10所合肥主要高校院所，常态化登"门"（校门）入"室"（实验室），把成果挖到市场，在合肥就地交易、就地转化。

具体来说，合肥市主要在"四个环节"下功夫：

　　——"成果发现"环节，2022年累计摸排高校院所科技成果1 100余项，推动市内外高校院所科技成果转化，在肥本地新成立企业220家；

　　——"成果验证"环节，由市科技局牵头建立了5家概念验证中心；

　　——"成果转化"环节，引进首支由省级国资平台设立的注册资本20亿元的科技成果转化引导基金，设立10亿元的滨湖科学城母基金和5亿元种子基金，各类基金已累计投资项目超400个、投资总额超150亿元；

　　——"成果应用"环节，成立全国首个城市"场景创新促进中心"，累计服务企业超500家，挖掘场景需求超400个，发布市级场景清单170余项。

资料来源：本书编写团队根据公开资料整理。

### 5.8.2　加强未来研究及科幻作品普及，提升各界对未来的认识

　　认知升维或解放思想对于开辟未来意义重大，近代自然科学诞生在欧洲绝非偶然，这与欧洲文艺复兴解放了人们的思想密不可分。发展未来产业同样需要解放思想，毕竟只有认知到位了才能够把未来产业促进举措执行到位。我们认为，为了更好地促进未来产业的发展，需要各界实践者重点提升两个方面的认知，具体如下：

　　1）提升对于未来产业培育模式及举措的认知

　　未来产业发展的核心是抢抓颠覆性技术、前沿技术等领域，开辟新业态方向，这就需要各级领导干部对于前沿科技和新业态有较高的敏感度、有丰富的知识储备，才能制定出科学的举措并采取行之有效的促进举措。为了提升各级领导干部对于未来产业培育模式及举措的认知，可采用集体学习、大型调查研究、党校专题培训、高端讲堂等多种方式予以推进。

　　比如，2013年9月，中共中央政治局在北京中关村以实施创新驱动发展战略为题举行了第9次集体学习。此外，近年来中央政治局还就大数据战略

（2016年10月和2017年12月）、人工智能发展现状和趋势（2018年10月）、区块链技术发展现状和趋势（2019年10月）、量子科技研究和应用前景（2020年10月）、数字经济健康发展（2021年10月）、加强基础研究（2023年2月）、建设教育强国（2023年5月）等与未来产业密切相关的主题进行了集体学习。

对于辽宁省来说，我们之前调研时发现，许多领导干部对于前沿科技、新兴业态的认知极其有限，为此我们提出如下建议：首先，要加强对创新的认识，并坚定不移地走创新驱动发展之路，因为抓创新及成果转化本质上就是抓未来产业；其次，要通过理论中心组学习、党校培训等方式，组织系列创新驱动、未来产业、新赛道等相关主题培训和专题研讨，全面提升各级领导干部对未来产业的认知水平；最后，要学习四川等省份的经验，参考先进智库机构经验（详见表5-28），成立"未来产业研究中心"等新型智库，为全省未来产业发展提供源源不断的智力支撑。

表5-28　　国内专注于未来产业模式及路径研究的代表性智库机构

| 名称 | 基本情况 | 关注领域 |
|---|---|---|
| 长城战略咨询 | 1993年成立，专注于新经济研究和咨询的民间智库机构 | 前沿新赛道领域及开辟举措 |
| 赛迪研究院未来产业研究中心 | 2021年成立，直属于中国电子信息产业发展研究院（赛迪研究院）的新型研发机构 | 未来产业发展热点和最新动向 |
| 西湖大学未来产业研究中心 | 2023年成立，首家由国家批准设立、前瞻谋划未来产业的科研机构 | 生命原理及未来医药、分子智造与功能、未来材料设计及创造 |

资料来源：本书编写团队根据公开资料整理。

2）提升对于未来世界蓝图及构建蓝图的未来技术的认知

未来蓝图描绘了未来世界的图景，是各界实践者开辟未来的"指南针"。比如，长城战略咨询创始人王德禄曾讲过："硅谷能够领跑世界这么多年，很重要的一个原因就在于有大量未来学家，如凯文·凯利、阿尔文·托夫勒、伊藤穰一等，这些未来学家基于新技术的应用前景对未来进行判断，每年发布未来报告，这些报告中所描绘的愿景，就是硅谷的前沿科技企业所追求的目标。此外，美国的年轻人，在星际探索、基因复制等科幻小说中长大，然后投身到他们儿时那些不切实际的梦想中，把曾经的不可能变成可能，这才成就了硅谷的传奇"[①]。日本藤本敦也在 2023 年出版的《科幻如何改变商业》一书中阐述了未来蓝图对于商业成功的重大作用。此外，在上海市 2022 年 9 月出台的《上海打造未来产业创新高地 发展壮大未来产业集群行动方案》中，也提到"深化科普教育，让更多未来科学种子孕育发芽，为未来产业持续发展筑牢基础"。可见，未来学家及其科幻作品在未来产业发展中扮演着重要角色，我国各地在培育未来产业时，都要注重借助企业家大学、企业家沙龙、城市书房、电影院、高校创新创业课等渠道，积极传播国内外经典科幻作品及思想（详见表 5-29），让更多的人了解未来世界的蓝图，积极投入创造未来的实践。第 81 届世界科幻大会[②]2023 年 10 月于成都成功召开，系首次在中国举行，这是成都在未来产业培育上的超前行动，对我国的未来产业发展而言也是一大进步（详见专栏 5-37）。此外，北京以中国科幻大会为平台，并围绕石景山首钢园打造了全国首个科幻产业集聚区。这些实践对辽宁省也很有启发性。

---

[①]　王德禄. 以未来研究呼唤未来产业 [J]. 中关村，2020（10）.
[②]　世界科幻大会（World SF Convention）是由世界科幻协会主办的科幻文化主题活动。从 1953 年第 11 届世界科幻大会起，每年的大会都会揭晓"雨果奖"获奖名单，其颁发的"雨果奖"被誉为"科幻界的诺贝尔奖"。

表5-29 　　　　　　　　　　　　　　国内外经典科幻作品

| 类型 | 经典作品及首次出版/上映时间 |
|---|---|
| 未来趋势研究 | ❖ 阿尔文·托夫勒：《第三次浪潮》，1980<br>❖ 凯文·凯利：《失控》，1994；《必然》，2015<br>❖ 尤瓦尔·赫拉利：《未来简史》，2016<br>❖ 伊藤穰一：《爆裂：未来社会的9大生存原则》，2017<br>❖ 彼得·戴曼迪斯、史蒂芬·科特勒：《未来呼啸而来》，2020 |
| 科幻小说 | ❖ 雨果·根斯巴克：《大科学家拉尔夫124C·41+》，1911<br>❖ 罗伯特·海因莱因①：《星际迷航》，1947<br>❖ 艾萨克·阿西莫夫：《银河帝国：基地七部曲》，1951<br>❖ 阿瑟·克拉克：《太空漫游》，1968<br>❖ 罗伯特·祖布林等：《赶往火星：红色星球定居计划》，1995<br>❖ 刘慈欣：《三体》，2006；《三体2：黑暗森林》，2008；《三体3：死神永生》，2010 |
| 科幻电影 | ❖ 斯坦利·库布里克等：《太空漫游》，1968<br>❖ 史蒂文·斯皮尔伯格等：《侏罗纪公园》，1993<br>❖ 沃卓斯基兄弟等：《黑客帝国》，1999<br>❖ 克里斯托弗·诺兰：《星际穿越》，2004<br>❖ 雷德利·斯科特：《火星救援》，2015<br>❖ 郭帆等：《流浪地球》，2019 |

资料来源：本书编写团队根据公开资料整理。

专栏5-37 　　　　　　成都建设"中国科幻之都"典型实践②

科幻界流传着一句话："成都是中国地理上的洼地，却是中国科幻的高

①　罗伯特·海因莱因、艾萨克·阿西莫夫、阿瑟·克拉克被誉为现代科幻三巨头。
②　张杰.成都"申幻"成功，凭的是什么？[N].澎湃新闻，2022-01-03.赖芳杰.产业共识发布、"天问"计划亮相！从成都出发，科幻产业壮丽启航[N].澎湃新闻，2023-10-20.

地"。根据深圳科学与幻想成长基金发布的《2019中国城市科幻指数报告》，成都总分超过北京、深圳，位列第一，成为"2019中国最科幻城市"。

从科幻杂志及科幻作品来看，国内最具人气的《科幻世界》杂志便来自成都，1979年创刊，如今已有超过40年的历史，也是世界发行量最大的科幻刊物。其设立了国内唯一的科幻小说奖项"银河奖"，培养出刘慈欣、王晋康、何夕、韩松等几乎中国所有的一线科幻作家，被誉为"中国科幻小说大本营"，刘慈欣闻名国际的《三体》最初便在该杂志上连载。由于该杂志的存在，成都成为全国科幻文化氛围最浓厚的城市，也是科幻迷活动最活跃的城市。

从科幻大会来看，2023年10月，第81届世界科幻大会在成都市郫都区成都科学（科幻）馆举行，成都成为我国首个举办世界科幻大会的城市（早在2018年第76届世界科幻大会上，成都代表团就正式提出申办2023年第81届世界科幻大会；2020年，"成都市科幻协会"成立，成员包括科幻世界杂志社、成都传媒集团、八光分、赛凡科幻空间、海星社等机构，作为成都申办世界科幻大会的主体机构，并于2021年正式"申幻"成功）。实际上，在此之前成都已举办多次科幻大会。1991年科幻世界杂志社代表中国科幻业界在成都举办"世界科幻协会年会"，这是中国举办的第一次国际性科幻活动；1997年在北京举办第二届中国国际科幻大会，成都作为分会场；2007年在成都举办第三届中国（成都）世界科幻奇幻大会；2017年又继续在成都举办第四届中国国际科幻大会，会上还宣布中国国际科幻大会由10年一届调整为两年一届，并永久落户成都。

从科幻产业来看，中国科幻研究中心发布的《2023中国成都科幻产业报告》显示，近年来成都积极推动科幻创意生态构建，在文学、游戏、影视、衍生品、文旅、装备制造六大重点领域表现抢眼。2018—2022年，成都科幻产业总营业收入为1 276亿元，年均增长率达19%，其中2022年成都科幻产业（不含科幻装备）营业收入为200亿元，占全国比重达到23%，稳居中国城市科幻产业发展第一阵营。

资料来源：本书编写团队根据公开资料整理。

### 5.8.3 加强政策和监管创新，发挥有为政府作用加速赛道开辟

林毅夫先生曾讲过"尚未见不用产业政策而成功追赶发达国家的发展中国家和保持持续发展的发达国家"。可见，政策、监管等政府主动干预手段，对于一个国家或地区的产业又好又快发展至关重要。对于未来产业而言，同样需要主动干预加速颠覆性技术开发及产业化进展，同时还需要与时俱进的"学习型监管体系"保驾护航，避免出现类似于细胞行业的"魏则西"事件，导致行业停滞①。

1）未来产业政策

中国社会科学院工业经济研究所课题组编著的《未来产业：开辟经济发展新领域新赛道》一书将扶持未来产业发展的政策二分为创新政策和产业政策，我们也很赞同这种观点②。先看创新政策。在未来产业的基础研究与工程化阶段，研发动力不足是最大障碍；即便创造出了一些科研成果，具备技术转化能力和产业价值的成果也并不多，大部分淹没于从科研到产品化的"魔川"，为此，可以采取研发补贴、设立科技奖项、建设产业技术研究院、支持概念验证中心建设、鼓励有组织科研等手段促进原始创新，其中，各地要注重对底层技术的支持，这样才不会出现当前的"大企业走出去后，走着走着脖子就被卡住了"的问题。再看产业政策。在未来产业发展进入商业化阶段后，初创企业不仅要跨越存在于产品化到商业化之间的"死亡之谷"，还要跨越存在于商业化到规模化之间的"达尔文海"。因此，可以采取政府定向采购、融资支持、举办相关产业论坛、建立行业协会商会、推进产品标

---

① 我国曾经在干细胞技术的临床转化方面走到过世界前列，2008年美国《商业周刊》评论，寻找干细胞科技的前沿不在剑桥、不在斯坦福，也不在新加坡，而是在中国的深圳。但是，在2016年的"魏则西事件"引起舆论关注之后，我国叫停了肿瘤免疫细胞治疗。

② 中国社会科学院工业经济研究所课题组. 未来产业：开辟经济发展新领域新赛道［M］. 北京：中国发展出版社，2023.

准化、升级新型基础设施等手段促进产业发展。比如，从产品原型到商业化阶段，技术不确定性下降，政府可以采用应用示范方式予以支持，进入大规模生产后，技术方向变得比较明确，政府可以采用政府采购、新型基础设施建设、用户补贴等更大力度的市场支持方式。各地在培育未来产业时，可以制定兼顾创新类和产业类的综合性政策，如2013年深圳市出台的《深圳市未来产业发展政策》；也可以专门针对创新环节制定政策，比如，杭州市2023年出台的《杭州市支持颠覆性技术创新若干政策措施》（详见专栏5-38）；此外，还可专门针对单一赛道制定政策，比如2022年9月，深圳市人民代表大会常务委员会正式对外发布《深圳经济特区人工智能产业促进条例》，旨在从人工智能科研开发、产业基建、应用拓展、促进保障、治理规范等方面促进产业高质量发展，这是我国首部人工智能产业的专项立法。

对于辽宁省来说，目前虽暂未出台系统性的未来产业促进政策，但出台了一些对未来产业有促进作用的相关政策，比如，近期辽宁省出台的《辽宁省培育壮大集成电路装备产业集群若干措施（2022）》《关于支持辽宁实验室建设若干措施（2022）》，沈阳市出台的《关于支持沈阳产业技术研究院建设和发展的若干政策措施（2022）》，以及大连市出台的《关于支持英歌石科学城科研人才发展的若干政策措施（2023）》。我们认为，辽宁省下一步的重点是结合未来产业重点赛道开辟以及重点举措实施的需要，有针对性地出台一批撬动性强的政策。

**专栏5-38　《杭州市支持颠覆性技术创新若干政策措施》关键条款**

❖ 支持基础研究，启动设立市自然科学基金，2023年安排市级2 000万元资金。

❖ 对重大科技基础设施、全国重点实验室、省实验室等重大科创平台给予不低于3 000万元的专项资金支持。

❖ 支持有条件的创新主体建设概念验证中心，为颠覆性技术提供概念验证和技术孵化服务，对经认定的概念验证中心给予最高500万元资助。

❖ 对采取"揭榜挂帅"择优委托方式实施的颠覆性技术重大研发项目给予最高1 000万元资助。

❖ 对采用竞争性方式实施的颠覆性技术重点研发项目给予最高300万元资助。

❖ 发挥市科创基金作用，引导社会资本投向颠覆性技术成果和项目。

资料来源：本书编写团队根据公开资料整理。

2）监管创新

政府实施各行各业监管，主要有两个目的：防范风险和保护消费者权益。当然，还会有一些特殊情况，比如2020年我国对滴滴出行的监管约谈，还涉及保障驾乘人员合法权益。对于未来产业而言，因为其属于全新的业态方向，发达国家也没有成熟的经验可以移植，监管难度更大。为此，就需要不断地监管创新，既能实现促进未来产业发展，又能确保风险防得住及消费者权益能够得到保障。在李斌等的著作《未来产业：塑造未来世界的决定性力量》一书中，其受访者赛动生物总经理刘沐芸也呼吁，要建立与时俱进的"学习型监管体系"。只有这样，监管机构才能不断提升能力，以适应经济和社会发展的需要，并实现从促进产业发展的角度去监管。对于各地来说，由于各行业的监管重点及监管办法存在较大差异，各地要有针对性地研究制订未来产业监管创新方案，比如，基因与细胞治疗领域监管创新的重点是细胞制品全流程可追溯、新药审批流程优化等。

对于辽宁省来说，目前监管创新实际上是比较滞后的，主要问题是管得比较紧、轻易不敢开口子，这非常不利于未来产业发展。比如，在通航领域，辽宁在空域开放等方面步子就迈得小，不如湖南等省份；再比如，在辽宁具有一定比较优势的眼器械领域，其审批速度就不如湖南快。为此，我们建议辽宁省下一步可以从两方面着力：一是要制订系统的未来产业监管创新方案，结合辽宁拟布局的6大领域20多个细分赛道，梳理需要监管创新的内容，并逐条从促进产业发展的视角出发，对标先进或从内在逻辑出发创新提出有效的监管手段；二是要引导监管部门全面转变观念，要引导各监管部门从促进未来产业发展的角度去思考问题，不能只考虑风险，要考虑如何促进发展并确保风险可控，可尝试使用各种科技手段提升风险防控能力。

### 5.8.4 组织系列未来产业峰会，调动一切可依托的力量

由于未来产业还不是一个十分普及的事项，为此，就需要各地区召开未来产业峰会，并依托峰会号召力调动一切可依托力量参与未来产业发展。我们认为，值得各地关注的未来产业峰会主要有三类。

第一类是聚焦未来产业主题的综合性峰会。科技部和北京市人民政府共同主办的中关村论坛、科技部和上海市人民政府共同主办的浦江创新论坛都属于这一类。虽然中关村论坛只有2019年的主题"前沿科技与未来产业"正式提及了未来产业，但实际上，其这些年的主题都是围绕前沿科技及新兴产业领域（详见表5-30）。对于辽宁省来说，目前暂无类似的综合性未来产业峰会，为此，我们建议辽宁常态化组织召开"东北亚未来产业发展峰会"，营造良好的未来产业发展舆论环境，广泛激发各界力量全面抢抓新赛道的热情。

表5-30                 中关村论坛历年主题

| 年份 | 论坛主题 |
| --- | --- |
| 2007 | 创新 合作 发展 |
| 2008 | 科技——全球创新挑战 |
| 2009 | 创新创业能力与企业家精神 |
| 2010 | 战略性新兴产业策源地 |

| 年份 | 论坛主题 |
| --- | --- |
| 2011 | 创新驱动 |
| 2012 | 科技创新与全球合作 |
| 2013 | 科技创新与产业革命 |
| 2014 | 创新创业生态系统：协同·分享·共赢 |
| 2017 | 创新·智能·新经济 |
| 2018 | 全球化创新与高质量发展 |
| 2019 | 前沿科技与未来产业 |
| 2020 | 合作创新 共迎挑战 |
| 2021 | 智慧·健康·碳中和 |
| 2023 | 开放合作·共享未来 |

资料来源：本书编写团队根据公开资料整理。

第二类是聚焦特定未来产业领域的行业性峰会。在三类未来产业峰会中，各地最不愁的就是行业性峰会，因为总有那么一些先行者，要么是行业组织、要么是创业先锋，愿意去张罗这类峰会，推动行业发展。对于辽宁省来说，工业和信息化部、中国科学技术协会、辽宁省人民政府共同主办，中国工业互联网研究院等承办的全球工业互联网大会就属于这一类。2019年，首届全球工业互联网大会在辽宁沈阳召开，习近平总书记致贺信。至2023年，全球工业互联网大会已成功举办五届，在大会的有效调动下，辽宁省工业互联网发展取得了大量实质性突破，比如，工业互联网标识解析二级节点上线36个，数量居全国第三位；培育省级工业互联网平台87个，服务工业企业近5万户；鞍钢"羽嘉"、航天大道"长征云"入选国家级"双跨"平台，实现东北地区零突破。我们发现，目前辽宁除了拥有全球工业互联网大会外，还拥有商务部、科技部、贸促会和辽宁省政府共同主办的中国国际数字和软件服务交易会（"中国数交会"），以及中国沈阳国际机器人大会、国际基因组学大会眼科大会等常态化举办的行业性峰会。未来辽宁省一方面要更加注重峰会前后常态化推进有关工作的落地落实，正所谓，产业峰会"既要面子、也要里子"，另一方面还要结合新赛道开辟需要，新布局一批产业峰会。

第三类是聚焦未来产业发展特定举措的峰会。最近几年，有利于促进未来产业发展的举措类峰会也受到广泛重视，比如，科技部主办的全国颠覆性技术创新大赛已连续举办3届；再比如，苏州市已连续举办3次中国独角兽企业大会、合肥市已连续举办两届中国场景创新峰会。对于辽宁省来说，2019年，辽宁省科技厅和长城战略咨询共同主办的"辽宁瞪羚独角兽企业发展峰会"就属于这一类。该大会对于辽宁省瞪羚独角兽企业培育这一专项工作有很好的促进作用，尤其在全省大量企业家的脑海中埋下了瞪羚梦、独角兽梦的种子，激励着一代代企业家不断向前，截至2022年底，辽宁省累计培育出潜在及种子独角兽企业19家、瞪羚企业707家，2023年还培育出了首家独角兽企业十月稻田。我们认为，辽宁省下一步应该复制推广瞪羚独角兽企业发展峰会的经验，以推动关键超常规举措落地为导向，组织颠覆性技术创业大赛、创业型大学建设动员会、场景大会、片区开发现场会等多种形式的促进大会。

# 后　记

本书由大连理工大学教授、专精特新企业研究院院长张志宏主持编写，由张志宏、长城战略咨询辽宁业务总监吴勇、大连理工大学助理教授杨琳共同编著。此外，长城战略咨询的荆涛、李文惠、李新、彭碧瑶、苗媛媛、何畅、郑慧慧、潘思达等还参与了本书部分章节的编写，并且参与了辽宁省2023年决策咨询和新型智库专项研究课题"关于我省加快培育发展未来产业的对策研究"的相关研究工作。

当然，这本书能够顺利出版，与各界朋友的支持密不可分。首先得益于辽宁省委、省政府决策咨询委员会的精准立项和辽宁省委政研室相关同志在调查研究方面给予的支持；其次得益于长城战略咨询武文生、刘志光、陈文丰、王奋宇、王志辉、曹善平等多次参与本书的研讨；最后还得益于东北财经大学出版社李季老师的一路认可与支持。在此一并予以诚挚感谢。

山外有山，人外有人。本书虽经编写团队严谨思考和不懈努力，但疏漏和不足之处在所难免，敬请广大读者批评指正。